Jacques Derrida

Spectres de Marx

L'État de la dette, le travail du deuil et la nouvelle Internationale

マルクスの亡霊たち

負債状況=国家、喪の作業、新しいインターナショナル

ジャック・デリダ

増田一夫=訳・解説

藤原書店

Jacques Derrida

Spectres de Marx

L'État de la dette, le travail du deuil et la nouvelle Internationale

マルクスの亡霊たち／目　次

マルクスの亡霊たち

――負債状況＝国家、喪の作業、新しいインターナショナル

凡　例

一、本書は、Jacques Derrida, *Spectres de Marx : L'État de la dette, le travail du deuil et la nouvelle Internationale*, Paris, Éditions Galilée, 1993 の全訳である。

一、本文中の（　）および［　］はデリダによる。

一、太字体は、原文におけるイタリック体の強調をあらわす。ただし、フランス語以外の言語であるため原文でイタリック体が用いられている場合は、太字体は用いていない。

一、《　》は、フランス語の大文字表現を標示している。

一、訳者による補足および原語の指示は〔　〕によって示した。

一、〈　〉は、読みやすさを考慮して訳者が用いたものである。

一、原注は（1）（2）（3）……、訳注は（＊1）（＊2）（＊3）……で示し、一括して巻末にまとめた。

一、余白にある小見出しは原書にはない。読みやすさを考慮して訳者がつけ加えたものである。

一、引用されている著作で日本語訳がある場合は、可能な限り参照させていただき、該当個所を指示した。ただしたいていの場合、訳文は本書の文脈に則して変更せざるをえなかった。

本著作の発端となったのは、カリフォルニア大学（リヴァーサイド校）において、一九九三年四月二二、二三の両日にわたっておこなわれた講演である。その講演は、バーンド・マグナスおよびスティーブン・カランバーグによって組織された国際コロキアムを開幕する役を割り当てられており、コロキアムには *Whither marxism?* なる、ひねりの利いた、かつ両義的なタイトルがつけられていた。タイトルは、「マルクス主義はどこへ行くのか」ともたしかに問うていたが、ひそかに「マルクス主義は衰亡（*wither*）するのか」とも問うていたからである。

以下のテクストは、増補をほどこされ、いっそうの詳細さを心がけているものの、講演の議論構造、そのリズム、および口頭発表の形式はそのままにしてある。注は、もちろんあとからつけ加えられた。若干の新たな展開が見られるが、それらは［　］で示してある。

ある名で他の名をあらわし、部分で全体をあらわす。人はつねに、アパルトヘイトの歴史的暴力を一つの換喩《メトニミー》として扱うことができるだろう。その過去同様、その現在においても。アパルトヘイトの特異性を介することによって、さまざまな通路（圧縮、転移、表現もしくは表象）をたどり、人はつねに、世界中で進行する他のあまたの暴力を、解読することができるだろう。部分であると同時に原因、効果、症状、例として、かの地で起こっていることは〈ここ〉で場を持っていることを翻訳しているのだから。人がどこにいようと、また何を見ていようと、つねに〈ここ〉で、おのれの間近で起こっていることを、である。したがって、無限の責任が生じ、いかなる潔白意識の形態においても安息は禁じられている。

しかし、たとえ標章の論理における範例的な形象、旗印もしくは殉教のレトリックにおける範例的な形象としてでさえ、けっして一人の人間の殺害を形象として語ってはならないだろう。一人の人間の生は、その死におとらず唯一のものであり、つねに範例《パラディグム》以上のものであり、象徴とは別のものであり続ける。そして、まさにそれこそが、固有名によって名指されるべきなのである。

ところが、である。ところが、以上のことを記憶にとどめつつ、そして取るに足らぬ普通名詞ではない一普通名詞を援用しつつ、私は、一人のポーランド移民とその共犯者たち、すなわちクリス・ハニ（＊1）の殺害者全員が、つい数日前の四月一〇日、死にいたらしめたのは、そのものとしての共産主義者、共産主義者としての共産主義者であったということを喚起したい。暗殺者たちは、みずから、共産主義者をやっつけるのだと明言した。彼らは、そうして、交渉を挫折させ、進行中の民主化を妨害しようと試みたのである。アパルトヘイトに対する抵抗運動の英雄、人望をほしいままにしたその英雄は、彼らには危険人物と映り、そして突如として許しがたい人物に映ってしまったようなのだ。それも、少数派の、矛盾につらぬかれた共産党にふたたび専念する決意をすることによってアフリカ民族会議における高度の責任を放棄し、もしかするとアパルトヘイトから解放された国において公の政治的役割を演じることを放棄し、ひいては政府内での政治的役割を演じることを放棄したまさにその瞬間に、である。

クリス・ハニを追悼し、この講演を彼に捧げることをお許しいただきたい。

導入

あなたでも私でもいい、誰かが進み出て次のように言う。**私は生きることを学びたい＝教えたい、終に、**と（＊1）。

ああ、終に。でもどうして？

Apprendre à vivre〔**生きることを学ぶ＝教える**〕。奇妙なスローガンである。誰が学び、教えるのか。誰から？　生きることを学びたい＝教えたい。しかし、誰から＝誰に？　それをいつの日か知ることがあるというのだろうか。いつか生きることを知ることがあるのか。そしてまず第一に、「生きることを学ぶ＝教える」が意味するところを知ることがあるのか。そして、なぜ「終に」なのか。

一切のコンテクストの外部にあるために——ただし、コンテクストなるものはつねに開かれており、ということはつねに欠落をふくみ不十分なのであるが——、センテンスをなさぬこのスローガンは、単独ではほとんど理解不可能な連辞を形成している。そもそも、この固有語法《イディオム》はどのていど翻訳を許容するのだろうか。

しかしながら——もしくはだからこそ——、堂々とした〔＝教師然とした〕言いまわしではある。というのも、師の口から発せられた場合、このスローガンの断片は、つねに何かしら暴力的なことを語っているだろうから。それは、不可逆的で非対称的な呼びかけ《アドレス》の流れのなかで、たいていの場合、父から息子へ、師から弟子へ、もしくは主人から奴隷へ（「私がお前に生きることを教えてやろうではないか」）と向かう呼びかけの流れのなかで、一本の矢のように振動する。こうした呼びかけ《アドレス》は、そのとき、**経験**としての巧みさ《アドレス》（生きるすべを学ぶ＝教えること、それは経験そのものではないだろうか)、**教育**としての指導《アドレス》、さらには**調教**《ドレッサージュ》としての仕込み《アドレス》とのあいだで躊躇するのである。

ところで、生きることを学ぶ=教えること、それを一人で、**自分から**学ぶこと=**自分に**教えること、**自分自身で**学び=**自分自身に**教えること(「私は終に生きることを学びたい=教えたい」)、これは生ける者にとって不可能なことではないだろうか。これは、論理そのものが禁じていることではないだろうか。生きることは、その定義からして、みずから学ぶこと=教えることはできない。自分で、生を通じて生から、そうしたことはできない。それができるのは、他者を通じてであり、しかも死によってである。いずれにせよ、生の縁にある他者を通じてなのだ。内側の縁なり、外側の縁なりにある他者を通じて。それは、生と死の境の他者教育なのである。[*2]

とはいえ、その知恵ほど必要なものはない。それは倫理そのものなのだ。すなわち、——一人で、自分自身から——生きることを学ぶということは。生なるものは、それ以外の形で生きることを知らない。さらに、一人で、自分自身で生きることを学ぶこと以外、人はすることがあるというのだろうか。したがって、現に生きていると想定される生者にとって、「私は生きることを学びたい=教えたい」とは、不可能でありかつ必然的であると同時に、なんと奇妙な志願《アンガジュマン》であろうか。それは、死とことんまで釈明的に対決する限りにおいてしか意味をもたず、もしかすると**正しく**はありえない。他者の死同様、私の死とも対決する限りにおいてしか。生死の境、これこそまさに、つねに正しきものとして語っていると装う、格言調の厳命の場である。

以下に続くものは、夜闇を——来たるべきものであり続けなければならないものという未知を——歩む試論《エッセー》のように進んでゆく。それはしたがって、次のような前口上〔exorde〕をいくらかの一貫性をもって分析するための単なる試みである。「私は生きることを学び＝教えたい。終に」。要するに〈終に〉、ということだが。

それをやり残したというのならば、それ、すなわち生きることを学ぶ＝教えることは、生と死との境でしか起こりえない。それは、生**のみ**のなかでも、死**のみ**のなかでも、いずれかのなかだけでは、起こりえない。二者のあいだで、そして人が望みうるあらゆる「二者」のあいだで起こることは、生死の境で起こることのように何らかの幽霊によってしか**維持される**ことはできず、また何らかの幽霊を**語る**ことしかできない。[(*3)] したがって、精神＝霊たち〔les esprits〕のことを学ばなければ＝教えなければならないだろう。たとえ、そしてとりわけ、それすなわち亡霊的なものが**存在しない**としても。たとえ、そしてとりわけ、実体でも本質でも存在でもないそれが、**そのものとしてはけっして現前しない**としても。「生きることを学ぶ＝教える」の時間、後見役としての現在＝現前する後見人〔présent tuteur〕なき時間は、この導入がそこにわれわれを引き込むように、次のことに帰着するだろう。すなわち、幽霊たちとの面談＝維持〔entretien〕、交際、仲間づきあいのなかで、幽霊たちとの交流なき交流のなかで、幽霊と**ともに**生きることを学ぶ＝教えることに。別様に、そしてよりよく生きることを。いや、よりよくではなく、より正しく生きることを。ただしあくまで彼らと**ともに**。かつてなかったほど**共在**なるものの一般を謎めいたものにするこの〈**ともに**〉なしには、他者との**共在**はありえず、仲間＝社会要素〔socius〕はありえない。そして、この亡霊との共在はまた、〈単に〉そうだというわけではないが、記憶の、相続の、世代《ジェネラシオン》＝生殖の**政治学**〈でも〉あることになるだろう。

私が、幽霊と相続と世代＝生殖について、幽霊のいくつもの世代＝誕生、すなわちわれわれの前にも、われわれの内にも、われわれの外部にも現前しておらず、現在生きていないある**他者たち**について、これから長々と話そうとしているのは、**正義**〔*justice*〕の名においてである。まだ存在しない正義、まだ**ここ**にはない正義、もはやここにはない正義、すなわちもはや**現前**せず、法〔loi〕におとらず法律＝権利〔droit〕にも還元できないところにある正義の名においてである。その他者たちがすでに死んでしまったにせよまだ生まれていないにせよ、もはや**ここに現前して生きていない**あの他者たち、あるいはまだ**ここに現前して生きていない**あの他者たち、その他者たちの尊重を原理として持たぬいかなる倫理あるいは政治学――その政治学が革命的であろうとなかろうと――これらのいずれもが可能とも思考可能とも**正しい**《ジュスト》とも思われない限りにおいて、幽霊**について**話さねばならず、ひいては幽霊**に対して**話さねばならず、さらには幽霊**とともに**話さねばならない。いかなる正義――いかなる法〔loi〕と言うのはやめ、もう一度ここで法律〔droit〕について話しているのではないことを断っておこう(1)――、よっていかなる正義も、何らかの責任＝応答可能性〔reponsabilité〕の原理なしには可能ないし思考可能には思われない。一切の**生き生きとした現在**の彼方における責任＝応答可能性、生き生きとした現在の節合をはずすものにおける責任＝応答可能性、まだ生まれていない者もしくはすでに死んでしまった者たちの幽霊の前での責任＝応答可能性なしには。その彼らが、戦争や、政治的その他の暴力や、民族主義的、植民地主義的、性差別的その他の絶滅や、資本主義的帝国主義あるいはあらゆる形態の全体主義による圧制、それらの犠牲者であろうとなかろうと。**生き生きとした現在の、自己に対するこの非‐同時性**がなければ、その現在の正確さをひそかに狂わせるものがなければ、**ここにはいない**者たち――すなわち〈もはや〉あるいは〈まだ〉**現前してはおらず生きていない**者たち――への正義のための責任と敬意がなければ、「どこに？」、「明日はどこに？」（«whither?»）という問いを立てるどんな意味があるというのだろうか。

その問いは**到来する**〔*arrive*〕、それがかりに到来するならば、それは〈未‐来〔à-venir〕〉のうちにやって来るであろうものについて問いを立てる。未来の方を向き、その方へと歩みながら、その問いは未来から来てもいるのであって、それは未来**に**由来するのだ。したがってそれは、自己への現前としてのいかなる現前をもはみ出ていなければならない。少なくともそれは、何らかの節合外し、非節合もしくは不均衡の運動を通じてのみその現前を可能にするのである。[＊4] すなわち、自己への不一致においてのみ。ところで、われわれのところに来る限りにおいて、その問いは未来から来る以外にはない（whither?〔どこへ？〕明日、われわれはどこへ行くのだろうか。たとえば、マルクス主義はどこへ行くのだろうか。われわれはそのマルクス主義とともにどこへ行くのだろうか）。その問いの**前に**〔*devant*〕立っているものは、また、問い**以前に**〔*avant*〕問いの起源として先行してもいなければならない。たとえ未来がその由来だとしても、その未来はいかなる由来もがそうであるように、絶対かつ不可逆的な形で過去のものでなければならない。来たるものとしての過去の「経験」。その未来も過去も絶対的に絶対であり、何らかの現在の様態といったものの彼方にある来たるものとしての過去の経験。かりにそれが可能であり、それを真面目に受け取らなければならないとするならば、問いの可能性――それはもはや問いではないかもしれず、ここでわれわれが**正義**と呼んでいるものなのだが――、それは**現前する**＝**現在の**生の彼方に、**私の**もしくは**われわれの**生の彼方まで届かなければならない。生一**般**の彼方まで。というのも、昨日《かこ》における他の他者たちの場合《ケース》、同じことが明日「私の生」あるいは「われわれの生」、あるいは他の者たちの生についても起こることになるからである。**したがって、生き生きとした現在一般の彼方**まで届かなければならないというわけである。

　正しくあること。生き生きとした現在一般を超えて――そしてその単なるネガティヴな裏面を超えて。亡霊的な契機。もはや時間には所属しない契機。かりにこの時間という名詞でもって、様態化した数々の現在（過去における現在、現在の現在すなわち「今」、将来における現在）の連鎖を了解しているのならば、そういうことになるだろう。この瞬間にわれわれは問いかけ、時間に対して、少なくともわれわれが時間と呼んでいるものに対して従順ではないあの瞬間なるものについて問いを立てている。亡霊の出現は、束の間のものかつ時ならぬものであり、われわれの時間には帰属せず、時間を――少なくともわれわれの言うこの時間を――与えることはない。« Enter the Ghost, exit the Ghost, re-enter the Ghost »〔「亡霊登場、亡霊退場、亡霊ふたたび登場」〕(『ハムレット』).

これは公理に似ている。より正確には、**公理論**そのものをめぐる公理、すなわち価格、価値、質(axia)を有するものに関する、証明不可能とされる何らかの自明性をめぐる公理に似ている。そしてとりわけ、尊厳さえも有するもの(**たとえば**、有限で理性的な存在の**範例**としての人間)、カントがまさしくいかなる経済よりも、比較されたもしくは比較可能ないかなる価値よりも、いかなる商品価値(Marktpreis)よりも高位にあるとしたあの無条件的な尊厳(Würdigkeit)さえも有するものに関する、証明不可能とされる何らかの自明性をめぐる公理に似ている。この公理はショッキングだとされるかもしれない。そして、時を待たずに異論が起こるだろう。人は次のように言うだろう。生ける者の生に対してでないとするならば、たとえ法律や規範の彼方をめざすにしても、正義の義務は最終的に誰に対して、誰もしくは何に対して義務を負わせる〔engagerait〕というのか。(生ける者としての)自己の責任を賭けた正義、正義の関与《アンガジュマン》もしくは責任一般といったものは、最終審級において、生ける者の生――それを自然的生と了解するにせよ、精神の生と了解するにせよ――以外のものの前で、はたして存在しうるのか。なるほどそうである。この異論は、反駁不可能に見える。しかし、この反駁不可能なものはそれ自体、正義が生を、現在の生の彼方へ、もしくは事実的な現存の彼方へ、その経験的もしくは存在論的事実性の彼方へともたらすことを前提としている。死へともたらすのではなく、**余 - 生**〔*sur-vie*〕(*5)へともたらすということを。すなわち、生と死といったもの自体が、痕跡および痕跡の痕跡でしかないような痕跡、その生存〔survie〕の可能性があらかじめ一切の事実性の自己同一性と同じく、一切の生き生きとした現在の自己同一性を脱節させ、節合不全にさせにくる生存のことである。そのとき、**何らかの霊＝精神**《エスプリ》があることになる。数々の霊＝精神が。そして、その霊＝精神たちを勘定に**入れねばならない**。彼らを勘定に入れなくてもよいことはなく、彼らを勘定に入れないことがありえてはならない。一つならずである彼らを。すなわち**一つならずのもの**を。

I　マルクスの厳命（＊1）

題辞

«The time is out of joint»（Hamlet）

Hamlet [...]. Sweare
Ghost [*Beneath*]. Sweare [*They swear*]
Hamlet. Rest, rest, perturbed Spirit! So Gentlemen,
With all my loue I doe commend me to you ;
And what so poore a man as *Hamlet* is,
Doe t'expresse his loue and friending to you,
God willing shall not lacke ： Let us goe in together,
And still your fingers on your lippes I pray,
The time is out of ioynt ： Oh cursed spight,
That ever I was borne to set it right.
Nay, come let's goe together. [*Exeunt*]

（第一幕　第五場）

ハムレット　（……）誓ってくれ。
亡霊（地下で）誓え。（二人、誓う）
ハムレット　鎮まれ、鎮まれ、せっかちな亡霊よ。そして今度は、諸君、
心の底からあなたがたにわが身を委ねよう
そして、この哀れなハムレットが
報うことができる友情と愛を
神のご加護を得て、あなたがたに示そう。さあ、帰ろうではないか。
そして諸君、くれぐれもお願いするが唇に封をしてくれ。
この世の蝶番がはずれてしまったのだ。なんと呪われた巡り合わせよ、
それを直すためにこの世に生を受けたとは！
さあ、一緒に帰ろう。
（仏訳、イヴ・ボンヌフォワ[*2]）

一つならずの亡霊

マルクスの亡霊たちを、今こそ保持しつつ。〔だが、それは情況節合《コンジョンクシオン》を欠いた**今こそ保持しつつ**である。これは、脱節しているか調節不全をきたしているかのような、すなわち《out of joint》であるかのような〈今こそ保持しつつ〉であり、いまだに限定可能な縁取りをもつ、何らかのコンテクストという保証された節合関係のなかに何かを一緒にとどめおくことはまったくないというリスクをつねにはらみ、節《ジョイント》がはずれてしまったかのような〈今こそ保持しつつ〉である。(＊3)〕

マルクスの亡霊たち。なぜこのように複数形なのか。亡霊が、一つならずあるというのだろうか。**一つならず**〔*plus d'un*〕は、大群衆や大集団や仲間集団ではないにせよ、群を意味することがあるし、また、人民〔peuple〕の有無を問わず幽霊の何らかの集団〔population〕を意味したり、首領《かしら》の有無にかかわらずしかじかの共同体を意味することがある——だが、一つならずはまた、端的に離散してしまっている一**つに満たぬもの**〔*moins d'un*〕を意味することもある。集合する可能性を一切持たぬ一**つに満たぬもの**を。さらに、人は次のような不審を抱くだろう。すなわち、亡霊なるものがつねに精神=霊によって賦活されているのはたしかだが、だからと言ってこともあろうにマルクスの精神を、そしてよりゆゆしきことにマルクス主義の精神を云々することなど誰ができるのか、と。しかも今日、そうした精神に未来があると予言するばかりでなく、マルクス主義の精神は多々あり、よりゆゆしきことに、それらの精神は相互に異質だなどと、誰が人に向かってそのようなことを訴えることができるのか、と。

一年以上も前から、私はこの基調講演のタイトルで、のっけから「亡霊たち」を名指そうと決めていた。だから、私がつい最近『共産党宣言』を読みなおしたときには、「マルクスの亡霊たち」というふうに〔亡霊たちという〕普通名詞と〔マルクスという〕固有名詞はすでに印刷され、予告されていたのである。恥をしのんで告白すると、私は『共産党宣言』を何十年も読みかえしていなかった――このこと自体、意味深長なことである。私には、そこに幽霊が、しかも始まりから、幕開けからすでに待ちかまえていることがしっかりとわかっていたのだ。というわけで、私は自分の記憶に取り憑いていたはずのものを今しがた発見した、というよりも正しくは、もちろん思い出したと言うべきだろう。『宣言』の**最初の名詞**は――今度は単数形だが――「亡霊」なのである。「亡霊がヨーロッパに取り憑いている――共産主義の亡霊が(*4)」。

導入部あるいは冒頭句。この最初の名詞は、次のように第一幕第一場の開始を告げている。« Ein Gespenst geht um in Europa—das Gespenst des Kommunismus. »腐りきった国家の王子をめぐるあの『ハムレット』と同じように、すべてが亡霊の出現からはじまる。いや、より正確には、その出現を**待つこと**から。待ち遠しいと同時に、不安げで魅入られたように出現を先取りすること。すなわち、そのモノ（this thing）は終いにはやって来るだろう(*5)。再来する者=再来霊はまもなくやって来る。そう遅くはならないはずだ。だが、なんと遅いのだ、というふうに。さらに正確には、すべては**再**-出現のなかではじまるのだが、その再出現は、**劇中では**亡霊の**最初の**出現となっている。父親の霊=精神《エスプリ》は再来して、まもなく« I am thy Fathers Spirit »〔われこそ汝の父の亡霊だ〕

ヨーロッパのドラマトゥルギー

〔第一幕第五場〕と告げる。だが、この劇の冒頭において、言うならば、父の霊ははじめて再来する。それは、初の登場なのであり、舞台の上でははじめてなのである。

（＊6）［第一の示唆。この憑き物＝強迫観念〔hantise〕はたしかに歴史的なものではあるが、それは**日付を持つ**ことがなく、一日そして次の日というふうにカレンダーが示す制度化された秩序にしたがって、数々の現在がなす連鎖のなかで素直に日付を確定されることはない。憑き物は時ならぬものであって、ある日、ヨーロッパの身の上にやって来たり、ヨーロッパの身の上にふりかかったりするものではない。まるでヨーロッパがその歴史のしかじかの時点で、ある病苦に苦しみだし、内部に何かを**棲まわせる**ようになったりしたわけではない。つまり異邦の客人（＊7）が**取り憑く**にまかせるようになったというわけではない。もっとも、その客人がヨーロッパの家政のある場をつねに占めてきたからといって、その異邦人性が減じられるというわけではない。そうではなく、その客人以前に〈内〉は存在せず、内側には何もなかったということである。〈幽霊的なもの〉〔le fantomal〕は、この歴史の運動として推移することになるだろう。憑き物は、ヨーロッパの存在そのものに刻印《マーク》されているだろう。それは、少なくとも中世以来かく名のるもの、つまりヨーロッパとみずから名のるものの空間と自己関係とを開設すると言えるだろう。亡霊の経験。マルクスはエンゲルスとともに、近代ヨーロッパのあるドラマトゥルギー、とりわけその統一化の大計画の数々をまさにこうした亡霊の経験として考え、記述し、診断した。彼は、そのドラマトゥルギーを上演し、もしくは演出した、とさえ言うべきだろう。傾慕に満ちた子としての記憶の暗部で、マルクスはこうした演劇化においてしばしばシェークスピアに想を得ている。時代的にはもっとわれわれの近くだが、同じ系譜をくだっていくと、その系譜の連鎖が発する夜陰の物音のなか、すなわち鎖でつながれた幽霊どうしのざわめきのなかに、もう一人の子孫がいて、それがヴァレリーだということになるだろう。Shakespeare qui genuit Marx qui genuit Valéry〔シェークスピアがマルクスを生み、マルクスがヴァレリーを生んだ〕（そして他の何人かを）。

しかし、これらの世代＝生殖〔générations〕の**あいだで**起こるのは何か。それは、ある言い落とし、ある奇妙な書き損じである。Da〔いる〕そしてfort〔いない〕（*8）。マルクス退場。『精神の危機』（一九一九年）（「われわれ文明は、われわれもまた死をまぬがれえぬものであることを知っております。……」）において、マルクスの名が一度だけ現れる。それは書き込まれている。以下のように、これからハムレットが手に持つ来たるべき頭蓋骨の名として。

「今、バーゼルからケルンにいたり、ニューポールの砂、ソンムの沼沢地、シャンパーニュの白亜、アルザスの花崗岩に接するような広大なエルシノア台地の上で、ヨーロッパのハムレットは数百万の亡霊を見つめている。しかし彼は、知的なハムレットである。彼は、諸々の真理の生と死について瞑想する。彼にとって、われわれの論争の対象すべてが幻〔fantômes〕であり、われわれの栄光をなす肩書きすべてが悔恨なのだ。〔……〕彼が頭蓋骨を拾い上げるとすれば、著名な頭蓋骨である。——Whose was it?〔これは誰のだろうか〕——これはレオナルドであった。［……］そしてこの別の頭蓋骨は、世界平和を夢見たライプニッツのもの。そしてこれはカントの頭蓋骨である。Kant qui genuit Hegel, qui genuit Marx, qui genuit... 〔カントはヘーゲルを生み、ヘーゲルはマルクスを生み、マルクスは……〕。ハムレットはこのおびただしい頭蓋骨をどうしてよいのかわからない。しかし、それらを捨ててしまったならばどうなるだろうか！……彼は自分であることをやめてしまおうというのだろうか。[1]」

後の『精神の政治学』のなかで、ヴァレリーは次のように人間と政治とを定義する。人間とは、「私があえて**精神の精神**と名づけたいものを創造するための試み」（p. 1025〔九六頁〕）である。そして政治は、つねに「何らかの人間観を含意している」（p. 1029〔一〇一頁〕）、と。この瞬間、ヴァレリーは自己引用をおこなう（p. 1031〔一〇二―一〇三頁〕）。そして彼は、われわれが今しがた喚起したばかりの「ヨーロッパのハムレット」に関するページを再現する。そして奇妙なことに、夢遊病者の確信のごとく錯乱しながらも無謬の確信でもって、彼はそのとき、省略符でもって示すことさえせずに、文を一つだけ、**たった一つだけ**、言い落とす。すなわち、〔「そしてこれはカントの頭蓋骨である。Kant qui genuit Hegel, qui genuit Marx, qui genuit... 〔カントはヘーゲルを生み、ヘーゲルはマルクスを生み、マルクスは……〕」という〕カントの頭蓋骨そのもののなかにマルクスを名指す文を。この言い落とし、このたった一つの言い落としの理由はなにか。マルクスの名が消えてしまった。それはどこに行ってしまったのか。シェークスピアであったなら、

「Exeunt Ghost and Marx〔亡霊とマルクス退場〕」とト書きを付したことだろう。失せし者の名は、別の場所に書き込まれたにちがいない。(*9)

　頭蓋骨と精神の世代＝生殖の数々について彼が言っていること、もしくは言い忘れていることのなかで、ヴァレリーは少なくとも**三つの事柄**〔*trois choses*〕をわれわれに喚起している。(*10) この三つのこと《ショーズ》は、まさしく精神と呼ばれる**モノ**〔*chose*〕に関係している。人が亡霊と精神《エスプリ》とを区別するのをやめるや否や、精神は、あくまで霊《エスプリ》としてではあるが、身体をそなえた亡霊という形で受肉する。あるいはむしろ、後で触れるようにマルクスみずから詳述するごとく、亡霊は精神の逆説的な体内化なのであり、精神が〈身体となること〉であり、精神の現象的かつ肉体的な一形態なのである。むしろ精神は、命名しがたいある「モノ」となる。魂でも身体でもないと同時にその双方でもあるといった「モノ」になるのだ。それというのも、肉体と現象性こそは、精神が亡霊的な形で出現するのを可能にするものでもあるが、まさしくその出現において、その再来霊の到来そのものあるいは亡霊の回帰において消滅してしまうものでもあるからである。失せし者＝亡き者の再出現としての出現＝幻影そのもののなかに、〈亡き者の何か〉がある。(*11) 精神と亡霊、それは同じものではなく、われわれは両者の差異を峻別しなければならない。しかしこの両者が共有するもの、それが何**である**かは知られてはおらず、現に〔présentement〕知られてはいない。それは、まさしく＝正しくは、何なのか知られていないものなの**であり**、それが正確には**ある**のか、存在するのか、ある名に対応するのか、ある本質に相当するのか、知られてはいないものなのである。この**知られていないこと**は、なにも無知ゆえではなく、むしろこの非‐対象、この非現在的な現前、この不在者あるいは失せたる者の現存在が、もはや知の管轄に属してはいないゆえである。少なくとも、人が知という名のもとに了解しているものの管轄には属してはいない。それが生きているのか死んでいるのかは、知られていないのである。ここに――あるいはあそこに、彼方に、命名不可能なもの、あるいはほとんど命名不可能なものが見える。すなわち、〈何か〉と〈誰か〉のあいだの、〈何人《なんぴと》〉でもあり〈何物〉でもあるような何かが。まさにこのモノ、this thing、このモノであって他のモノではないようなモノ、そうした、われわれを眼差す〔＝に関わる〕モノは存在論に対しても意味論に対しても、また哲学に対しても精神分析に対しても、挑戦状をつきつけるものである(＊12)（« *Marcellus* : What, ha's this thing appear'd againe tonight? *Barnardo* : I have seene nothing. »〔**マーセラス**　ところで例のモノは今夜もまた現われたか。**バナードー**　いや、何も見ていない〕）。その《モノ》は、それについて語られ、ふたたび現われたかどうかが問われている段階ではまだ見ることができないものであり、見ることができる**何ものでもない**（« I have seene nothing. »）。マーセラスがそれについて語っているときは、もはや目に見える何ものでもない。それは、それについて語られているときはまだ目に見える何ものでもなくなっているが、それはすでに二度にわたって目撃されている。だからこそ、幻視《ヴィジョン》＝視覚と言葉とを符合させるために懐疑的な人物ホレイショーが呼びだされたわけである。彼は第三者および証人（terstis）の役をつとめることになる。« [...] if againe this Apparition come, He may approue our eyes and speake to it »すなわち、「もしふたたびあの亡霊が出るならば、〔ホレイショーは〕われわれの目の正しさを証明してくれるだろうし、それに話しかけてもらえるからな」（第一幕第一場、イヴ・ボンヌフォワ訳）というわけである。[*13]

バイザー効果と錯時性

　物ではないこの《モノ》、出現時を除いては目に見えぬこの《モノ》、それはふたたび現われるときでさえ骨肉を具えた現し身として目撃されることはない。とはいえ、この《モノ》はわれわれを眼差し〔＝に関わってき〕、そこにいる〈それ〉を見ることができずにいるわれわれを見ることができる。ここでは、ある亡霊的な非対称性がいかなる鏡像性＝思弁性〔spécularité〕をも遮断している。それは共時性《サンクロニー》を解体し、錯時性《アナクロニー》にわれわれをひきもどす。これを、**バイザー効果**と呼ぶことにしよう。[*14]われわれには、誰がわれわれを眼差しているのかが見えない。「お前さん〔＝マーセラス〕が自分自身に似ているのと同じくらい」（« As thou art to thy selfe »）、幽霊となった王は生前の王と似ている、とはホレイショーの言であるが、それにもかかわらず、眼差す王の側は見られることはない。というのも、出現したときでさえ、甲冑のせいでまだ姿が見えないように映るからである（« Such was the very Armour he had on […] »〔あれはまさに身につけていらした甲冑だ（……）〕）。この**バイザー効果**については、少なくとも直接にこの名で言及することは今後おそらくないだろう。しかしこれ以後われわれが亡霊一般について述べる一切のことは、マルクスにおいてであろうと他の著者においてであろうと、この効果を前提としていることになる。時代をくだって『ドイツ・イデオロギー』およびシュティルナーとの対決以降はっきりしてゆくように、亡霊〔spectre〕や再来霊〔revenant〕を *esprit*〔**精神**〕から——たとえこの *esprit* が幽霊〔fantôme〕一般という意味での *esprit*〔**霊**〕であるにせよ——区別するもの、それはなるほど超自然的で逆説的であるような現象性ではある。すなわち、不可視なものが見せる、束の間の捉えがたい可視性、もしくは可視的なあるXなるものの不可視性といったもの、つまりわれわれがもっと先で見るように、交換価値なるものをめぐって『資本論』が云々しているあの**超感覚的な感覚**であるだろう。(*15)また、それはなるほど、肉体なき固有身体の可触的な不可触性でもある。しかしそれは、つねに**別の誰か**としての、**誰か**の可触的な不可触性なのである。しかも、自我、主体、人格、意識、精神などと**性急に**限定してはならない**別の誰か**の。このことからしてすでに、亡霊をイコンや幻＝偶像〔idole〕から区別するのに十分であるばかりでなく、形象という譬喩〔image d'image〕、プラトン的な**ファンタスマ**、そして何らかのもの一般の**仮象**〔*simulacre*〕、こうしたものから区別するのに十分である。これらが、あれほどまでに亡霊と親近性をもち、他の観点からするならば一つならず特徴を共有しているのにもかかわらず。けれども、これがすべてではないし、最も還元不可能なことであるわけでもない。別の示唆をしてみよう。すなわち、この亡霊的な**別の誰か**はわれわれを**眼差して**〔**＝に関わって**〕**おり**、われわれは〈その者〉によって眼差されているのを感じている。その者は（一世代程度、あるいは一世代以上であることもある）絶対的な先行性および非対称性にしたがって、また統御することが絶対的に不可能であるような不均衡にしたがって、一切の共時性《サンクロニー》の外側から、われわれ側から向けることのできる一切の眼差し以前から、そしてその彼方から、われわれを眼差しているのだ。ここでは錯時性の法が支配している〔＝錯時性が法を制定している〕。[*16]眼差しを交えることがつねに不可能であり続けるような眼差しによって見つめられていると感じること、これこそわれわれがそこから法を相続しているバイザー効果なのである。誰がわれわれを見、誰が法を制定しているのかわれわれには見えず、誰が厳命を——そもそも逆説的な厳命を——発し、誰が「誓え」（swear）と厳命しているのかが見えないので、われわれはまったき確信をもってその〈誰か〉の正体を明らかにすることができず、ひたすらその声に身を委ねざるをえない。「われは汝の父の亡霊である」（« I am thy Fathers Spirit »）と言う者、われわれはその者の言葉を信じること以外なにもできない。その秘密、その起源の秘密に対する本質的に盲目の屈従、これこそが厳命に対する最初の服従である。この服従は、他のあらゆる服従も条件づけることになる。それはいつでも、〔その亡霊ではなく〕さらに別の者であるかもしれない。いつでも、別の者が嘘をつき幽霊に変装しているのかもしれず、他の幽霊がその幽霊のふりをしているのかもしれない。これは、いつでもありうることである。もっと先で、われわれは亡霊どうしの**社会**〔*société*〕あるいは**交流**〔*commerce*〕について語る予定だが、それというのもつねに**一つならず亡**霊がいるからである。われわれが見たのは、甲冑、すなわちいかなる演出もけっして省略することのできないこの「衣装」が、父親のものと推定される身体を頭のてっぺんから爪先まで覆ってハムレットの目から隠しているということであった。この甲冑が、亡霊的出現の一部をなしているのかどうかはわからない。この防具は、厳密な意味で problématique〔疑わしい、防護的〕である（problema は、楯のことでもある）(*17)。というのもそれは、その甲羅のなかにかくも堅固にしまいこんでいるものの正体《アイデンティティ》を、知覚が決定することを禁ずるからである。甲冑は、実在の**人工物**の物体〔le corps d'un *artefact* réel〕でしかないかもしれず、すなわち一種の技術的な代替器官〔prothèse〕にすぎず、亡霊の身体にとっては正体を覆いこむまでに包み、隠し、保護している異物にすぎないかもしれない。この亡霊の身体について甲冑は何も見せることはないが、頭の高さにある**バイザーの下から**自称父親が見たり話したりすることは可能にしている。そこにはいくつもの隙間がほどこされており、それらは見られることなしに見ること、声を聞かせるべく語ることを可能にしている。バイザーと同じく**兜**〔*heaume*〕（*helm*、兜）は、単に防御を保証していたのではない。それは、盾形紋章の上にあって、高貴さの紋章として頭領《シェフ》の権威を示していたのだ。

この兜効果のためには、バイザーを下げることが**可能であり**さえすればよく、それを利用しさえすればよい。**事実上**は上げられているときでさえ、バイザーがありうるということは、甲冑の下に在る誰かが、安全な場所から、見られずにあるいは正体を明かさずに見ることができることを意味する。それが上げられているときでさえ、利用可能な手段および構造としてのバイザーは、甲冑のように堅固で安定したままであり続ける。頭のてっぺんから爪先まで身体を覆う甲冑、バイザーがその一部をなし、それに固定されている甲冑のように、である。これこそが、バイザーを仮面から区別する点である。バイザーと仮面が、〈見られずに見ることができる〉というあの比類なき権力を、もしかすると権力の至上の記章であるかもしれないその記章を共有しているにせよ。兜効果は、バイザーが上げられているときでも失効しない。その際の〔潜勢〕力《ピュイサンス》、すなわちその可能性は、なおさら強烈に劇的な形で喚起されるばかりである。ホレイショーがハムレットに、「一分の隙もなく頭のてっぺんから爪先まで武装した」(« Arm'd at all points exactly, *Cap a Pe* ») 父そっくりの形のものが現われたと報告するとき、息子は不安にかられこう問いかける。彼はまず最初に、甲冑と「頭のてっぺんから爪先まで」について念を押す（« *Hamlet* : Arm'd, say you? *Both* : Arm'd, my Lord. *Hamlet* : From top to toe? *Both* : My Lord, from head to foote » 〔**ハムレット**　甲冑姿と言ったな？　**一同**　はい。　**ハムレット**　頭のてっぺんから爪先までだと？　**一同**　頭から足まで〕)。そしてハムレットは、頭、顔、さらにとりわけバイザーの下の眼差しに言いおよぶ。あたかも、頭のてっぺんから爪先まで隠し保護する甲冑の下で、幽霊が顔も、眼差しも、したがって正体《アイデンティティ》もさらさなかったことを望んでいたかのように（« *Hamlet* : Then saw you not his face? » 「**ハムレット**　では、顔は見えなかったわけだな？」« *Horatio* : O yes, my Lord, he wore his Beauer up. » 「**ホレイショー**　いえ、見ました。バイザーを上げておりましたもので」第一幕第二場)。

　したがって、分析の結果、**三つの物**が、この〈精神もしくは亡霊——もしくは王〉というただ一つのモノを分解していることになるだろう。ここで〈王〉と言うのは、この王なるものがあの場所を保持するにせよ、取るにせよ、簒奪するにせよ、ここでは父の場所であるあの場所を占めているからである。そして、（たとえば « The Play's the thing, / Wherein Ile catch the Conscience of the King » 〔芝居こそ、王の良心をとらえるのにもってこいの物だ〕という）脚韻の反復〔retour〕を超えて、王が身体と決別するにもかかわらずどうしても身体が彼につきまとうとき、《王》はモノであり、《モノ》は王なのである（これは分離契約であり、一**つならず**身体を持つために、すなわち君臨するために不可欠な協定である[*18]。そしてまず第一に、犯罪によってであれ選挙によってであれ、王の権威を相続するために。すなわち、身体——もしくは死体——は、《王》とともに、《王》の近くにあるが、しかし《王》の方は身体とともにいない。《王》はモノなのである。« The body is with the King, but the King is not with the body. The King, is a thing. »）。

モノのこれら三つの事柄とは何だろうか？

一、まず、喪である。われわれはひたすら喪のことを語るだろう。それはつねに、残余＝遺骸〔restes〕を存在論化すること、それらを現前させること、そして最初の場としては〔en premier lieu〕まず亡骸《なきがら》を**同定し**〔*identifier*〕死者たちの**居場所を特定し**〔*localiser*〕ようと試みることである（哲学的、解釈学的、精神分析的な——いかなる存在論化、いかなる意味論化もこの喪の作業のなかに取りこまれているにもかかわらず、喪の作業をそのものとして考察することをまだしてはいない。ハムレットについてであれマルクスについてであれ、われわれがここで亡霊の問いを、亡霊への問いをおこなっているのは、それらの考察の〈手前〉においてなのである）。知ることが必要なのだ。**知が必要なのだ**〔＝**それを知らねばならないのだ**[*19]〕。ところで知るということは、〈**誰が**〉〈**どこに**〉**いるか**を知ることであり、その身体が誰に固有のものであるのか、そのしかるべき場所はどこなのか、を知るということである——というのも、それはしかるべき場所にとどまっていなければならないのだから。たしかな場所に。ハムレットは、単にしかじかの頭蓋骨が誰のものであったかをたずねるだけではない（« Whose was it? »〔これは誰のだったのか？〕）。ヴァレリーが引用するのはこの問いである）。ハムレットは、墓が誰のものかということも知ろうとしている（« Whose grave's this, sir? »〔これは、誰の墓なのだね？〕）。喪の作業にとって、混乱や懐疑ほど都合の悪いものはない。誰がどこに埋められているかを**知らねばならず**――しかも、その誰かが遺した遺骸の状態のままに**とどまっていなければ**（あるいはとどまっていると知らなければ――確信が持てねば、確信が持てると知らなければ）**ならない**のである。そのままでいて、どうか動かないでくれ！というわけだ。

二、次に、言語《ラング》――そして声、いずれにせよ名を**刻印《マーク》する**か名の代わりをなすもの、これなしには、頭蓋骨あるいは精神の世代《ジェネラシオン》＝産出（Kant qui genuit Hegel qui genuit Marx〔カントはヘーゲルを生み、ヘーゲルはマルクスを生んだ〕）を語ることはできない。（« *Hamlet* : That Scull had a tongue in it, and could sing once »〔**ハムレット**　この頭蓋骨にも舌《ラング》があったのだ。昔はそれで歌もうたったのに〕）。

三、最後に（Marx qui genuit Valéry...〔マルクスがヴァレリーを生んだ〕）、モノは**働く**〔*travaille*〕。自分が変化を引き起こすのであれ、自分自身を変化させるのであれ、または定立するのであれ、みずから分解するのであれ、それは**働く**。精神、「**精神の精神**」は**労働**〔*travail*〕なのである。だが、労働とは何なのだろう。それが精神の精神を前提とするというのならば、労働の概念とは何なのだろう。ヴァレリーはこの点を強調している。「私はここで《精神》でもって、ある**変換能力**ということを了解していて［……］、精神は働くのです[2]」。

というわけで、《Whither marxism?》「マルクス主義はどこへ行くのか」。これこそ、コロキアムのタイトルがわれわれに提示していたはずの問いであった。それがどうして、ハムレットやデンマークやイギリスの方へと合図しているというのだろうか。なぜわれわれに、一つの幽霊に**ついて行く**ようほのめかすのだろうか。どこに？ *Whither?* 幽霊について行くとはどういうことなのか。そしてもし、ついて行くことが、つねに、幽霊によって跡をつけられ、彼に対しておこなっている狩り立てそのものによってわれわれが迫害されることに帰着するとしたら？ ここでもまた、前方にあると思われるもの、すなわち未来は、あらかじめ再来する。過去から、背後から。まさしくハムレットが幽霊の跡を**ついて行こう**とする瞬間（《I'll follow thee》〔ついて行こう〕第一幕第四場）に、マーセラスは《Something is rotten in the state of Denmark》〔デンマークの国のどこかが腐りかけているのだ〕と、宣言する。ハムレットもまた、すぐさま《Whither》と亡霊にたずねることになる。《Where wilt thou lead me? speak ; I'll go no further.》〔どこまでつれて行くのだ。さあ、口をきけ。もう先へは行かぬぞ〕と言い、それに対して《*Ghost* : Mark me［...］I am thy Fathers Spirit.》〔**亡霊**　聞け［……］わたしはおまえの父の霊だ〕という答えが与えられる」。

反復でありかつ初回でもあること。これこそが、もしかすると幽霊の問いとしての出来事の問いなのかもしれない。幽霊とは**何である**のか。亡霊の現実性〔effectivité〕あるいは**現前**、すなわち仮象におとらず非現実的で、潜在的で、頼りのないままにとどまるものの現実性あるいは現前とは何か。**そこ**、すなわち物自体とその仮象のあいだの対立関係は妥当でありつづけるのか。反復**かつ**初回は、同時に反復**かつ**最終回でもある。というのも、いかなる**初回**も、その初回という特異性ゆえに、**最終回**でもあるからだ。毎回が、まさしく出来事そのものなのであり、初回なるものは、最終回でもある。まったく別の回なのだ。歴史の終焉のために演出された回なのだ。これを、**憑在論**〔*hantologie*〕と呼ぶことにしよう。[*20] この憑在の論理は、単に存在論もしくは存在の思惟（つまり« to be »の思惟。あの« to be or not to be »において存在〔être〕が問題となっているとしてだが――ただし、これほど不確実なこともない）といったものよりも広く強力であるばかりではない。それは、自分の内部に、あくまでも範囲が限定された場もしくは特殊効果として、終末論や目的論さえも含んでいるだろう。それは、それらを**内包=理解している**〔*comprendrait*〕が、ただ内包=理解しないという様相においてそうしているだろう。事実、どのようにして〈終焉の言説〉もしくは〈終焉をめぐる言説〉を**内包=理解**すればよいのか。極限の極限は、はたして内包=理解されることができるのだろうか。そして、to be と not to be とのあいだの対立は？『ハムレット』からして、死んだ王の回帰を待ちうける場面からはじまっていた。歴史=物語《イストワール》の終焉に、精神《エスプリ》=霊は**再来する形で=再来霊として**〔en revenant〕やって来るが、それは再来する死者の形象をまとうと**同時に**、その予期された回帰がいくたびも反復される幽霊の形象をまとっているのである。

ああ、シェークスピアに対するマルクスの愛！　これはよく知られていよう。クリス・ハニもまた、同じ情熱を共有していた。私はそれを知ったばかりなのだが、その考えがとても気に入っている。たとえ、マルクスがいっそう頻繁に『アテネのタイモン』を引用しているにしても、『共産党宣言』の冒頭は、エルシノアの台地に見立てた当時の古きヨーロッパにもの言わぬ幽霊、応答せぬ霊の最初の出現を喚起し、召喚しているように見える。というのも、劇におけるこの最初の出現はすでに反復〔répétition〕だったのであり、この出現は政治権力をこの反覆〔itération〕の襞のなかに関わらせるからである（正体を見きわめたいという抑えきれぬ欲望にかられたバナードーは、その《モノ》の正体を認めたと信じるやいなや« In the same figure, like the King that's dead »〔亡くなった王そのままの姿〕と言っている）。別の時間もしくは別の舞台と呼ぶことのできるところから、そして芝居の前日から、物語《イストワール》＝歴史の証人たちは回帰を恐れかつ期待し、そして again and again〔いくたびも〕、往来〔allée et venue〕を恐れかつ期待する（« *Marcellus* : What! ha's this thing appear'd againe tonight? »〔**マーセラス**　ところで例のモノは今夜もまた現われたのか〕。そして、« Enter the Ghost, Exit the Ghost, Re-enter the Ghost »〔亡霊登場、亡霊退場、亡霊、再度登場〕というわけである）。反復の問い。すなわち、亡霊はつねに再来霊＝再来する者〔un revenant〕である。その往来を管理することができないのは、亡霊がまず**再来することからは**

じめるからである。マクベスを思い、シーザーの亡霊を思い出してみよう。息を引き取ったあと、それは再来する。ブルータスもまた、《again》と言っている。《Well ; then I shall see thee again? *Ghost* : Ay, at Philippi》〔では、また会うのだな。**亡霊** そう、フィリパイでな。〕(第四幕第三場)[*21]。

ところで、人はどうしても息をつきたいものだ。あるいは、ため息をつきたいものだ。それも、息を引き取ったあとでさえ。というのも、問題となっているのは霊《エスプリ》なのだから。ところがほとんど不可能だと思われるのは、亡霊**について**、亡霊**に向かって**、亡霊**とともに**語ることであり、したがってとくに霊を**語らせること**あるいは**語るにまかせること**である。そしてこのことは、読者、学者、専門家、教師、解釈者といった、マーセラスが *scholar*〔学者〕と呼んでいる人々にとってはいっそう困難に思われる。そして、もしかすると観客一般にとって。根底において、亡霊が現れたり、言葉をかけたり、注意を向けたりしうる最後の者とは、そのものとしての観客なのである[*22]。劇場においてであろうと学校においてであろうと、それに変わりはない。これには本質的な理由がある。ところが、理論家であれ証人であれ、観客、観察者、学者そして知識人、こうした scholar たちは、眼差しを向ければ事足りるとひたすら信じている。それゆえ彼らは、必要なことをおこなうという点で、すなわち亡霊に語りかけるという点で、最も適切なポジションにいるとは限らない。もしかするとこれこそが、マルクス主義による数ある教訓のなかでも、ことさら抹消不可能な教訓かもしれない。誰それかまわず相手にして、そしていわんや幽霊に向けて何かにかまわず話しかけることのできる scholar など、もはや存在しないし、存在したためしがない。そのものとしての幽霊を本当に相手にした scholar は存在したためしがない。伝統的な scholar は幽霊を信じない——もしくは亡霊的なものの仮想空間と呼べるもの一切を信じない。そのものとして、実在的なものと非実在的なもの、現実的なものと非現実的なもの、生物と非生物、存在と非存在（慣習的な読解で言うならば、to be or not to be）とのあいだの断定的な区別、また、たとえば客観性という形態で現前しているものとそうではないものとのあいだの対立、これを信じない scholar など存在したためしはないのである。scholar にとって、この対立の彼方に存在するものは、ある学派に特有の仮説、演劇的な虚構、文学、そして思弁でしかない。かりに scholar のこの伝統的形象のみを参照した場合、ここでマーセラスの幻想ないし彼の神秘化、あるいは**マーセラス・コンプレックス**と定義できるものは警戒すべき対象だということになるだろう。マーセラスは、古典的な scholar が幽霊に話しかけることのできる立場にはいない、ということを理解できる状況にはなかったのかもしれない。彼は、立場＝定立《ポジシオン》なるものの特異性が何であるかを知らなかったのだ。この立場＝定立はかつて言われていたような階級の立場ではなく、言語《パロール》の場の特異性、経験の場あるいは系譜関係の特異性なのであるが、幽霊に話しかけることはこうした場あるいは関係から発してはじめてできることなのである。彼はナイーブに、あたかもコロキアムにでも参加していたかのように、«Thou art a Scholler; speake to it Horatio»〔君は学者だ、話してみてくれホレイショー〕と述べる。彼は、scholar に、学者に、教養ある知識人に、教養人に訴えるのだが、あたかも scholar が必要な距離をたもてる観客でもあったかのように、観察するために適切な言葉、さらには幽霊を呼びとめるのに適切な言葉を見いだせる観客でもあったかのように、そう訴えている。王侯や死者の言語を語るのに適切な言葉を見いだせる観客でもあったかのように。というのも、今しがたバナードーは、死んだ王の姿を認めたように思ったところであり、その類似から正体を見やぶったように思ったからである（« *Barnardo* : In the same figure, like the King that's dead. *Marcellus* : Thou art a Scholler ; speake to it Horatio »〔〔**バナードー**　亡くなった王そのままの姿だ。**マーセラス**　君は学者だ、話してみてくれホレイショー〕〕）。彼は単に幽霊に話しかけるよう要求するばかりでなく、それを呼び、呼びとめ、問いただし、より正確にはいまだに《モノ》の状態をとどめている〈それ〉に対して質問をするよう要求する。« Question it Horatio »〔問うてみろ、ホレイショー〕。そしてホレイショーは、話すようその《モノ》に厳命する。高圧的で告発するような身ぶりを二度にわたっておこないながら、話すよう指令する。彼は、懇願すると同時に、命じ催促する（« By heaven I Charge thee speake! [...] speake, speake! I Charge thee, speake! »〔天にかけて口をきいてくれ！〔……〕何か言え、何か！　何か言え！〕）。そして実際に、« I Charge thee »はしばしば「懇願するから〔je t'en conjure〕」と仏訳されており、その訳は厳命〔injonction〕と懇願〔conjuration〕とが交わる道をわれわれに示している。口をきくことを懇願することによって、ホレイショーは自分の言葉でもって亡霊を臨検し、安定させ、**止まらせ**たいのである。[*23] « (For which, they say, you Spirits oft walke in death) Speake of it. Stay, and speake. Stop it Marcellus. »〔そのことが死後も霊を徘徊させると人は言うが。話してくれ。行かないで話してくれ。やつを止めろ、マーセラス〕）。

逆に、マーセラスは、一日後に、一晩後に、何世紀か後に――というのもここではもはや時間は同じ仕方では計れないからだが――、もう一人別の scholar が到来するのを先取りしていたのかもしれない。この scholar は、現前と非‐現前、現実性と非‐現実性、生と非‐生命の対立の彼方に、終に亡霊の可能性を、可能性としての亡霊を、考えることができる scholar であるだろう。さらによい（あるいは悪い）ことに、精霊《エスプリ》たちに宛てて話しかける〔s'adresser〕ことができる scholar であるだろう。そうした宛先＝巧みさ〔adresse〕がすでに可能なばかりではなく、いつの時代にも問いかけ一般の条件となっていたことを知っている scholar であるだろう。いずれにせよ、こうした宛先＝巧《アドレス》みさの可能性を閉じていた**閂《かんぬき》をはずす**希望を持つほど常軌を逸した人物であることだろう。

マルクスなくして未来はない

　したがって、『共産党宣言《マニフェスト》』において最も目立つ《マニフェスト》ものを記憶から遠ざけたのは私の過失であった。その最初の場に立ち現われる《マニフェスト》のは、亡霊であり、あの最初の父性的な登場人物であるが、幻覚であるにせよ仮象であるにせよ、それは非現実的であると同時に強力であり、人が〈生きている現前〔présence vivante〕〉と気安く呼んでいるものよりも潜在的にはいっそう実効をもった登場人物である。『宣言』を、そしてマルクスによる他のいくつかの主要著作を読みなおして、私は、**今日**これほど切迫した教訓を語るテクストなど哲学的伝統のなかにはごくわずかしか知らないのではないか、もしかするとまったく知らないのではないかと思った。それはマルクスとエンゲルスがみずから（たとえば一八八八年の再刊に添えられたエンゲルスによる「序文」において）述べている、彼ら自身が「時代遅れになること」および内在的に還元不可能な歴史性を考慮に入れてのことであるが。この件について、他の思想家がこれほどあからさまに警戒をうながしたことがあっただろうか。自分自身の諸命題《テーゼ》の来たるべき**変形**〔*transformation*〕などを訴えもとめた者などかつていただろうか。それも、体系の秩序をなんら変えることのない知識の漸進的な充実のためではなく、断絶あるいは再構造化の効果を勘定に入れるため、つまりは別の勘定をおこなうために？　そして、可能ないかなるプログラム化をも超えて、新たな知の、技術の、政治情勢の予知不可能性をあらかじめ受け入れるために？　進行しつつある〈政治的なもの〉の世界化について、最も深く思惟する思惟の流れのなかでさえも〈技術的なもの〉と〈メディア的なもの〉を還元できないということについて――しかも、『宣言』によって比類なき形で分析されている当時の鉄道や新聞といった範囲を超えて――、どんな伝統的テクストもこれほど透徹した考えを持っていなかったように思われる。そして、法、国際法、ナショナリズムについて、これほど明晰であったテクストも稀である。

マルクスを読まないこと、読みなおさないこと、議論しないことは、つねに過失であることになるだろう。ということはまた、他の何人かの著者を――しかも特定の学派に特有な仕方での「読解」や「議論」を超えて――読まなかったり読みなおさなかったりすることもつねに過失であることだろう。それは今後ますます過失だということになり、ますます理論的、哲学的、政治的責任に対する違反だということになることだろう。「マルクス主義的」な（国家、党、支部、組合、

古くからある問いの反復

そしてその他の教条生産的な場といった）教条機械やイデオロギー装置が消滅過程にある現在、この責任から眼をそむけるときのわれわれに残されているのは、もはや弁明ではなく逃げ口上《アリバイ》のみとなる。この責任なくして、未来はない。マルクスなくしてはない。マルクスなくして未来はないのである。（*24）マルクスの記憶と遺産なくしては。いずれにせよ、一定のマルクスの、マルクスの〔守護〕霊＝才能〔génie〕の、彼の数ある精神《エスプリ》の、少なくとも一つの記憶と遺産を抜きにしては。というのも、次のことがわれわれの仮説、いやむしろわれわれの立場表明となるからである。すなわち、**それは一つならずあり、一つならずあらねばならない**、ということが。

しかしながら、今日わたしが抵抗すべきありとあらゆる誘惑のなかに、記憶の誘惑というものがあるだろう。私にとって、そして人生を通じてそうしたものを共有した私の**世代**の人間にとって、次のようなものが何であったのかを物語ること、それを我慢しなければならないのである。すなわち、マルクス主義の経験、マルクスの父性的とも言える形象、われわれのうちにおけるマルクスと他の系譜関係との諍い、諸々のテクストの読解、マルクス主義の遺産が完全に、そして徹頭徹尾決定力を持っていた――それは今でも決定権を持ち続けており、今後も持ち続けるだろう――世界の解釈、といったことを物語ることを。この明白な事実に気づくためには、マルクス主義者や共産主義者である必要はない。われわれはすべて、直接に目に見えるかどうかは別にして、はかり知れぬ深みにいたるまでマルクス主義の遺産を刻印《マーク》された世界、あるいは一部の人々はむしろそれを刻印された文化と言うだろうが、そこに住んでいるのである。

私の世代《ジェネラシオン》に特有なある経験の性格、すなわち少なくとも四〇年間は続いたことになり、しかもまだ終わってはいない経験の性格を決定する特徴のうちから、まず最初に人を当惑させる一つのパラドクスを浮かび上がらせたい。それは、「既視感〔déjà vu〕」の、さらには「つねにすでに見たことがあるという既視感〔toujours déjà vu〕」の当惑である。知覚、幻覚、時間をめぐるこの不安を私が喚起するのは、今晩われわれを一堂に集めている«whihter marxism?»〔マルクス主義はどこへ行くのか〕というテーマのためである。われわれのうちの多くの者にとって、この問いは自分たちとともに年を重ねてきた。私の場合もそうであったように、（ソビエト連邦、国際共産党連盟、そしてそれに連なるあらゆるもの、すなわちおびただしい数の事柄といった）事実的な「マルクス主義」や「共産主義」に対立してはいたが、少なくとも保守的もしくは反動的な動機からはけっして対立しないように決めていた者たち、しかも穏健右派あるいは共和主義的右派の立場からでさえもけっして対立しないよう決めていた者たちにとっては、なおさらそうである。われわれのうちの多くの者にとって、マルクス主義的共産主義の一定の（あくまでも**一定の**）終焉は、ソビエト連邦の崩壊とそれに依存していたものが世界中で崩壊するのを待つまでもなかった。そうしたこと一切は、一九五〇年代のはじめからはじまっていたのであり、疑いえない形で、**すでに見られて**〔*déjà vu*〕さえいたのだ。したがって、今晩われわれを一堂に集めている（whither marxism?〔マルクス主義はどこへ行くのか〕という）問いは、古くからの反復のように響く。それは、あの時代に若者であったわれわれのうちの多くの者に、まったく別様にではあったが、すでに課せられていた問いであった。この同じ問いがすでに**響きわたって**いたのだ。たしかに同じ問いが、まったく別様に。そして、今晩木霊《こだま》しているのは、その響きわたりにおける差異なのだ。今はまたしても晩であり、相変わらず夜が落ちかかっている。「城壁」にそって、戦争のさなかにある古きヨーロッパの胸壁〔battlements〕の上に。他者に対する、そして自分自身に対する戦争のさなかにあるヨーロッパの。

なぜか？　これは、当時すでに、同じ、**最終的な**問いとしての問いであった。今日の多くの（「フクヤマの読者‐消費者」といったタイプの若者、あるいは「フクヤマ」その人といったタイプの）若者はもはやそれを十分に知るはずもないだろう。「歴史の終焉」、「マルクス主義の終焉」、「哲学の終焉」、「人間の終焉」等々といった終末論的テーマは、一九五〇年代において、すなわち四〇年前に、われわれにとって日々の糧であったということを。この黙示録のパンを、われわれはすでに自然に口にしており、一九八〇年になってから私が事後的に「哲学における黙示録的な語調」[*25]と異名をつけたものと同じように自然に口にしていたのである。

その食感＝堅実さはどのようなものだったのか。そして、その味は？　**一方で**それは、**終焉の古典**と呼べるような人々の読解と分析であった。それらは、近代的な黙示録の規範を形成していた。（それは、《歴史》の終焉、《人間》の終焉、《哲学》の終焉、ヘーゲル、マルクス、ニーチェ、ハイデガー、さらにはコジェーヴによる遺言補足書、そしてコジェーヴその人の遺言に対する補足書であった。[*26]）**他方で、しかも分離不可能な形で、**それはずっと前からわれわれが知っていた、あるいはわれわれの一部がもはや認めざるをえなくなった、東側のあらゆる国々でおこなわれていた全体主義的テロル、ソビエト官僚主義の社会的‐経済的側面におけるありとあらゆる破綻、過去のスターリン主義と進行中の新スターリン主義（おおざっぱに最低限の指標に話を限るならば、モスクワ裁判からハンガリーにおける弾圧まで）であった。おそらくこれこそが、脱構築と呼ばれるものがそのなかで発展したエレメントであったのだ――そして、この歴史的な絡み合いを勘定に入れない限り、特にフランスにおいては、脱構築のこの契機を理解することは不可能である。したがって、この特異な時間を、この（哲学的であると同時に政治的でもある）二重にして唯一の経験を私と共有した人々、思い切ってこれらの人々のことを〈われわれ〉と呼びたいのだが、これらの人々にとって、メディアが誇示する歴史の終焉と最後の人間とをめぐる現在の言説は、たいていの場合、退屈な時代錯誤《アナクロニズム》に似てしまうのである。少なくとも、もっと後で明確にしなければならないある地点までは。そもそも、この退屈さの何かが汗のように分泌されている。今日最も**現象的な**文化の身体から。すなわち、人が聞き、読み、見るもの、西洋の首都数々において最も**メディア化**されているものから、である。また、青年特有のういういしい歓喜をもってそれに身をゆだねる者たち、その彼らは時代に乗り遅れた人々のように見えてしまう。まるで最終列車が出ていってしまったというのにまだ最終列車に乗ることが――歴史の終焉にさらに遅れることが――可能であったかのように。

どうすれば歴史の終焉に遅れることができるのか。アクチュアルな問いである。[*27] これは、真剣な問いである。というのもそれは、ヘーゲル以来われわれがおこなっているように、歴史の後に起こりながら、なお**出来事**の名に値するものについて考察するよう、そして歴史の終焉とは単に**一定の**歴史概念の終焉なのではないかと自問するよう、要求するからである。もしかするとこれこそが、次のような者たちに対して問わなければならない問いなのかもしれない。こう言ってよければ黙示録と終焉の最終電車に遅れるだけでは満足せずに、息切れすることもなく、資本主義や自由主義の潔白意識のなかで、議会制民主主義の美徳なるもののなかで、ふんぞりかえることができる者たちに対して。もっとも、議会制民主主義という語でもってわれわれが指示しているのは、議会主義および政治的代表制一**般**ではなく、あくまでも**現在の**諸形態のことであり、すなわち真実のところ選挙装置および議会装置の**過去の**諸形態のことなのだが。

後ほど、この図式をもっと複雑にしてゆかなければならない。われわれは、メディアの時代錯誤《アナクロニズム》と潔白意識をめぐって別の読解を提案しなければならないだろう。しかし、歴史の終焉やそれに類するありとあらゆる〔昨今の〕診断書を手から取り落としてしまいかねぬ、落胆すべき**既視感**の印象をもっと実感してもらうために、私は（他にも幾多あるなかで）一九五九年の、とある試論を一つだけ引用したい。その試論の著者は、**そのうえに**なんと『最後の人』と題された物語も、**すでに**一九五七年に公にしていたのである。かくして、三五年近くも前に、モーリス・ブランショは、一九五〇年代に上梓された六冊あまりの書物について、「哲学の終焉」(3)という論文を捧げている。それらの書物は、すべてフランスで刊行されたものであるが、いずれも元マルクス主義者および元共産主義者による証言である。ブランショは後に、「共産主義のアプローチについて」と「マルクスの三つの言葉[4]」を書くことになる。

ブランショ「マルクスの三つの言葉」

〔私はここで[*28]、「マルクスの三つの言葉」と題された見事な三頁をまるごと引用し、それに対して留保なき同意を表明したかった。その三頁の文面は、問いかけに対する完全な答えであろうとするよりも、比類なき密度を持った簡潔な輝きをともないながら、控えめであると同時に衝撃的な仕方で、今日われわれが責任=応答可能性〔responsabilité〕を引き受けなければならないものと対決しようとしている。〈われわれ〉とは、**一つならずの**言葉《パロール》の相続人であり、自分自身から**脱節された**厳命[*29]の相続人であるこのわれわれのことである。

遺産の非均質性

まず最初に、遺産なるものの根本的で必然的な**非均質性**、遺産に刻印を付す対立なき差異、弁証法なき「不揃い〔disparate〕」あるいは〈準-並置〔quasi-juxtaposition〕〉、これを考察してみたい（これは、もっと先でわれわれがマルクスの精神の**数々**〔*les* esprits〕と呼ぶことになるあの複数形そのものにほかならない）。遺産なるものはけっして一つに集約されることはなく、けっして自分自身と一体とはなっていない。それにいわゆる統一性というものがありうるとするならば、それは**選択することによって再主張せよという厳命**のうちにしかありえない。この**しなければならない**〔*il faut*〕というのは、フィルターにかけ、ふるいにかけ、批判=分別〔critiquer〕**しなければな**

らないということであり、同じ一つの厳命に同居する複数の可能性のあいだで選別しなければならないということである。しかもそれらの可能性は、ある秘密を中心に、矛盾した形で同居している。かりに遺贈物の読解可能性が所与のものであり、自然なものであり、透明であり、一義的であったならば、かりに解釈を要求すると同時に解釈を拒むということがなかったならば、遺贈物を相続する必要はないということになるだろう。われわれは、あたかもそれが——自然的あるいは遺伝的な——原因でもあったかのように、その作用をこうむるのみとなるだろう。人は、つねに一つの秘密を相続するのだ——「読むがいい、だが果たしておまえにできるだろうか」と言い放つ秘密を。いかなる相続の再主張においてもすることを求められる批判的《クリティック》=分別的選択とは、記憶自体もそうであるように、有限性の条件でもある。無限が遺産を受け取ることもないし、無限が相続されることもない。厳命そのもの（それは、おまえが相続するもののうちから選び決定せよ、とつねに言うのだが）、それは分割することによってしか、引き裂かれることによってしか、みずから差延化することによってしか、同じ一回のうちに何回も——しかも複数の声で——語ることによってしか、一つであることはできないのである。たとえば、次のように。

「マルクスにおいて、そしてつねにマルクスに由来する形で、われわれは三種類の言葉が力を持ち、形をなすのを見ることができる。それらは三つとも必要であるが別々のものであり、対立しているという以上のものである。それらは、あたかも並置されているかのようなのだ。

この三種類の言葉を一緒に保持している不揃いは複数の要請を示しているが、その複数の要請は、語ったり書いたりする各人が**マルクス以来**〔*depuis Marx*〕そのいずれにも従っていると感じざるをえないものである。**それらすべてに自分が背いていると感じない限り。**」（p. 115〔邦訳二〇二頁〕。強調は引用者）

「それらすべてに自分が背いていると感じない限り」。これは何を意味するのだろうか。そして、「マルクス以来」とは？

　すべてに背いてしまうこと、たしかにその可能性はつねに残されている。このリスクに陥らぬよう、ましてやそうした感情を持たぬよう保証を与えてくれるものなどけっしてないだろう。そして、「マルクス以来」なるものが、そこから発してわれわれが**参加している**〔*engagés*〕**割り当て**の場を示し続けている。しかし、参加や割り当て、厳命や約束があり、この訴えがあるのは、われわれ以前に響きわたる言葉から発してである一方、この「以来」はたしかにわれわれに先行する場所と時間を標記《マーク》してはいるものの、〈**われわれ以前**にあるに劣らず**われわれの行く手に**あるがゆえに先行する〉といった場所と時間を標記もしている。つまり、未来から、絶対的な〈未来〉としての過去から、ある出来事、つまりこれから存在すべく（to be）残されているものの〈非-知〉と〈非-到来〉から発して、というわけである。つまり、これからなすべく、そして決定すべく残されているものから発して、である（これこそが、おそらく、ハムレット——そして、いわば幽霊の前に誓いに来るいかなる相続人もが口にする――«to be or not to be»が意味するところであろう)。この「マルクス以来」が、ある過去、ある固有名の過去と同じように、ある〈未‐来〔à-venir〕〉の名でもあるのは、固有名に固有なものがつねに来たるべきもののままにとどまるからである。そして、秘密のままに。それが来たるべきもののままにとどまるというのは、「不揃いなもの」(*30)を「一緒に保持する」ものの〈将来の今〉〔le maintenant futur〕のようにではない(そのうえ、ブランショみずから、「一緒に保持する〔maintient ensemble〕」「不揃い」なるものは不可能だと述べている。ただし、どうやって不揃いなものが、みずから、それでもなお一緒に保持できるのか、さらにはどうやって**不揃いそのもの**について、それ自体について、所有＝固有性〔propriété〕なき自同性について語れるのかを考察しなければならないという点が残るが)。「マルクスから発して〔depuis Marx〕」発言されることは、一緒に保持するということを単に約束したり喚起したりしうるのみである。それも、差延化する言葉《パロール》のなかで。ただしこの言葉が主張することを差延化するのではなく、まさしく主張するために、正しく主張するために、出来事の到来を、その〈未‐来〉そのものを主張できるように(これは権能なしの〈できる〉だが)、差延化するのである。

ブランショはここではシェークスピアの名をあげてはいない。しかしわたしはマルクス以来、マルクスもまたそう聴いたように「シェークスピア以来」と聴くことなしには、この「マルクス以来」を聴くことができない。一緒にならぬもの、しかも不揃いそのもの、同的な不揃い、こうしたものを一緒に保持すること――この点については亡霊の亡霊性についてと同じようにわれわれは絶えず立ち戻ってくるだろうが――、この問題はばらばらになった現在という時間のなかでしか、根本的に脱‐節され、確固たる結合を持たぬ時間の節合状態のなかでしか考えられない。それは、節合を持ちながら、その節合が否定的対立と弁証法的分離〔disjonction dialectique〕をあらわす〔接頭辞〕*dys* によって否定され、破断され、傷つけられ、機能不全となり、調節不全となった時間ではなく、節合状態も**確固たるもの**ではなく結合も**決定できない**時間である。ここで時間について言われていることは、したがって、あるいは同じように、歴史についても言うことができる。たとえ、この歴史がもろもろの〈情勢節合〔conjoncture〕〉という効果でもって時間の脱節を繕う――そのときこそ世界が現れるのだが――ことにあるとしても。《The time is out of joint》. 時間は**関節がはずれ**、脱臼し、筋を違え、ばらばらになってしまった。時間はおかしくなり、追いつめられておかしくなり、**乱れてしまい**、すなわち変調をきたし気が違ってしまった。[*31] 時間の蝶番がはずれてしまった、時間は道から逸れ、われを忘れ、調節不全に陥ってしまった、とハムレットは言っている。かく言うことによって彼は、かの割れ目の一つを穿ったのである。しばしば詩的かつ思惟的な銃眼となった割れ目。シェークスピアはそうした銃眼から英語を監視し、それと同時に何らかの矢でもって未曾有の一撃をくわえ、英語の身体に署名をほどこした。ところで、いったいハムレットはどの時点で、時間のばかりではなく歴史と世界の脱‐節点を、過ぎゆく時間の脱節点を、そのつどわれわれの時代のこととしての**われわれの**時代の調節不全を、このように名指しているのだろうか。そして、《The time is out of joint》をどのように翻訳すべきなのだろうか。驚くべき多様性をもった翻訳が、何世紀にもわたって散りばめられている。この傑作の、この天才的な作品〔une œuvre de génie〕の、まさしく**才を凝らす**＝**霊となろうとしている**〔*s'ingénier*〕かのような**精神的事象**の翻訳。(*32) それが悪しき霊〔génie〕であろうとなかろうと、天才＝霊〔génie〕なるものは**作用し**＝**作品となり**、亡霊的なモノ同様、それはつねに抵抗し人を拒む。活力を吹き込まれた作品はかのモノとなる。すなわち、捉えどころのない亡霊のように、記憶にも翻訳にも固有な形で住まうことなく住まおうと**才を凝らす**〔*s'ingénie*〕——つまりは**取り憑こうとする**——《モノ》となるのだ。傑作＝仕事の頭領〔chef d'œuvre〕なるものは、その定義からして、つねに幽霊のように動きまわる。たとえばその《モノ》は、そこに定住することもなく、けっしてそこに閉じこもることもないながら、あの«The time is out of joint»というくだりの幾多の翻訳バージョンに取り憑き、**物を言い**＝**それらの原因となり**、それらのうちに住んでいる。(*33) 翻訳の言葉は複数であり、それらは何らかの組織を形成するのであって、てんでばらばらに散りばめられているのではない。それらはまた、亡霊効果そのもののせいで、またオリジナルと呼ばれる《原因＝大義〔Cause〕》のせいで、すなわち、矛盾している以上の、それぞれの要求が同じように＝同的に〔mêmement〕不揃いであるような要求を翻訳に対してむけている《原因＝大義》のせいで、みずから脱組織化する。これら翻訳の言葉は、ここでは、いくつかの大きな可能性のまわりに配分されているように見える。それらは類型をなしている。«The time is out of joint»において、Time は、あるときは**時間**そのもの、時間の時間性であり、あるときは時間性が可能にするもの（**歴史**としての時間、目下の時間＝時代、われわれが生きている時間＝時代、今日という日々、時代《エポック》であり、あるときはしたがって、進行する**世界**、今日のわれわれの世界、われわれの今日、現在性《アクチュアリテ》そのものである。すなわちそれは、うまく行っている（whither）ところであり、うまく行っていないところ、つまり腐っている（wither）ところであり、調子がよかったりよくなかったりするところ、時節柄、あるべきようにはうまく行かないところである。この Time とはすなわち、時間でもあるが、歴史でもあり世界でもあるのだ。

《The time is out of joint》。それをめぐる数々の翻訳自体もまた、《out of joint》の状態にある。翻訳がいかに正しく正当であろうとも、それらに対していかに**権利**を認めようとも、それらはいずれも適合することはなく、それらがこうむっている隔たりのせいで不当な翻訳に見えてしまう。その隔たりは、たしかに、意味が必然的に曖昧なままになっているために、それら翻訳の内部自体でも作用している。またその数々の翻訳どうしの関係、つまり翻訳どうしの多数性のなかでも作用している。最後に、もしくは第一に、その隔たりは相手の言語に対する翻訳の不一致、そして掟を定めるあの出来事の天才わざに対する還元不可能な不一致において、つまりオリジナルのありとあらゆる潜在的要素に対しては不一致を還元できないという点、これにおいて作用するのである。それに対しては、いかにすばらしい翻訳であろうとも、なすすべはない。さらに悪いことには、そしてこれこそ悲劇なのだが、すばらしい翻訳は相手の言語への到達不可能性をさらに助長するか、もしくはさらに確固としたものにするばかりなのだ。以下は、最も注目すべき、最も非の打ちどころのない、最も興味深いもののなかから選んだ、いくつかのフランス語訳の例である。

一、「**時間の蝶番がはずれてしまった**」«*Le temps est hors de ses gonds.*»[5]。イヴ・ボンヌフォワのこの翻訳は最も確実なものに見える。この翻訳は、あたかもこの時間のエポケーそのものにおいてと同様、この寸言が持つ最大の経済的ポテンシャルを開いたままにし、宙づりのまま保っている。（この点は翻訳が埋めることのできていない隔たりなのだが）有機的、倫理的あるいは政治的である以上に技術的である蝶番の形象は、それが翻訳している固有語法《イディオム》の支配的な用法および用法の多数性に最も近いように思われる。

二、「**時間がおかしくなってしまった**」«*Le temps est détraqué.*»[6]。どちらかといえばきわどい翻訳である。この表現は、用法によってはむしろ天候（weather）を思わせてしまう。

三、「**世界は逆さまになってしまった**」«*Le monde est à l'envers.*»[7]。この「逆さま」は、よりオリジナルに近く思われる「曲がってしまった」にきわめて近い。

四、「**この時代の名誉は汚されてしまった**」«*Cette époque est déshonorée.*»[8]。一見とっぴに見えるにもかかわらず、ジッドによるこの読解はある固有語法《イディオム》の伝統に合致している。モアからテニスンにいたるその伝統は、この表現に対して、一見、いっそう**倫理的**ないし**政治的**な意味合いを与えている。«Out of joint»は、国家〔cité〕の道徳的堕落や腐敗を、風紀の乱れや倒錯を形容するというわけである。調節不全〔désajusté〕から不正なもの〔injuste〕への移行はいとも容易である。これこそわれわれの問題なのだ。すなわち、この（ある現前に対して作用をおよぼす、どちらかといえば技術的‐存在論的な価値である）調節不全から、もはや存在論的なものではない不正へといたる移行をどのように正当化すべきなのか、ということが。ところで逆に、調節不全こそが正義の条件だったとしたらどうであろうか。しかもこの語の二重の使用域がまさしくハムレットの The time is out of joint という言葉の謎を凝縮し、相乗効果によって過剰の力を発揮し、その言葉に未曾有の力を与えているのだとしたら？　驚くまでもないが、倫理的‐政治的転用の例として、『オックスフォード英語辞典』はハムレットのこの文をあげている。この注目すべき例によって、オースティンが言っていたこととの必然性を理解することができる。すなわち、辞典はけっして定義を与えることができず、与えるのは例だけだということを。Out of joint であるためにうまく行かないものや**曲がった**（すでに見たように**逆さま**ではなく**曲がった**）ものの倒錯、われわれはその倒錯が、斜めのもの、ねじれたもの、歪んだもの、でたらめなものと同様、公正さに、まっすぐな《ドロワ》歩みの正しい方向に、法を方向づけたり根拠づけたりする――そして直接に、つまり迂回なしに、正しい宛先に向かわせる等々の――精神に、対立するのを容易に見てとることができる。(9) そもそもハムレットは、時間の« out of joint »である状態と時間の**正しくまっすぐな状態**〔*être-droit*〕とを、すなわちうまく行っているものの正当な権利のうちにあり、正道のうちにある状態とをはっきりと対置している。(*34) 彼は、曲がってしまった時間をたて直すべく彼に生を与えた運命を呪ってさえいる。ほかならぬ彼、ハムレットをして正義をおこなうよう、物事を秩序に戻らせるよう、歴史を、世界を、時代を、それが正しい機能の掟に従ってまっすぐに進むべく――そして法に従って進むべく――時間を**正しい位置に**、正道に戻すよう運命づけた運命を呪うのである。この不平に満ちた呪いそのものも、それが告発するねじれあるいは歪みの作用をこうむっているように見える。（＊35）みずから生じ、みずから消え去るこのパラドクスの形でもってハムレットが呪っているのは、もっぱら時間の腐敗だというわけではない。彼は第一に、そしてどちらかというと、この規定逸脱がもたらすあの不公正な効果、すなわち彼、ハムレットをして、関節がはずれた時間を蝶番に戻すよう――しかもそれを正直《せいちょく》に戻すよう、法の手に戻すよう――運命づけたという運命を呪う。彼は、自分の使命〔mission〕、すなわち時間の脱臼＝使命放棄〔dé-mission〕を正しく裁くという使命、これを呪うのだ。彼は、**宛先**《アドレス》を正すことによって過ちを、時間と時代の過ちを正しく裁くよう導く運命をののしる。宛先を正すのは、すなわち、公正さおよび正直＝法〔droit〕をして（to set it right とあるように）、**矯正**、償い、復権、復讐、報復、懲罰の運動とすることによってである。彼はこの不幸をののしるが、この不幸は彼自身、すなわちハムレットその人にほかならないので、底なしの不幸なのだ。自分の使命を呪っているのだから、すなわち懲らしめること、復讐すること、正義と法とを報復の形で行使しなければならないという懲罰を呪っているのだから、ハムレットは« out of joint »である。そして彼がその使命において呪っているのは、贖罪自体のこの贖罪である。まずその贖罪が**生まれつきのもの**、自己の出生**に対して**与えられたのと同様、出生**によって**与えられた、ということなのだ。つまりそれは彼に先だって出来《しゅったい》した者（出来したこと）によって割り当てられていたのだ。ヨブ同様（「ヨブ記」三・1）、彼は自分が生まれた日を呪う。(*36) « The time is out of joint : O cursed spite. That ever I was born to set it right. »〔この世の関節がはずれてしまったのだ。何の因果か、それを正すべくこの世に生を受けたとは！〕。（« To set it right » は、「節合しなおす」（ボンヌフォワ）、「秩序を回復する」（ジッド）、「正直《せいちょく》にしなおす」（ドゥロキニー）、「あるべき場所に戻す」（マラプラート）などと訳されている）。運命の一撃、彼の出生そのもの**に**〔＝**対して**〕なされたという**悲劇的な**間違い、彼の使命＝宛先〔destination〕の秩序そのものに耐えがたい倒錯があったという仮説、それは彼、ハムレットを、法のために、**法を目指して**、**存在**させ**生まれ**させたということである。彼に対して、時を正道に戻し、法をなし、正義を回復し、歴史を、歴史の**歪み**を正すよう訴えつつ。悲劇的なもの、悲劇的なものの本質は、この根源性なしには存在せず、より正確に言うならば、起源以前にあってまさしく亡霊的であるような罪の先行性という条件なしには存在しない。それは、他者による罪の先行性であり、その出来事と現実と真実とがけっして骨肉の身体を具えて**現前する**ことがなく、推測や復元や空想を許すのみであるような大罪の先行性である。(*37) しかしそれでも、出生の瞬間から人がその大罪の責任を負わされ続けることに変わりはない。たとえ、その悪を白状できる者がおらず、他人の告白も自分の告白も同じだと言わんばかりに**他者の告白を聞いた**自分がその悪を正すはめに陥ったからだとしても。ハムレットは自分をして法＝正直《ドロワ》の人であるべく運命づけた運命を呪う。まさしく、彼のことを歪みの正し役に、法のように罪の後にしか来ることのできない者に、あるいはまったく端的に後にしか来ることのできぬ者に仕立てた法そのものを呪うかのように。端的に**後に**というのは、つまり必然的に第二のものであり、根源的に遅れて到来し、したがって**相続する**よう運命づけられている出生=世代において、ということである。相続は**何らかの**亡霊的なもの、したがって一**つならずの**亡霊との釈明的対決〔s'expliquer〕なしにはけっしてありえない。過失との対決もだが、同じように一**つならずのもの**の厳命との対決なしにはありえないのだ。これこそが根源的な歪みであり、彼が苦しんでいる生来の傷、すなわち底なしの傷であり、取り返しのつかぬ悲劇であり、法の歴史、あるいは法としての歴史に刻印《マーク》された果てしなき呪いである。時間が out of joint になってしまったということ、これこそ、誕生が一人の人間をして〈歪みを正す正義漢〉としてしか、すなわち懲らしめ、罰し、殺すことによってしか法=正直の人であることができないよう運命づけるときに、誕生そのものによって示されていることである。呪いが、法そのもののなかに書き込まれているのだ。法の殺人的な起源のなかに。

ハムレットが――ニーチェよりも、ハイデガーよりも、ベンヤミンよりも前に――嘆いているように思われるように、法なるものが復讐に起因するのだとしても、いつの日か、もはや歴史には属さないいつの日か、ほとんどメシア的ないつの日か、終に正義が復讐という宿命から逃れるようになることを切望することはできないだろうか。逃れるばかりではなく、復讐とは無縁で、かぎりなく異質な起源をもった正義を? またその日は、われわれの行く手、つまり未来にあるのか、記憶そのものもおよばぬほど古いものなのか。この二つの仮説のいずれかを**今日**決めるのがむずかしく実際には不可能であるのは、まさに«The time is out of joint»だからである。これが今日という日の根源的腐敗であるだろうし、また同じように、正義をおこなう者の呪い、わたしが生まれた日の呪いなのだろう。こうした（それ自体 out of joint である）解釈の、見かけの上ではいかなる規定からもはずれた多義性を、一つの**焦点**のまわりに集めることは不可能なのだろうか。原典の意味がその焦点に住んでいるというよりは、その焦点につねに取り憑いているだろうということを了解した上で、この焦点においてその多義性が共存する規則を見いだしてやることはできるのだろうか。これこそが天才わざであり、このうえない機知であり、「シェークスピア」なる《モノ》の署名なのだ。すなわち、それぞれの翻訳を許容し、翻訳に還元されつくすことなくそれら翻訳すべてを可能にし、理解しうるものにすることが。それらの節合〔ajointement〕は、名誉、尊厳、よき形象、名声、資格や名義、資格を与える正当性、尊敬に値するもの一般、法＝正直〔le droit〕でないならば〈**正しきもの**〉そのもの、これにおいて、つねに節合、自己と連接する集約、一貫性、責任を含意するものへと送り返すだろう。[10] ところで、もし節合一般が、もし「節《ジョイント》」なる節合形態が、まず時間のこうした節合、適切さ、正しさを前提とし、すなわち時間**の**〈それ自身とともにある存在〉、時間の和合を前提とするならば、**時間そのもの**が«out of joint»となり、脱節し、調整不全となり、不揃いとなり、混乱をきたし、調子が狂ってしまうか公正を欠いてしまうかしたときはどうなるのだろうか。時間そのものが錯時的《アナクロニック》になってしまったときには？

　この錯時性《アナクロニー》のなかで、どんなに多くのことが起こることか！　もしかすると、«*The time*»が、時間＝時代〔le temps〕そのものさえが起こるかもしれないのだ。まさしくつねに「われわれの時間＝時代」としての時間そのもの、すなわちわれわれのあいだにあり、日毎《ひごと》、つまり今日という日にわれわれのものである時代と世界、われわれの現在としての現在、これが錯時性のなかで起こるかもしれないのだ。とりわけ、われわれのあいだでまさしく「うまく行かない」とき、すなわち「調子が悪い」とき、うまく運ばないとき、経過が思わしくないときに。しかし、他者を相手にした場合、この「うまく行かない」という脱節や調節不全は、善が現れるために必要なものであり、少なくとも正義が現れるために必要なものではないだろうか。脱節とは、他者の可能性そのものではないだろうか。どのように二つの調節不全を区別すべきなのか？　すなわち不正の脱節と、他者への関係という無限の非対称性を開く脱節、つまり正義のための場を開く脱節とを？

この〈場〉とは、計算可能で分配的な正義のための場ではない。この場とは、法の場、返還を計算する場、復讐や懲罰の経済の場ではない（というのも、かりにハムレットが（フロイトやジョーンズらが言うように）抑圧においてさらに一歩前進したオイディプスの三角形あるいは円環における復讐と懲罰の悲劇であるにしても、抑圧の彼方に向けたさらなる一歩の可能性もまた考えねばならないからである。すなわち――『オイディプス王』から『ハムレット』にいたる演劇や政治の歴史＝物語《イストワール》だけをとってみても――歴史＝物語のなかで、抑圧をして**みずからを超え出る**べくうながすような法則を持った、抑圧エコノミーの彼方といったものがあるからである）。したがってこの場とは、計算可能な平等、つまり主体や客体を対称化する共時的な計算可能性あるいは帰責可能性の場でもなく、制裁し、復権し、**法をなす**だけにとどまる**正義回復**の場でもなく、贈与の計算不可能性としての、他者に対する非‐経済的な脱‐定立の特異性としての、正義の場なのだ。「他者との関係――すなわち正義」とレヴィナスは書いている。[11] ハムレットがそれを知っているかどうかは別にして、冒頭で« The time is out of joint »と言明するとき、彼はこの――贈与、特異性、出来事の到来、他者への過度のあるいは過剰の関係、こうしたものへの呼びかけといった――問いの開けに立って語っている。そしてこの問いは、ハムレットが以下のようなものとして把握する他のすべての問いともはや切り離されることはない。すなわち《モノとしての亡霊》と《王》(Thing, King)の問い、出来事の問い、現前者と**存在すべきか存在すべきでない**もの、すなわち to be or not to be の問いは、**なす**べきこと――これは〈**考える**べきこと〉もまた意味している――の問い、〈するようにしむけるべき〉かあるいは〈するがままにさせるべき〉ことの問い、――たとえそれが死であったとしても――来させるべきかあるいは来るにまかせるべきもの、もしくは与えるべきものの問い、ということでもある。**存在すべきもの**への配慮は、どのようにして復讐や法の論理と交叉するのだろうか。たとえその論理を超え出るためであるにせよ?

必然的に岬=針路=頭〔cap〕も保証もない軌道。それは、〈正義〉が Dikē の翻訳としてたしかに問題があるにせよ、**正義**〔*justice*〕の名のもとに、あるいは正義の名においてわれわれに宛てられている問い、この問いが、それへと向かって揺れ、振動し、方向づけられると同時に方向を狂わせて陥ってゆくような**性急さ**の軌道である。『アナクシマンドロスの箴言』は、もしかすると今日、この特異なトポロジーをめぐる、なるほど唯一のものではないが、最も感度の高い場所の一つではあるかもしれない。そこにおいてハイデガーは、一致〔accord〕あるいは調和〔harmonie〕、Fug, Fuge の節合状態、節合、調整、分節（Die Fuge ist der Fug〔節理とは正当である〕）として Dikè を解釈している。現前としての存在から発して考えるかぎり（als Anwesen gedacht）、Dikè はいわば節合状態と一致とを調和的に共に結合している。Adikia はその反対に、脱節され、筋を違え、ねじれて〈正直《せいちょく》＝法〉の外にあるもの、すなわち不公正なる歪みのなかに、さらには愚かさのなかにあるものである。(12)

通りがかったついでに、mit Fug und Recht〔しごく当然に〕は、一般に「間違って＝歪めて」に対して「正当な〈権利＝正直《せいちょく》さ〉をもって」あるいは「正当な資格で」、「正当な理由で」を意味することに留意しておこう。「関節がはずれ、脱臼し、筋を違え、われを忘れ、乱され、蝶番がはずれ、脱節し、調節不全に陥った」という意味において、ドイツ語で《out of joint》に相当する語は、《aus den Fugen》、《aus den Fugen gehen》である。ところでハイデガーは、正義が法律的-道徳的に限定される手前で、その限定以前に、あるいはその限定から隔たったところで Dikè を考えなければならないと主張するが、その際に彼は、《aus den Fugen》を通じて**自分の**言語のなかに、《The time is out of joint》の――現在において、何かうまく行かないということ、**そうであるべきようには**うまく行かないということの――多様な、集約された、宙づりになった潜在力を見いだしている。こうして、「a-dikia という語は、まず dikè はそこにはない（wegbleibt）ということを語っている。人は普通、dikè を« Recht »〔正直《せいちょく》＝法〕と翻訳している。［アナクシマンドロスの］箴言（des Spruches）の諸翻訳のなかでは、「罰」とさえ翻訳されている。われわれが、法律的‐道徳的な諸表象（juristisch-moralischen Vorstellungen）を遠ざけて、その言葉として到来することのみに執着するならば、adikia は、それが支配する場所では、何かが、そうであるべきようにはうまく行っていないということをあらわす（daß es, wo sie waltet, nicht mit rechten Dingen zugeht）。これは、次のことを意味する。すなわち、何かの蝶番がはずれ、脱節しているということを（etwas ist aus den Fugen）。だが、いったい何が問題となっているのだろうか。そのつど暫時的な滞留において**現**前すること、である（Vom je-weilig Anwesenden）」[13]。« je-weilig »の刊行されている仏訳（« en son séjour transitoire »〔暫時的な滞留において〕）について、次のことを喚起しておくことは重要であろう。すなわち、ハイデガーの省察的なエクリチュールは、たしかに、je-weilig（そのときの、その時代の、そのつどの、等々）としての現前（Anwesend）という限定を経ており、次いで Weile（瞬間、過ぎ去る瞬間、時間の経過）あるいは weilen（残ること、滞留すること、残ること、留まること）という不可欠な属性の付与を経ている、ということである。しかしここで、それにも増して重要に思われるのは、Weilen の解釈である。それはたしかに経過〔passage〕であり、したがって定義からして過渡的な時間なのだが、その過渡〔transition〕がいわば未来から来る、そうした過渡的時間なのだ。その過渡は、本質からして、まだ由来せず、ましてやまだ到来せず、それゆえに到来すべくあり続けるものに由来する。この現在時間の経過は、未来から到来し、過去に向かい、立ち去ったものの立ち去りに向かって立ち去る（Das Weilen ist der Übergang aus Kunft zu Gang. Das Anwesende ist das Je-weilige.〔暫時のあいだ留まることは、到来から退去への移り行きである。現前するものは、そのつど暫時のあいだのものである〕p. 323)。「だがこのとき」、とハイデガーは続けて述べている。「現前する存在者のなかのいったいどこに節合〔jointures〕があるのか。どこに一つでも節《ジョイント》（nur eine Fuge）があるというのか。いかにして現前するもの（das Anwesende）は、節なきもの、adikon すなわち脱節（aus der Fuge）でありうるのだろうか」。すなわち out of joint でありうるのだろうか？　というのも、アナクシマンドロスの読み手としてのハイデガーを、ハムレットの言語に翻訳することができるからだ。つまり、存在するもの、すなわち現在、したがって時間、これがどうして out of joint たりうるのか、というふうに。この解釈の続きをここで再現することはできない。それは、長く綿密なアプローチに値するだろうから。読解にあたっての一仮説と問いを立てる際の原則だけを示しておこう。アナクシマンドロスの『箴言』は、現在の現前に、すなわち eonta〔存在者〕の eon〔存在〕に、adikia が属していること、すなわち脱節状態が属していることを示しているのだろうか。すなわち、ニーチェがこの場合にしたように、たいていの場合〈不正〉（Ungerechtigkeit）と翻訳されるものが属していることを？　そこから、存在をめぐるギリシア的経験のなかに何らかの「ペシミズム」あるいは「ニヒリズム」があると結論することができるだろうか。ハイデガーはそれを疑問視する。オプティミズムと同じく、ニヒリスティックなペシミズムに対しても、彼は、「美学的」あるいは「心理学的」――「心理学的」はハイデガーにとって〈精神分析学的〉も意味する——流儀では説明されない[14]「悲劇的なもの」の「痕跡」、悲劇的なものの本質の「痕跡」、これを対立させている（したがってわれわれは、けっしてオイディプスとハムレットから遠いところにはいないわけである）。美学的‐精神分析学的なものの彼方で、この悲劇的なものの痕跡は、存在者の存在の解釈から発して didonai diken [...] tes adikias〔不正義を顧慮して……正当を付与する〕（p. 330、四〇一頁）ことを考えるようわれわれに呼びかける。Dikè のこの贈与とは何か。法＝正直〔droit〕の彼方のこの正義〔justice〕とは何か。それは、ただ歪みを償い、支払うべきものを弁済し、法＝権利を認めたり正義をなしたりしに来るのか。それは、ただ正義を回復しにくるのか、それとも逆に義務、負債、犯罪あるいは過ち、これらを**超えて**与えるために来るのか。それは、ただ不正義（adikia）を償いに来るのか、あるいはもっと正確に言えば、現在という時間の脱節状態を**あるべき**形に連節しなおしに来るのか（ハムレットが言うように、to set it right するために）。

現在の現前そのもののなかの脱節点、現在する時間の自分自身に対するこの種の非‐同時性（われわれがそこから発して**幽霊を考えよう**としている、あの根本的な反時代性もしくは錯時性）、これについてアナクシマンドロスの言葉は、ハイデガーによるならばであるが、「語っていると同時に語ってはいない[15]」。

A、たしかにその言葉は、現前するもの（das Anwesende）は現在という形で adikia のなかにあると「明確に＝両義的ではない仕方で」（eindeutig）言っている。すなわち、ハイデガーが訳すように（p. 327、三九六頁）、現前は乱され、蝶番がはずれている〔言うならば aus der Fuge : out of joint である〕。現在とは過ぎ行くものであり、現在はみずから過ぎ行き、それはこの過渡的な過ぎ行き（Weile）のなかに、この行き来のなかに、**立ち去る**ものと**やって来る**ものとの**あいだ**に、発つものと着くものとの中間に、不在となりゆくものと現成するものとのあいだの分節に滞留する。この中間部は、その二つの運動の節合点をそろえる（gefügt）二重分節（die Fuge）を、ともに節合しつつ分節化する。現前すること（Anwesen）は、不在の二つの方向にむけて、もはや存在しないものとまだ存在しないものの分節点において、節合され＝厳命され〔enjoint〕（verfugt）、秩序だてられ＝命令され〔ordonné〕、配置される。節合することと厳命すること〔joindre et enjoindre〕。この節合の思考は、また厳命〔injonction〕の思考でもある。

B、しかしながら、「明確に＝両義的ではない仕方で」以上のことを宣言しつつ、『箴言』は、また別のことも言っている——あるいは以上のことを、条件つきでしか言ってはいない。『箴言』が現在の非節理（adikia）あるいは「不正義」を名指すのは、ひとえに didonai diken〔節理を与える〕をしなければならないと述べるためだというわけである。（**なければならない**という〈義務〉や〈負債〉の意は、たとえニーチェが Sie müssen Buße zahlen「それらは償ないを支払わなければならない」と訳しているにせよ、訳しすぎかもしれない。）いずれにせよ、問題となっているのが〈与えること〉だということには間違いがない。つまり、Dikē を与えること。これは、**正義を回復するの**ではなく、人（ニーチェ、ディールス）がたいていそう訳しているにもかかわらず、懲罰や支払いや贖罪によって、お返しに正義を回復することではない。まず問題となっているのは、返却もなく、計算もなく、会計もないような贈与のことである。ハイデガーはこうして、罪、負債、法、そしてもしかすると義務さえ含む一切の地平から、こうした贈与をひきはなす。とりわけ、「復讐されたもの（das Gerächte）のみが正しいもの（das Gerechte）だと考える者たちには大切なもの」であり続けるとみずから述べているあの復讐の経験から、彼は贈与をひきはがそうとするのだ。（ついでに言うが、だからと言って、ここや他の場合、たとえば『ハムレット』や復讐論理が非常に強力であり続けている随所において、精神分析その他の流儀でもって復讐論理の読解を展開することの価値を、何らおとしめるものではないだろう。しかし、もっか展開しているこの別の読解は、復讐論理の読解をめぐる妥当性をうばうことなく、まさにその読解の経済的閉域ひいては宿命の円環、すなわちその解釈の妥当性や適切さを可能にする限界そのものを出現させるものである。この限界は事実、それが説明しようとしている当のものの理解を禁じてしまう。すなわち、まさに悲劇――すなわち復讐することの躊躇――の理解、熟慮、計算の非‐自然性あるいは非‐自動性、つまり言うならば神経症の理解を）。正義の問い、すなわちつねに法＝正直〔droit〕の彼方に達するものとしての正義の問いは、その必然性においてもアポリアにおいても、もはや贈与の問題と離れることはない。負債も罪状もないこの贈与、そのパラドクスについて、ハイデガーは、私が別の場所で言及したような運動を描きながら問うている。[16] 事実そのとき、そこで彼が名指さず、そもそも彼がほとんど名指すことのないあのプロティノスの痕跡をたどるような身ぶりを見せながら、こう自問しているのである。持っていないものを与えることは可能なのか、と。「ここで、与えるとは何を意味しているのだろうか。過渡的に滞留するもの、脱節状態のなかで広がるものは、どのように節理を与えるべきなのだろうか（Wie soll das Je-Weilige, das in der Un-Fuge west, Fuge geben können?）。持っていないものを与えることができるのか（Kann es geben, was es nicht hat?）。そして、かりに与えたならば、まさしく節理を放棄したことになるのではないだろうか」(17)。ハイデガーの答え。与えるということは、ここでは現前するもの（Anwesen）のなかにしか安住してはいない。それは単に、放棄すること（weggeben）を意味するだけでなく、さらに根源的に与える＝調和すること〔accorder〕、ここでは zugeben を意味する。この zugeben は、たいていの場合、〈付け加えること〉ひいては過剰を指示し、いずれにしろ**余分**〔*supplément*〕として、市場を超えて、取り引きの外部で、交換なしに贈られるものを指示しており、ときには音楽や詩の作品について言われることがある(＊38)。この寄贈は余分であり、所有できたかもしれぬものの放棄もしくは喪失と対照した場合には必然的に過度なものであるにもかかわらず、エスカレートすることのない寄贈である。寄贈は、まかせることにある。すなわち、他者に固有なものとして帰属するものを他者にまかせておくことに。（Solches Geben läßt einem anderen das gehören, was als Gehöriges ihm eignet.〔このような〈与えること〉は、他のものに、それに固有であるところのものを帰属させる〕）（同所）。ところで、そのときハイデガーが明言するように、たとえ現在が他者の現在、他者としての現在であったとしても、一つの現在に**固有のものとして**帰属している（eignet）のは、その滞留の、その時間の、その瞬間の節理〔die Fuge seiner Weile〕である。一方が持っていないもの、つまり一方が放棄することのないもの、にもかかわらず一方が与えるもの、おまけに、市場を超え、駆け引きを超え、感謝を超え、取り引きや商品を超えて他者に与えるものとは、**他者に固有であり**〔ihm eignet〕他者に現前を与える〈自己との調和〔accord avec soi〕〉を他者にまかせることである。依然としてDikèをこの「正義」という語で翻訳し、またハイデガーがしたように、現前としての存在から発してDikèを考えるならば、「正義」とは第一に、そして最終的に、そしてとりわけ**固有なものとして**、調和の節理〔ajointement〕であるということが確証されるだろう。すなわち、その節理を持たない者によって他者に与えられた、他者に固有の節理ということである。不正義とは、脱節あるいは節合不全だということになるだろう。（もう一度引用しておこう。《Dikè, aus dem Sein als Anwesen gedacht, ist der fugend-fügende Fug. Adikia, die Un-Fuge, ist der Un-Fug》〔Dikè〔節理・正当〕とは、現前することとしての有ることから考えるならば、正しい筋道に合わせて節理する正当である。Adikia、すなわち非節理とは、節理が欠けていることである〕）。

破壊不可能な正義、砂漠的メシアニズム

ここにわれわれの問いがやって来ることになる。つねに彼がするように、ハイデガーは、事実、まさに**恩恵**［*faveur*］そのものの可能性と解釈し、授けられ＝調和した〔accordée〕恩恵と解釈し、すなわち調和させながら集約し受け入れる一致〔Versammlung, Fug〕の可能性と解釈しているものに**恩恵を与えるような仕方**で、対称性を壊してはいないだろうか。たとえ、差異的なものおよび係争の自同性においてであり、しかも集‐体＝体系〔sys-tème〕へと共‐定立＝総合〔syn-thèse〕する以前においてであるにしても？　贈与から発して正義を考えることの力と必然性、すなわち法、計算、取り引きを超えて正義を考えることの力と必然性がひとたび認められたとき、したがって、他者に対する贈与を自分が所有しておらず、よって逆説的にも、他者に**帰属する**ことしかありえぬものの贈与として考える（まさしく**強制力**《フォルス》なき、もしかすると必然性なき、そして法則なき）必然性が認められたとき、正義のこうした運動の一切を現前性の徴《シーニュ》のもとに書き込むことに危険《リスク》はないのだろうか。たとえその現前性が、Anwesen〔現成〕の意味での、すなわち現前性へと到来する出来事の、現前性自体に節合された現前性としての存在、現前性としての他者に固有なものという意味での現前性であったとしても？　たしかに受け取られた現在《プレゼント》の現前性ではあるが、自同的なものとして自己固有化することができ、自己固有化可能なものとして集約された現前性として？　他者との関係としての正義は、むしろ逆に、法の彼方ましてや法律主義の彼方に、道徳の彼方ましてや道徳主義の彼方に、次のようなものを前提とするものではないだろうか。すなわち、脱節あるいは錯時性の還元不可能な過剰、何らかのUn-Fuge〔非節理〕、存在と時間そのものにおける« out of joint »な解体、つまり計算可能な保証が存在しないような悪や所有の剥奪や不正（adikia）の危険をおかす一方で、他なるものとしての他者に対して**正義をなし**、**正義を回復する**ことのできる唯一のものとして脱節、これを前提としていないだろうか。行動〔action〕には尽きぬ**行為**〔*faire*〕を、そして単に復権する〔restituer〕ことには帰着せぬ**回復**〔*rendre*〕を前提としてはいないだろうか。ここであまりにもてっとり早く語り、賭けられていることを極端に定式化するならば、（現前性としての存在と固有なものの所有＝固有性〔propriété〕とから発するか否かは別にして）このUn-Fug〔非節理〕の解釈に賭けられているのは、正義の可能性に対する脱構築の関係、他者の特異性に（負債も義務もないとはいえ）返されるべきもの、他者の絶対的な**先**行性＝**前**譲渡性〔*précédence*〕および**前**到来性〔*prévenance*〕に、すなわち**前**‐＝**先**‐〔pré-〕という接頭辞があらわす異質性に回復されるべきものに対する脱構築の関係であるだろう。（その際、脱構築は、非節理と錯時的な脱節との還元不可能な可能性に由来するものとして、それらに再肯定＝再主張される肯定＝主張のリソースそのものを、そして厳命を、汲むものとして捉えられている。）接頭辞pré-は、私に先立って来るもの、いかなる現在にも先立ち、したがって過去のいかなる現在にも先立って来るものをたしかに意味してはいるが、同様に、まさにそれゆえに、未来からもしくは未来として来るものも意味している。すなわち、出来事の到来そのものとしてやって来るものも、である。必然的な脱節、すなわち正義の脱‐全体化する条件、それはまさしくここでは現在の脱節である――またそれゆえに現在の、そして現在の現前性の条件そのものである。ここにこそつねに、脱構築が、贈与および破壊不可能な正義の思想として、みずからの到来を告げるであろう。その正義とは、たしかに一切の脱構築の脱構築不可能な条件ではあるが、その条件自体は**脱構築過程にあり**、その過程にあり続け、――これこそが厳命なのだが――Un-Fug〔非節理〕の脱節のなかにあり続けなければならない。さもないとそれは、義務達成の潔白意識のなかに憩ってしまい、未来、約束あるいは呼びかけ、また欲望（すなわちその「固有の」可能性）、あの（同定可能な内容もメシアもいない）砂漠的なメシアニズム、またあの**無底の**砂漠、こうしたもののチャンスを失ってしまうのである。この無底の砂漠というのは、われわれがもっと先で（以下三四四頁〔p. 266〕）述べている「砂漠のなかの砂漠」、すなわち他者へ合図を送っている砂漠、無底で**カオス的な**砂漠のことである。かりにカオスなるものが、――われわれがここで確たる知識もなしに、〈メシア的なもの〉と異名をつけているものの期待もしくは呼びかけにおいて――きわまりなく大きく口を開けた〈開け〉の広大さ、法外さ、不均衡を記述しているのだとすればであるが。〈メシア的なもの〉とは、すなわち、他者の到来、**正義としての**到来者の絶対的で先取り不可能な特異性である。われわれが信ずるに、この〈メシア的なもの〉は、マルクスの遺産の、そしておそらくは**相続すること**の、すなわち相続経験一般の**抹消不可能な**――つまり抹消することもできず、またしてもならない――刻印《マーク》であり続ける。さもないと、出来事の出来事性、他者の特異性と他者性は、還元されてしまうことになるだろう。

さもないと正義は、不可避的に全体化する地平（十全な返還の、贖罪の、あるいは再自己固有化の運動）のなかで、ふたたび数々の規則に、法的‐道徳的な規範あるいは表象に、還元されてしまう危険《リスク》があるのだ。この危険は、あれほど必要な注意をはらっているにもかかわらず、ハイデガーがおかしているものである。彼がいつもそうしているように、他者に対する私の呼びかけが含意する脱節に対して、今度は尊重が遮断を命ずる断絶に対して、灰にまみれた絶対者のおびただしい煤のなかに散種された唯一者がけっして《一者》としてみずからを確保することがないような差異に対して、集約と〈同なるもの〉(Versammlung, Fuge, legein 等々)に優先権を与えるや否や、彼はそうした危険をおかしているのである。もっとも、《一者》としてみずからを確保することが起こらないことはけっしてないのも確かだが、それは**別様に到来するもの**の痕跡のうちにのみ、したがって亡霊のように、到来しないもののうちに到来するのである。ハムレットは「よき終わり」のうちに平安を見いだすことはないであろうし、いずれにせよ、芝居と物語のなかでは平安を見いだすことはない。現在の存在をめぐるものであれ現在の時間をめぐるものであれ、out of joint であることは、苦痛を与えることもあれば悪をなすこともあるのであって、それこそなるほど悪の可能性そのものであるだろう。だがこの可能性が開かれていないとなると、ひょっとして、善悪の彼方に残されているのは最悪なものの必然性だけとなってしまうのかもしれない。宿命(でさえ)ならぬ必然性しか残されていないかもしれないのである。

厳命、そして誠心の誓い。これこそわれわれがここで考えようとするものである。われわれは、二つの記号が一つとなり、一つの二重の記号となったものを一緒に理解しようと試みなければならず、こう言ってよければ節合すべく試みなければならないだろう。ハムレットは、まさしく宣誓の瞬間に、誓え、**共に誓え**〔conjurer〕との**厳命**の瞬間に、« The time »が« out of joint »であることを宣言する。亡霊が——亡霊とはつねに追い祓われた者〔conjuré〕なのだが——、ふたたび下の方から、土あるいは舞台の下(beneath)から「誓え」« swear »(第一幕 第五場)と命令したその瞬間に。そして、共謀者たち〔conjurés〕は共に誓うのである(« They swear »)。[*39]

われわれは依然として、ある仕方で「マルクスの三つの言葉」を読んでいる。その言葉たちを忘れないようにしよう。ブランショは、それらがわれわれに、まず第一に、**不揃い**〔disparate〕そのものを「一緒に保持すること」を考えるよう要請するだろうと喚起している。ただし、不揃いを一緒に保持することではなく、不揃いそのものが、脱‐節や離散や差異を傷つけることも、他者の異質性を抹消することもなく、一緒に保持しているまさにその地点におもむくことを。**われわれ**には、未来へとおもむくこと、あの**われわれ**として節合することが求められ（もしかすると厳命され）ているのだ。特異な、概念も限定の保証もない、知もない、接続〔conjonction〕あるいは分離〔disjonction〕の総合的な併合〔jonction〕もない、もしくはその併合以前のあの**節合**〔*joindre*〕へと不揃いがおもむく所で。これこそが、共同者＝配偶者〔conjoint〕、組織、政党、国民、国家、所有＝固有性を持たぬ**合流**＝**節合**〔*rejoindre*〕という同盟関係なのである（すなわち、われわれがもっと先で〈新しいインターナショナル〉という異名をつけている「共産主義」なのだ(＊40)）。

ある問いが**まだ**立てられて**いない**。そのものとしては、まだである。それはむしろ、マルクス自身の**哲学的な回答**、むしろ**存在論的な回答**といっそう正確に呼ぶことにする回答によって隠されている。その回答は、われわれが——ブランショはそうはしていないのだが——精神あるいは亡霊とここで呼ぶものに答えるものである。その問いはたしかに一定の時間そして一定の程度までは隠されている、と言っておこう。しかし、これらの言葉はすべて裏切りを働いている。というのも、もしかすると、それはもはや問いなどではまったくないのかもしれないのであって、われわれは思考あるいはエクリチュールの一つのしぐさでもって、ある一定時間の計測などではなく、むしろ「呈示＝現前化《ルプレザンタシオン》」の別の一構造に照準をあてているからである。このことは、ブランショがある「問いの不在」、すなわち空虚なしですませる過多、空虚を回避するために作られた充溢、これについて語っているところで起こっている、もしくは起こっているはずである。

「疎外、欲求の優先、唯物的実践過程としての歴史、全的人間――といった答えを示しながら、にもかかわらずこの言葉は、自分が答えている当の問いを、不確定、ないしは未決定なままにしておく。今日の読者なり、昨日の読者なりは、このような問いの不在のなかに場を占めているに違いないと判断するものを、異なる仕方で定式化するわけだが――こうして、むしろ、つねにいっそう空虚化されるべきであろう空虚を逆に満たしてしまうわけだが――その仕方に応じて、マルクスのこの言葉は、あるときは人間主義、ひいては歴史主義として、あるときは無神論、反人間主義、ひいてはニヒリズムとして解釈されるのである。」(pp.115-116〔邦訳二〇三頁〕)

本書で試されている仮説をブランショのこの言語に翻訳してみよう。すなわち、われわれがこれからその「論理」を分析しようとしている亡霊性は、マルクスの署名を通じて一つの問いとして、しかしまた一つの約束もしくは呼びかけとして開かれたが、マルクスの**存在論的な**回答によって覆われてしまったことになる（ブランショが言うように、「むしろ、つねにいっそう空虚化されるべきであろう」ところを「空虚を逆に満たしてしまうわけ」である）。マルクスその人の回答によって。たとえ幽霊なるものが、われわれが後でアプローチするように、身体、もしくはある種の身体を持つにもかかわらず、幽霊というものは何ものでもなく、端的に（非‐存在者、非‐現実性、非‐生命というように）何ものでもないか想像上の何かにすぎないはずだという回答によって、である。それればかりでなく彼を引き継ぐ「マルクス主義者たち」が、実践的に、具体的に、恐ろしく現実的な、鈍重な、直接的な形で政治的な諸帰結を引き出した随所において、彼らの回答によって覆われてしまったのである。（その政治的な諸帰結は、われわれのうちで絶えず異議申し立てをおこなっている何百万ものさらなる幽霊たちという代償をともなって引き出された。マルクスは自分の幽霊を持っており、われわれも自分たちの幽霊を持っている。しかし、記憶はこうした境界線をもはや認めてはいない。定義からして、これらの再来霊は、日夜を問わず壁を通り抜けてしまうのであり、意識＝良心を欺き、世代を飛び越えるのである。）

したがって、ここで以下のことについて詳しく説明したり、ましてやあまりくどい形で強調したりするまでもないだろう。すなわち、つねにいっそう「空虚化する」必然性の権利を認める者において、また、**全体化**しようとする哲学的回答、問いの空間を満たしたり問いの可能性を否認したりする哲学的回答、問いがかいま見ることを可能にしたまさに当のものから逃れるような哲学的回答、これらを脱構築する必然性の権利を認める者において、およそ空虚や破壊に対するいかなる趣味もないということを。それは逆に、倫理的かつ政治的な至上命題なのであり、この呼びかけが離れることのない思考の呼びかけと同じく無条件な呼びかけなのである。それは、厳命そのものなのだ――そういったものがあるとするならば、だが。

「マルクスの三つの言葉」のなかで響いているのはまた、政治的な**呼びかけ**《アピール》あるいは政治的な厳命、アンガジュマンあるいは約束（言うならば宣誓。「誓え！」《swear!》）である。すなわち、スピーチ・アクトの理論家たちによって分析されたすべての遂行的発言のようには既存の慣習にしたがわないあの根源的な遂行性である。その**断絶**力が制度〔institution〕や憲法〔constitution〕、すなわち法そのものを生産する根源的な遂行性、すなわちひるがえってそうした呼びかけや厳命などを保証するように見え、それらを保証しなければならないはずの、または保証しなければならないように見える、そうした意味を生産する、あの根源的な遂行性である。それは、法と意味の手前にある法の**暴力**、時間を中断し、関節をはずし、脱臼させ、その自然の住処から移動させてしまう暴力である。すなわち out of joint にしてしまう暴力。まさしくそれゆえに、差**延**〔differance〕なるものが還元不可能であり、いかなる約束の間隔化と約束を開く未 - 来によっても還元不可能な形で要請されているにせよ、差**延**は、人があまりにも頻繁に、ただ単に、そしてあまりにもナイーヴに考えたようには、延期、遅滞、猶予、postponement を意味するのではない。その抑えがたい差**延**のなかにこそ、〈今 - ここ〉が押し寄せるのだ。遅滞なく、猶予なく、かといって現前もないそれは、一つの絶対的特異性の――まさしく差**延**するがゆえに絶対的に特異でつねに他であるような――性急さであり、必然的に瞬間という形式に、**切迫と緊急さ**において結びついた性急なのだ。すなわち、たとえそれが未来であり続けるものに向かっていても、**言質=抵当**〔*gage*〕なるもの（約束、契約、厳命、厳命への回答、等々）が存在するのである。(*41) 言質=抵当は、〈今‐ここ〉において与えられ、もしかすると、ある決断がそれを確認する以前にさえ与えられてしまう。それはこうして、待つことなしに正義の要請に応える。この正義の要請は、定義からして、忍耐力がなく、御しがたく、無条件なのである。

他者性なしには差**延**はなく、特異性なしには他者性なく、〈今‐ここ〉なしには特異性はない。

マルクスの脱政治化

（なぜ、切迫を、緊急さと厳命を強調し、それらのなかにあって待ってはくれぬ要素ばかりを、こうして強調するのか。それは、一つならずの徴《シーニュ》が予告しているように、マルクスの作品の上に、ということはまたマルクスの厳命の上に、今日おこりうる危険《リスク》から、これからわれわれが述べようとしていることを引き離すためである。起こりうる危険とは、マルクス主義に対してマルクスをぶつけ、まるで古典として格付けされた作品でもあるかのように、マルクスについて安穏とした注解をほどこすことによって、マルクスの政治的至上命令を中和してしまうか、いずれにせよ弱めてしまおうとする危険である。この点については、文化、そしてもっと正確には大学において、ある流行が、または気取った趣味がやって来る気配がある。その何が心配だというのか。償却の作業ともなりうるそうした作業の何を恐れるのか。最近のこのステレオタイプは、それを望んでいるか否かにかかわらず、**マルクスへの準拠**《レファランス》を深部から脱政治化すること、寛容の相貌のもとに、その潜在力を中和してしまうために最善をつくすことを目指しているようである。それは、まずある**文書集体**《コーパス》から神経を抜き取り、そこに読み取れる反乱を沈黙させることによっておこなわれる（つまりそれは、まず蜂起、憤慨、反抗、革命的高揚を鼓吹した**反抗心**〔*révolte*〕が再来しない限りにおいて、マルクスの**回帰**を受け入れるというわけである）。マルクスのなかにある、〈解読せよ〉と厳命するだけでなく〈行動せよ〉と厳命する要素、あるいは解読（または解釈）を「世界を変える」変革にせよと厳命する要素、これを沈黙に付すという条件のもとでならば、マルクスの回帰あるいはマルクスへの回帰を、受け入れようというのだ。もっか進行中のこうした中和作業は、古めかしい読解概念の名において、ある危険を追い祓おうというわけである。すなわち、一部の者たちが言うように、マルクス亡き今こそ、そしてとりわけマルクス主義が解体のさなかにあるように思われる今こそ、邪魔をされずにマルクスに専念することができる、というわけである――マルクス主義者たちに邪魔をされず、そしてこれもありえないことではないが、マルクスその人、すなわち語り続ける幽霊に邪魔をされずに専念することができる、と。マルクスを、心静かに、客観的に、先入観なしに、つまりアカデミックな諸規則にのっとって、大学で、図書館で、コロキアムで取り上げるのだ！　体系的な仕方で、解釈学的、文献学的、哲学的注解の規範を尊重しながらそれを執りおこなおう、というのである。わずかでも耳をすましたならば、もうすでにこうしたささやきが聞こえることだろう。〈ごらんのように、マルクスもつまるところは他の哲学者と変わりのない一介の哲学者なのでして、さらに、多くのマルクス主義者が沈黙している今だから言えるのですが、かくも長きにわたって締め出されていた中等教育資格試験《アグレガシオン》のプログラムにも載るにふさわしい**大哲学者**なのです。彼は共産主義者やマルクス主義者や政党の所有物なのではなく、わが西洋政治哲学の偉大な正典にこそ列せられるべきなのです。マルクスへ回帰しようではありませんか、彼を終に大哲学者として読もうではありませんか〉、と。これはすでに聞かれたことであり、これからも聞かれることだろう。

マルクスへ向かうか、マルクスへ回帰しようとするとき、私がここで試みたいのは、まったく別のことである。あまりにも「別のこと」なので、私は、今日、即座にあらゆる手段に訴えて、新しい理論主義の中和的麻酔作用を回避すべきであり、さらには、マルクスへの哲学的‐文献学的回帰が優勢となるのを妨げるべきであると要請する要素をむしろ強調するだろう。しかも、単に時間や紙数の不足からではなしにそうするだろう。だが、はっきりさせておこう。かつ強調しておこう。あらゆる手段に訴えるのは、哲学的‐文献学的回帰が**優先する**のを妨げるためであって、それが場を持たぬようにするためではない。というのも、そうした回帰もまた必要であり続けるからだ。したがって私が仕向けられるのは、さしあたり、ここで、すなわちコロキアムの開幕にあたっておこなっている政治的身ぶりを優先するということであり、そしてむしろ、哲学的注解と、この「態度決定」が今日でも相変わらず要請している「学問的作業《スカラーシップ》」を、プログラムおよび図式的な指示の状態に残しておくということであろう。)

切迫としての革命的言語

ところで、〈今 - ここ〉であるが、それは現在の直接性のなかに、現在の再自己固有化可能な自己同一性のなかに、ましてや自己への現前の同一性のなかにうずくまっているのではない。「呼びかけ」、「暴力」、「断絶」、「切迫」、「緊急さ」、これらは先ほど引用した箇所に続くパラグラフにおけるブランショの言葉であるが、彼が「つねに現在の〔toujours présente〕」と言っている要請は、思うに、暗黙のうちに同じ断絶あるいは同じ解体、もしくは同じ「短絡」の効果をこうむることになる。それは、〈つねに現前している〔toujours présente〕〉ことはできず、**それがありうるならば**、単に**存在するかもしれない**だけであり、可能的でありうるにすぎず、それが要請であり続けるためには〈**ありうるかもしれない**〉という状態のうちにとどまりさえしなければならない。(*42) さもなければ、それはふたたび現前に、すなわち実体、実存、本質、**永続性**になってしまい、かくも正確にブランショが語っている**過剰な**要請あるいは緊急さにはいささかもならない。「永続革命」は、永続性を実体的な現前と結びつけるものとの断絶を、そしてもっと一般的には、永続性をいかなる存在論と結びつけるものとの断絶を含意しているのである。

「[マルクスの]第二の言葉は政治の言葉である。それは簡潔であり直接的である。簡潔という以上であり、直接という以上である、というのもそれはどんな言葉をも短絡させるからだ。この言葉はもう意味を担わず、呼びかけを、暴力を、断絶の決断を担う。本来の意味では、この言葉は何も語らない、この言語は自分が告知するものが孕む緊急性そのものであり、性急な、つねに過度の一つの要求に結びついている、なぜなら、過度であることこそこの言葉の唯一の尺度だからである。このようにしてこの言語は戦いを呼びかけ、(われわれはすぐ忘れがちだが)「革命の恐怖《テロル》」を乞いもとめさえし、「永続革命」を勧告し、しかもつねに革命を期限つきの必然としてでなく**切迫**として指し示す。というのも、革命が、時間を穿ち、横断し、つねに現在の要請として生きるべきものとしてみずからを与えるならば、猶予を与えないことこそ革命の特徴であるのだから。(注1)

注(1)このことは、六八年五月に顕在的に、しかも明白に顕在的になった。p. 116〔邦訳二〇三—二〇四頁〕」

科学主義イデオロギーに対する警戒

最後にブランショは、マルクスの諸言語《ランガージュ》のあいだにある必然的な**脱節**、諸言語のみずからに対する非 - 同時代性を名指している。それらが「みずから脱節し」、しかもまず第一にマルクス自身において脱節しているということは、否定すべきことでも還元すべきことでもないし、嘆くべきことでさえない。ここでもまたよそでも、すなわち他のいかなるテクストでもこのテクストでも(ここでも相変わらず、われわれはこの〈テクスト〉という価値に無制限の射程を認めている)、われわれが絶えず戻って来なければならない点は、還元不可能な不均質性という点であり、いわば内的な翻訳不可能性という点である。それは、必ずしも理論上の弱点や非整合性を意味するのではない。体系の欠如は、過失ではないのだ。逆に、不均質性は開口を穿つのであり、――特に他者から――押し寄せるもの、到来するもの、あるいは来たるべきままに残されているものの闖入によって開かれるにまかせる。この脱節なしには、厳命も約束もないだろう。ブランショは当時（つまり一九六八年から一九七一年のあいだ）、知に対して警戒をうながすためにではなく、《科学》の名のもとに、あるいは《科学》としての《理論》の名のもとに、しばしばマルクスの「良き」テクストを統一化するか純化しようとした科学主義イデオロギーに対して警戒をうながすために、この点を強調していた。ここでブランショは、一部のアルチュセール的モティーフに同意を示しているようにも見えるが、実は彼がそれらに内在していると考える危険《リスク》に対して、すでに警告を発しているのである。

「第三の言葉は、科学的言説の間接的な（したがって最も冗長な）言葉である。この資格でこそマルクスは、他の知識の代表者から讃えられ、認められている。そのとき彼は科学の人であり、学者の倫理に相応じ、どんな批判的修正も甘んじて受けることに同意する。［……］とはいうものの、『資本論』は何よりもまず壊乱的な作品である。それが科学的客観性の道を経て革命という必然的な帰結に導くからというよりも、あまり定式化はしていないが、科学の観念そのものをくつがえす理論的な思考様式を内包するがゆえに壊乱的なのである。事実、科学も思考も、マルクスの作品から無疵で抜け出てくることはない。しかも、科学がそこで科学自体の根本的な変形として示され、すなわち実践のなかで絶えず問われている変革の理論として、ならびにこの実践のなかでの、やはり理論的な変革として示されている限りにおいて、最も強い意味で無疵ではありえないのである。」（同所）

例としてのマルクス

もしこう言ってよいならば、この別の**知の思想**は科学を排除するものではない。しかしそれは、科学の既成概念を転覆させ、そこからはみ出てしまう。ブランショはそこに、「マルクスの例」なるものを認めている。われわれは、なぜ「マルクスの例」なのかを知ろうとする前に、なぜ〈例〉なのか、と自問するだろう。さらに引用を重ねる前に、この点を強調しておこう。例というものは、つねに自分自身を超えておよぶものである。かくして、例は遺言的な次元を開く。例なるものは、まず第一に他者にとってのものであり、自己自身を超えたものである。時によって、もしかするといつでも、例を与える者は自分が与える例と等しくはない。たとえその者があらかじめ自分がその例にしたがうために、すでに述べたように「生きることを教える=学ぶ」ために、ありとあらゆることをおこなったとしても、その者は自分が例を与えている当の例の不完全な例なのだ。自分が持っているわけでも、その例であるわけでもないというのに与えるということをしているその例の。こうして脱節している例は、例そのものからあるいは例を与える者から十分に分離しているので、**それ自身〔のために〕は**〈もはや〉あるいは〈まだ〉例ではないことになる。

この点では、実際に死んでしまう以前からしてマルクスはいわばすでに死んでいたわけだが、例を相続するにあたってその彼に同意を求める必要はない。彼からではないとしても、彼を介して、彼を通じてわれわれに来るもののうちからあれやこれやを相続するにあたって、あれよりもむしろこれをといった具合に相続するにあたって、彼に同意を求める必要などないのである。しかも、われわれにはマルクスがマルクスその人と一致していたと想定する必要さえない。（「確実なのは、わたしがマルクス主義者ではないということだ」と、彼はエンゲルスに打ち明けたという。(*43) 同じことを言うために、われわれはまたしても彼の権威に頼らなければならないのだろうか。）というのも、ブランショはこう示唆してはばからないのだが、マルクスは彼のうちで厳命がたがいに脱節していること、しかもそれらが相互に**翻訳不可能**であることに**苦しみながら生きていた**と言うのである。ある言葉《パロール》が自分自身から自分自身へと**翻訳**されえないというとき、いったいその言葉《パロール》をどうやって受け取り、どうやって理解し、どうやって相続すればよいのか。それは不可能なことだと思われるかもしれない。そして、それはおそらく不可能だということを認めなければならないだろう。しかし、マルクスの亡霊たちに捧げられた本講演の奇妙な話題は、講演の公理をめぐる公然たるねじれ同様もしかするとこの点に要約されているので、上記の反論をそっくり投げ返すことをお許しいただきたい。翻訳可能性の保証、所与の同質性、絶対的な体系的整合性、それらが**絶対的**であるということ、それこそ必ずや〈確実に、すなわちアプリオリにであって、〈おそらく〉ではないかたちで〉厳命、相続、未来を、一言でいうならば他者を、**不可能に**するものである。たとえそれが義務〔devoir〕を超えてであったにせよ、少なくとも〈**ねばならない**〉ならば、何らかの「**ねばならない**」にチャンスを与え**ねばならない**とするならば、脱節、遮断、異質なものが**なければならない**のだ。(18)

またもう一度言うが、別の箇所でもここでも、脱構築にかかわるいたるところで、〔とりわけ政治的な〕**肯定**=**主張**〔*affirmation*〕を、**そういったものがあるとするならば**、〈不可能なもの〉の経験に結びつけることこそ肝要となるだろう。そしてその経験は、〈**もしかすると**〈**ありうるかもしれないもの**、*peut-être*〉〉の根本的《ラディカル》な経験以外のものではありえないのである。

マルクスの多様なる言語

したがって、ブランショをもう一度。そして、そのかくも強力な省略語法において、そのほとんど暗黙とも言える言明において、いくつかの語をあえて強調したい。意味深長にもブランショは**多様な**と**同時に**しか強調していないのであるが。意味深長というのは、いかなる厳命をもつらぬき、作用している矛盾なき矛盾の、非弁証法的（あるいは「ほとんど」非弁証法的）な差異の記号=徴《シーニュ》として、ということである。

「ここでは以上の指摘をさらに展開することはしないでおこう。マルクスの例、それはエクリチュールの言葉、絶えざる**異議申し立て**の言葉が、不断に発展し、かつ**多様な**形で**砕けて**いかねばならないということをわれわれに理解させてくれる。共産主義の言葉はつねに、寡黙であると**同時に**暴力に満ちており、政治的であると**同時に**学問的であり、直接的であり、間接的であり、全体的かつ断片的であり、冗長であると同時に**ほとんど**瞬間的である。マルクスは、これら**多様な言語**とともに都合よく生きたわけではない。これらの言語は、彼のうちで、たがいにぶつかりあい、**脱節されて**いる。たとえ同一の目的に向かって収斂するように見えるとしても、これらの言語は**たがいに相手の言語に翻訳されなおすことはできないだろう**。しかもたがいの**異質性**や、それぞれの言語を偏心させるずれないしは隔たりによって、これらの言語は**非同時代的**となり、その結果、復元不可能なねじれの効果を生み出しつつ、これらの言語の読解（実践）を続けなければならない人々に、絶えざる手直しを強いるのである。

「科学」という語がふたたびキーワードとなりつつある。それは認めよう。しかしながら、さまざまな科学が存在するにしても、科学そのものはまだ存在しないことを思い起こしておこう。というのも、科学の科学性は依然としてイデオロギーに従属したままであり、いかなる個別科学も、人間科学でさえも、今日イデオロギーを還元することができないからである。また他方、いかなる作家も、マルクス主義作家さえも、一個の知であるかのようにエクリチュールに依拠することはできないということを思い起こしておこう［……］」(*44)。

というわけで、すでに三十年以上も前に、ブランショは「哲学の終焉」を書いていた。その時点——それは一九五九年のことだが——でさえ、そこにはすでに葬送のようなキーノートが、黄昏的、亡霊的に響きわたっていた——ということはつまり、復活的に。再‐蜂起的に。(*45) これは、まさしく哲学的「精神」にかかわることである。この精神のプロセス自体が、哲学的精神の「消滅＝死去〔disparition〕」と「埋葬」のまさに瞬間に、これ見よがしに先頭に立ち、おのれ自身の葬儀行進を導き、その行程の過程で**立ちあがる**か、立ち続けるために少なくとも起きあがろうとすることにあるのだ（以下引用文中の「復活」、「高揚」にあるように）。この通夜祭〔wake〕、哲学のこの陽気な通夜とは、「昇進」と「哲学の死」という二重の契機、死における昇進という二重の契機である。哲学はこうして、自分自身の再来霊となる——だが、これはまったく新しいことだろうか。哲学は、自分固有の場の数々に住むというよりはその固有の場に憑在しているのである。しかも当然のことながら、哲学とはつねに哲学以上のものなのである。

「今やわれわれの世界の絶対的な力となり、われわれの運命の流れとなった哲学、その哲学をめぐるこの昇進は、哲学の**消滅＝死去**〔*disparition*〕と一致せざるをえず、少なくともその**埋葬**の開始を告げるものである。したがって、われわれの哲学時代には、この**哲学の死**が帰属していることになるだろう。この死は一九一七年にさかのぼるものでもなく、マルクスが大道芸人のような力わざでもって体系の転覆をおこなったという一八五七年にさかのぼるものでもない。一世紀半以来、ヘーゲル、ニーチェ、ハイデガーの名と同じようにマルクスの名のもとにみずからの終焉を主張し、実現しているのは哲学自身なのである。絶対知の完成、その実践的実現に結びつけられた理論的解消、諸価値が沈みこむ淵としてのニヒリズム的運動、そして最後には形而上学の完成、すなわちまだ名を持たぬ他なる可能性の先駆的な徴《シーニュ》、このいずれのものとして哲学がその終焉を理解するにせよ。これこそが、今やそれぞれの思想家に付随する黄昏であり、哲学的**精神**がそもそも陽気でありがちな**高揚**のなかで祝う奇妙な**葬送**の契機である。どうにかして途中でおのれの**復活**を得ようともくろみながら導く、哲学の精神の長々とした**葬儀**である。そして、当然のことながらこうした**期待**は否定性の危機でもあり祝祭でもあり、何が抵抗しうるかを知るために果てまで押し進められた経験であるのだが、その**期待**は哲学のみにかかわるものではない。〔……〕」(pp. 292-293、強調は引用者)

復活の切迫と欲望。それは、再-生〔re-naissance〕なのか、それとも亡霊的再来〔revenance〕なのか。夜闇が落ちるとき、切迫が意味するのは、待たれているものがすでに回帰したということなのかどうか人は知らない。待たれているものは、すでにみずからを告げているのではないのか。そもそも、〈みずからを告げる〉とは、すでに何らかの形でここに在ることではないのか。期待が未-来の到来を準備するのか、それとも自同的なものの、すなわち幽霊としてのモノ自体の反覆を喚起するのか**人は知ることはできない**(« *What! ha's this thing appear'd againe tonight?* »〔ところで例のモノは今夜もまた現われたか〕)。この非-知は、欠落ではない。知識のいかなる進歩も、知と――したがって無知とも――まったくかかわりを持たぬはずの〈開け〉を満たすことはできないだろう。この〈開け〉は、肯定された未来、むしろ再‐肯定された未来にとっての唯一のチャンスとしてこの異質性を温存しなければならない。それは未来そのものなのであり、未来から到来するものである。未来はこの開けの記憶なのだ。終焉の経験において、その執拗な、切実《インスタント》な、つねに終末論的に切迫した到来において、〈今日〉の極限の極限において、来たるものの未来がこうして告げられるであろう。かつてないほどに。というのも、未‐来がそのものとして、またその純粋さにおいてみずからを告げることができるのは、**過ぎ去った終焉**から発してのみなのだから。すなわち、**もしそれが可能ならば**、最終的な極限の彼方から発してのみなのだから。もし可能ならばの話であり、もし未来なるものが**ありうるのならば**の話であるが。しかし、**前もって**未来と未来のチャンスとを**閉じてしまい**削減してしまうことなしに、どうしてこうした問いを宙づりにしたり、こうした留保を断念したりすることなどできようか。前もって全体化してしまうことなしに？　われわれはここで終末論《エスカトロジー》と目的論《テレオロジー》とを分別しなければならない。たとえこうした差異に賭けられたものが絶えず消え去ってゆき、きわめて脆弱かつ軽微な薄弱さへとおちいる危険《リスク》を背負いがちだとしても——そして、ある意味ではつねにかつ必然的にそうした危険に対する保証が欠如しているとしても。あるメシア的な極限があるのではないだろうか。ある終末《エスカトン》があるのではないだろうか。その終末の究極的出来事（即座の断絶、未聞の遮断、無限なる驚きの反時代性、完成なき異質性といったもの）が、**いつの瞬間も**、どんな歴史の労働や生産やテロスも、あるピュシスの最終項もはみ出してしまうような終末があるのではないだろうか。

問うべきことは、たしかに《whither?》〔どこへ？〕である。単にゴーストがどこから来るのかということではなく、まず第一にゴーストが再来するのかということである。それはすでに到来しつつあるのではないか。そしてそれはどこに行くのか。未来についてはどうか。未来は幽霊のものでしかありえない。そして過去もそうである。

共産主義の亡霊——一八四八年と今日

『マルクスの亡霊たち』というタイトルを提案する際に、私は当初、今日の言説を**支配する**当のものを組織していると思われる強迫観念《アンティーズ》=憑在のありとあらゆる形式を念頭に置いていた。一つの新世界無秩序が新資本主義と新自由主義とを定着させようとしている昨今であるが、いかなる否認も、マルクスのありとあらゆる幽霊を厄介払いすることができないのである。ヘゲモニーなるものはつねに鎮圧を組織し、それゆえにある強迫観念=憑在の確認を組織する。強迫観念=憑在は、いかなるヘゲモニー構造にも属している。[19] しかし当初、私の頭に『共産党宣言』の導入部があったわけではない。そこにおいてマルクス=エンゲルスは、見かけのうえでは違う意味をこめて、早くも一八四七-一八四八年に亡霊について、より正確には「共産主義の亡霊」(das Gespenst des Kommunismus)について語っていた。それは、古きヨーロッパのすべての強国(alle Mächte des alten Europa)にとって恐るべき亡霊ではあったとはいえ、当時はまだ**来たるべき**ものとしての共産主義の亡霊であった。たしかに、すでに(《正義者同盟》[*46]あるいは《共産主義者同盟》のはるか以前から)名指しうるものではあったが、その名前を超えて来たるべきものであった共産主義の亡霊である。すでに約束されてはいたが、まだ約束のみにとどまっていた共産主義である。それゆえになおさら恐るべき亡霊だった、と一部の者は言うかもしれない。然り。ただしそれは、亡霊の未‐来と再来とを区別できるという条件のもとでの話である。忘れてはならないのは、一八四八年ごろ、第一次インターナショナルはほとんど秘密裡におこなわれなければならなかったという点である。亡霊はそこにいた。（ところで、亡霊の〈**現存在＝そこにいる**〉とはどういうことなのか。亡霊の現前の様態とは何なのか。これは、われわれがここで提起しようとしている唯一の問いである。）ところで、亡霊は共産主義の亡霊（das Gespenst des Kommunismus）であったわけだが、その当の共産主義の方はというと、定義からしてそこにはいなかったのである。それは、来たるべき共産主義として恐れられていた。それは、かなり前から共産主義という名のもとにみずからを予告してはいたが、まだ**そこ**にはいなかった。だから、古きヨーロッパのあの同盟者たちは自分たちを安心させるために、そんなものは亡霊にすぎないではないか、と言っているようであった。それが未来において、現実性を持った、現実に現前した、顕在化した、秘密の殻を脱した現実にならなければよいが、と。古きヨーロッパに課せられていた問いはすでに未来の問いであり、「*whither marxism?*〔マルクス主義はどこへ行くのか？〕」の問いではないにせよ、「*whither?*〔どこへ？〕」の問い、「*whither communism?*〔共産主義はどこへ行くのか？〕」の問いであった。そこで問題になっていたのが〈共産主義の未来〉であれ〈未来の共産主義〉であれ、この不安に満ちた問いは単に、未来において共産主義がいかなる形でヨーロッパの歴史に作用するかという問いではなく、より暗々裡にではあったが早くも、ヨーロッパには端的に未来および歴史がまだありうるのかという問いでもあったのである。一八四八年には、絶対知による歴史の終焉というヘーゲルの言説はすでにヨーロッパに響きわたっており、他のあまたの弔鐘と共鳴していた。そして共産主義は、その**インターナショナルな**性格ゆえに本質的に他の労働運動とは区別されるものであった。人類史上で組織された政治運動において、いかなる運動もそれまでは**地球・政治学的な**もの(*47)としてみずからを呈示してはいなかったし、そうした呈示によって、今日われわれのものとなっている空間を、今日その極限に、すなわち地球の極限と〈政治的なもの〉の極限とに到達している空間を創設することはなかったのである。

　これらの諸力あるいはこれらのあらゆる権力（alle Mächte）の代表者たち、すなわち諸国家の代表者たちは**安心したがった**。彼らは確信を持ちたかった。ということは、確信を持っていたことになる。なぜなら、「確信を持つ」と「確信を持ちたがる」とのあいだに差異は存在しないからだ。したがって彼らは、亡霊と実際に現前する現実とのあいだ、精神とWirklichkeit〔現実性〕とのあいだには、境界線が保証されていると固く確信していた。それは、保証されて**いたはずである**。それは、保証されている**べきであろう**。いや、保証されている**べきであった**、というふうに。この確実性の確信を、彼らはそもそも**マルクスその人と**共有していたのである。（これは後で見るように、そっくり一つの歴史＝物語《イストワール》である。たしかにマルクスも自分の側で、ということは反対側で、幽霊と現実性とのあいだの境界線は、ユートピアそのものと同様、ある**現実化**によって、すなわち革命によって乗りこえられなければならないと考えていた。しかし、ということは、現実の境界および概念的な区別としてこの境界線の存在を、**彼の方もまた**、絶えず信じたか、信じようとしたことになる。〈彼もまた〉だろうか。いや、〈彼のうちの誰かが〉である。誰が、だろうか。「マルクス主義」の名のもとで長きにわたって支配力をふるったものを産み出したあの「マルクス主義者」が。そして、自分もまた排除しようとしていた当のものによって取り憑かれていたあの「マルクス主義者」が、である。)

一世紀半近くたった今日、当時と同じく共産主義の亡霊に不安を感じているように見える数多くの人々が世界中にいる。まったく同じように、それが生身を持たぬ、現前する実在性も現実性もアクチュアリティも持たぬ亡霊でしかないと思い、しかし今度はいわば過去の亡霊だと思いこんでいる人々がいる。今日いたるところで、あれは亡霊でしかなかったのだ、幻想、ファンタズムもしくは幽霊でしかなかったのだ、という声が聞こえる(« Horatio saies, "'tis but our Fantasie", And will not let beleefe take hold of him »〔ホレイショーは、われわれの錯覚にすぎないと言って、まったく信じようとしない〕)。いまだに不安をぬぐいきれぬ安堵のため息。未来において、それが再来せぬようにしようではないか!というわけだ。結局のところ、亡霊とは未来なのであり、つねに来たるべきものであり、来るかもしれぬものあるいは再‐来するかもしれぬものとしてしかみずからを現前させることはない。前世紀の古きヨーロッパの強国たちは、未来においてそれが受肉するようなことがあってはならないと言っていた。公共の場でも、秘密裡にであってもそんなことがあってはならない、と。今日ではいたるところで、未来に、それが再び受肉するようなことがあってはならないという声が聞こえる。それは過ぎ去った＝死んだ〔passé〕のだから再‐来を許してはならない、というわけである。

前世紀と今世紀のあいだで、正確にはどのような差異があるのだろうか。それは、過去の世界――そこでは亡霊が来たるべき脅威を体現していた――と現在の世界とのあいだの差異なのだろうか。過去の世界と、一部の者たちが過ぎ去ったものだと思いたがっていながら、それでもなお亡霊が体現しているという脅威の回帰をあいかわらず、未来でもあいかわらず、祓い続けなければならないという、今日とのあいだの差異なのだろうか。

亡霊の時間性、亡霊性の効果

なぜ双方の場合とも、亡霊は脅威として捉えられているのか。亡霊の時間と歴史とは何なのか。亡霊の現在＝現前〔présent〕なるものは存在するのか。亡霊は、その行き来を、〈過去における現在〉と〈現在の現在〉と〈未来における現在〉のあいだ、「実際の時間《リアルタイム》」と「遅延された時間」(＊48)とのあいだといったように、〈前〉と〈後〉の線的な継起にしたがって秩序づけているのか。

かりに亡霊性といった何かがあるのならば、もろもろの現在によって構成され、安心をもたらすこうした秩序を疑い、そして一方ではとりわけ現在、すなわち現在のアクチュアルなあるいは現前する現実と、他方ではそれに対置しうる一切のものとのあいだの境界線を疑ってみるいくつもの理由があることになる。すなわち、不在、非‐現前、非現実性、非アクチュアリティ、潜在性あるいは見せかけ《シミュラクル》一般さえといったもの等々とのあいだの境界線を。まず第一に、〈現在〉の自己同時性を疑ってみなければならない。過去の亡霊と未来の亡霊、〈過去の現在〉の亡霊と〈未来の現在〉の亡霊とのあいだの差異を規定できるかどうかを問う以前に、もしかすると**亡霊性の効果**〔effet de spectralité〕とは、現実の現前性〔présence effective〕とその他者とのあいだのこうした対立の裏をかくことに、ひいてはこうした弁証法の裏をかくことにあるのではないかと問うべきかもしれない。たとえ弁証法的なものであったとしても、この対立はマルクス主義とその敵たちの一団あるいは同盟の双方にとって、つねに閉じられた闘技場であり続けたのではないのか、つねに共通の公理系だったのではないのか、と問うべきかもしれないのである。

始まりとしてはかなり抽象的なこの定式化をお許しいただきたい。

前世紀の中葉、この亡霊に対して、その害悪を追い払うために一つの同盟が結成されていた。マルクスは、別のところで彼が茶化している《神聖同盟》という表現でもってこの連合を呼んではいなかった。『共産党宣言』のなかでは、不安に駆られた共謀者たちの同盟は、多かれ少なかれ秘密裡に、貴族と僧侶階級を結集させている——この主人たちの夜に憑在していた〔＝取り憑いていた〕ものに対する信じがたい遠征にくりだすべくあのヨーロッパなる古城のなかに、である。明け方あるいは暮れ方の暗がりに、悪夢の一夜の前あるいは後に、歴史の推定上の終焉のときに、「亡霊に対する神聖な追い出し猟」がくわだてられる。「古きヨーロッパのすべての強国は、この亡霊に対する神聖な追い出し猟を〔zu einer heiligen Hetzjagd gegen dies Gespenst〕同盟してくわだてている〔verbündet〕」。

conjuration の意味論

ということは、亡霊に対して、秘密裡に同盟を結ぶことが可能だということになるだろう。かりにマルクスが私の言語であの『宣言』を書いていたならば、そしてフランス人ならばいつでも夢みることがあるように、フランス人が彼を手伝ったならば、彼が« conjuration »という語をめぐる言葉遊びをしただろうと私は確信している。そして、今日、彼はその同じ conjuration がおこなわれていると診断しただろう。しかし今度は旧ヨーロッパにおいてだけではなく、新ヨーロッパ、あるいは今から一世紀半まえに彼がすでに多大な関心を寄せていたあの《新世界》においても、さらには世界のいたるところでおこなわれていると。すなわちその《新世界》の——私が言いたいのはアメリカ合衆国のことだが——ヘゲモニーがまだ作用しているとされる新世界秩序のなかで。それは、多かれ少なかれ批判的《クリティック》=危機的な、かつてないほど手厚くかつ手薄く保証されたヘゲモニーなのであるが。

Conjuration という語は、意味を働かせるという幸運を、また永久に漂流し続ける付加価値をけっして再自己固有化を許さない形で生産するという幸運を持っている。それはまず、二つの意味論的価値の秩序を資本として蓄積している。« Conjuration »とは何なのか。

« Conjuration »というフランス語名詞は、その内に二つの英単語——そしてまた二つのドイツ単語——の意味を集約し、連節している。

一、«Conjuration»は、**一方では**（英語における同形語である）«conjuration»を意味するが、この英語自体も同時に二つの事柄を指示している。

a、**一方では、**ともに誓約することによって、ある誓い（oath, ドイツ語では Schwur）によって、上位の権力と戦うことを公式に、ときには秘密裡に約束する者たちの共謀（conspiracy, Verschwörung）である。ハムレットが、直前に現われた「《幻》〔Vision〕」と「悪くない《亡霊》〔honest Ghost〕」を喚起しながら、ホレイショーとマーセラスに誓うよう（« swear't »〔誓え〕」「« Consent to swear »〔誓ってもらいたい〕」）求めるときの、あの〈共謀〉である。その際かれは、自分の剣にかけて（« upon my sword »）誓うよう求めるのだが、しかしそれは、**亡霊的な出現そのものについて**誓うことあるいは共謀すること、悪くない幽霊の出現について秘密を守る約束をすることを誓うということである。そして霊は、舞台の下からハムレットと共謀しつつ他の共謀者たちに向かって同じことを求める。« *Ghost cries under the Stage* : Sweare »〔亡霊が舞台下から叫ぶ。誓え〕」。**幻影の出現**〔*apparition*〕**について口外せぬこと**を共謀するよう厳命し、そのような共謀を求める当の者について秘密を守るよう厳命する者、それはほかならぬ幻影〔apparition〕なのである。人は、厳命が、共謀が、守秘の約束がどこに由来するのかを知ってはならないのだ。息子と父親の「悪くない幽霊」、悪くないと推定される幽霊、父親の霊＝精神は、このような出来事を生起させるために共謀するのである。

b、« Conjuration »は、**他方で、**魔法の力や霊を**呼び出すこと**〔*évoquer*〕、声によってやって来させること、**呼び寄せること**〔*convoquer*〕を目的とする魔法の呪文を意味する。[＊49] Conjuration は要するに、**声でもって**やって来させる呼びかけのこと、したがって定義からして、呼びかけの現時点ではそ**こにいないもの**をやって来させる呼びかけのことを言う。この声は何かを記述することもなく、それが語るものは何かを確認することもないのであって、その言葉《パロール》は到来させる言葉《パロール》なのである。『アテネのタイモン』の冒頭に登場する《詩人》の口から聞かれるのもまた、こうした用法である。彼は「いかがです、世の中は？」(« How goes the world? ») とたずね、《画家》が「時がたつほど悪くなる一方ですよ」(« It wears, sir, as it grows ») と答えると、《詩人》は「いや、それはわかっていますが、特に変わった珍談奇聞はありませんかね、歴史書をひも解いても類例のないような？　考えてみて下さい」と叫ぶ。そこへ別々の扉から宝石商と商人とその他の出入りの業者が入ってくる。「ああ、恩恵の魔力よ！　おまえの魔力がこの霊どもを呼び寄せたのだ(conjur'd to attend)。あれは私の知っている商人だ。」

« Ay that's well known ;
But what particular rarity? what strange,
Which manifold record not matches? See,
Magic of bounty ! all these spirits thy power
Hath *conjur'd* to attend. I know the merchant. »

マルクスは、特に『ドイツ・イデオロギー』のなかで、『ベニスの商人』ばかりではなく『アテネのタイモン』にも一度ならず言及している。「ライプチヒ宗教会議、聖マックス」の章は、後に詳述するように、精神をめぐる短い論考あるいは幽霊たちの果てしない演劇化を展開している。同じ引用が、『経済学批判』の最初の版にもふたたび現われることになる。問題となっているのは、亡霊化の際の脱肉一定の「共産主義的結論」[20]が、そこで『アテネのタイモン』に訴えている。同じ引用が、『経済学批判』の最初の版にもふたたび現われることになる。問題となっているのは、亡霊化の際の脱肉体化である。貨幣の身体なき身体の出現。だが、それは生命なき身体もしくは屍の出現ではなく、人格的生や個人的所有《プロプリエテ》=固有性なき生の出現である。それは、アイデンティティなき生ではない（幽霊は一個の「誰」なのであって、仮象《シミュラクル》一般ではない。それは一種の身体を持ってはいるが、その身体には所有=固有性はなく、「現実的」もしくは「人格的」所有権=固有性はない）。所有=固有性に固有なものが何であるかを分析しなければならず、いかにして貨幣の一般的**所有=固有性**（Eigentum）が一切の人格的固有性=所有（Eigentümlichkeit）を中性化し、肉体から超脱させ、差異を奪ってしまうかを分析しなければならない。この〈固有なもの〉の幽霊化を、シェークスピアの天才はすでに何世紀も前に理解し、しかも誰よりもみごとに語っていたことになる。彼の父性的な天才性の ingenium〔天分〕は、その論争のなかで、すなわち――まさしく信用貨幣的な亡霊、価値、貨幣あるいはその貨幣的な章標である金をめぐって――進行中の戦争のなかで、参照の、保証者の、確証の役割をはたしているのである。

「所有の最も一般的な形態である（die allgemainste Form des Eigentums）貨幣が、どんなに人格的固有性とかかわるところが少ないか（mit der persönlichen Eigentümlichkeit）、理論好きのわれらが小市民（unser theoretisierender Kleinbürger）よりも、シェークスピアのほうがすでによく知っていた。［……］」

引用は神学化作用を持った物神化を明らかにしてくれるという、補足的でありながら実はまったく必要な利益をともなっている。引用は、還元不可能な形でイデオロギーを宗教（偶像あるいは物神《フェティッシュ》）へと結びつけ、さらに宗教の主要な形象、すなわち崇拝、祈り、祈願がむけられる一種の「目に見える神」（Thou visible god）へと結びつけるこの物神化を明らかにしてくれる。後ほど以下の点に立ち戻ることにするが、宗教はけっしてマルクスにとって、あまたのイデオロギーのうちの単なる一つであったためしはなかった。偉大な詩人の天才——そして偉大な父の精霊——が預言的なひらめきでもって語ったのは、金が神となる過程、幽霊であると同時に偶像であるというふうに感性的な神になる過程であったことになる。それも、経済理論を研究するわれらのブルジョア的な同業者よりも、一飛びに早くかつより遠くに進みながら語った、とマルクスは言っているようである。貨幣の所有=固有性と人格的固有性とのあいだの異質性を（「どんなにかかわることが少ないか」と）明記したあとで、私が思うに無視できぬ以下のような説明をマルクスはつけ加える。実際のところ、両者の固有性は異なっているばかりでなく対立しているのだ（entgegensetzt〕、と。そして、どんな選択が働いたのかは詳しく分析しなければならないが、まさにこのとき、マルクスはテクストの身体に切り込みを入れながら、『アテネのタイモン』のあの驚くべき場面（第四幕第三場）から長大なくだりを引きはがしてくる。マルクスは、この呪詛のせりふが気に入っている。正義者の呪詛は、けっして沈黙に付してはならない。マルクスのうちで最も分析的なテクストにおいてさえ、けっしてその呪詛を沈黙に付してはならないのだ。呪詛なるものは理論化＝観照化〔théorise〕はせず、存在するものを語るだけでは満足しないのであり、真理を叫び、約束し、挑発するものである。その名が示すように、呪詛は祈り以外の何ものでもない。(*50) この祈りは糾弾し、その対象を呪いにゆだねる。呪詛を構成する言葉の数々、マルクスはそれらを紛れもない喜びの徴を見せながらわがものとしている〔s'approprie〕。人類に対する憎悪を言明しながら（« I am Misanthropos, and hate mankind »）、ユダヤの預言者然とした怒りと、ときにはエゼキエルの言葉そのものでもって、タイモンは腐敗を呪い、忌み嫌い、身売り＝変節〔prostitution〕をののしる。すなわち、金の前での身売り――そして金そのものの身売りを。しかし、そうしながらも彼は、こうした変貌をもたらす錬金術を分析する時間をとり、金の掟のもとでの諸価値が転覆するさまを、歪曲を、そしてとりわけ誓約破棄を告発している。わがペンをにぎり、長々と、ドイツ語で、激昂に満ちた預言的呪詛を書き写す（エンゲルスのというよりはむしろ）マルクスの、急《せ》きながらも忍耐強い姿が想像できるであろう。

これだけこいつがあれば、
黒を白に、醜を美に、邪を正に、
卑賤を高貴に、老いを若きに、臆病を勇気に変えることもできよう。
この黄色い奴隷めは……
白癩《びゃくらい》病みを崇拝させ……
これだけあれば、枯れしぼんだ古後家も再婚させる、そして
膿ただれてできものだらけの患者さえ嘔吐をもよおす
そんな女でも、こいつがあればかぐわしく
四月の花と化けるのだ……
……おまえは目に見える神だ（Thou visible god)、
いかに両立しがたいものでも手を握らせ、
接吻をさせる。

sichtbare Gottheit,
Die du Unmöglichkeiten eng verbrüderst
Zum Kuß sie zwingst!(21)

この巨大な呪いの呪いにおけるありとあらゆる特徴のうちで、マルクスはこの長い引用のエコ

ノミーにおいて、ここでわれわれにとって最も重要な特徴、たとえば金銭ずくの歴史そのものにおいて誓い〔jurer〕と共謀〔conjurer〕の行為を運び去ってしまう諸々のアポリアおよびダブルバインドを抹消してしまわねばならなかった。鋤を手に金を埋めるとき、お世辞にもヒューマニストとは言えないその墓堀人にして預言者は、誓約の破棄と、諸々の宗教の誕生と死とを喚起するばかりではない（《This yellow slave / Will knit and break religions ; bless the accurs'd ». 「この黄色い奴隷は、諸々の宗教を結合させ、また離反させ、呪われた者を祝福する」）。[22] タイモンはまた、他者に懇願する〔conjure〕。彼は他者に約束するようしきりに要求するが、彼は、誓約を破りつつ、かつ二つに裂けた同じ一つのしぐさによって誓約の破棄を告白しつつ、そのように嘆願する。実のところ、彼は**真理を語るふりをしながら**、少なくとも約束させる**ふりをしながら**嘆願するのだ。しかし、彼は約束させるふりをするが、実のところ、約束を守ら**ない**よう約束させており、すなわち、約束するふりをしつつ約束せぬよう約束させているのである。まさに誓いの瞬間において誓約を破ったり〔parjurer〕、誓約を撤回したり〔abjurer〕することを。そして、この同じ論理の帰結として、誓いを控えるよう懇願するのである。要するに、あたかも次のように言っているかのように。お願いだから誓わないでくれ、誓う権利というおまえたちの権利を撤回してくれ、誓うというおまえたちの能力を断念してくれ。そもそも、おまえたちは誓いなど求められておらず、その本性どおりに宣誓不可能者である（« you are not oathable »）ことが求められているのだ。おまえたちは淫売婦だ、淫売そのものだ、おまえたちは金にわが身を与え、金とひきかえにわが身を与え、あまねき無頓着《アンディフェランス》にわが身を運命づける。おまえたちは、等価性のうちに固有性と非固有性、信用と不信、信仰と嘘、「正と邪」、誓いと誓約破棄および誓約撤回等々を混同する。おまえたちは、金に身を売る売女だ、おまえたちは金のために職業や（誓約を守らぬ売女という）使命さえ放棄する（forswear）ことを辞さないだろう。まるで、淫売宿の女将が金欲しさに淫売たちを放り出しさえするのと同じように。

ここで問題となっているのは、人間性の本質にほかならない。Bind あるいは bond そのものをめぐる絶対的なダブルバインド。行為遂行的発言〔performatif〕の無限の不幸＝破綻、そして計算不可能な幸運《チャンス》――行為遂行的発言はここでは字義どおり名指されている（《perform》,《perform none》とは、誓約破棄と誓約撤回を求めつつ、**約束を守らないことを約束せよ**と懇願する際のタイモン自身の言葉である）。人間に関する没‐人間的な〔anhumain〕言説の、弱さとしての強さ。タイモンはアルシバイアディーズに次のように言う（第四幕第三場）。

《Promise me friendship, but perform none : if thou wilt not promise, the gods plague thee, for thou art a man! if thou dost perform, confound thee, for thou art a man! 》
「友情をおれに約束してくれ、ただしそれを実行しないでくれ。もし約束できないのなら、神々がおまえを罰するだろう、おまえが人間だからだ！　またもし約束を守ったならば、おまえを破滅させるだろう、おまえが人間だからだ。」

そして、金をねだり――もっと持っているかとタイモンにたずねる――フライニアとティマンドラに対しては、次のように言う。

« Enough to make a whore forswear her trade, And to make whores a bawd. Hold up, you sluts, Your aprons mountant : you are not oathable, Although, I know, you'll swear, terribly swear Into strong shudders and to heavenly agues The immortal gods that hear you, spare your oath, I'll trust to your conditions : be whores still. »

「あるぞ、淫売婦が自分の商売を放り出して（forswear）〔もっと字義どおりには、自分の仕事を、市場を、職業《プロフェッション》＝信条表明を、すなわち、自己の表明《プロフェッション》のアンガジュマンを含意するかぎりでのプロフェッションを撤回して〔abjurer〕〕、淫売宿の女将におさまることができるぐらいの金はな。さあ、雌犬ども、エプロンを高々と持ちあげろ。誓約したいだろうが、どうせ守らぬおまえたちだ〔you are not oathable. おまえたちは宣誓した者たちではない、宣誓可能ではない〕、それを聞けば不滅の神々さえがたがた震え出す恐ろしい宣誓など控えてくれ（spare your oaths）。それよりおれはおまえたちの本性の方を信用する（I'll trust）。いつまでも淫売でいろよ。」（同所）

貨幣の幽霊性

淫売や金銭崇拝、物神化や偶像崇拝そのものに向かいながら、タイモンは信じている。彼は信をおこない、信じ、**信用《クレジット》する**（I'll trust）が、そうするのはただ、パラドクスに満ちた誇張語法で語られる呪詛においてである。すなわち、宣誓破棄の奥底、誓いの能力も持たずあるいは誓いをするにふさわしくないもの（« you are not oathable »）の奥底においてさえ、自然の本能に忠実であり続けるもの、それを彼自身は信じるふりをする。まるで慣習の誓い、社会の誓い、法の誓い以前に、本能の約束《アンガジュマン》、本能的本性《ナチュール》の自己に対する忠実、生ける自然《ナチュール》の誓いが存在するかのように。そしてそれは、不実への忠実であり、宣誓破棄の恒常性なのである。その生は金のあの無頓着な力に、その致死的なまでに無頓着な権力に、規則正しく隷従し、絶対確実に屈従する。この点については生を信用《クレジット》（trust）してもよいだろう。悪魔的であり、この点からすると根本的に悪しきものである自然＝本性は淫売なのであって、それは忠実に隷従する――この点については自然＝本性を信頼してもよい。それは裏切りそのもの、誓約破棄、誓約撤回、虚偽、仮象《シミュラクル》に忠実に隷従するのである。

そしてそれらは、けっして亡霊から遠いものではない。よく知られていることだが、金を、さらに正確には貨幣記号を、マルクスはつねに見せかけあるいは仮象の形象のもとに、さらに正確には幽霊の形象のもとに記述した。彼は単にそれらの記述をしたばかりではなく、さらにそれらの定義づけをおこなってもいるが、その概念を形象として呈示する際に、その呈示は亡霊的な「モノ」を、すなわち「誰か」を記述しているように見えたのである。この形象的呈示の必然性は何なのか。概念に対するその関係は何なのか。それは果たして偶発的なものなのか。これこそが、われわれの問いの古典的な形式である。ここではいかなる偶発性も信じてはいないので、われわれはこの問いの古典的な形式（要するにカント的な形式）を問うようにさえなるだろう。というのもこの形式は、形象的な図式をまじめに受け取っていながら、それを二次化し、あるいはそれから距離を置いているように見えるからである。『経済学批判』[23]は、いかにして貨幣の実存(Dasein)、すなわち金であれ銀であれ金属の Dasein が、ある**残余**を生みだすかを説明している。この残余、この残っているもの、それはまさしくある偉大なる名称の影でしかない。« Was übrigbleibt ist *magni nominis umbra.* »〔残るものは、偉大なる名称の影〕「鋳貨の身体はもはや影にすぎない（nur noch ein Schatten）」[24]。そのときマルクスが記述する理念化（Idealisierung）は、それが貨幣の理念化であろうとイデオロギー素の理念化であろうと、幽霊の、幻想の、仮象《シミュラクル》の、見せかけのあるいは幻影の（Schein-Sovereign と Schein-gold の Schein dasein）生産という形をとる。もっと先で、彼はこの貨幣の亡霊的効力を、蓄財の欲望を抱いて、**死後**、あの世（nach dem Tode in der andern Welt）での金の使用について思索する＝投機する〔spéculer〕ということと関連づけている。[25] Geld, Geist, Geiz. あたかも金（Geld）が霊＝精神（Geist）の起源であると同時に吝嗇（Geiz）の起源でもあるかのごとく。すぐその後でマルクスが引用するプリニウスは« Im Geld liegt der Ursprung des Geizes »〔貨幣のなかに吝嗇の源泉がある〕と述べている。別の箇所では、Gas と Geist との同等化がこの連鎖系につけ加えられている。(26) 商品の変貌（Die Metamorphose der Waren）はすでに、正当にも亡霊創造的=亡霊詩学的〔spectropoétique〕と呼びうる変容的理念化のプロセスであった。国家が強制通用力をもった紙幣を発行するとき、国家の介入は紙を金に変質させる「魔術」（Magie）にたとえられている。これは見せかけもしくは幻影なので、このとき国家は「今やその〔金に刻印を押し、紙幣を印刷する〕刻印の魔術によって、紙を金に変貌させるように〈見える〉（scheint jetzt durch die Magie seines Stempels Papier in Gold zu verwandeln）」(27)。この魔術はつねに幽霊のかたわらで立ち働き、幽霊たちと取り引きをし、あるいは**自分自身**を操ったり取り引きしたりし、それはビジネス、すなわち強迫観念《アンティーズ》=憑在のエレメントそのもののなかでみずからおこなうビジネスとなる。(*51) そしてこのビジネスは葬儀人たちを、すなわち死体を処理する者たち、とはいえ死体を盗み、亡くなった者たちを消えさせるために——それは彼らの「出現」の条件なのだが——処理する者たちを引きつける。墓堀人たちの取り引きと芝居。社会危機の時代、マルクスが言うように、社会的《nervum rerum》〔事物の神経〕が「それを神経とする肉体のかたわらに埋葬される（bestattet）」とき、その宝の投機的な埋蔵が地中に隠しているのは「貨幣魂（Geldseele）」を欠いた「無用の金属」にすぎない。この埋蔵の舞台が喚起するのは、『ハムレット』におけるあの墓場と墓堀人夫の大いなる舞台、人夫の一人が「墓堀り《グレイヴ・メーカー》」の作品は他のいかなる作品よりも長くもつ、というのも最後の審判までもつからだ、と言うあの舞台ばかりではない。金を埋蔵するこの舞台は、またしても、しかもより正確に、アテネのタイモンを喚起する。マルクスによる葬送のレトリックのなかで、宝の「無用な金属」は、埋葬後には流通の燃えつくした灰（ausgebrannte Asche）、caput mortuum〔流通の残り滓〕、その化学的残滓のようになると言われている。その徹夜の骨折りにおいて、その闇夜の錯乱（Hirngespinst）において、吝嗇家、蓄蔵家、投機家は、交換価値の殉教者となるのである。純粋な交換を夢みるがために、彼は交換をおこなわなくなってしまう。（そしてわれわれは、後ほど、『資本論』における交換価値の出現が、どうしてまさしく幻影出現なのかという点を見るつもりだが、かりにその形象が〈固有なもの＝本来的なもの〉という語をここで用いるのを禁じていなかったならば、それは**本来的に**亡霊的な幻視《ヴィジョン》、幻覚、幻影だと言えるだろう。）宝を持った人間は、そのとき錬金術師として（alchimistisch）行動する。彼は、幽霊について、「生命の仙薬」について、「賢者の石」について投機する〔＝思弁をめぐらす〕。投機＝思弁〔spéculation〕はつねに亡霊に魅惑されており、亡霊に取り憑かれている。この錬金術が亡霊の出現に、再来霊の憑在〔＝強迫観念〕や回帰へと運命づけられ続けるということはテクストの字義に現われているのだが、それはときとして翻訳によって看過されている。同じくだりにおいて、マルクスが〔金への〕変質について記述するとき、語られているのは憑在〔＝強迫観念〕のことである。錬金術的に作用するのは再来霊の交換あるいは混淆であり、**気違いじみて亡霊的な**合成あるいは転換だとされている。憑在と再来霊（Spuk, spuken）の語彙が、舞台の前面を占めている。「錬金術のように気違いじみて入り乱れて現われる」（「富の流動形態とその化石とが、生命の仙薬と賢者の石とが錬金術のように気違いじみて入り乱れて現われる」(28)）と翻訳されているのは、« […] spuken alchimistisch toll durcheinander »にほかならない。

この点については今後も絶えず立ち戻ってくるつもりだが、要するに、マルクスは彼の敵たちに劣らず幽霊が嫌いであった。彼は幽霊を信じようとはしない。にもかかわらず、幽霊のことばかり考えている。彼は、実在する現実、生き生きとした実効性と幽霊たちとを分け隔てているとされるものを十分に信じている。彼は、死を生に対置でき、仮象のむなしい見せかけを〈現実の現前〉に対置できると信じるように、それらも対置できると信じている。彼はこの対立の境界線を十分に信じているので、亡霊を告発し、追い払い、悪魔祓いしようとする。批判的分析を通じてであり、魔術破りの術を用いてそうするのではないにせよ。しかし、魔術を非難する分析と魔術破りの術とを、いったいどのように見わければよいのだろうか。というのもその分析は、依然として魔術破りの術であり続ける危険性があるからである。われわれは、たとえば『ドイツ・イデオロギー』についてもまた、この問いを提起するだろう。後ほど立ち戻ってくる前にもう一度喚起しておくならば、そのなかの「ライプチヒ宗教会議——聖マックス」（シュティルナー）でもまた、**抵抗もできぬ**が**終わりもない**幽霊（Gespenst）狩りと再来霊（Spuk）狩りが組織されている。**抵抗できぬ**というのは、効果的な批判のごとく**抵抗できぬ**ということでもあるが、反覆強迫のごとく**抵抗できぬ**ということでもあり、**終わりなき**というのは、〔精神〕分析について言われているごとく**終わりがない**、ということである。そしてこの関連づけは、おそらく何ら偶然のものではないだろう。

幽霊たちに対するこの敵意、ときおり笑いの炸裂でもって恐れから身を守る恐れおののいた敵意、これこそもしかすると、マルクスが彼の敵たちとつねに共有していたものかもしれない。彼はまた、幽霊たちを、そして生でも死でもないもの、すなわちけっして現れとも亡き者ともならぬ、現象ともその反対物ともならぬ幻影の再‐出現〔la ré-apparition d'une apparition〕の一切を、**追い祓おう**〔conjurer〕としたのである。彼は、『共産党宣言』が宣戦を布告している古きヨーロッパの共謀者たち**同様、**幽霊を追い祓おうとしたことになるだろう。その戦争がかくも抑えがたくあり続け、革命がかくも必要であり続けるにもかかわらず、彼は、亡霊の亡霊性を**悪魔祓い‐分析するため**に、**かの者たちと**共謀しているのである。(*52) そしてそれは、今日われわれの問題であるかもしれず、もしかすると明日われわれの問題となるかもしれない。

行為遂行的発言としての悪魔祓い

二、というのも、《conjuration》は**他方で**《*conjurement*》(*Beschwörung*)を意味し、すなわち逆に、呼ばれたか呼び寄せられた悪霊を追い出そうとする、魔法の悪魔祓いを意味するからである(『オックスフォード英語辞典』:《The exorcising of spirits by invocation》〔呼び寄せによる霊の悪魔祓い〕,《the exercice of magical or occult influence》〔魔術的もしくはオカルト的効果の行使〕)。

conjuration とは、たしかにまず第一に同盟であり、たしかに時によっては政治的な同盟、暗黙ではないにせよ多かれ少なかれ秘密な同盟であり、密議であるか陰謀である。そこで問題となっているのは、ヘゲモニーを無力化するか、権力を転覆することである。(中世において、*conjuratio*

は、自由都市の創設を目指した市民たちが、時には君主を向こうにまわして結束する際の誓いも指していた。）共謀者たちの秘密の会において、一部の個人的あるいは集合的な主体＝臣下〔sujets〕が、さまざまな力を代表し、共通利益の名のもとに同盟し、政治的に恐れられている敵と戦う、つまりはその敵を追い祓う〔conjurer〕。というのも conjurer は、悪魔祓いするということ**もまた**意味するからである。すなわち、邪悪な、魔物化した、悪魔化した力、すなわちたいていの場合は悪霊か、亡霊か、死後〔*post mortem*〕再来するか再来する危険《リスク》がある一種の幽霊、こうしたものを破壊し否認しようとすることも、である。悪魔祓いは、これもまた非理性的な方途でもって、そして魔法の、謎めいた、ひいては謎めかせた行為でもって害悪を追い祓う。悪魔祓いは分析的な手続きや論証的な推論を排除することはなく、むしろその逆なのだが、悪魔祓いとは、呪文モードにおいて、死者はたしかに死んだのだと反復することに存する。それは**数々の決まり文句《フォルミュル》**でもって事をおこなう。そして理論的な決まり文句は、魔術的な性質や権威主義的な教条主義、すなわち戦っているはずの当の相手と決まり文句が共有する秘密の力をごまかすことによって、時としてなおさら大きな効果を発揮しつつその役割を演じるのである。

ところで効果的な悪魔祓いは、ひたすら死を執行するために死を確認するふりをする。法医学の医師がするように悪魔祓いは死を宣言するが、ここでは死を与えるためにそうするのである。その戦術はよく知られている。事実確認的な形式は、安心させることを目指す。確認は有効〔efficace〕である。**事実＝効果として**〔*en effet*〕、確認はそうであろうとし、またそうでなければならない。それは、**事実＝効果として**〔*effectivement*〕行為遂行的発言なのである。[＊53] しかし、実効性はここでみずから幽霊化してしまう。それは事実＝効果として安心させようとする行為遂行的発言なのだが、それはまず第一に、人がその死を望んでいる当のものが確かに死んでいるかどうかを確かめることによって――というのもこれほど不確かなこともないので――、自分を安心させようとする行為遂行的発言なのである。それは生の名において語り、生とは何であるのかを自分は知っていると主張する。生者以上に生が何であるかを知っている者がいるでしょうか、とそれは冗談めかしもせずに言うように見える。まさに人（自分）がこわがっている当の点について、それは人（自分）を納得させようとする。生にあったものがもはや生きてはいないのです、とそれは人（自分）に向かって言う。死そのもののうちにある〈それ〉が効果を持つことなどないのですから、ご安心を、と。（これは、時によって死者は生者よりも強いということをあえて知ろうとしない流儀である。その教えを与えられたり、その知を所有したりしていないにもかかわらず、いかなる生者も先刻承知の事柄だというのに。またださからこそ、ある哲学を生の哲学もしくは生の存在論として解釈することはけっして単純であったためしはない。ということはつまり、そうした解釈は自明な事柄がそうであるように、つねに単純すぎ、異論の余地がないながら、しかし結局のところ、あまりにも説得力がない解釈なのである。ちょうど同語反復＝自同論理〔tautologie〕に説得力がないように。マルクスのでも他の誰のものでもよいが、彼らのかなり異他論理的〔hétérologique〕な自同的‐存在論〔tauto-ontologie〕に説得力がないように。それは、死を包含するという条件のもとで、また、そうした自同的‐存在論となることを可能にしてくれる他者性、自分にとってのそうした他者性を包含するという条件のもとで、はじめてすべてを生へと引き戻すことができるのである。）要するに〔悪魔祓いとは〕、しばしば、死亡証明書なるものがまだ戦争行為の遂行的発言でしかなく、死刑執行の力なき過剰ジェスチャーもしくは死刑執行の寝苦しい夢でしかないその地点で、すでに死の確認をしているかのようなふりをするということなのである。

II

共謀する＝厄祓いする――マルクス主義（を）

The time is out of joint. この言いまわしは時のことを語っており、**いかなる**時なのかを言っている。しかしこの言いまわしは、とりわけ**この**時、**昨今の**時、「ただいまの時間」、ただいまというこの時、すなわちハムレットにとっての「われらの時代」、ひたすら彼にとっての「この世」であってあの時代以外のどんな時代でもなかったこの世の時を指示している。この述語は時間についてなにごとかを**言って**はおり、しかもそれを（*The time* is *out of joint* という形で）*être* 動詞の現在形を使って**言って**はいる。しかし、**あの当時**、あの別の時代に、すなわち単純過去形で、過去において一度言われただけだとするならば、この述語はどのようにしてあらゆる時代に妥当するというのだろうか。換言するならば、いかにしてその述語は、再来し、あらためて現前することができるのだろうか。新たに、新たなものとして？　その述語の時間がもはや存在しないというのに、どうしてあらためてここに存在することができるのか。どうしてその述語は、人が「われらの時代」と言おうとするそのつどに、妥当することができるのか。時間を指示し、さらに正確に言うならば時間の現在形を指示する述語命題において、*être* 動詞の文法的現在形の直説法三人称は、ありとあらゆる精神《エスプリ》の回帰に対して歓待を提供すべくあらかじめ定められているように思われる。この esprit という語が、亡霊に対する歓迎を告げるようにするためには、それを esprits と複数形にすれば事足りるのであるが。とりわけその不定法が〈**現前**すること être *présent*〉を意味すると人が暗黙に了解しているときの *être* は、単なる機知の言葉〔un mot d'esprit〕ではなく、まさに精神の言葉〔le mot de l'esprit〕である。est は、精神《エスプリ》＝霊の最初の言語的身体**である**。(＊1)

世界のある時代、今日、昨今というこの時代に、一つの新しい「世界秩序」が、先例なきヘゲモニー形態を据え付けることによって、一つの新しい、必然的に新しい変調〔dérèglement〕を、安定して存続させようとしている。したがってそれは、未曾有の戦争形態なのだ。もっとも、未曾有の戦争形態というのは、世の常であるが。その形態は、少なくとも、マルクス主義に対する大がかりな「厄祓い〔conjuration〕」、すなわちマルクス主義の *conjurement* を思わせる。それは、マルクス主義を、すなわち（新しいインターナショナルの観念といった）マルクス主義が代表し今後も代表し続けるであろう〈もの〉そして〈人々〉を、そしてマルクス主義に対する悪魔祓いによってインターナショナルを討伐するための、いま一度の、またしてもの、またしても新たな試みであり、そのつど新たな動員なのである。

きわめて新しく、かくも古くもあるその厄祓いは、強力であると同時に、つねにありがちなように、心細げで、もろく、不安げに見える。共謀者たち〔conjurés〕にとって、厄祓いすべき敵はたしかにマルクス主義という名を持ってはいる。ところが、懸念されるのは、敵を見わけることがもはやできないということなのだ。マルクスがさかんに語っていた「変貌」（この語は、生涯を通じて彼のお気に入りの語の一つであった）をとげたあげく、新手の「マルクス主義」は、今まで人がマルクス主義だと同定し敗走させてきたものと同じ形象をもはやまとっていないのではないか、こうした仮説に人はおののくのである。もしかするとマルクス主義者などもう恐ろしくはないかもしれないが、マルクスの遺産を放棄していない一部の非マルクス主義者たち、すなわち、不安におののく反共産主義の専門家たちが見やぶる訓練をつんでいない風貌や引用符のしたに隠れて、後を受け継ぐ用意がある隠れマルクス主義者、疑似‐もしくは準‐「マルクス主義者」たち、彼らのことはまだ恐ろしいというのである。

　われわれが今しがたあげた理由以外の数々の理由からしても、この共謀＝厄祓いの形象は特権的に扱われなければならないだろう。それらの理由は、すでに予告されている。conjuration の双方の観念（conjuration と conjurement, Verschwörung と Beschwörung）に含まれている、もう一つ別の本質的な意味を考慮に入れなければならない(*2)。すなわち、誓うという意味、誓いを捧げるという意味、したがって約束する、決意する、ある**責任**をとるという意味、要するに、行為遂行的な仕方で干与＝約束する〔s'engager〕という意味を考慮に入れなければならない。しかもそれを、多かれ少なかれ秘密の仕方で、ということは多かれ少なかれ公然とした仕方でするということ、〈政治的なもの〉の同定を可能にする境界線としての、公／私を分ける境界線がかつてないほど保証されておらず、絶えず移動している場所で、それをするということである。そして、この最重要《キャピタル》な境界線が移動してしまうというのは、その境界線が設定される媒体〔medium〕、すなわちほかならぬメディアという媒体（情報、報道、テレコミュニケーション、〈技術《テクノ》‐遠隔《テレ》‐言説性〉、〈技術《テクノ》‐遠隔《テレ》‐イコン性〉、すなわち公共空間の**空間化**を、*res publica*〔公共的事象〕の可能性そのものおよび〈政治的なもの〉の現象性を、保証し規定するもの）、この媒体のエレメント自体が生きてもいず死んでもいず、現前してもいず不在でもなく、それが亡霊化作用を持つものだからなのである。それは存在論に属してはいない。すなわち存在者の存在についての、あるいは生や死の本質についての言説に属してはいない。したがってそれは、新造語を作るためというよりは簡略化《エコノミー》のためにわれわれが**憑在論**〔*hantologie*〕と呼ぶものを要請するのである。(＊3) この範疇を、われわれは還元不可能なもの、そもそも第一に、この範疇が可能にしている一切のものに、すなわち存在論、神学、肯定的あるいは否定的な存在 - 神学に、還元不可能なものとみなすことにする。

「共産主義の死」の言説

行為遂行的解釈というこの次元、すなわち自分が解釈する当のものを変形してしまう解釈の次元は、今晩私が言おうとしていることにおいて、不可欠な役割を果たすことになるだろう。自分が解釈するものを変形してしまう解釈、この行為遂行的発言の定義は言語行為論《スピーチアクト・セオリー》と「フォイエルバッハに関するテーゼ」の第十一番テーゼ（「哲学者たちは世界をただpremium さまざまに**解釈**してきただけである。肝心なのはそれを**変える**ことである」Die Philosophen haben die Welt nur verschieden *interpretiert*; es kommt aber drauf an, sie zu *verändern*.）のいずれからしても劣らずオーソドックスではない定義である。(＊4)

私が、このように感銘深く、野心的で、必要あるいは大胆で、一部の人々が〈歴史的な〉と評するかもしれぬコロキアムの開幕にあたって発言するということ、私が長い躊躇のすえに、しかも自分の能力の明らかな限界を熟知していたにもかかわらず、バーンド・マグナスが与えてくれた光栄なる招待を受諾したということ、それはまず第一に哲学的で学問的な話をするためではない。そうしたのはまず第一に、責任逃れをしないためである。より正確には、そうした責任の性質をめぐるいくつかの仮説をみなさんに討議していただくためである。われわれの責任とは何か。いかなる意味でそれは歴史的なのか。そして、かくも数多くの亡霊たちとどうかかわっているのか。

　私が思うに、誰も次のことに対する**反証を示す**ことはできないだろう。すなわち、逆説的でいかがわしい諸条件のもとで、ある教義神学《ドグマティック》が世界的なヘゲモニーを確立しようとしているということに対して。今日、世界には、**支配的な**一つの言説、あるいはむしろ支配的になろうとしている一つの言説がある。その言説は、マルクスの業績と思想とをめぐる言説であり、（もしかするとその業績や思想とは別物かもしれない）マルクス主義と、社会主義者インターナショナルと世界革命の過去のあらゆる形象《フィギュール》＝人物とをめぐる言説であり、マルクスに想を得た革命モデルの多かれ少なかれ緩慢な破壊をめぐる言説であり、その革命モデルを応用しようとした数々の社会の——少なくとも、またしても『共産党宣言』を引用してさしあたり「旧ヨーロッパ」と呼ぶことにする地域における数々の社会の——、急速な、突然の、近年の崩壊等々をめぐる言説である。この支配者づらをした言説は、〈喪の作業〉における勝ち誇ったような段階と呼ばれる、しかじかの段階にフロイトが帰していたような、偏執的な、歓喜に満ちた、まじないのような形式をしばしば持っている。[*5] まじないは繰り返され、儀式化し、アニミズムの呪術が一様にそうであるように、いくつかの決まり文句に固執し、それらにしがみついている。それは口癖やリフレインに帰着する。一律の歩調で歩みながら、それは叫ぶ。マルクスは死んだ、共産主義は死んだ、たしかに死んだのだ。その希望、その言説、その理論と実践の数々とともに。資本主義万歳、市場万歳、経

済的 - 政治的リベラリズムこそ生き長らえよ！と。

政治・メディア・アカデミズム

このヘゲモニーが教条主義的な大キャンペーンを据え付けようとする条件がいかがわしく逆説に満ちているというのは、第一に、この勝ち誇った共謀＝厄祓いが、実は、懸命に次のことを否認しようとしているからであり、否認するために懸命に隠蔽しようとしているからである。すなわち、人がその生き残り〔survie〕を祝っている当のもの（すなわち、資本主義的および自由主義的世界のありとあらゆる古いモデル）の地平、それがけっして、そう、断じて言えるが歴史上けっして、これほど暗く脅威的であり、また脅威にさらされていたことはなかったということである。しかも、それがこれほど「歴史的」であったこともなかった。この「歴史的」という語でもって、あるプロセスの、絶対的に先例なきものでありながらも反覆可能性の法則にしたがっている一契機に書き込まれたもの、というふうに了解しておこう。

のっけからその言説について、それが**支配的な**傾向であり、その傾向が**反証の余地なく**明白であると語ることによって、われわれはいったい何をしているのだろうか。

少なくとも**二つのこと**である。われわれは明らかに既成の概念に訴えている。すなわち、（一）ヘゲモニー（「**支配的**言説」）という概念、（二）証言の概念（「**反証の余地なき**明白さ」）といったぐあいに。われわれはこれらを説明し、これらが正当であることを示さなければならないだろう。(*6)

一、とりわけ誰も反証を示そうとしないと思われることについて語る際に、われわれが暗黙のうちに指示してきたのは、公的な意思表示および公共空間における証言といったものをいたるところで組織し、制御しているものであった。そこで問題になっているのは、われわれの文化の三つの不可分なトポスあるいは布置によって構成された一つの総体である。

a、まず最初に、多かれ少なかれ固有に政治的と形容される文化がある（世界中の、西洋モデルが優勢である地域のほとんどで、権力の座にある政党および政治家たちの公式な言説、フランスで「政界〔classe politique〕」と呼ばれるものの言葉《パロール》とレトリックである）。

b、また、漠然と「マスメディア的」と形容される文化がある。すなわち、数々の「コミュニケーション」と解釈、「情報」の選択的で階層化された生産である。これは数々のチャンネルを通じておこなわれているが、その力はまったく未曾有の仕方で増大され、その増大のリズムは、おそらく偶然ではない仕方で、まさしくマルクス主義モデルにもとづいた諸体制の没落と符合している。それは強力にその没落に貢献したが――それに劣らず重要なことは――、その力が、いわゆるリベラルな民主制においても、公共空間の概念そのものに本質的な形で影響をおよぼすような諸形態でもって、我有化の諸様相そしてスピードでもって、増大したということである。そして、このコロキアムの中心においても、遠隔技術《テレテクノロジー》の問い、メディアのエコノミーと権力の問いは、それらの持つ還元不可能な亡霊的次元とともに、すべての議論を横断しなければならないはずである。今日——理論的かつ実践的な形で——マルクス主義的諸図式をあつかうためには、つまりそれらを変えるためには、その諸図式をどうすればよいのか。私が守ろうとしている**立場**《ポジシオン》（私がここで呈示するものはむしろ一つの**立場決定**〔*prise de parti*〕に相当するものであって、その立場決定が要請し、前提とし、予告する〈作業〉の方ではない、という点が理解されているかどうか気がかりなので、繰り返して申し上げることをお赦しいただきたい）を結局のところ要約するような一言で言ってしまうならば、これらの図式の現在の形態は、不可欠であると同時に不十分であるように思われる。マルクスは、技術と言語との根源的な不可分性を、つまり遠隔技術〔télétechnique〕を（というのも、いかなる言語も遠隔技術だからだが）、少なくともその原則において、まじめに取りあげようとしたという点で、過去の思想家のうちで希有な存在であった。しかし、原則面でしか取りあげなかったと指摘したからといって、このことはマルクスを少しもけなすことにはならないし、むしろ、われわれがまたしても**マルクスの精神**と呼んではばからないものの内側で語ることでさえある。次のように言うことは、ほとんどマルクス自身の予想を字義通り引用することであり、〔彼の言葉を〕**記憶にとどめ**、**確認する**ことだからである。すなわち、遠隔技術について、すなわち同様に科学について、マルクスは今日われわれのものとなっている経験や予測に到達することはできなかったということが、である。(*7)

c、そして最後に、学術的あるいはアカデミックな文化がある。それはとりわけ、歴史家、社会学者、政治学者たちの文化、文学理論家、人類学者、哲学者、なかでも〈政治的なもの〉をめぐる哲学者たちの文化なのだが、彼らの言説自体もまた、アカデミックな、コマーシャルな、そして一般にメディア的な出版によって中継されている。というのも、われわれが今しがた同定した（「政界」の明らかに政治的な言説、メディア的な言説、そして知的、学術的あるいはアカデミックな言説という）文化の三つの場、形態ないし権力は、かつてないほど同じ諸装置もしくは不可分な諸装置によって接合されていることを誰も見逃すことはないだろうからだ。これらの装置は、たしかに複雑で、差異的であり、葛藤をはらみ、多元的に決定されてはいる。しかし諸装置のあいだの葛藤、不平等、多元決定がどのようなものであろうとも、これらの装置は連絡しあい、ここで問題となっている覇権主義《ヘゲモニー》あるいは帝国主義を確立するために、力が極大となる地点へとあらゆる瞬間に一致して向かうのである。これらの装置は、最も幅広く、最も変わりやすく、そして技術的進歩を背景にして最もはびこっている意味でまさしく〈メディア〉と呼ばれるものの媒介《メディアシオン》のおかげで、そうしたことができるのである。政治的‐経済的ヘゲモニーも、知的もしくは言説的支配と同じように、かつてないような度合いで、また形態で、技術的‐メディア的権力を経由している。すなわち、差異化されていると同時に逆説的な仕方で、いかなる民主主義をも**条件づけかつ危険にさらす**ある権力を経由している。ところでこの権力、差異をふくんだ諸権力のこの総体は、次のような一切を考慮に入れることなしには、分析したり、ことによっては戦ったり、ここでは支持し他のところでは攻撃したりするといったことができない。すなわち、今日未曾有の力を発揮しているかくも多くの**亡霊的**効果を、仮象《シミュラクル》が**出現**する新たなスピードを（この出現《アパリシオン》という語を幽霊的な意味で了解しておこう）、合成《ジンテーゼ》イメージあるいは代替《プロテーゼ》イメージを、ヴァーチャルな出来事を、サイバースペースと臨検を、我有化と投機を考慮することなしには。マルクスとその相続者たちがこの現象を考え、取りあつかう手助けをしてくれたかという問いに対して、われわれが**然り**と同時に**否**であると、すなわち、ある見方からすれば**然り**であり、他の見方からすれば**否**であると、そして〈それらの問いを濾過し、選別し、差異化し、再‐構造化しなければならない〉と答えるとするならば、それは、ただわれわれの結論の語調《トーン》と一般的な形態とを、予備的な形にせよ、告げておくためにほかならない。すなわち、マルクス主義の**遺産**〔*héritage*〕**を引き受けねばならない**ということ、その最も「生き生きとした」遺産を引き受けねばならないということ、すなわち、逆説的ではあるが、生と死との対立を超えて、生の、精神の、〈亡霊的なもの〉の、〈生と死〉の問いをはてしなく俎上に置くことをやめぬものを引き受けなければならないということである。この遺産は、必要となればそれを根本的に変形させながら再肯定しなければならない。この再肯定は、マルクスの呼びかけのうちに——さらには彼の厳命の精神のうちに、と言っておこう——響く何ものかに忠実であると同時に、遺産相続一般の概念に適合していることになるだろう。相続は、けっして**所与**ではないのであって、それはつねに使命なのだ。その使命がわれわれの行く手にあり続けるということは、反証の余地のないことなのであって、遺産相続を欲したり拒否したりする以前からして、われわれはすでに相続人であり、しかもあらゆる相続人がそうであるように喪に服した相続人なのである。とりわけ、マルクス主義と呼ばれるものの相続人だとあってはなおさらそうである。われわれが精神の言葉であるとした**存在する**〔*être*〕という語は、この同じ理由から**相続する**〔*hériter*〕をも意味する。存在するもの、もしくは存在すべきもの（あるいは存在すべきではないもの、すなわち or not to be）に関するあらゆる問いは、遺産相続の問いなのである。この喚起のうちには、いささかの懐古趣味的な熱情もないし、伝統主義的な趣向もない。反動、反動的なもの、あるいは反作用的なもの、これらは単に相続構造をめぐるいくつかの解釈にすぎない。われわれは相続人**である**。これは、われわれがしかじかのものを**所有している**とか**受けとる**とか、ある日、しかじかの遺産相続によってこれやあれやのもので豊かになるということを意味するのではなく、われわれがそれを欲しようと欲しまいと、知ろうと知るまいと、われわれの**存在**が第一に相続**である**ということを意味する。そして、かくもヘルダーリンが見事に言っているように、われわれはそれを**証言する**ことしかできない、ということを。証言するとは、われわれがそこから**相続している**という限りで**存在している**という当の存在を証言することだという。そして、ここに円環が、チャンスが、有限性がある。われわれは、証言を可能にするまさに当のものを相続するのである。ヘルダーリンは、そのこと、すなわち言語を、「自分がそうであるところのものを証言するために」人間に与えられた「最も危険な財産」(damit er zeuge, was er sei / geerbt zu haben)[1] と呼んでいるのである。

二、われわれは少なくとも仮説として、マルクス主義の終わりとマルクス主義的な数々の社会の終わりに関する教説《ドグマ》は、今日、傾向として、「支配的な言説」であると述べるわけだが、そのとき、われわれは言うまでもなく、依然として、マルクス主義のコードで語っている。われわれは、このしぐさが問題をはらんでいるということを否認したり隠したりすべきではない。一部の人々がそこに円環や論点先取りがあると告発しても、彼らはあながち間違ってはいないだろう。事実われわれは、少なくとも暫定的には、マルクス主義から遺産相続した次の批判的分析の形態に頼っている。すなわち、与えられた一つの状況があって、しかもその状況が規定可能であり、さらには社会的‐政治的敵対関係として規定されるならば、ヘゲモニーの力はつねに支配的なレトリックとイデオロギーとによって表象されているように見える、という形態である。たとえ、どのような諸力の葛藤、中心的矛盾あるいは諸々の副次的矛盾、多元決定や中継の数々がこの図式をあとから複雑化させようとも——したがって、支配するものと支配されるものという単純な対立を、さらには葛藤状態にある諸力の究極的な規定を、さらにはいっそう根本的に、力の方がつねに弱さよりも強いという点を疑ってみるようわれわれに呼びかけるにせよ、われわれはその形態に頼っているのである（ニーチェとベンヤミンは、それぞれ別の仕方で、このことを疑ってみるよううながしている。特に後者が、「歴史的唯物論」をまさしく何らかの「弱いメシア的な力」の相続に結びつけたときがそうである）[2]。批判的相続。この批判的相続によって、たとえば**支配的**言説あるいは**支配的な**表象や観念について語り、そうすることによって階層化された葛藤の場に言及しながらも、ヘゲモニーを――さらには端的に国家さえも――争奪しあう諸力を規定する際にマルクスが、とりわけ『ドイツ・イデオロギー』において、あれほど頻繁に用いていた〈社会階級〉の概念にかならずしも同意せずに済ますことができる。たとえば、思想史について語る際に、『共産党宣言』が、ある時代において「支配的な諸観念」(die herrschenden Ideen) は、つねに「支配階級」(der herrschenden Klasse) の諸観念にすぎなかったと宣言するとき、しかじかのものではなく他のものを保存しようとして、選別的な批判がこの言表の遺産を濾過するということは、禁じられているわけではない。諸力の場における支配について、単に社会階級の同定《アイデンティティ》さらにはその自己同一性《アイデンティティ》という究極的な支えへの参照を宙づりにしつつ語ることは可能であるばかりでなく、マルクスが観念と呼ぶもの、観念、観念的あるいはイデオロギー的表象としての上部構造の規定、もしくはその表象の言説的な形式に付与された信頼、こうしたものを宙づりにしながら語ることさえ可能なのである。観念という概念が、われわれがここで再検討しようとくわだてている〈亡霊的なもの〉の還元不可能な発生を前提としているので、なおさらである。

フクヤマの新福音主義

とはいえ、暫定的に、導入部のこの予備考察の時点においては、支配的言説というこの図式をとっておこう。地球《ジェオ》-政治《ポリティック》の新しい舞台《シーン》(政治屋のレトリック、メディアのコンセンサス、知的もしくは大学的空間で最も耳目に触れる部分)において、今日こうした言説が優勢を占める傾向がある。その言説はありとあらゆる語調《トーン》で、揺るぎない自信をもって、単にマルクス主義モデルをもとに建設されたすべての社会が終わりだと診断するばかりでなく、端的に歴史が終わりだとは言わないまでも、マルクス主義の伝統一切が終わりであり、さらにはマルクスの著作への一切の言及が終わりなのだ、と診断をくだす言説である。そうしたもののすべては、リベラルな民主主義と市場経済の歓喜のなかで終わりを迎えたというのである。この勝ち誇った言説は、比較的均質で、たいていは教条主義的であり、ときには政治的な曖昧さを持ち、そして教条主義なるもの、あらゆる共謀=厄祓いがそうであるように、ひそかに不安を押し隠し、明らさまに不安をもよおさせるもののように見える。われわれの会議のプロトコルは、フランシス・フクヤマの著作『歴史の終わりと最後の人間』を例としてあげている。(3) これは、歴史の終わりとしてのマルクス主義の死に関する、最も騒々しい、最もメディア化された、最も「成功した〔successful〕」新たな福音書ではないだろうか。たしかにこの書物には、或る「脚注《フットノート》」の、呆然とさせる、遅ればせの副産物に似たところが往々にして見られる。もっとましな扱いを受けるに値していたコジェーヴ(*8)なる人物に捧げられた注意書き〔nota bene〕というわけである。その現実ならずとも理念の完全性にようやく到達したリベラルな民主主義という形で勝利した、資本主義の最も見事なイデオロギー的ショーウィンドーとして陳列されているこの書物。しかしながらこの書物は、その歯止めのない濫用が思わせるほどには、悪くもなく素朴でもない。事実この書物は、アラン・ブルームによって継承されたレオ・シュトラウスの伝統のなかで、コジェーヴ(と他の何人か)を読んだ、若くて勤勉で、とはいえ遅まきの読者による教科書的な演習に本質上とどまってはいる。だがこの書物が、そこかしこで含み《ニュアンス》のある態度以上のものを示していることは認めなければならない。そして時折、不決断と言えるまでの判断中止さえも示していることを。その書物は、自分なりの仕方で練り上げられた問いの数々に対して誤りを指摘されないように、「右翼の反応」に、「左翼の反応」と呼ぶものを、無邪気につけくわえることがあるのだ。[4] というわけで、この書物は、きわめて緻密な分析に値するだろう。もっとも、今晩われわれは、反マルクス主義的共謀=厄祓いにとって、まさしくその論理の構造そのものゆえに、その定式化の定式ゆえに不可欠なある命題《テーゼ》の、一**般的構造**に関する範囲で我慢しなければならないのだが。

もちろん意図あってのことだが、われわれは今しがた、その一般的構造を「福音書」と呼んだ。なぜ福音なのか。なぜここでその定式は、新約的〔=新遺書的 néo-testamentaire〕だというのか。この書物は、問いの形成と定式化そのものについてはけっして問おうとはせずに、一つの問いに対して「ポジティヴな答え」をもたらすのだと主張している。その問いとは、著者が呑気で謎めいた形で、慎み深いと同時に破廉恥な仕方で、「人類の大部分」と呼んでいるものを、「人類の、一貫した方向性のある歴史」が「結局はリベラルな民主主義へ導く」[5] のかどうかという問いである。もちろん、このように定式化された問いに「然り」と答えながら、フクヤマは同じ頁に、この答えを疑わせるような一切のことを無視しているわけではないと告白している。すなわち、二度にわたる世界大戦、――ナチズム、ファシズム、スターリン主義という――全体主義の恐怖、ポル・ポトによる虐殺、等々である。彼が、この惨憺たるリストをさらに展開するのを承諾しただろうと推測することもできる。だが、彼は展開してはいない。なぜしていないのか、また、この制限は偶然によるのか、意味などないのか、と問うことができよう。しかし、この奇妙な弁論の論法を隅から隅まで組織している図式によれば、(恐怖政治《テロル》、抑圧、圧政、絶滅、ジェノサイドなどといった)すべての厄災、「出来事」、「事実」は、**経験性**に属しているのだという。それらは、「今世紀後半の経験的な出来事の波」[6]に属し、「経験的な証言」[7]によって認められた「経験的な」現象にとどまるというのである。それらの出来事を積みかさねてみても、それは、人類の大部分がリベラルな民主主義へと**理念上**方向づけられているということをいささかも打ち消すものではないというのだ。**そのもの**として、すなわちある進歩の目的〔telos〕として、この方向は理念的な合目的性という形式を持っているというわけである。これを打ち消すように見える一切のものは、それがいかに膨大で、悲惨で、世界的で、多様で、再帰的であろうとも、歴史的な経験性に属するというのである。たとえ、経験的な現実と理念的な合目的性というこの大ざっぱで単純な区別を認めたとしても、この絶対的な方向、歴史のこの非歴史的な目的《テロス》、これがどのようにして、まさしく**われらが日々**、この時代、**われわれの時代**に、フクヤマが「よろこばしき知らせ=福音」として語り、はっきりと日付を指定して「二〇世紀の最後の二五年間における最も注目に値する展開」(p. 13〔上巻、一七頁〕)に始まるとする出来事に場を与えるのか、ということを知る必要が残っている。たしかに彼は、世界における左右両派の独裁体制の崩壊として自分が記述しているものが、つねに「安定したリベラルな民主主義に道を開いた」わけではないことを認めてはいる。しかし彼は、今日の日付で、「「その」リベラルな民主主義は今も、ただ一つの一貫した政治的憧憬の対象として、世界のさまざまな地域や文化にまでおよんでいる」と主張しうると信じているのであり、これこそが「よろこばしき知らせ」であり日付を持った知らせだとしている。フクヤマによれば、この「世界の政治的解放」は「経済思想における自由主義革命」を、彼の言葉では「つねに伴っている」〔sometimes followed sometimes preceded にあてられた仏訳〕[8]。リベラルな民主主義と「自由市場」との同盟、これこそが、またしても著者の言葉によると――しかも単なる機知の言葉〔bon mot〕ではなく――、この四半世紀最大の「よろこばしき知らせ〔bonne nouvelle〕」なのである。この福音の形象《フィギュール》=文彩の執拗さは、注目に値する。それが地球-政治的スケールでもって優勢であり、もしくは優勢であるかのように主張されているのだから、少なくともそれは強調するに値するだろう。

エルサレムの我有化

[*9](したがってわれわれは、この形象=文彩も、《約束の地》と同じように強調しておこう。〈約束の地〉は、〈よろこばしき知らせ〉とは二つの理由から近いと同時に分離されているが、われわれはここでその理由についてはこのカッコ内で指示することしかできない。**一方で**、聖書的なこれらの文彩は、外見にもかかわらず、単なる修辞学的な紋切り型をこえた役割を果たしている。**他方で**、これらの聖書的な文彩がことさら注意を喚起するのは、「マルクス主義はどこへ行くのか?」(Whither marxism?)という問いが今日書き込まれている世界情勢のなかで還元されずに残るものの最大の徴候的-換喩的圧縮が、偶然ではない仕方で、中東にその場を、その形象を、そ

の場の形象を持っているからである。そこでは、〔マルクス主義以外の〕他の三つのメシア的終末論が世界中の諸力と全「世界秩序」を動員し、容赦なき戦争を直接‐間接に互いに対して遂行している。それらは同時に、国家や国民国家、国際法、遠隔‐技術‐メディア‐経済的諸力および科学的‐軍事的諸力といった古い諸概念を、すなわち最もアルカイックでありかつ最も近代的である亡霊的諸力を動員し、作動させたり試練にかけたりしている。第二次世界大戦の終わり以来、そしてとりわけイスラエルの建国以来、建国に先立ち、建国を構成し、建国にともない、建国に引き続いたありとあらゆる方面からの暴力の数々、国際法にしたがうと**同時に**国際法を無視しながら——ということは、今日の国際法は、**同時に**かつてないほど矛盾に満ち、不完全であり、したがって不十分であり、改善可能であり、かつ必要に思われる——建国を遂行した暴力の数々を、それらの歴史的賭金の果てしない広大さにおいて、分析しなければならないだろう。このような分析は、われわれが省略語法《エリプス》を用いて「エルサレムの我有化」という表現で要約するもの、それを目指す数々のメシア的終末論の戦争に対して、もはや決定的な役割を与えないわけにはゆかないだろう。「エルサレムの我有化」のための戦争は、今日、世界戦争である。それはいたるところに場を持っており、それは世界であり、それは今日、« out of joint »である世界の存在の特異な形象＝文彩である。ところで、あいかわらず過度に省略的な仕方ではあるが、中東における暴力の根本的な諸前提を諸々のメシア的終末論の暴発として規定し、また諸々の神聖同盟（この語は、《啓典》の宗教と呼ばれる三宗教が形成する三角形をこれらの同盟のなかで回転させているものを説明するために、複数形にしなければならない）の無限の組み合わせとして規定するためには、マルクス主義は不可欠であり続けると同時に構造的に不十分であり続ける、と言っておこう。それはまだ必要ではあるが、**しかし、**必要だと言うのは、それを変形し、新たな諸条件およびもう一つ別の〈イデオロギー的なもの〉の思考に適応させる限りにおいてであり、技術的‐経済的因果性と宗教的幻影《ファントム》との新たな連節を分析し、社会的‐経済的な諸権力に対する、あるいはそれ自身もけっして資本から完全には独立していない国家に対する〈法的なもの〉の服従を分析するよう屈曲させる限りにおいてである（もっとも、資本**なるもの**も資本主義**なるもの**も、もはや存在せず、かつても存在したためしはなかった。かつて存在し今も存在するのは、――国家的あるいは私的な、現実的あるいは象徴的な、つねに亡霊的な諸力に結びついた――数々の資本主義だけであり、あるいはむしろ、相互の敵対関係を還元できない**数々の資本蓄積**のみである）。

マルクス主義と〈メシア的なもの〉

マルクス主義のこうした変形と開口とは、われわれが少し前に**マルクス主義の精神**と呼んだものに合致している。したがって、マルクス主義タイプの分析は依然として不可欠であり続けるのだが、マルクス主義科学なり批判なりの企てを根拠づけるマルクス主義的存在論が、近代的もしくはポスト近代的なあれほどの否認にもかかわらず、**それ自体もまた、**メシア的な終末論を含んでおり、**さらには含んでいなければならず、そうでなければならない**以上、その分析は根本的に不十分であるように思われる。少なくともそれゆえに、逆説的ではあるが、そうしたイデオロギー素や神学素に必然的に属しているにもかかわらず、マルクス主義タイプの批判は、それが批判や脱神話化をおこなうよう訴える諸々のイデオロギー素や神学素のなかに**単純には**分類することができない。だからと言って、われわれは批判の対象となっている数々の宗教とマルクス主義的批判に共通するこのメシア的終末論が、単に脱構築されるべきだと主張するつもりはない。その内容がちがうという点を除けば（とはいえ、われわれは内容をめぐるこのエポケーを、他者および来たるべき出来事の思想としての〈メシア的なもの〉にとって本質的なものとみなしているのだが、当然のことながら、諸宗教もマルクス主義的批判もこの内容のエポケーを受け入れることはできない）、このメシア的終末論が〔諸々の宗教とマルクス主義とに〕共通しているのは、約束という その形式構造がそれらをはみ出すかそれらに先行しているということでもある。さて、一切の脱構築にとっても還元不可能であり続けるもの、脱構築の可能性そのものと同じく脱構築不可能のままであり続けるもの、それはもしかすると、解放の約束をめぐる或る経験かもしれない。それはもしかすると、構造的メシアニズムの形式性でさえあるかもしれず、宗教なきメシアニズム、メシアニズムでさえない〈メシア的なもの〉、正義の観念——われわれはこれを、つねに法律=権利〔droit〕や人権からさえ区別している——、民主主義の観念——われわれはこれを、現在の民主主義概念および今日規定されている民主主義の諸賓辞から区別している——であるかもしれない。（ここでは『法の力』と『他の岬』に送り返すことをお許しいただきたい）。しかし、もしかするとこれこそが、いま考えなければならないこと、別の仕方で考えなければならないことかもしれないのである。マルクス主義はどこに行くのか、ということはまた、マルクス主義をどこに**導く**べきなのかを問うためかに。どこに導くべきかというのは、変形なしには済まないのだが、今あるがままの、もしくはかつてあったままのマルクス主義がどこにわれわれを導くかではなく、解釈によってわれわれがマルクス主義をどこに導くべきか、ということなのだが。

新福音主義とヘーゲル

フクヤマの**新福音主義的**レトリックへ戻ろう（＝新福音主義的レトリックへと回帰するフクヤマ）[*10]。

「[……]われわれは、民主主義的な政治の健全さや安定に関して、将来が悲惨な知らせをもたらすと思いこまされてきたあまり、**よろこばしき知らせ**が到来しても、なかなかそれとして認められなくなっている。とはいえ、**よろこばしき知らせ**は到来しているのだ[9]。」

一つならずの理由から、この新福音主義的な執拗さは意味深長である。もう少し先で、このキリスト教的文彩は、《約束の地》というユダヤ的告知と交叉している。もっとも、すぐさま離れてしまうのではあるが。フクヤマが言うには、とりわけ「際限のない富の蓄積」と「あらゆる人間社会の均質化の促進」を可能にする技術とに結びついているために、近代自然科学の発展はよろこばしき知らせの到来に少なからぬ役割をはたした。そして、それがそうした役割を果たしたというのも「第一に技術が、それを保有する多くの国々に決定的な軍事的優位性を与える[10]」からである。ところで、この自然科学的‐技術的‐軍事的所与は、フクヤマによって宣言される到来および「よろこばしき知らせ」にとって本質的であり不可欠ではあるものの、それは「約束の地」の門前までしか導いてはくれないという。

「だが近代の自然科学は、われわれを「約束の地」だと思われるリベラルな民主主義という門の方へは導いてはくれても、門のなかへと越えさせてはくれない。というのも、なぜ工業化の進展が政治的な自由を生み出すのかということについては、経済上の必然的な理由など一つもないからだ。(*op. cit.*, p. 15〔邦訳、上巻二〇頁〕)

過剰解釈をつつしみながらもこのレトリックの執拗さを真面目に受け取ろう。それはわれわれに何を言わんとしているように見えるだろうか。《約束の地》の言語、つまり約束されていながらもいまだに(モーゼに対して)拒絶されている《約束の地》の言語は、**少なくともそれだけを取るならば**、物理学の唯物論と経済主義にはより適合しているということである。フクヤマが《約束の地》をめぐる一定のユダヤ的言説を、経済主義的な唯物論と物理学的な科学の合理主義に結びつけていることを考慮するならば、また、彼が安穏と「イスラム世界」と呼ぶものが、「リベラルな民主主義」[11]をめぐって形成されているように見える——と彼が言う——「一般的コンセンサス」に入っていないことがあたかも取るに足らぬ例外であるかのように彼が他の箇所で扱っているのを考慮に入れるならば、終末論的三角形のなかでフクヤマが特権化しようとしている視角について、少なくとも一つの仮説は立てることができる。彼が表だって要求するリベラルな国家モデル、それは単にヘーゲルの国家モデル、承認への闘争を説くヘーゲルの国家モデルであるばかりではなく、「キリスト教的ヴィジョン」を特権化するヘーゲルの国家モデルなのである。フクヤマが援用する〔ヘーゲルの〕『法の哲学』が言うように、「国家の存在はこの世界における神の行ないである(*11)」とするならば、この国家の到来はキリスト教的な出来事という意味を持っているということになる。フランス革命は、「自由で平等な社会についてのキリスト教のヴィジョンをとらえ、それを地上でもたらした出来事だった(12)」というわけだ。この《歴史》の終わりは、本質的にキリスト教的な終末論なのである。それは、ヨーロッパ共同体をめぐるローマ教皇の現在の言説と共鳴している。すなわち、一つのキリスト教国家あるいはキリスト教超国家となるべく定められているその共同体は、いまだに何らかの《神聖同盟》に属しているというのである。つまりその共同体は、教皇の名もあげていた『共産党宣言』がはっきりと名指していた同盟と無関係ではない。リベラル国家のアングロ‐サクソンモデル（ホッブズ、ロック）と「理にかなった承認」をまず第一に追求するヘーゲル的「自由主義」とを区別した後で、フクヤマはコジェーヴの二つのしぐさを区別している。コジェーヴが普遍的かつ均質な国家の完璧さを記述するとき、彼はあまりにもロックに、そしてヘーゲルが批判したアングロ‐サクソンモデルに想を得ているという。その半面、第二次世界大戦後のアメリカやヨーロッパ共同体は「普遍的で均質な国家、普遍的な承認の国家の完全な実現(13)」を構成していると言うときのコジェーヴは正しい、というわけである。

したがってその結果その国家とは、まったく論理的に、キリスト教国家だということになる。一つの《神聖同盟》だということに。

これらの予言的であり予言可能な宣教に対して、通俗的なまでに「経験的」であるような明白事項を対立させることはやめておこう。われわれは、間もなく経験性の問題にまためぐりあうことになるだろう。これらの発言の日付を、すなわちコジェーヴとフクヤマの発言の日付を今日のヨーロッパで考慮したとき、一九九二年に刊行されて広く翻訳された書物に対しての方が、情状酌量を見つけるのに苦労するだろう。そしてさらに、次のことを明確にさせておこう。『歴史の終わりと最後の人間』(この人間はキリスト教的人間なのだが)の著者は、まさしく承認への戦いの名、ということは普遍的国家の名、ということはさらにあの模範的なヨーロッパ共同体のキリスト教的解釈の名においてこそ、マルクスを批判し[14]、その唯物論的経済主義を訂正し、それを「補完する」ことを提案している、ということである。そこには、承認というヘーゲル的‐キリスト教的「柱」が、あるいは魂の「テューモス的」組成が欠けていると彼はいうのだ。普遍的かつ均質な国家、《歴史》の終わりの国家は、「経済と承認の二本柱[15]」に立脚すべきだ、と。『共産党宣言』の時代と同じように、一つのヨーロッパ同盟が、それが排除し、討伐し、抑圧するものの強迫観念のうちに形成されるのである。このカッコを終えよう。この新福音主義が持つ――過去もしくは未来の――射程は、後に明らかになるだろう。)

経済主義的唯物論もしくは近代物理学の唯物論は、このように、こうした論理にそって、「よろこばしき知らせ」の唯心論=精神論的《スピリチュアリスト》言語に場をゆずるべきだということになる。よってフクヤマは、「彼［ヘーゲル］が「承認を求める闘争」と呼んだものに立脚した歴史についてヘーゲルが提案する非唯物論的な説明[*12]」と彼が呼ぶものに訴えることが必要だと判断する。実際、この書物全体が、『精神現象学』における主人と奴隷の弁証法のこの単純化された図式――しかも強度にキリスト教化された図式――の、議論に付されぬ公理系のなかに書き込まれている。もっとも、欲望と意識の弁証法は、プラトンのテューモス理論が継承されたものであると、揺るぎなき自信をもって紹介されている。それは、これらの政治思想相互の差異や論争にもかかわらず、マキアベリ、ホッブズ、ロックなどを経由すると称される伝統によってヘーゲルにまで、そしてヘーゲルの彼方にまで受け継がれているというのである。近代自由主義のアングロ‐サクソン的考え方は、こうした観点からも範例的であるという。事実それは、たとえ「承認への欲望は、対等願望の形をとってなおわれわれのまわりに遍在している」としても、（スターリン、ヒトラー、サダム・フセインに特有な）[16]あの誇大優越願望〔megalothymia〕をそっくり排除しようとしたという。フクヤマが二本の「柱」[17]と呼ぶもの、すなわち経済的合理性の柱**および**テューモスあるいは承認への欲望の柱を国家がうまく結びあわせるようになるや否や、一切の矛盾は取り除かれるというのだ。コジェーヴ、少なくともフクヤマによって解釈され――また承諾された――コジェーヴによれば、そうなるであろうし、**それが起こった**というわけである。フクヤマは、コジェーヴが「第二次世界大戦後のアメリカやヨーロッパ共同体は、普遍的で均質な国家、普遍的な承認の国家の完全な実現であると主張することによって[18]」、「正当な確認」(これは、「important truth (重要な真理)」に対する仏語訳である)をしたと主張しているのだ。

これらの語(「正当な確認」、《important truth》)を強調しておこう。これらの語は、このような書物に運動《テンポ》と基調音《トーン》を与えている凝った《ソフィスティケ》ナイーヴさもしくは粗野な詭弁《ソフィスム》をかなり適切に示している。それらはまた、この書物からいかなる信憑性も奪ってしまっている。というのも、フクヤマはすべてから論拠を引き出そうとしているからだ。すなわち彼は、彼が言う経験的で確認可能な出来事(「普遍的な国家の完全な実現」の「正当な確認」、「重要な真理」のことである)とされる「よろこばしき知らせ」からも論拠を引き出そうとし、**かつ/もしくは、**いかなる歴史的出来事からも推し量ることができず、そしてとりわけいかなる「経験的」と言われる破綻からも推し量ることのできない**まだ到達不可能な**規制的原理の単なる予告としての「よろこばしき知らせ」からも論拠を引き出そうとするからである。

一方で、政治的・経済的自由主義の福音は、**実際に**起こったこと(今世紀末に起こったこと、とりわけ、いわゆるマルクス主義の死といわゆるリベラルな民主主義国家の実現)を述べるよろこばしき知らせの**出来事**を必要としている。その福音は出来事に頼らざるをえないのだが、しかし**他方で、**実際の歴史や他の経験的な外見を持ったあまたの現実がこの完全なリベラル民主主義の到来に対して異議を申し立てているので、同時にこの完成を単なる規制的そして超歴史的な理念として立てなければならないことになる。それが彼に利し、彼のテーゼの役に立つか否かで、フクヤマはリベラルな民主主義を、あるときは実際の現実として定義し、あるときは単なる理念として定義している。出来事は、あるときは実現であり、あるときはその実現の予告なのだ。予告や約束も還元不可能な出来事を構成するという考えを真面目に受け取りながらも、われわれはこれら二つのタイプの出来事を混同せぬよう注意しなければならない。出来事の思想、それこそおそらく、このような言説に最も欠けているものだろう。

　われわれが冒頭からこれほどまでに幽霊の論理にこだわってきたのは、この論理が、二項的あるいは弁証法的な論理、すなわち（現前する、現在的な、経験的な、生きているあるいは生きていない）**事実性**と（現前しておらず、規制的あるいは絶対的な）**理念性**という両者を区別したり対置したりする論理を必然的にはみ出してしまう〈出来事の思考〉の方へと合図をしているからである。こうした事実性の論理が持つ妥当性には、限界があるように思われる。たしかにその限界は新しいものではなく、それは「弁証法的唯物論」の伝統においてと同じように反マルクス主義的観念論においてもずっと昔から標示《マーク》されている。しかしその限界は、科学的秩序において、ということは技術的‐メディア的秩序において、ということはさらに公共的もしくは政治的秩序において起こっている幻想的なこと、幽霊的なこと、「合成《サンテティック》されたこと」、「代替器官的《プロテティック》なこと」、潜在的なことによって、今日、かつてないほどはっきりと示されているように思われるのだ。またその限界は、現実態と可能態という対立には還元できない潜在性の速度を、出来事の空間に、出来事の出来事性のなかに書き込むものによっていっそう明らかになってもいる。

出来事の思想を練りなおさなかったために、フクヤマは二つの両立不可能な言説のあいだを混乱しながら揺れ動いている。フクヤマは、リベラルな民主主義の理念の事実的な実現(「重要な真理」のことである)を信じているのだが、その一方で彼は、アメリカ合衆国もヨーロッパ共同体も普遍的国家あるいはリベラルな民主主義の完璧さには達してはおらず、言うならば遠望さえできていないということをこぞって示すすべての証拠に対して、リベラルな民主主義の**理念の理念性**なるものを臆面もなく持ちだして反論するのである。(だがそもそも、この二つのブロック間で、またヨーロッパ共同体内部で熾烈をきわめる経済戦争をどうやって無視することができるのか。保護主義の複雑な戦略の数々が日々喚起しているように、GATT〔関税および貿易に関する一般協定〕内の紛争とそこに集中するすべての事柄をどうやって過小評価できるのか。たとえ、日本との経済戦争、富める国々と世界の残りの部分との交易のなかで働いている矛盾の数々、貧困化現象の数々と「対外債務」の苛酷さ、『共産党宣言』が「過剰生産という疫病」と呼び、それがいわゆる文明社会に往々にしてもたらす「しばらくのあいだの未開状態」(*13)等々は脇に措くことにしても、である。これらの戦争やこれらの対立の論理を分析するために、マルクス的伝統に依拠した問題提起がこれからも長いあいだ必要となるだろう。そう、〈長いあいだ〉、ひいてはことによると〈つねに〉。われわれがマルクス的伝統に依拠した問題提起と言っているのは、まさしく、その特徴となっているべきであり今後も特徴となるべきである開口と絶えざる変形とをともなった問題提起のことであり、正統マルクス主義の沈滞と装置の数々に結びつくマルクス主義の教義のことを言っているのではない。)

彼が「**誇大優越願望**」(主人として認められたいという過度で非対称的な欲望)と名づけるもののあらゆる暴力、不公正、専制的もしくは独裁的現れを、フクヤマは滑稽のそしりを受けずに否定することはできないし、またそれらが完璧にはほど遠いリベラルな民主主義の資本主義世界において猛威をふるっていることを認めざるをえないし、これらの「事実たち」は彼が「正しい」と形容した「確認」(彼の「重要な真理」のことである)に対して異議を申し立ててもいるので、フクヤマはためらうこともなく一方の言説をもう一方の言説の下にすべり込ませてしまう。**事実上の**「よろこばしき知らせ」の告知、その事実的で現象的で歴史的で経験的に確認可能な出来事を、彼は**理念的**で、いかなる経験性にも妥当しない予告でもって、つまり目的論的・終末論的なよろこばしき知らせでもって置き換えてしまうのである。このようによろこばしき知らせを脱歴史化せざるをえないとなるや、彼はそこに「《自然》」(これは彼の語であり、彼の著作の主要概念である)の言語が認められると言い、「超歴史的」と彼が形容する「基準」の数々によってそれを同定するのである〔identifie〕。おびただしい数の災厄を前にし、リベラルな民主主義を樹立する上でのありとあらゆる**事実上の**失敗を前にして、フクヤマは自分が「原則のレベルで」語っているにすぎないのだということを喚起する。自分は、リベラルな民主主義の**理念**を定義しようとしているにすぎないというのである。一九八九年の最初の論文「歴史の終わり?」を引き合いにしながら、事実、彼は次のように書いている。「現代の国々の一部は、安定したリベラルな民主主義を達成できないかもしれない。他方では神権政治や軍事独裁制のような、もっと原始的な統治形態に後戻りしかねない国もあるだろう。だがリベラルな民主主義の**理念**は、これ以上改善の余地がないほど申し分のないものなのである」[19]。リベラルな民主主義の樹立をめぐる失敗という尺度で測るならば、事実と民主主義の理念的本質とのあいだの隔たりは、単に神権政治や軍事独裁といった原始的と言われる統治形態ばかりに現われるのではないと示すことはあまりにも容易だろう(一切の神権政治がリベラルな民主主義の理想的国家とは異なっており、その概念そのものと異質であるとたとえ認めたとしても、である――もっともそれを認めたわけではないが)。ところがこの失敗と隔たりは、アプリオリに、しかも定義からして、西洋民主主義と呼ばれるうちで最も古く安定したものも含む、**ありとあらゆる**民主主義も特徴づけているのである。ここで問題になっているのは、このような間隙(隔たり、失敗、不一致、脱節、調整不全、out of joint であること)のなかでしか現れることのできない約束の概念としての民主主義そのものなのだ。だからこそわれわれは、つねに**来たるべき**民主主義〔démocratie *à venir*〕について語ろうと提案しているのである。それは、**将来の**民主主義〔démocratie *future*〕、すなわち将来の現在における民主主義でもなく、カント的な意味での規制的観念もしくはユートピアでさえない――少なくとも、それらの到達不可能性がいまだに**将来における現在**という時間形態、**生き生きとした現在**の将来的様態という時間形態をとどめている限りにおいて、そうではないのである。

［古典的形態を持った規制的理念の彼方にさえ位置する来たるべき民主主義の理念、これをまだ理念と呼べるならば、この理念はすなわち、十全たる現前の形態においてはけっして現前しない当のものを到来させるよう指図する、賭けられた厳命の出来事としての民主主義の「理念」である。そしてそれは、一方では無限の約束と、他方ではこの約束を満たそうとするものの限定された諸形態、必要でありながらも必然的に妥当することのない諸形態とのあいだの、隔たりの開口である（この無限の約束は、少なくともそれが、匿名の特異性のあいだの会計的な、計算可能な、主体としての平等を求めるのにおとらず、他者の特異性**と**無限の他者性**と**に対する無限の尊重を求めるがゆえに、つねに履行不可能である）。その限りにおいて、民主主義的約束の事実性は、共産主義的約束の事実性と同じく、その心臓部において絶対的な非限定状態にあるあのメシア的希望を、ある出来事**と**ある特異性の未‐来、先取り不可能なある他者性の未‐来に対するあの終末論的な関係をつねに保ち続けるだろうし、また保ち続けなければならない。それは、期待地平なき期待であり、まだ待ってはいないかもはや待たなくなってしまったものに対する期待であり、留保なき歓待であり、**到来するもの**の絶対的な不意打ちに対してあらかじめ与えられた歓迎の挨拶であり——しかもその到来するものに対しては、いかなる代償も求められないだろうし、（家

族、国家、国民、領土、土もしくは血、言語、文化一般、人類さえといった）いかなる歓待の力をめぐる家内的な契約によって約束をすることも求められないだろう――、一切の所有権も一切の権利も放棄する**単なる**〔＝**正しい**《ジュスト》〕開口、来たるべきものに対するメシア的開口であり、すなわち、**そのものとして**待つこともできず、したがってあらかじめ識別することもできない出来事のための、異邦人そのものとしての出来事のための希望を記憶しておくために、つねに空いた場所を――これこそ亡霊性の場そのものである――残しておかなければならない男もしくは女のための開口である。留保なきこうした歓待は出来事の条件であり、したがって歴史の条件なのであるが（何も、そして誰も別の仕方では到来しないだろうというのは、けっして排除することのできない仮説だということは言うまでもない）、その歓待が不可能そのものだということを示すこと、そして、あたかも盲人のようなわれわれをここで導いている内容なきメシアニズム、メシアニズムなき〈メシア的なもの〉といった奇妙な概念同様、出来事のこの**可能性の条件**が出来事の**不可能性の条件**でもあるということを示すことは、あまりにも容易なことにちがいない。しかし、不可能なもののこの経験がなければ、正義を、そして出来事をあきらめた方がよいということを示すことも同じように容易だろう。あきらめてしまった方が、より正しく誠実だということになるだろう。人が、良心のやましさも覚えずに〈救済するのだ〉と称する一切のことも、またあきらめてしまった方がよいだろう。経済的な計算が介在していることを告白し、倫理が、歓待が、あるいは種々のメシアニズムが、到来するものをふるいにかけるために、出来事の境界線にありとあらゆる税関を設置していると宣言してしまった方がよいだろう。」

〈人間としての人間〉という超歴史的・自然的基準

フクヤマに戻ろう。彼の論理において議論の余地がないというよりもむしろ独創的であるのは、彼が〔リベラルな民主主義という〕この理念を無限の規制的理念として立てているのではなく、果てしなき課題の極もしくは近似の極として立てているのでもないということである――しかも、ここがまたしても首尾一貫していないところなのだが、彼は「リベラリズムへと向かう現在の趨勢」は、その「後退」にもかかわらず「長期的には勝利を収める運命にある（《promises to》）[20]」ともしばしば言明しているのに、である。フクヤマは、この理念を出来事ともみなしているのだ。それが**すでに到来している**がゆえに、その理念が理念としての形態のもとですでに**現前している**がゆえに、今すでにこの出来事は有限な歴史の終わりを標記《マーク》してしまったというのである。この理念は**無限であると同時に有限**なのである。それはいかなる限定された経験的現実からも区別されており、「長期的な」趨勢であり続ける限りにおいて**無限**でありながらも、すでに理念としては到来してしまい、したがって歴史は完成されてしまい、その限りにおいてその理念は**有限**だということになる。だからこそこの書物は、ヘーゲル的**かつ**マルクス主義的であるとして、ヘーゲルとマルクスという歴史の終わりの師匠二人が講ずる科目における一種の演習として規定されているのである。彼なりの――やや手っ取り早いと言わねばならない――仕方で師匠二人を出頭させ、彼らの証言を聴いたあとで、弟子は選択をする。彼は次のように書く。

「ヘーゲルもマルクスも、人間社会の進化は果てしなく続くわけではなく、人類がその最も深く根本的なあこがれを満たすような社会形態を実現したときに終わりを迎えるだろう、と信じていた。二人とも、一つの「歴史の終わり」を想定していたのだ。ヘーゲルにとってそれは自由主義国家であり、マルクスにとってそれは共産主義社会であった。[21]」

弟子はこうして二人の師匠のあいだの選択をした。彼が選んだのは、自由主義国家の思想家であった。すでに見たように、キリスト教的伝統において彼はそうしたわけだが、[22]この本質的なキリスト教主義とつじつまが合っているように見えるかどうかは別にして、彼はまた自然主義的伝統においてもその選択をしたわけである。

ここで、しかじかの頁を綿密に分析しなければならないのだろうが、それらの頁に言及するのみで満足しなければならない。とはいえ、いくつかの文章を引用しておこう。たとえば、次のようなものを。

「結局のところ、永続的な超歴史的基準なしには、すなわち自然への言及なしには「歴史」は語れず、まして「普遍的な歴史」を語ることなど、いっそう不可能であるように思えてくる。なぜなら、「歴史」とは既成の事実でも単なる過去の事件のカタログでもなく、重要な出来事とそうでないものをより分ける意識的な抽象化の作業だからである。[23]」

自然主義と合目的論とがそのなかで互いに混ざり合った論理が持つ、強固で長い伝統。フクヤマは、彼が平然と「現代の世界が差し出している「経験的な」証し[24]」とみなすものを退けてしまう。「そうではなく、われわれは、体制や社会システムの善し悪しを評価することを可能にする超歴史的な諸基準の性質を、直接にはっきりと検証すべきなのだ[25]」と彼は続けている。万物の尺度の名は、たった一つ。すなわち、フクヤマが最終的にすべてを測ることを提案する尺度の、**超歴史的かつ自然的**基準は、「《人間》としての人間」という名を持っているのである。まるで彼は、そうした《人間》についてどんな不安な問いにも出会ったことがなく、マルクスなる人物の著作も読んだことがなく、そうした人間概念のまさしく幽霊的な抽象化をおこなっているとして『ドイツ・イデオロギー』が激しく攻撃しているシュティルナーの著作も読んだことがなかったかのようなのだ。ニーチェについて（彼は絶えず戯画化され、いくつかのみじめなステレオタイプに還元されている。たとえば、フクヤマが字義通り名指している「最後の人間」の思想家ではなく、「相対主義者」ニーチェ！といったぐあいに[*14]）、フロイトについて（人間を「深く秘められた性的衝動[26]」に還元することによって「人間の尊厳」を疑問に付した人物としてたった一度だけ言及されている）、フッサール――彼は端的に沈黙に付されている――もしくはハイデガー（ハイデガーは、相対主義者ニーチェの「後継者[27]」にすぎないと言われている）については言うにおよばず、さらにわれわれにもっと近い何人かの思想家について、そしてまず第一に、とりわけ、ヘーゲルなる人物については言うにおよばず、である。そのヘーゲルについて少なくとも言えることは、彼が自然的かつ没歴史的人間の哲学者ではないということである。ヘーゲルへの参照がこの著作の基調となっているというのに、その参照はこの明白なことがらに一度も動揺することはない。自然で、超歴史的かつ抽象的なものとして推定されたこの本質存在、すなわち彼が安穏と語っているこの〈《人間》としての人間〉を定義するために、フクヤマは彼が「最初の人間」と呼ぶものに、すなわち「自然的人間」と呼ぶものに戻ることを主張する。自然概念、この自然概念の系譜については、フクヤマはそもそも沈黙を守っているように見える（マルクスとほとんど同じぐらい、と言わねばならない。たとえマルクスが、《自然》や《人間》としての人間といった抽象的な概念に対しておこなっている批判的仕打ちが、豊かで実り多いものであり続けているとしても）。そして、この「自然的人間」について語るために、フクヤマが自分は「ヘーゲル‐コジェーヴという名の新しい合成《ジンテーゼ》哲学者」に由来する「完全に非唯物論的な」弁証法に訴えるのだと主張するとき、彼が提案する**人工物**〔*artefact*〕はあまりにも（英語の意味でもフランス語の意味でも）*inconsistant*〔矛盾した、でたらめな〕に見えるので、われわれは今晩それにはあまり多くの時間を割くのはやめようと考えている。哲学的ナイーヴさを超えて、それはまさしく〔生物学でいう〕**人為構造**〔*artefact*〕として扱わなくてはならないだろう。すなわち、一つの要請、もしくはほとんど一つの注文とも形容すべきものを安堵させるために、それに応える対症的な合成としてである。それはおそらく、こうした安堵を与える不明瞭さと、それが都合よく密輸する「よろこばしき知らせ」の御都合主義的な論理に、その成功を負っているのである。

こうした一切にもかかわらず、彼の本に用意された境遇に関してフクヤマを非難することは、正しくもないし、利益のあることでもないだろう。むしろこの本が、それがもたらすと主張する「よろこばしき知らせ」とともに、なぜこれほどまでのメディア的なヒット商品になってしまったのか、なぜそれが不安に満ちた西洋のすべてのイデオロギー的スーパーマーケットで大人気を博しているのかを問うてみた方がよいだろう。そこではまるで、戦争勃発の最初の噂を耳にするや人が残っている砂糖や油に群がるように、この本が買われている。なぜこのようなメディア的増幅が起こったのか。そして、自由主義的な資本主義の勝利、および資本主義と民主主義のあらかじめ定められた同盟を歌い上げる者たちによって、このようなタイプの言説が探し求められているのはどのようにしてなのか。勝利がこれほどまでに危機的で、壊れやすく、脅威にさらされ、ひいてはある見方からすれば悲惨で、結局のところ喪の淵に沈んだものであるということをひたすら隠すためにのみ、しかもまず第一に自分たちに隠すためにのみ、歌い上げる者たちによって？　喪に服しているというのは、マルクスの亡霊が今日もなお表わしているものの喪に、そして歓喜に満ちた偏執狂的な仕方で（フロイトによれば、これは成功しなかった喪の作業において必要な段階である）厄祓いすべきものの喪にも服しているということであるが、それは潜在的に自分自身の喪に服しているということでもある。こうしたすべての失敗とすべての脅威をみずからに隠すことによって、人はマルクス主義的批判の原理、そしてさらには、これもまたアイロニーの文彩においてマルクス主義的批判の**精神**《エスプリ》（＝霊）と呼ばれるもののポテンシャルを——力と潜在性を——みずからに隠そうとしているのである。このマルクス主義的批判の**精神**＝霊、これは今日かつてないほど不可欠に思われるのだが、われわれはそれを、一方では、存在論、哲学的あるいは形而上学的体系としての、および「弁証法的唯物論(28)」としてのマルクス主義からも区別し、また他方では、史的唯物論としての、あるいは方法としてのマルクス主義からも区別し、さらには党の諸装置に、諸国家あるいは労働者インターナショナルに組み入れられたマルクス主義からも区別したいという誘惑に駆られる。しかしわれわれは、手っ取り早く〈脱構築〉と呼ばれうるものとも、このマルクス主義を区別するだろう。いずれにせよ、少なくとも脱構築がもはや単なる**批判**ではなく、脱構築が一切の批判に対して呈示し、一切の問いに対してさえ呈示する諸々の問いが、マルクス主義やマルクス主義的存在論あるいはマルクス主義的批判といったものに自己同一化する立場にもあったためしがなく、とりわけその批判に対称的なものとしてみずからを対立させる立場にもあったためしがない限りにおいて。

フクヤマのようなタイプの言説が、人がそれに期待しているような混信と二重に服喪した否認の役割とを効果的に演じてしまうのは、それが一部の人々にとっては巧妙に見え、他の人々にとっては粗雑に見える一つの手品をやってのけているからである。一方で（**片方の手で**）、その言説は、マルクス主義的といわれる諸国家の最終的な敗北、経済的かつ政治的自由主義の《約束の地》への到達をはばむものの最終的な敗北を確認するために自分が必要としている経験的出来事の論理を、信頼に足るものとして広める。しかし他方で（**もう片方の手で**）、超歴史的かつ自然的理念の名のもとに、その言説はいわゆる経験的出来事のこの同じ論理の権威を否定する。この同じ論理を宙づりにすることによって、まさしく酷《むご》い仕方で異を唱えるものを、その理念とその概念の責任に帰すことを避けなければならないのだ。異を唱えるものとは、一言でいうならば、資本主義諸国家と自由主義において存在する**悪**の一切、**うまく行かない**一切、そのヘゲモニーが超歴史的あるいは自然的とされる（むしろ、自然化されたと言っておこう）あの理念に結びついた国家的な、あるいは非国家的な諸力によって支配された世界において存在する**悪**の一切、**うまく行かない**一切のことである。今日、世界においてかくもうまく行っていない大いなる諸形象については、後ほど一言述べようと思う。歴史と自然とのあいだの、歴史的経験性と目的論的超越性とのあいだの、出来事のいわゆる経験的現実性とリベラルな目的の絶対的理念性とのあいだの手品は、出来事の新たな思想あるいは新たな経験から発してしか、さらにその思想あるいは経験が〈幽霊的なもの〉と取り持つ関係の別の論理から発してしか、破綻させることができない。後ほど、その論理に近づいてみようと思う。この新しいものの論理は、最も古いものの古さに必ずしも対立するというわけではないのだが。

しかし、もう一度念を押すが、この本に対して不公平であってはならないだろう。こうした著作が魅惑的であり続けるのは、その首尾一貫性のなさそのものか、さらに時には情けないまでの幼稚さが症候的シグナルの役割を演じているからであるが、その症候的シグナルを最大限考慮に入れなければならない。その時々のイデオロギー的賭金の地球‐政治学に対してわれわれの注意を目覚めさせ、それらの賭金を世界の文化市場に適合した形で展開するこれらの著作は、私が今しがた言及した時代錯誤的な複雑化を思い出させてくれるというメリットを持っている。もっと詳しく言おう。〈終わり〉に関するすべてのテーマ（歴史の終わり、人間の終わり、「最後の人間」の形象＝文彩、あるポスト‐マルクス主義時代の開始、等々）、それが一九六〇年代のはじめより私の世代の哲学者たちにとって初歩的教養の一部をなしていたのはたしかだが、われわれは今日、それらの単純で変わることなき反復に直面しているのではないということである。というのも、この基調をなす出来事からあの別の出来事を推論したり、ましてやその日付を言い当てたりすることは不可能であったからだ。すなわち、三〇年後、それが起こるわずか数カ月前でさえ、世界の誰も前もって計算することができなかった**リズム**でもって突如起こった、現在進行中でまだ分析されていない別の一連の出来事を、である。（一九八一年、私が当時の権力によってプラハに囚われていたとき、私はほとんど確信に近い素朴な感情でもって「この野蛮はまだ何世紀も続くのか……」と思っていた。[*15]）思考すべきはまさしくこの出来事性なのだが、思考にではないにせよ概念と呼ばれるものに最も頑強に抵抗するのも、またこの出来事性にほかならない。そして、〈現実の現在〉の現実の現前性、あるいは生き生きとした現在の現前性とその幽霊的な仮象との単なる（理念的、機械的あるいは弁証法的）対立、事実的なもの（wirklich）と事実的でないものとの対立を信頼し、また一般的時間性、あるいは自己同一的であり自分自身と同時間的な数々の現在の**連続的な**連鎖からなる歴史的時間性を信頼する限り、出来事性なるものを思考することはできないだろう。

歓喜に満ちていると同時に不安に満ち、躁状態にありながらも喪に服し、しばしば猥褻な幸福感にひたるこのネオリベラルなレトリックは、ある不可避的な終わりが告げられた時点と、マルクス主義の姿をまとっていた全体主義的な国家および社会の数々が実際に崩壊した時点とのあいだの隔たりに書き込まれた出来事性を問う義務をわれわれに課している。誰もあらかじめ表象することもできず、ましてや計算することもできなかったこの潜伏期間は、単に時間的な中点であるわけではない。客観的で等質ないかなる時間計測も、その期間を測ることはできないだろう。あらゆる秩序の変化からなる総体（とりわけ技術的‐科学的‐経済的‐メディア的変異の数々）は、マルクス主義的言説の伝統的な与件も、その言説に対立するリベラルな言説の与件もはみ出てしまうのである。まず、たとえわれわれがその分析をおこなうためのいくつかの本質的な方策を相続したにせよ、これらの変異がそのものとしての諸々の存在‐神学的体系あるいは技術の哲学を撹乱してしまうことを認めなければならない。これらの変異は、諸々の政治哲学および通常の民主主義概念を狂わせてしまう。これらの変異は、国家と国民、人間と市民、私的なものと公的なもの等々の、ありとあらゆる関係を見直す義務を課すのである。

歴史性をめぐるある別の思考がわれわれを歴史の形而上学的概念の彼方に、そして――その概念がヘーゲルから派生したものであれ、マルクスから派生したものであれ――歴史の終わりの形而上学的概念の彼方に呼び寄せるのは、まさにこの地点である。ポスト歴史時代とポスト歴史的な動物に関するコジェーヴの追記を構成する二つの拍子《じかん》を、いっそう要求度の高い形で用いることができるかもしれないのは、この地点である。たしかに、時には天才的で、しばしばナイーヴなまでに悪戯めいたコジェーヴのバロック趣味は考慮に入れなければならない。いくつかの挑発に潜むアイロニーを見逃さなかったとはいえ、フクヤマはそのバロック趣味を十分に考慮に入れてはいない。しかし彼はまた、この長く有名な脚注の、数多い年代的および論理的連節を十分な厳密さでもって分析すべきでもあっただろう。この《注》の〈追記〉のなかで打ち明けているように、コジェーヴは一九五九年に日本におもむいている。（言語さえ話せず、ほとんど何も知らない遠方の国へ束の間の旅行をして帰り、断定的な診断をくだすという伝統もしくは「フランス人的特技」がある。ランソンが厚かましくも数週間のアメリカ旅行を拠り所にして発言したとき、すでにペギーはこの悪癖を冷やかしていた。）ヨーロッパ共同体の高官として訪日した後で、コジェーヴは「ポスト歴史的」な日本文明は、「アメリカの道」とは対極的な道を進んだと結論づけている。[＊16] そして彼は、あの深遠で、きてれつで、滑稽而上学的《パタフィジック》な軽妙さでもって、その才をたしかに遺憾なく発揮しつつ、しかしまた彼のみが命名の全責任を負うべき軽妙さでもって、彼が当時、日本社会における文化的形式主義の「純粋状態のスノビズム」と命名したものにその進路の理由があると結論づけたのである。だが彼は、彼の目から見て最も重要なもの、すなわち固有にアメリカ的なポスト歴史時代という以前の診断はあいかわらず主張し続ける。ただ彼は、「マルクス主義的「共産主義」の最終段階」としてのアメリカ合衆国という、信じがたく、途方もない描写のなかで何かを修正しなければならなかったことになる。コジェーヴが唯一問いなおしているのは、このアメリカ的終わりが、もしこう言ってよければ、最終的なものの最終的な姿をあらわしているという考え、つまり未来としてではなく現在としての「《歴史》のヘーゲル的‐マルクス主義的終わり」の最終的な姿をあらわしているという考えである。当初の仮説を修正しそれに対して異議を唱えるコジェーヴは、歴史にはさらに最終的な終わりがあり、アメリカ的な（それどころか、彼がどこかで言っているようにカリフォルニア的な）ハッピーエンドよりもさらに終末論的な終わりがあると考えるにいたる。そしてそれは、極端以上に極端な日本という最端だというのだ（二つの資本主義の競争において、である。そして忘れてはならないが、その両者のあいだの戦争が核破壊の時代の端緒となったのだ！）。コジェーヴによるならば、戦後のアメリカにおける共産主義の最終段階は、しかるべき形で、たしかに人間を動物性にまでおとしめる。しかし歴史の終わりにはさらに風流な、より「スノッブ」な極致〔nec plus ultra〕があるのであって、それが日本的なポスト歴史性だというわけである。このポスト歴史性は、その文化の「スノビズム」のおかげで、動物的な自然性への回帰からポスト歴史的人間を守ることに成功しているのだという。とはいえ、強調しなければならないのは、一九五九年の旅行の後で、歴史の終わりの**以後**のレースで日本が、言うならば、**さらに遠くへ**行くということを彼に考えさせた改悛にもかかわらず、コジェーヴは、戦後の合衆国においては人間が動物性へと回帰するという彼の記述を再検討することがないということである。その記述が常軌を逸しているのは、それが人間を動物と比較しているからではなく、まず第一にそれが傲慢な無知を泰然と駆使しながら疑問の余地のある諸効果を獲得しているからである。そしてこの点においてこそ、コジェーヴの破廉恥と、フクヤマのように「人間統治の最終到達点としてのリベラルな西洋的民主主義の普遍化」や「階級の問題」を「首尾よく解決(29)」したという資本主義の勝利等々を歌う者たち（コジェーヴの方は歌わない）の呪文とを比較するのが適当となるだろう。なぜ、そしていかにして、コジェーヴは合衆国が「マルクス主義的「共産主義」の最終段階」にすでに到達していたなどと考えることができたのか。彼は何を思っていたのか。彼はそこに何を認めようとしていたのか。それは、要求と欲望に応えうるものすべてを豊富に我有化すること、すなわち欲望と要求とのあいだの隔たりの無化がとりわけ労働において、どんな過剰も、どんな調整の狂いも宙づりにしてしまうということ、である。調整の狂いの（«out of joint»であることの）この終わりが「永遠の現在」を「予示する」ということは驚くにあたらない。しかしこの予示、そして永遠の現在の現前そのもの以前にその予示が表象するもの、この両者のあいだの隔たりとは何なのだろうか。

「[……] 実質的には［この「実質的には」は、この宣告めいた審判のグロテスクな署名である]、「階級なき社会」のすべての成員が今後［一九四六年以降］彼らによいと思われるものをすべてわがものとすることができ、だからといって望む以上に働く必要もない。ところで、（一九四八年から一九五八年までのあいだに）合衆国とソ連とを数回旅行して比較してみた結果、私はアメリカ人が豊かになった中国人やソビエト人のようだとの印象を得たのだが、それはソビエト人や中国人がまだ貧乏な、だが急速に豊かになりつつあるアメリカ人でしかないからである。アメリカ的生活様式〔American way of life〕はポスト歴史の時代に固有の生活様式であり、合衆国が現実に《世界》に現前していることは、人類全体の「永遠に現在する」未来を予示するものであるとの結論に私は導かれていった。このようなわけで、人間が動物性に戻ることはもはや来たるべき将来の可能性ではなく、すでに現前する確実性として現われたのだった。私がこの点での意見を根本的に変えたのは、最近おこなった日本旅行（一九五九年）の後のことである。[30]」

コジェーヴと未来への厳命

コジェーヴによる『精神現象学』の新マルクス主義的かつ準ハイデガー的読解は興味深いものである。誰がそれに異議を唱えることができよう。その読解は、戦争直前、直後のフランス知識人の世代にとって、いくつもの観点から、彼らを育成するという無視できない役割を果たした。この点について、事態は一般に言われているほど単純ではないのだが、それはここでのわれわれの主題ではない。その半面、完全には真面目でないもの、つまり人類のポスト歴史としてのポスト‐マルクス主義に関するコジェーヴの注と追記を真面目に読もうとするならば、少なくともさらにいくつかの点を強調しなければならない。第一に、この注の最後の、最も不可解なものでもある文章は、規範的陳述のままにとどまっている。その文章を引用してみよう。誰がそれを読んだだろうか。それはもしかすると、この「追記」の最も抗しがたい開口かもしれない。（ロシア人を含む）西洋人の日本化とコジェーヴが呼ぶものがいったん事実性を持った段階で、この開口はポスト歴史的人間の**未来**のための使命や義務を規定している。「ポスト歴史的人間が……**ねばならない**のは」とコジェーヴは言う。何を〈ねばならない〉のか。〈**ねばならない**〉〔*doit*〕とは、must なのか should なのか。この義務の**様態や内容がどのようなものであれ**、この規定の必然性がどのようなものであれ、たとえそれが永遠に続く数々の解釈を要求するのであれ、未来のための「ねばならない」がある。その不確定性がどのようなものであれ、それが「未来はあらねばならない」の不確定性であれ、そこには未来があり歴史があるのであって、もしかするとこれまで表象されてきたような人間や歴史を超える、ポスト歴史的な《人間》にとっての歴史性の端緒さえあるかもしれないのである。明確を期すために述べたこの点をわれわれは強調しなければならない。というのもそれは、まさに本質的な不明確さについて、将来の究極的な標識であり続ける不確定性について語っているからである。この義務の、この必然性の、この規定あるいはこの厳命の、この抵当の、この使命の、ということはまたこの約束の、すなわちこの必然的な約束の**様態や内容がどのようなものであれ、この「ねばならない」が必要なのであり、そしてそれが定めなのである。**[*17] 内容に対するこの無差別（indifférence）は無関心（indifférence）ではなく、無差別の**態度**でもない。むしろその逆なのである。そのものとしての出来事や未来へのいかなる開口をも標記するこの無差別は、したがって、どんなものに対する関心も非‐無関心も、どんな内容一般に対する関心も非‐無関心も条件づけている。それなしでは意図も欲求も欲望等々もないだろう。この特異な無差別の概念（それは差異（différence）そのものであるが）、われわれの読解はそれをコジェーヴのテクストのなかに投影しているのではない。彼自身がそのことについて語っているのである。彼の目に、この無差別はこれまで歴史と呼ばれてきたものの彼方へとおもむく**未来**を特徴づけている。見かけの上では形式主義的なこの内容への無差別は、もしかすると、そのものとしての未来の、必然的に純粋であり、純粋に必然的な形式を、必然的に約束であり、規定され、割り当てられ厳命された形式を、その可能性の必然的に形式的な必然性の形式を、要するにその法を考えるべく与えてくれるというメリットを持っているかもしれない。いかなる現在をも自己への同時性の外部へと解体するのは、内容に対するこの無差別である。これやあれに関するものであろうと、守られようと守られまいと、あるいは守ることが不可能なままにとどまろうと、必然的に約束があり、したがって〈未‐来〉〔来たるべきもの〕としての歴史性がある。それこそわれわれが〈メシアニズムなきメシア的なもの〉という異名を与えるものなのである。時間がないので、ここでは次の文章を読むにとどめておこう。この文章に対しては、他の文脈、および他のリズムにおいてであったならば、それが要求する省察的注意をそっくり与えなければならなかっただろう。

「これはつまり、自分に与えられたものすべてについて**十全な**仕方で語りながら、ポスト歴史の《人間》は「形式」をその「内容」から**切り離し**〔強調は、コジェーヴ〕続け**ねばならない**〔*doit* continuer〕ということを意味する〔引用者は、〈必要なもの〉の二形態である must と should に共通した可能性の条件におそらくわれわれを連れ戻すこの *doit* を強調しておく〕が、それはもはや内容を行動において〈変‐形=形態を超え〉せしめるためではなく、純粋な「形式」としての自己自身を任意の「内容」として捉えられた自己自身および他者に**対立させる**〔強調は、コジェーヴ〕ためであるという意味である。(31)」

コジェーヴのこのテクストを別様に読みなおすことは可能だろうか。それを下品な操作から守ることは可能なのだろうか。すなわち、(そもそもこの謎めいた結論には関心を示していない)フクヤマその人がというよりも、フクヤマを利用している者たちがおこなっているような操作から守ることは可能なのだろうか。何らかのコメディアン的な感覚、すなわちコジェーヴが要求しているようなコメディアン的な感覚をもって、ということはより多くの哲学的、政治的あるいは「イデオロギー的」警戒心をもって読まれたならば、このテクストは抵抗を示すのである。このテクストは、哲学的プロパガンダの武器もしくはメディア的に大量消費される対象として、その週も明けぬうちにそれを翻訳したり顕示したりする者たちの死後にもあるいは生き残るかもしれない。今しがた引用した命題の「論理」は、法則〔loi〕を、法則の定め〔loi de la loi〕を裏付ける〔répondre de〕ものだろう。その定めは、われわれにこう申し渡しているというわけだ。すなわち、その同じ場所で、同じ境界で、歴史が完了する地点で、ある限定された歴史概念が終わる地点で、まさしくそこから歴史の歴史性が始まるのだということ、そしてそこで終に歴史の歴史性はみずからを告げるチャンスを――みずからを約束するチャンスを――持つのだということを、である。人間、つまりある限定された人間概念が完了する地点から、人間の、**他なる人間**の、そして**他者としての**人間の純粋な人間性が始まるか、終にみずからを告げる――みずからを約束する――チャンスを持つのである。見かけの上では非人間的か、まだ没人間的な仕方で。たとえこれらの諸命題がまだ数々の批判的もしくは脱構築的な問いを呼びもとめているにせよ、それらは歴史の終わりとしての資本主義的パラダイスという流布本に還元されはしないのである。

脱構築ともう一つ別の歴史性

(一言でもって喚起することを許していただきたいのだが、ある脱構築的な歩み、少なくとも私が歩み入らねばならないと考えた脱構築的な歩みは、当初から、ヘーゲル、マルクスにおいて、さらにはハイデガーの世界史的エポックの思想においてさえも、歴史の存在‐神学的概念――だけでなくその始原‐目的論的概念――を問いなおすことに存していた。それは何も、それらに対して歴史の終わりや没歴史性を対立させるためではなく、逆にこの存在‐神学‐始原‐目的論〔onto-théo-archéo-téléologie〕が歴史性に閂《かんぬき》をかけ、歴史性を無力化し、そして最終的にはそれを無化してしまうことを示すためであった。そのとき問題となっていたのは、もう一つ別の歴史性を考えることである――とは言ってもそれは、新しい歴史を考えることでも、ましてや「ニュー・ヒストリシズム」(*18)を考えることでもなく、歴史性を断念しないことを可能にし、むしろ逆に約束としてのメシア的かつ解放的な約束の肯定的思考へアクセスを開くことを可能にするような、歴史性としての出来事性の別の開口を考えることであった。それはあくまでも**約束**としてであって、プログラムもしくは存在‐神学的あるいは目的論的‐終末論的企図としてではない。というのも、解放への欲望を断念すべきどころか、むしろかつてないほどその欲望に執着しなければならないと思われるからである。しかも、「ねばならない」の〈破壊不可能性〉そのものに対してと同様に執着しなければならないと。これこそ、再‐政治化の条件であり、もしかすると別の〈政治的なもの〉の概念の条件であるかもしれないのだ。

　しかし、約束と決定、すなわち責任は、つねにその条件であり続けるであろう決定不可能性の試練に、ある程度までその可能性を負っている。そして、今しがたわれわれがいくつかの語でもって名指した重大な賭金は、マルクスにならって、もしくはマルクス以後では、潜在性、仮象、「喪の作業」、幽霊、再来霊などの諸効果を統べる亡霊的な論理と対立するとされる、事実性、効果、作業性、労働〔Wirklichkeit〔現実〕、Wirkung〔結果〕、労働、作業〕、生き生きとした労働として了解されている問いに帰着するだろう。そして、それらに与えるべき公正さの問いに。二言で言ってしまうならば、痕跡、反覆可能性、代替器官《プロテーゼ》的合成、代補性、等々の脱構築的思考は、この対立の彼方に、この対立が前提としている存在論の彼方におもむくのである。他者へと送り返す可能性、すなわち根本的な他者性と異質性の、差**延**の、技術性と理念性の可能性、こうしたものを現前性という出来事そのもののなかに書き込むことによって、脱構築的思考がアプリオリにその結節をばらばらにしてしまう現前の現前性のなかにそれらを書き込んで現前を可能にすることによって［ということは、自己同一性もしくは自己に対する同時性においてはそれを不可能にすることによって］、脱構築的思考は幽霊の、仮象の、「合成映像」の、――ひいてはマルクス主義的コードでもって語るならば――諸々のイデオロギー素の諸効果を引き受けたり説明したりする手段、たとえ近代技術が出現させたかつてない形態においてであったにせよ、それらを引き受けたり説明したりする手段を放棄しないのである。だからこそそのような脱構築は、けっして非マルクス主義的でなかったのと同様、けっしてマルクス主義的であったことはなかったのだ。たとえそれがマルクス主義の或る精神に、少なくともその精神のうちの一つに忠実であり続けたにせよ。というのも、いくら繰り返しても繰り返しすぎることはないが、精神は一**つならず**あるのであって、それらの精神は互いに異質だからである。）

Ⅲ　摩耗（年齢〔時代〕なき世界の描写）

The time is out of joint.世界はうまく行っていない

«The time is out of joint». 世界はうまく行っていない。世界は摩耗しているが、その摩耗は計り知れないものである。老いているのか若いのか、摩耗ゆえにもはや計り知れない。世界は一つならずの年齢を持っている。尺度を測る尺度はわれわれには欠けている。摩耗について、人はもはや勘定をしなくなっており、一つの歴史の進歩におけるただ一つの時代の摩耗としてはもはやわからなくなっているのだ。成熟でもなく、危機でもなく、断末魔でさえない。別のことなのだ。起こっている事柄といえば、年齢〔＝時代〕そのものについて起こっているのであり、それが歴史の目的論的な秩序に打撃を与えているのだ。〈時ならぬもの〉が出現するところにやって来るものは時代〔＝時間〕の上に到来するが、丁度よい時間に到来するというわけではない。不時の出来事。The time is out of joint. それは演劇的な言葉であり、世界の、歴史の、政治の劇場を前にしてのハムレットの言葉である。時代の蝶番がはずれてしまった。時間からして、すべてが狂い、正しくなくもしくは不調であるように見える。世界はまったくうまく行ってはおらず、時がたつほど摩耗する一方だというわけだ。『アテネのタイモン』（マルクスお気に入りの芝居だった、というあの芝居だが）の冒頭で画家も言っているように。というのもこれは、今度は、あたかもある見せ物について語るか、ある絵画《タブロー》を前にしたかのような画家の言葉なのだ。«How goes the world?—It wears, sir, as it grows.» フランソワ・ヴィクトル＝ユゴーの翻訳では、「**詩人**——しばらくでしたね。いかがです、世の中は？　**画家**——時がたつほど磨り減るばかりですよ」となっている。

拡張にしたがって、成長そのものにしたがって、すなわち世界の世界化にしたがって深刻になることの摩耗は、正常の規範的な規範にそったプロセスの展開ではない。成長は悪だというのだから（It wears, sir, as it grows）、それは発展の一段階ではなく、新たな一つの危機でもなく、成長の危機でもなく、もはやイデオロギーの終わりでも、マルクス主義の最後の危機でも、資本主義の新たな危機でもない。

世界はうまく行っていない。光景《タブロー》は暗く、ほとんど黒一色だと言えるだろう。ここで一つの仮説を立ててみよう。時間が足りないので（見せ物《スペクタクル》を作るとか描写《タブロー》をするのは、つねに「時間が足りない」からである）、『アテネのタイモン』の画家がしたように、単に絵を描くことだけを計画したとしよう。黒い光景《タブロー・ノワール》に関する黒い描写《タブロー・ノワール》を描くというわけだ。(*1) すなわち、分類もしくは一コマの静止画像。そのタイトルは、《The time is out of joint》あるいは「今日、世界でかくもうまく行っていないこと〔Ce qui va si mal aujourd'hui dans le monde〕」である。きわめて不十分な概念である〈危機〉を云々するのを避けるため、そして苦痛としての mal なのか過失〔tort〕あるいは犯罪としての mal なのかを決定してしまうのを避けるために、この凡庸なタイトルにそのニュートラルな形を残すことにしよう。

ありうべき黒い見取り図《タブロー》に対するこのタイトルに、副題だけをいくつかつけ加えたとしよう。その副題は、どのようなものになるだろうか。

コジェーヴによる戦後世界およびアメリカの状況をめぐる描写は、すでにショッキングでありうるものであった。その楽観主義は、シニシズムに彩られていた。「階級なき社会のすべての成員が今後彼らによいと思われるものをすべてわがものとすることができ、だからといって望む以上に働く必要もない」と放言することは、当時からして**すでに**不遜なことだった。だが今日、資本主義あるいは経済的および政治的自由主義の勝利を歌い上げ、すなわち「人間統治の最終到達点としてのリベラルな西洋的民主主義の普遍化」、「社会階級の問題の終わり」を歌い上げてしまう平然とした軽率さをどのように考えればよいのだろうか。どのような潔白意識のシニシズムをもってして、どのような躁病的な否認をもってして「つねにそしていたるところで、人間の尊厳の相互承認を妨げていた一切のものは、歴史によって反駁され葬り去られてしまった(1)」などと、信じるとまではいかないにせよ、書くことなどできるのだろうか。

暫定的そして便宜的に、内戦と国家間《インターナショナル》戦争という、すでに失効した対立にまず頼りながら語ってみよう(*2)。内戦の名目《タイトル》で、議会制形式をそなえたリベラルな民主主義がかってないほど世界中で少数派であり孤立しているということをなお喚起しなければならないのだろうか。西洋民主主義と呼ばれるものにおいて、リベラルな民主主義がこれほどまでの機能不全に陥ったことはかつてなかったということを？　選挙による代表制あるいは議会生活は、つねにそうであったように、数多くの社会的‐経済的メカニズムによって歪められているだけでなく、激変する公共空間のなかでますますうまく機能しなくなってきている。その激変は、技術‐遠隔‐メディア的諸装置および情報と通信との新しいリズム、それらが代表している諸力の装置と速度、またさらには、したがって、それらが発動する新しい我有化の諸様態、それらが**生産する**〔*produisent*〕出来事の新しい構造とその亡霊性の新しい構造、こうしたものによって引き起こされるものである〈〈生産する〉というのは、**そこにまだ存在しないながらも存在していたもの**を発明する**とともに**白日のもとにもたらし、創設する**とともに**暴露し、到来させる**と同時に**照らし出すということである。すなわち、ここで問題になっているのは、幽霊との関係における**生産**《プロデュクシオン》の概念である）。この変形は、単に事実のみではなく、そうした「事実」概念にも作用をおよぼす。出来事概念そのものにも、である。審議と決定とのあいだの関係、すなわち統治そのものの機能が、単にその技術的条件、時間、空間、速度ばかりにおいてではなく、真に気づかれないままにその概念においても変わってしまった。すでに第一次世界大戦後、ヨーロッパにおいて、*res publica*〔公共的事象〕、すなわち公共空間と世論のトポロジー的構造を激変させていた技術的、科学的、経済的な数々の変化を思い出してみよう。それらの変化は、単にこのトポロジー的**構造**に作用をおよぼしたのではなく、トポグラフィックなものが存在するという推定そのもの、そして発言、公的な事象もしくは大義について一つの**場**があり、すなわち同定でき安定化できる一つの身体があるのだという推定を問題視しはじめたのである。そのことが、リベラルな、議会制の、資本主義的な民主主義を、よく言われるように、危機におとしいれ、その後無数の形で同盟し、戦いあい、組み合わさることになった三つの全体主義への道を開いたのである。ところで、これらの変形は今日、計り知れないような形で拡大されている。かりにこの〈拡大〉という語でもって同質で連続的な成長を了解しているとするならば、そのプロセスはそもそも、もはや〈拡大〉といったものに対応するものではない。われわれにとって、もはや計り知ることができないのは、一九二〇年代、すなわちテレビ出現以前に、公共空間を深く変形させ、選出議員たちの権威と代表性とを危険なまでに弱体化し、議会における議論、審議、決定の領野を縮小してしまったあのメディア的権力から、**すでにわれわれを遠ざけている飛躍なのである。それらの変形は、少なくともわれわれがこれまで知っている限りでの**選挙制民主主義と政治的代表制を、**すでに**問題化していたと言えるだろう。あらゆる西洋民主主義において、そのものとしての職業政治家ひいては党員を尊敬しなくなる傾向があるのは、もはや単にしかじかの個人的な実力不足のせいであるとか、しかじかの過失やしかじかの能力不足のせいであるとか、ますます知れわたり、拡大され、実はメディア権力によって入念に仕組まれたのではないにせよ、その権力によってしばしば提示され＝作りだされた〔produit〕しかじかのスキャンダルのせいばかりではない。それは政治家がますます、ひいては単に、メディア的興業《ルプレザンタシオン》の人物に成り下がってしまったからである。そしてそれは、まさしく諸々のメディアによる公共空間の変形によって、議会代表制の諸構造やそこに結びついていた政党の諸装置などから政治家がこれまで得ていた権力や能力の本質的な部分が失われるまさにそのときに起こったわけである。政治家個人の能力がどのようなものであれ、伝統的モデルに忠実な職業政治家は、今日、**構造的に**無能力になりつつある。その同じメディア権力は、**同時に**この伝統的政治家の無能力を告発＝強調し〔accuse〕、提示＝生産し、増幅する。一方でそれは、政治家が（政党、議会などの）旧来の政治空間から受け継いだ正当な権力を奪ってしまう。しかし他方でそれは、テレビ修辞学の劇場における傀儡ではないにせよ、単なるシルエットになるべく政治家をして強要するのである。あまりにもよく知られていることだが、政治における行為者《アクター》だと信じられていた人物が、しばしばテレビ俳優《アクター》でしかなかったということになりかねないのだ。(2) さらに、国家間戦争もしくは内戦‐国家間戦争の名目で、民主主義的だと言われるヨーロッパと世界とを今日ずたずたにしている経済戦争、国民戦争、少数派の戦争、人種主義と排外主義の猛威、エスニシティ間抗争、文化と宗教の葛藤を、思い起こさせる必要があるだろうか。何連隊もの幽霊たち、ありとあらゆる時代の軍隊が、準軍隊的《パラミリテール》なアルカイックな徴候、および(情報科学、衛星によるパノプティコン的監視、核の脅威等々といった)ポストモダン的な過剰軍備のアルカイックな徴候に隠れて戻ってきている。歩を早めよう。もはや境界が定かでさえなくなってしまった(内戦と国家間戦争という)二タイプの戦争の彼方におもむき、この摩耗の彼方の摩耗の描写をさらにどす黒くしてみよう。自由民主主義的もしくは社会民主主義的な歓喜を最も盲目で錯乱に満ちた幻覚のように映し出しかねないもの、もしくは、その歓喜が人権に関して用いる形式的あるいは法至上主義的レトリックをますます目に余る欺瞞のように映し出しかねないもの、それを一息に名づけてしまおう。フクヤマならば言うかもしれないように「経験的証言」を、単に積み重ねるのではない。この描写が記述したり告発したりする、反論の余地のない大量の事実を指させば事足りるというのでもない。この問いはあまりにも手短に提起しなければならないのだが、それはこれらすべての方向でおこなわなければならない分析をめぐる問いでさえなく、この描写が呼び求め、結びつけるようわれわれに強要する二重の解釈、すなわち競合する複数の読解をめぐる問いなのである。この「新世界秩序」の傷口をまず電報文のような十の言葉でもって名指すことが許されるならば、もしかすると次のような言葉が選ばれるかもしれない。

一、失業、すなわち新しい市場、新しい技術、新しい世界的競争、それらをめぐるこの多かれ少なかれよく計算された規制緩和〔dérégulation〕は、〈労働〉や〈生産〉と同様、今日、別の名称に値するだろう。しかも遠隔労働が、そこに労働と非労働、活動、雇用とそれらの反対物とが形成する概念的対立と同様、伝統的な計算方法を混乱させる与件を書きこむのでなおさらである。この規則正しい規制緩和は、統御され、計算されていると同時に「社会化」されている、ということはたいていの場合否認されている――そして、苦しみそのものと同じく予想に還元することはできない。その苦しみは、自分の姿を失業という古い語のなかに、そして自分が長いあいだ名づけてきた舞台のなかに見いだすことができなくなってしまった限りにおいて、習慣的なモデルの数々と自分の言葉を失ってしまったために、さらに深く、さらに不可解な形で苦しむのである。社会的な活動を持たぬこと、非労働、不十分な雇用といった機能は、新たな時代に入っている。それは別の政治を呼び求める。そして別の概念を。「新しい失業」は、フランスで「新しい貧困」と呼ばれているものが貧困に似ていないのと同じく、その経験とその計算の形そのものにおいて、あまりにも失業に似てはいない。

二、大量の家なき市民（homeless）が諸国において一切の民主的生活への参加から排除されているということ、おびただしい数の亡命者、無国籍者、移民がいわゆる国民的領土から追放されたり強制移住されたりしていること、それは国境や――国民的あるいは市民的――アイデンティティの新しい経験を告げている。

三、ほかならぬヨーロッパ共同体諸国間の、この諸国と東ヨーロッパ諸国とのあいだの、ヨーロッパとアメリカ合衆国とのあいだの、ヨーロッパ、アメリカ、日本とのあいだの仮借なき経済戦争。この戦争は、他の戦争をはじめとするすべてに指図をしている。というのもそれは、国際法の首尾一貫していない、不公平な実践的解釈および発効を指図しているからである。十年以上前から、その例は枚挙に暇がないほど知られている。

四、自由市場の概念、諸基準、現実をめぐる数々の矛盾を制御できない無能力（自国民、ひいては西側の人々もしくはヨーロッパ人一般を、廉価な、しばしば比較しうる社会保護を持たぬ労働力から保護するための、資本主義諸国による保護主義的障壁の数々および介入の激化）。諸々の「社会的既得権」等を守ると称しつつ、世界市場におけるおのれの利益をどのように救うべきなのか。

五、対外債務ならびに対外債務に付随する諸メカニズムの深刻化は、人類の相当部分を飢えさせたり絶望に追いやったりしている。それらのメカニズムは、そうすることによって、対外債務の論理が拡張を目指していると称する当の市場から、時を同じくして人類の相当部分を排除してしまう。このタイプの矛盾は、地球‐政治学的変動が民主化や人権の言説によって要請されたように見えるときでも、実はそれらの変動の数多くに作用をおよぼしている。

六、兵器産業および兵器貿易は、(「通常」兵器であれ、遠隔テクノロジーの最先端のものであれ)数々の西欧民主主義国家の科学研究、経済および労働の社会化をめぐる通常の調整のなかに書きこまれている。想像もできぬような革命でもない限り、先ほど述べた失業の深刻化といった大きなリスクを冒さずに兵器産業や兵器貿易を中断することはできないし、減速することさえできない。「通常の」貿易と(限定つきながら)区別できる限りでの兵器取引は、麻薬取引に先立って、世界で最大の取引であり続けている。しかも、麻薬取引とつねに無縁であるわけではない。

七、核兵器から身を守るためだと主張する諸国自身によって維持されている核軍備の拡大(「拡散《ディセミナシオン》=散種」)は長いあいだ統制されていたが、国家機構によるその統御さえもはや不可能になっている。核軍備の拡大は、単に国家的統制をはみ出しているばかりでなく、一切の公然たる市場からはみ出している。

八、共同体、国民国家、主権、国境、土地と血に関する**アルカイックな**概念と幻想、すなわちそれらに関する初歩的な**概念的幻想**によって導かれたエスニシティ間の抗争が増加している（しかし、それ以外の抗争などかつて存在したためしがあるのか）。アルカイズムはおそらく還元不可能な資質を持ち続けているので、アルカイズムそのものが悪だというわけでない。しかし、この概念的幻想が前提としている**存在-トポロジー**〔*ontopologie*〕そのものが、遠隔-技術的な場所解体《ディスロカシオン》によって、言うならばかつてないほど時代遅れになってしまったことをいかに否定できようか。われわれが**存在-トポロジー**という語でもって了解しているのは、現前者（on〔有〕）の存在論的価値を、不可分な形でその**位置的状況**《シチュアシオン》（領土、土地、都市、身体一般のトポス）に、すなわちある場所の安定的で現前可能な規定に結びつけている公理系のことである。場所解体のプロセスは、たしかに未曾有の、ますます差異化された、しかもますます加速化された形で展開してはいる（それは、ここまで人間の文化を形成してきた諸々の速度の基準を超えた加速そのものである）。しかし同様に、それは原-根源的なのであって、ということはそれが太古から追い払おうとしているアルカイズムに劣らず「アルカイック」なのだ。そもそも場所解体のプロセスは、それがつねにもたらす安定化の積極的な条件なのである。ある場所でのいかなる安定も、安定化もしくは定住化なのだから、それに対しては場所的な差**延**、ある移動=脱-定位置化〔déplacement〕といった空間化が運動を与えなければならなかったことになる。そして、位置を与え、場を与えなければならなかったことに。たとえば、いかなる国民的な根づきも、移動をこうむった——もしくは移動をこうむりうる——人々の記憶あるいは不安のなかにまず根づくのだ。《Out of joint》とは、時間だけではなく空間であり、時間のなかの空間であり、空間化なのである。

九、東ヨーロッパのいわゆる旧社会主義国を含めたあらゆる大陸において増大しつつあり、境界の画定が不可能な、ということは世界的な、過度に効果的で、かつ固有に資本主義的なマフィアおよび麻薬カルテルといった幽霊国家の権力をどうやって無視することができようか。これらの幽霊国家は、いたるところに浸透しありふれたものになってしまったので、それらを厳密に同定できないほどである。また、それらを民主化のプロセスと明晰に分離できないこともあるほどである（たとえば、次のようなシークエンスを考えてみよう。その図式は、電報文のように簡略化すると、〈ムッソリーニの国家ファシズムに攻めたてられた、ということは大西洋の両岸の民主主義陣営に親密にかつ共生状態で同盟している、またそればかりではなく、こんにち資本の新たな配置に突入したイタリアなる民主キリスト教的国家の再建にも親密にかつ共生状態で結ばれているシチリア・マフィアの歴史〉という組み合わせになるが、少なくとも言えることは、この系譜を考慮に入れない限りこの件についてはまったく理解できないだろうということである）。こうした浸透は、よく言われるように「危機的」な段階を通過しつつあり、おそらく、だからこそわわれわれはそれについて語ったり分析したりすることができるのである。これらの幽霊国家は、社会的‐経済的組織、資本の一般的流通に侵入するばかりではなく、国家的諸制度および国家間諸制度にも侵入している。

十、というのも、とりわけ、とりわけ国際法およびそれに関連する諸制度の現状を分析しなければならないからである。よろこばしい改良可能性にもかかわらず、否定できない進歩にもかかわらず、これらの国際制度は少なくとも二つの限界に苦しんでいる。その二つのうちで第一のものであり最も根本的《ラディカル》なものは、それらの制度の規範や憲章や使命の規定が一定の歴史文化に依存しているということである。それらをヨーロッパ的な一部の哲学概念、なかでも国家的もしくは国民的主権の概念から分離することはできない。その主権概念の系譜をめぐる閉域は、ますます顕著に、しかも単に理論的‐法的な仕方もしくは思弁的な仕方だけではなく、具体的、実践的《プラティック》、そして実践的な仕方で＝ほとんど日常的《プラティックマン》に現れている。もう一つ別の限界は、緊密に第一の限界と結びついている。国際的で、普遍性を自称するこの法は、実施に移される場合、特定のいくつかの国民国家によって支配され続けている。ほとんどいつも、それらの国民国家の技術‐経済的および軍事的な力が、決定を準備し、それを適用し、別の言い方をすれば決定を**勝ちとる＝奪い去る**〔*emporte*〕のである。英語で言うように、それは**デシジョン・メーキング**をするのである。国連の審議や決議であれ、その審議や決議の実施（« enforcement »）であれ、最近や過去のおびただしい数の事例がそれを十分に示しているだろう。法の前における諸国の首尾一貫性のなさ、不連続性、不平等、国際法に奉仕する軍事力における一部の国家のヘゲモニー、これこそ年を追うごとに、もしくは日を追うごとに確認せざるをえないことである。[3]

これらの事実は、国際的諸機関から資格を奪うのに十分だというわけではない。むしろ逆に、正義が要求するのは、改善可能性の方向を目指し、けっして放棄してはならないそれらの諸機関を〔諸々の枷《かせ》から〕自由にすべく作業をしている人々に敬意をあらわすことである。その予兆《シーニュ》がどれほど不十分で、混乱していて、曖昧であっても、内政干渉の権利をめぐる考察、もしくは——不明瞭で、ときには欺瞞的でさえある仕方で**人道的**と呼ばれる名目でおこなわれる——介入をめぐる考察、それらは一定の条件のもとで国家主権を制限するのだが、それらが予告するものを歓迎しておこう。これらの刷新がこうむるかもしれない操作や我有化に抜かりなく用心しながら、こうした予兆を歓迎しよう。

新しいインターナショナル

今度は、われわれの講演の主題に最も近いところに立ち戻ってみよう。「新しいインターナショナル」という副題は、長期的な展望に立った際、国際法、国際法の諸概念、国際法の適用の場が経験しうる深い変化を指示している。人権概念が、いくつもの社会的‐政治的な激震を通じて何世紀ものあいだに〔労働の権利にせよ、経済的諸権利にせよ、女性および子どもの権利、等々にせよ〕ゆっくりと規定されてきたように、国際法はその領野をひろげたり多様化したりして、われわれが今しがた話していた国家や幽霊国家の主権を超えて、**世界的**な経済的かつ社会的領野を含むべきであろう。少なくとも国際法が、みずから掲げる民主主義と人権の観念とに合致しようとするならば、であるが。見かけにもかかわらず、われわれがここで言っていることは単に反国家主義的なのではない。与えられ、限定された一定の条件のもとで、超国家となった国際機関はつねに一部の私的な社会的‐経済的諸力による我有化や暴力を制限することができるだろう。とはいえ、国家および支配階級による国家の我有化をめぐる、国家権力と国家装置との区別をめぐる、〈政治的なもの〉の終わり、「政治の終わり」もしくは国家の消滅をめぐるマルクス主義的伝統の言説全体（そもそもその言説は複雑であり、進行するものであり、不均質なものであるが）には必ずしも同意せずとも、[4] そして他方では〈法的なもの〉という観念そのものに対して懐疑的にならずとも、なおマルクス主義の「精神」に想をえて〈法的なもの〉の自律と称されるものを批判し、国際的な数々の機関《オトリテ》が一部の強力な国民国家によって、技術‐科学的資本の、象徴的資本の、金融資本の、国家資本および民間資本の集合体によって、事実上は臨検されているということをたゆむことなく告発することは可能である。国際法のこうした危機を通じておのれの姿を探し求めているのは、一つの「新しいインターナショナル」である。それはすでに人権に関する言説の諸限界を告発しているが、市場の法則が、「対外債務」が、科学技術的、軍事的、経済的な発展の不均衡が、人類史上かつてなかったように今日勝ち誇っている醜悪な実際上の不均衡を維持している限り、人権をめぐる言説は、妥当性を欠き、時には欺瞞に満ち、いずれにせよ形式的であり続け、自分自身に対して首尾一貫性を欠いたままであり続けるだろう。というのも、一部の者たちが、それがあたかも人類史の理想であったかのように、終に自己実現した自由民主制の名において臆面もなく新たな福音を告げようとするとき、次のように叫ばなければならないからである。この地球史と人類史において、暴力、不平等、排除、飢餓、そして経済的抑圧が、かつてこれほど多くの人間を苦しませたことはない、と。歴史の終焉の歓喜のなかで、リベラルな民主主義理念や資本主義市場の到来を歌い上げるかわりに、「イデオロギーの終焉」や大いなる解放の言説の終焉を歌い上げるかわりに、それぞれが特異なものである夥しい数の苦しみによって構成された次の巨視的に自明な事柄をけっして忘れてはならない、と。すなわち、いかなる進歩があろうとも絶対数で見たとき、かつて地球上でこれほど多くの男女と子どもが奴隷化され、飢え、絶滅させられたことはなかったということを看過することができないということである。（そして、暫定的に、とはいえ心ならずも、「動物的」生と言われるもの、「動物たち」の生と存在とがこの話のなかではどうなってしまうのかという不可分な問いを、ここでは脇に措かなければならない。この問いは、つねに深刻な問いであり続けた。しかしそれは、今後まったく不可避なものとなるだろう。）

「新しいインターナショナル」は、単に、こうした犯罪を通じて新たな国際法を模索するものではない。それは親近性の、苦悩の、希望の絆なのであり、一八四八年前夜に見られたように、まだ目立たない、ほとんど秘密の、とはいえますます可視性を持ちつつある——このことについては一つならずの徴《シーニュ》が存在する——絆なのである。それは反時代的で身分規定のない絆であり、タイトルも名前もない絆であり、たとえ非合法ではないにせよかろうじて公的な絆であり、契約もなく、《out of joint》であり、共闘組織《コオルディナシオン》も、党派も、祖国も、国民的共同体＝共通性〔communauté nationale〕も（それは、どのような国民的限定にも先立ち、それを通じ、かつ超えたインターナショナルなのだ）、共通の市民権も、ある階級への共通の所属もない絆なのである。ここで新しいインターナショナルを名乗るものは、制度なき同盟の友愛へと呼び戻す何かである。たとえ、社会主義的‐マルクス主義的インターナショナルを、プロレタリアートの独裁を、万国の労働者による普遍的団結のメシア的‐終末論的役割をもはや信じず、また過去においても一度も信じたことがないにもかかわらず、マルクスもしくはマルクス主義の少なくとも一つの精神から（彼らはもはや一**つならず**の精神があることを知っているのだ）想を得つづけている人々を、制度なき同盟の友愛へと呼び戻す何かである。さらにそれは、たとえその同盟が、党派や労働者インターナショナルのような形態をとらず、国際法秩序の、国家や国民といった概念の（理論的かつ実践的）批判において対抗‐共謀（contre-conjuration）のような形態をとっているにしても、新しい、具体的な、現実の様態で同盟するために制度なき同盟の友愛へと呼び戻す何かである。すなわち、その批判を刷新し、とりわけそれを根本化するために制度なき同盟の友愛へと呼び戻す何かなのである。

マルクス主義の精神に忠実である理由

「黒い見取り図」ないし十の傷口と今しがたわれわれが呼んだもの、その見取り図が陳列したり数えたりするふりをしながら報告している喪および約束には、少なくとも**二つの解釈法**が存在する。競合すると同時に両立不可能であるこれら二つの解釈法から、選ぶすべはあるのだろうか。なぜわれわれは選べないのか。なぜわれわれは選ぶべきではないのか。いずれの場合にも、問題となっているのはマルクス主義の**ある一つの**精神への忠実さなのである。一つへの、あの別の精神ではなく、この精神への。

一、**第一の解釈**、最も古典的で最も矛盾に満ちた解釈は、フクヤマの**観念論的**論理のなかにまだとどまるだろう。とはいえ、それはまったく別の帰結を引き出すためである。統制的理念をフクヤマのように規定するにせよ、その概念を洗練し変形するにせよ、今日、世界で**うまく行っていない**ものは一切、経験的現実と統制的理念との隔たりの大きさに応じているのだという仮説を暫定的に受け入れてみよう。その場合、理念の価値と自明性は、経験的諸現実が理念に対して歴史的に妥当していないということによっては、内側からは損なわれていないことになるだろう。それはそうだが、その観念論的仮説の場合でも、マルクス主義的批判の或る**精神**へと訴えることは切迫性を持ち続けるのであって、**できる限り**その隔たりを告発し縮小するために、必然的に無限であるようなプロセスのなかで「現実」を「理念」に調整するためにその精神へと訴えることは、際限なく必要であり続けなければならないだろう。たとえば、新しい生産様式についてであれ、経済的および科学技術的権力や知の我有化についてであれ、国内法あるいは国際法の言説と実践における法的形式についてであれ、市民権と国籍の新たな諸問題等々についてであれ、新たな諸条件に適応させられたならば、このマルクス主義的批判は実り多きものであり続けることができるのである。

二、黒い見取り図の**第二の解釈**は、別の論理にしたがっているだろう。「事実」を超えて、いわゆる「経験的証言」を超えて、理念に妥当しないすべてのものを超えてすべきなのは、その理念の概念をめぐるいくつかの主要な賓辞を通じて、理念そのものを問いに付すことであるだろう。それはたとえば、市場、資本の諸法則、（財政的もしくは象徴的な、ということは亡霊的な）資本の諸類型、リベラルな議会民主主義、代表制と投票の諸様式の経済分析にまで広がり、また人権の、女性の、子どもの権利を決定する内容、平等、自由、とりわけ（最も問題をはらんだ）博愛、尊厳、人間と市民との関係をめぐる一般的な概念、これらの経済分析にまで広がることだろう。その問いなおしは同じく、理念が用いるほぼすべての概念に、すなわち人間概念（ということは神的なものと動物的なものの概念にも）とその人間概念を前提としている**一定の**〈民主的なもの〉の概念にまで広がるだろう（一切の民主主義とか、まさしく**来たるべき**民主主義とか言っているのではない）。そのとき、この最後の仮説においてさえ、マルクス主義的なある**精神**の遺産への忠実さは、義務であり続けることだろう。

これが、マルクス主義の精神に忠実であり続ける二つの異なった理由である。これらの理由は、互いに付け加わるのではなく、絡み合うべきなのだ。それらは、複雑で絶えず再評価の対象となるべき戦略の過程で互いに含意しあわなければならない。さもなければ、再政治化はありえず、もはや政治はありえないだろう。この戦略がなければ、二つの理由のそれぞれは最悪のものに、こう言ってよければ悪よりもひどいものに導きさえしかねない。すなわち一種の宿命的な観念論か、世界の悪を前にしての抽象的で教条主義的な終末論に、である。

ところで、いったいどのマルクス主義的精神なのか。このように**マルクス主義の精神**を強調することによって、われわれがマルクス主義者たちを喜ばせはしないということ、ましてや他のすべての者たちを喜ばせはしないということを想像するのはたやすいことである。とりわけ、**諸々の精神**を複数形でしかも亡霊の意味で、追い払うのではなく分別し、批判し、自分のかたわらにとっておき、戻るがままにまかせなければならない時ならぬ亡霊たちとしてその語を了解すべきだと理解していると示唆しているのだからなおさらである。そしてもちろんのことだが、諸々の「精神」のあいだを導き、それらにヒエラルキーを定める選別の原理は、宿命的に今度は排除する原理となるということをわれわれは肝に銘じておかなければならない。それは、一方の先祖たちではなく他方の先祖たちの通夜をする(=世話を見る)ことによって、無化作用さえ発揮するだろう。別のしかじかの時期ではなく、その時期にそれをすることによって。忘却(それが罪あるものか罪なきものかはここでは重要ではない)、排除〔forclusion〕や殺人によって、この通夜は新たな幽霊を生み出しさえするだろう。それは幽霊のあいだからすでに選択しながら、仲間のなかから仲間を選びながら、つまり死者を殺しながらそれをおこなう。それは、有限な実存にとっての有限性の法則、決断と責任の法則であるのだが、その有限な実存とは、一つの決断、一つの選択、一つの責任といったものが意味を持ち、しかも決定不可能性の試練を経なければならない意味を持つ唯一の〈死すべき生者〉なのである。だからこそ、われわれがここで言っていることは誰も喜ばせはしないだろう。ところで、誰かを喜ばせるためにのみ語ったり考えたり書いたりすべきだなどと誰が言ったことがあるのか。それに、かなり奇妙な了解をしないかぎり、われわれがここであえて試みているしぐさのうちに一種の〈マルクス主義への遅まきの賛同〉を認めることなどできないだろう。今日、今ここで、かつてないほど顕著で切迫した反時代性のスタイルに対してと同じく、時流にさからうことや逆を突くしぐさの要請に対して、かつてないほど私が敏感になっているというのは事実である。「こんな時にマルクスに敬意を表するなんて！」という声が、私にはすでに聞こえている。あるいは、「ああ、ようやく！」、「なんでこんなに遅く？」といった声が。私は、時流にさからうことの政治的効力を信じている。そしてもし時流にさからった行為が**まさしく適切なときに**来るという、多かれ少なかれ計算された幸運がないならば、（政治的その他の）戦略の時機のまずさはそれでもなお、まさしく正義〔justice〕を、すなわちわれわれが先に調整が狂っているべきであり、正確さ〔justesse〕や法＝正直には還元できないものであるべきだと言っていた、求められるべき正義を少なくとも**証言する**ことができる。しかし、それがここでの決定的な動機ではないので、そろそろこうしたスローガンの単純さとは手を切らねばならないだろう。確実なことは、私がマルクス主義者ではないということだ。思い出してみよう。はるか昔にエンゲルスがその機知を伝えている、とある人物が言っていたように。「私はマルクス主義者ではない」と言うためにさえ、なおマルクスに依拠しなければならないのだろうか。何をもってマルクス主義的な言表だと認めうるのか。そして誰が、いまだに「私はマルクス主義者だ」と言えるのか。

マルクス主義と啓蒙の精神

マルクス主義の或る精神に着想を求め続けること、それは原則として、しかも第一に、マルクス主義をして**根本的な**批判たらしめてきたもの、すなわちつねに自己批判する用意ができている足どりたらしめてきたものに忠実であることだろう。この批判は、自分自身の変形、自分の再評価、そして自分の自己再解釈に対して、原則的に、しかも明確に開かれて**いようとみずから欲する**。この批判的であろうと「みずから欲すること」は、必然的にまだ批判的ではない土壌に根をおろし、それに参与している。たとえその土壌が、前批判的ではなく、まだ前批判的ではないにしても。この精神は一つのスタイルでもあるが、スタイル以上のものでもある。それは、放棄してはならぬ啓蒙の精神を相続している。われわれはこの精神をマルクス主義の他の精神たちから区別しようと思うが、それらはその精神を次のようなものに釘づけにしてしまう。すなわち、マルクス主義的教義の集体《コール》に、（とりわけ「弁証法的方法」や「弁証法的唯物論」といった）いわゆる体系の、形而上学の、存在論の全体という集体に、労働、生産様式、社会階級などの基本概念に、つまりは（労働運動のインターナショナルの数々、プロレタリアート独裁、一党独裁、国家、そして最後に全体主義的な奇形といった、計画され、もしくは実現された）諸装置の全歴史に、釘づけにしてしまうのである。というのも、「よきマルクス主義者」として言うならば、マルクス主義的存在論の脱構築はマルクス主義的資料体《コルピュス》の理論的‐思弁的な層を相手にするばかりではなく、世界労働運動の諸装置と諸戦略の最も具体的な歴史にそれを連接する一切のものを相手にするからである。そしてこの脱構築は、突き詰めて分析するならば、方法上や理論上の手続きではない。その可能性においても、脱構築をつねに構成してきた不可能性の経験においても、脱構築はけっして出来事、すなわち端的に来たるべきものの到来に、無縁であったことはない。何年か前、一部のソビエト哲学者たちはモスクワで私にこう言った。ペレストロイカの最善の翻訳はやはり「脱構築」である、と。(＊3)

マルクス主義の他のあらゆる精神から――人は、この〈他のあらゆる精神〉が**ほとんどすべて**を集めていることを確認して苦笑するだろうが――それを切り離すことによって、いわば忠誠を守るにふさわしいマルクス主義の精神を分離しようとするこの化学的な外見を持った分析にとって、われわれの導きの糸はまさしく、今夜、幽霊の問いだということになるだろう。マルクス自身は、どのように幽霊を、幽霊、亡霊、再来霊といった概念をあつかったのか。それをどのように規定したのか。どのように、あまたの躊躇、緊張、矛盾を通じて最終的にそれをある存在論に**結びつけた**のか。幽霊へのこのつながり=執着《アタッシュ》はいったい何なのか。この結びつきの絆、すなわちこの存在論と唯物論、党、国家、国家の全体主義化との絆はいったい何なのか。

マルクス主義の精神とメシア的肯定

批判すること、終わることのない自己批判を要請すること、それはまたすべてを区別し、ほとんどすべてを区別することである。ところで、私がけっして放棄するつもりのないマルクス主義の精神が存在するとするならば、それは批判的観念や問いかけの姿勢ばかりではない（問いは最後の言葉でも最初の言葉でもないことも脱構築が学ぶ＝教えるにせよ、首尾一貫した脱構築はその姿勢にこだわらなければならない）。それはむしろ、解放を目指す**メシア的な**肯定といったものであり、約束の経験といったものであり、一切の教義体系や一切の形而上学的‐宗教的規定から、さらに一切の**メシアニズム**からさえ自由になることが試みられた限りでのそうしたものである。そして約束なるものは、守られることを、すなわち「精神的」もしくは「抽象的」なままにとどまらず、諸々の出来事を、行動や実践や組織の新たな形態などを産み出すことを約束しなければならない。「党形態」やしかじかの国家やインターナショナルの形態と縁を切ること、それは実践的あるいは実効的ないかなる組織形態をも放棄してしまうことを意味するのではない。ここでわれわれにとって重要なのは、そのまったく逆のことなのである。

かく言うことによって、人は支配的な二つの傾向に対立することになる。**一方では**、一部の（とりわけフランスの、アルチュセールをとりまく）マルクス主義者たちによる最も警戒を怠らぬ最も近代的な再解釈に、である。(*4) このマルクス主義者たちは、マルクス主義をいかなる目的論からも、いかなるメシア的終末論からもむしろ分離しなければならないと考えたのだった（しかし私の議論は、まさしくこの目的論と終末論とを区別することにある）。**他方では**、つねに脱構築することが可能な存在‐神学的内容を与えることによって、自分自身の解放的終末論を規定する反マルクス主義的な解釈の数々に、である。私がここで重視している脱構築的な思考は、(ここでは法とは切り離されて考えられている)正義の観念といったものの脱構築不可能性と同じく、つねに肯定の還元不可能性、ということは約束の還元不可能性を喚起してきた。[5] このような思考は、根本的で果てしない、無限の(今しがた言っていたように理論的かつ実践的な)批判の原則を正当化せずに作用することはできない。この批判は、来たるべきものの絶対的な未来に向かって開かれた経験の運動に所属している。すなわち、必然的に無限定で、抽象的で、砂漠的で、他者と出来事との期待にゆだねられ、さらされ、身をあずけた経験の運動に所属している。その純粋な形式性において、それが要求する非限定性において、それにはまたメシア的精神といったものとの何らかの本質的な親近性を認めることができる。われわれがそこかしこで**奪‐自己固有化**〔*exappropriation*〕(それは、いかなる「資本」も、いかなる所有〔propriété〕あるいは我有化＝自己固有化〔appropriation〕も、さらにはそれらに依存するすべての概念もが同様にはらむ根本的な矛盾である。依存する概念としては、手はじめに自由な主体性が、ということは前述の諸概念に則った〈解放〉があげられる)について言っていることは、いかなる鎖＝束縛〔chaîne〕も正当化することはない。言うならば、事態はまったく逆なのだ。従属は(みずからを)我有化＝自己固有化に結びつけるのである。

前例なき出来事――マルクス主義

ところで、マルクス主義の或る精神に対する忠実さを示すこの身ぶり、これこそたしかに、原理上、各人に求められている責任である。共同体という名称にかろうじて値する新しいインターナショナルは、ただ匿名性に属している。しかしこの責任は、今日、少なくとも知的でアカデミックな場の境界内では、誰も排除しないために次のように言った方がよいが、**より優先的に、より切迫して、より命令的に、**この最近の何十年かのあいだに、教義のヘゲモニーといったもの、ひいては政治的もしくは理論的諸形態におけるマルクス主義の形而上学といったものに**抵抗**できた者たちに帰属するように思われる。そしてとりわけ、反動的な、保守的もしくは新保守主義的な、反科学的もしくは蒙昧主義的な誘惑に媚びることなしにその抵抗を構想し実践しようと執着してきた者たち、逆に来たるべき世紀の新しい啓蒙の名において、超‐批判的な、あえて言うならば脱構築的な仕方で絶えずことをおこなってきた者たち、そういう者たちに帰属するように思われる。そして、民主主義と解放の理念を放棄せずに、別な仕方でそれを考え実行しようとしてきた者たちに、である。

ここでもまた、責任は相続人の責任であるだろう。彼らが望むと望まざると、知ろうと知るまいと、地球上のありとあらゆる人間は、今日、ある度合でマルクスとマルクス主義の相続人なのだ。すなわち、今しがた言っていたように、哲学的で科学的な形式をもったある計画の――もしくはある約束の――絶対的な特異性の相続人なのである。その形式は原理上、啓示宗教という意味では宗教的ではない。それは神話的ではない。したがって国民的ではない――というのも、選ばれた民との契約の彼方にさえ、宗教的もしくは神話的——広い意味で「神秘的」——ではないような国民性やナショナリズムは存在しないからである。この約束もしくは計画の形式は絶対的に唯一であり続けている。その出来事は、特異であると同時に全体的であり抹消不可能なものである——それを否認しない限り、そしてある外傷の効果を抹消することなく転移することしかできない喪の作業をおこなわない限り抹消不可能なのである。

このような出来事にはいかなる前例もない。人類の歴史、世界と地球の全歴史を通じて、歴史一般の名を与えることができるすべてのものにおいて、このような出来事（くりかえしておこう、神話、宗教、そして国民主義的《ナショナリスト》な「神秘主義」と縁を切ろうとする哲学的‐科学的形式の言説という出来事のことである）は、はじめてそして不可分に、社会組織の世界的な諸形態（普遍的な使命を担った政党、労働者運動、国家連邦、等々）に結びついたのである。こうしたすべてが、人間、社会、経済、国民の新しい概念、いくつもの国家概念そして国家消滅の概念の提案と並行しておこなわれたのである。この出来事について、すなわちこうして始められたことをめぐる時には恐るべき失敗を、技術的‐経済的惨状もしくは生態学的な惨状を、起こってしまった全体主義的倒錯を（この倒錯については、ずいぶん前から一部の人々は、まさしく倒錯でも、病的で偶発的な方向転換でもなく、本質的で誕生当初から現前していた論理の必然的な展開であり、根源的な調整不全なのだと言っている——われわれとしては、あまりにも省略的な仕方でもあり、その仮説に反論しない仕方でもあるが、幽霊の亡霊性をめぐる**存在論的**処理の効果だと言っておきたい）どのように考えるにせよ、それが人間の記憶にもたらす外傷をどのように考えるにせよ、その無比《ユニーク》の試みは場を持ったのだ。約束が、少なくとも発話形態のままでは守られなかったにせよ、約束が或る存在論的内容の現在に向かって突進してしまったにせよ、新しいタイプのメシア的約束が、創設的で唯一の刻印を歴史に刻みこんだことになるだろう。そして、われわれが望もうと望むまいと、どのような意識を持とうと、われわれはその相続人であらざるをえない。責任への呼びかけなしに相続はない。相続とはつねにある負債の再肯定であるが、それは批判的で選別的で濾過作用を持った再肯定である。だからこそ、われわれはいくつもの精神を区別したのだ。「負債国家＝負債報告」という、かくも曖昧な表現を副題に記入することでもって、われわれは避けて通ることのできないいくつかのテーマを予告しようとした。しかし第一に、マルクスおよびマルクス主義という固有名のもとに歴史の記憶のなかに書きこまれている精神の数々のなかの一つに対する、抹消不可能で解消不可能な負債を予告したかったのである。その負債が認知されていない所でさえ、それが無意識にとどまるか否認されたままの所でさえ、その負債は作用し続けている。とりわけ、一切の哲学もしくは哲学に関する思考を暗黙のうちに構造化している政治哲学のうちに。

時間が十分ではないため、ここではたとえば、脱構築と呼ばれるもののいくつかの特徴に、最近の何十年かの脱構築が当初まとった形象におけるいくつかの特徴に、すなわち〈固有なもの〉、ロゴス中心主義、言語主義、音声主義といったものの形而上学の脱構築、言語の自律的ヘゲモニーの脱神秘化ないしは脱 - 沈殿化に話を限定することにしよう（この脱構築の過程で、テクストもしくは痕跡の、テクストや痕跡の根源的技術化の、反覆可能性の、代替器官的代補の別の概念が、さらには〈固有なもの〉と奪 - 自己固有化〔exappropriation〕と呼ばれたものの別の概念が練り上げられた）。そのような脱構築は、前 - マルクス主義的な空間では不可能かつ思考不可能であっただろう。少なくとも私の目には、脱構築はある根本化としてしか、ということは同様に、ある一定のマルクス主義の**伝統のなかで**しか、ある一定の**マルクス主義的精神**のなかでしか、意味も重要性《アンテレ》も持たなかった。脱構築と呼ばれる、マルクス主義の根本化の試みがおこなわれたのだ（そして、一部の人々が気づいたように、その脱構築においては、**差延的**経済と奪 - 自己固有化、ひいては贈与のある**経済的**概念が、差**延**と喪の作業一般に結びつけられた労働の概念同様、組織役を演じていたのである）。いかにマルクスを参照するのかという戦略においてその試みが否定的な参照をしたことはまれだったとはいえ、マルクスに対しては慎重であり言葉を惜しむかのようであったのは、マルクス主義的存在論、マルクスという呼称、マルクスによる正当化が、いわばあまりにも強固に**臨検されていた**からであった。それらは一つの正統に、諸々の装置と戦略とに溶接されているように見えたが、その装置と戦略とがそのものとしては単に未来性がないというばかりではなく、未来そのものを奪われていたということは、けっして小さな過ちではなかった。〈溶接〉という語を、その出来事そのものが一世紀半いらい世界史全体を構成し、ということは私の世代の歴史全体を構成した、人為的だが強固な密着として了解することができる。

ところで、根本化〔radicalisation〕なるものは、根本化される当のものに対してつねに負債を負っている。[6] だからこそ私は、脱構築のマルクス主義的記憶およびマルクス主義的伝統について語り、そのマルクス主義的「精神」について語ったのである。もちろん、それは唯一のマルクス主義的精神というわけでもなければ、マルクス主義的精神ならば何でもよいということでもない。例をいくつもあげていっそう細かく論じるべきだろうが、そのためには時間が不足している。

私は副題で、明確を期してÉtat de la detteと言いそえていたが、それは大文字のまたは大文字なしのÉtat〔国家〕あるいはétat〔状態=報告書〕の概念を問題化しようとしたためであった。しかも**三つの仕方**で、である。

負債国家、負債報告

第一に、すでに十分に強調したことであるが、たとえばマルクスもしくはマルクス主義に対する負債**報告**は、総決算や網羅的な調書を**作成する**かのように**静的**で**統計的**なやり方ではおこなわれない。それらの計算は、一つの表《タブロー》にあらわされることはない。人は、選別し解釈し方向づけをおこなう参加《アンガージュマン》によって責任ある者=会計士〔comptable〕となる。それも、実践的かつ行為遂行的な仕方でおこなう参加によって。さらには、一つの責任のようにすでにして複数で、異質で、矛盾に満ち、分裂した厳命の罠のなかでとられることからはじまる決断によって。ということはしたがって、けっしてその秘密を明かすことのない遺産相続の罠のなかででもある。しかも犯罪の秘密を。それを犯した張本人その人**の**秘密を。ハムレットに対して次のように述べる者の秘密を。

Ghost. I am thy Fathers Spirit,
Doom'd for a certaine terme to walke the night ;
And for the day confin'd to fast in Fiers,
Till the foule crimes done in my dayes of Nature
Are burnt and purg'd away : But that I am forbid
To tell the secrets of my Prison-House ;
I could a Tale unfold...

わしはそなたの父の霊だ。
期限が来るまで、夜は地上をさまよい、
昼は煉獄の炎に身を焼き、苦業し、
生前犯した汚れた罪業の、焼かれ、
清められる日を待つ定めにある。
その獄舎の秘密、語ることは許されぬが、
語れば……(7)

ここでは、一切の再来霊は**土から**やって来るように見え、かつ再来するように見える。あたかも（腐葉土と腐植土、墓と地下の牢獄といった）埋め隠された非合法状態からやって来るかのように。そこに再来するために、あたかも最も低いところ、謙虚なものへ、謙遜へ、屈辱を受けたものへと再来するように。われわれ、このわれわれもまた、ここでは、最も土に近いところを通り、そこにおけるある動物の再来を沈黙に付さなければならない。それは、年老いたモグラの形象（« Well said, old Mole »〔よく言った、モグラ殿〕）ではなく、とあるハリネズミの形象でもなく、より正確には、《父》の精霊がそのとき、「生身の耳」に「あの世の秘密」を聞かせないことによって厄祓いしようとする一匹の「不安げなヤマアラシ」（fretfull Porpentine）の形象である。

第二に、もう一つ別の負債。すなわち民主主義の、人権をめぐる普遍的言説の、人類の未来等をめぐるありとあらゆる問いは、「対外債務」が正面から、責任ある、首尾一貫した、可能な限り体系的な仕方で扱われない限り、形式的で、伝統主義的で、欺瞞に満ちた言い訳《アリバイ》にしか場を与えないであろう。この象徴的な名もしくは形象のもとに問題となっているのは、**利害＝利子**〔*intérêt*〕であり、しかも第一に、資本一般の利害＝利子のことであり、今日の世界秩序ということは世界市場において、人類の相当部分をくびきのもとに、新たな奴隷形態のもとに置いている利害＝利子のことである。それは、つねに、国家的もしくは国家横断的形態をもった組織のもとでおこなわれ、それらの組織によって権威づけられている。しかるに、これらの《対外債務》――および その概念が換喩となっている一切のもの――の問題は、少なくともマルクス主義的批判、すなわち市場批判、資本をめぐる幾多の論理の批判、さらには国家と国際法とをその市場に結びつけているものの批判、その批判の精神なしに扱うことはできないだろう。

最後になるが**第三に**、そして以上の帰結として、決定的変容の局面には国家、国民国家、国家主権、そして市民権をめぐる、深く、かつ批判的な練り直しが対応しなければならない。その練り直しは、マルクス主義的な数々の結論に対する参照とは言わぬまでも、マルクス主義的問題系に対する、警戒を怠らぬ、かつ体系的な参照なしには不可能であろう。それは、国家、国家権力、国家装置、社会的‐経済的諸力に対する法の自律をめぐる諸幻想に関するものであり、さらには国家の衰退あるいはむしろ、もはや国家が支配せず、そもそもけっして独占的に支配したことがなかった空間における国家の再書き込み、再‐領域画定に関するものでもある。

Ⅳ　革命の名のもとに、二重のバリケード（不純な「不純なる不純な幽霊たちの物語」）

急いで次のことを言っておこう、一八四八年六月の暴動は特別な事件であり、歴史の哲学のなかに位置づけることがほとんど不可能な事件である。「……」だが根底において、一八四八年六月とは何であったのか。それは、おのれ自身に対する人民の反乱だったのだ。「……」しばらくのあいだ読者の注意を、いま述べたまったく特異な二つのバリケード、「……」内乱の二つのおそろしい傑作のうえに、ひきとめるのを許していただきたい。「……」サン・タントワーヌ街のバリケードは怪物のようであり、「……」廃虚の様相を示していた。誰がそれを建築したのか、と言うこともできれば、誰がそれを破壊したのか、と言うこともできた。「……」それは偉大であり、かつ卑小であった。それは混乱が即座に作った深淵のパロディーであった。「……」そのバリケードは、怒り狂い、「……」、常軌を逸したものであり、生命を有していた。あたかも雷獣の背のように電光のひらめきを放っていた。革命の精神が、雲を呼んで、神の声に似た人民の声のとどろくその頂上を覆い、途方もないこわれくずのその山から、ふしぎな荘厳の気配がもれ出ていた。それは塵の山であり、またシナイ山でもあった。

前にも述べたように、そのバリケードは大革命の名において攻撃をしていた。何を？　大革命を、である。

「……」そして奥にその障壁がそびえ、その通りを袋小路のようにしていた。それは静かな不動の壁だった、人ひとり見えず、何一つ聞こえなかった、さけび声一つ、物音一つ、ため息一つ聞こえなかった。さながら墳墓である。

［……］そのバリケードの首領は幾何学者か、さもなければ亡霊であろうと思われた。

［……］サン・タントワーヌ街のバリケードは雷鳴のとどろきであり、ル・タンプルのバリケードは沈黙であった。この二つの角面堡のあいだには、おそろしいものと不吉なものとの相違があった。一方はけだものの口のようであり、他方は仮面のようであった。

この大規模な、闇にみちた、六月の反乱が、一つの怒りと一つの謎とからなっていたとすれば、第一のバリケードのなかには竜が、第二のバリケードのなかにはスフィンクスが感じられた。

《深淵のなかではしゃべるほかに何ができよう？》

一六年の歳月は、暴動のための地下教育にとってかなりの期間であるから、一八四八年六月は、一八三二年六月よりも、暴動について多くのことを知っていた。

［……］いまや地獄のものとなったこの戦いにおいては、もはや人間はいなかった。もはや巨人対巨族ではなかった。それは、ホメロスよりも、ミルトンやダンテに似ていた。悪魔がせめ寄せ、亡霊が抵抗していた。

［……］一つの声が群集の最も暗い奥から［……］さけんだ。市民諸君、死骸の抗議をしようで

はないか。［……］このように語った者の名、［……］人類の危機や社会の創生期にはつねに混じっている匿名の偉人の名は、ついにわからなかった［……］。「死骸の抗議」を布告した名も知れぬ男が語って、共通の魂に形を与え終わったとき、全員の口から一つの異常に満足そうなおそろしいさけびがあがった、意味は葬送めいていたが、調子は意気揚々たる叫びだった。

「戦死ばんざい！　全員ここにふみとどまろう」

「なぜ全員だ」とアンジョルラスがいった。

「全員だ！　全員だ！」

ヴィクトル・ユゴー『レ・ミゼラブル』(*1)

『マルクスの亡霊たち』。本発表のタイトルは、何よりもまずマルクスについて語るよう約束させるものだろう。マルクスその人について。マルクスの遺言もしくは遺産について。そして、ある亡霊、マルクスの影、あまたの声が湧きあがってその回帰を厄祓い〔conjurer〕しようとしているあの再来霊について、である。というのも、それは一つの共謀=厄祓い〔conjuration〕に似ているからだ。それは、多かれ少なかれはっきりとした、また多かれ少なかれ秘密の約款に同意する数多くの政治主体のあいだでとり交わされた協定もしくは契約ゆえでもあるが（つねに問題となっているのは、権力の鍵を征服したり確保したりすることである）、何よりもまず、そのような共謀《コンジュラシオン》は厄祓い《コンジュレ》するためのものと決まっているからである。しなければならないことは、呪術の力で、ある亡霊を追い祓うことであり、それ自体不吉なものとされている力が、そしてその力の悪魔的な、この世=世紀《シエクル》にあいかわらず取り憑いている脅威が回帰する可能性を悪魔祓いすることなのだ。

今日、耳を聾するようなコンセンサスとして、いわば〈確実に死んだ〉と称される当のものを確実に死んだままにすべくこうした共謀=厄祓いが執拗に展開されるとき、まさしく懐疑心が目を覚ます。その共謀=厄祓いは、われわれを眠りこませようとするまさにその地点で、われわれを目覚めさせてしまう。つまり、抜かるな。屍体はそれほど死んでいないかもしれない。共謀=厄祓いが信じこませたがっているほど単純には死んではいないかもしれない、というわけである。亡き者はあいかわらず**そこに**いるように見え=**そこに**姿を現わし〔paraît toujours *là*〕、その出現は何でもないのではない。何もしないのではない。かりにその遺骸を同定することができるとしても、今日ではかつてないほど、死者は働けるはずだということが知られている。そして、死者が働かせることができるはずだということも。しかも、もしかして、かつてなかったほど働かせることができる、と。その様式自体が幽霊的なものである、幽霊の生産様式なるものが存在するのだ。外傷《トラウマ》をこうむった後の喪の作業のように、共謀＝厄祓いは、死者が再来しないことを確認しなければならないだろう。早くしろ。やつの死体の在処《ありか》が確認され続けるように、安全な場所で、すなわち埋葬された場所か、かつてモスクワで好んでおこなわれたように防腐処置をほどこされた場所で屍体が腐敗していくさまを位置確認できるよう、すべての手をつくせ。早く、鍵をかけておける地下墓所を！　この鍵とは、マルクスの死後、共謀＝厄祓いが作りなおそうとする権力の鍵にほかならないだろう。われわれは先ほど、**門をはずすこと**(＊2)について語った。私はこの基調講演《キーノート・アドレス》を鍵の論理のなかで導いて行きたかったのだが、その論理とは外傷の政治論理であり、喪のトポロジーの論理である。その喪とは、事実上も権利上も果てしなく、いかなる規範性も可能ではなく、取り込みと体内化のあいだにある、事実上も概念上も信頼に足るいかなる限界も持たないような喪である。しかし、われわれがすでに示唆したように、この同じ論理は、ある正義、ここに**現在的に生きてはいない**者、もはや生きていないかまだ生きていない者を尊重して法の彼方に姿を現わす正義、そうした正義の厳命に応えているのである。

喪は、つねにある外傷の後にやって来る。私は別の所で、喪の作業が数ある作業＝労働のうちの単なる一つにすぎないのではない、ということを示そうとした。それは労働そのもの、労働一般であり、この特徴から発して、もしかすると〈生産〉の概念そのものを再考すべきなのかもしれない——すなわち、外傷、喪、奪‐自己固有化の理念化作用をともなった反復可能性、つまりいかなる技術《テクネー》のなかでも作動している亡霊的な霊化《スピリチュアリザシオン》＝精神化に生産概念を結びつけているもの、という観点からである。フロイトは、人間のナルシシズムがこうむった外傷のうちから三つのものを、同じ一つの比較史のなかに連鎖させているが、彼の言葉に対して、私はここでアポリアに満ちた追伸をつけ加える誘惑にかられる。彼によると、人間のナルシシズムは、次のように脱中心化されている。すなわち、**宇宙論的**外傷（コペルニクスの地球は、もはや宇宙の中心ではない。そして、地球‐政治学の極限をめぐる数多くの帰結との関連で、この見解はますます正しくなってきていると言えるだろう）、次いで**生物学的**外傷（ダーウィンによる、人間が動物から進化したという発見——ちなみにエンゲルスは、『共産党宣言』の一八八八年版への序文のなかで、ダーウィンに言及している）、次いで**心理学的**外傷（意識的な自我に対して無意識が作用をおよぼしているという精神分析による発見）、である。ここでのわれわれのアポリアは、マルクス主義の**衝撃**とその主体《シュジェ》＝主題とを規定するための名前と目的論がもはやなくなってしまったということに存するだろう。フロイトは、人間、そして人間のナルシシズムが何であるかを自分は知っていると信じていた。マルクス主義の衝撃とは、時にメシア的もしくは終末論的な形態をまとった、思想と労働運動との計画された統一でもあり、（スターリン的全体主義の分かちがたい敵対者であるナチズムとファシズムを含んだ）全体主義的世界の歴史でもある。それはもしかすると人間にとって、人類史の身体と人間概念の歴史にとって、最も深い傷であるかもしれず、三番目にやって来てフロイトの目には最も深刻な損傷（Kränkung）として映った精神分析の衝撃によってもたらされた「心理学的」損傷よりも、さらに深刻な外傷をもたらすものかもしれない(1)。というのも、謎めいた仕方でマルクスの名を付与されつつ与えられたこの**衝撃**について、われわれはそれが他の三つの衝撃を集約し集積していることを知っているからである。つまり、たとえ前の世紀ではそうでなかったにせよ、今日、それは他の三つの衝撃を前提としているのである。それは、三つの衝撃を実行しながらそれらの彼方に達している。あたかも、マルクスの名を果てしなくはみ出しながらも、その名を掲げているように。「マルクス主義」の世紀とは、地球の、地球《ジェオ》‐政治学《ポリティック》的なものの、人間〔anthropos〕の存在‐神学的同一性《アイデンティティ》もしくはその遺伝的固有性の、〈われ想う〔*ego cogito*〕〉の、――さらには、ナルシシズム概念そのものの――科学技術的かつ事実的な脱中心化の世紀であったことになるだろう。そして、あまりにも性急に数多くの参照を省略して言ってしまうならば、ナルシシズム概念のアポリアの数々とは、脱構築の公然たるテーマなのである。この外傷は、それをやわらげ、同化し、内面化し、体内化しようとする運動そのもののなかで、果てしなく否認され続ける。進行中のこの喪の作業、その果てしない使命において、幽霊は最も多くのものを考えさせるべく――そしてなすべく――与えるものであり続けている。この点を強調し、はっきりさせておこう。なすべく与えるということ、しかも〈到来するにまかせる〉べくと同時に〈到来させる〉べく与えるということを、である。

「マルクスの亡霊たち」――属格の二重性

とはいえ、マルクス**の**亡霊たちは、別の方向から舞台に入ってくる。(*3) 彼らは、属格の別の道にしたがって名づけられているのだ――そして、この別の文法は単なる文法以上のことを語っている。マルクス**の**亡霊たちというのは、マルクスのものである亡霊たちのことでもある。それらはもしかすると、まず第一に彼のうちに棲みついた亡霊たち、すなわちマルクス自身が占拠されており、彼があらかじめ自分のものにしようとしていた再来霊であるかもしれない。もっとも、彼がその亡霊たちの秘密をわがものにしていたというわけではない。今度は彼がテーマ化していたというわけでさえない。主題《テーム》、体系《システム》、定立《テーズ》、総合《サンテーズ》なるもののように、再来霊が**そこに置かれる**＝**定立される**にまかせる、**自分の前に提示される**にまかせると言えるのであればテーマとなったであろうもの、その執拗な再帰をテーマ化していたというわけでさえない。というのも、亡霊が失効させるのはそうした価値のすべてだからである。もっとも、亡霊なるものが存在するとしての話であるが。

〈マルクスの亡霊たち〉、マルクスがその到来をまっさきに恐れ＝把握し〔appréhender〕、時には記述することになった形象の数々を、これからはこの言葉でもって名指すことにしよう。すなわち、最善のものを告げる亡霊たちで、マルクスがその出来事を歓迎した亡霊たち、最悪のものに属するか最悪の脅威を体現し、マルクスがその証言を認めようとしなかった亡霊たちのことである。亡霊には、いくつもの時間がある。亡霊なるものがあるとして、亡霊に固有なのは、生き生きとした過去から戻ってきて証言しているのか、生き生きとした将来から戻ってきて証言しているのかわからないということである。というのも再来霊は、これから生を約束された者がはやくも亡霊として回帰した痕跡《マーク》を示すこともあるからである。またしても反時代性であり、同時代的なものの調節不全である。この観点から、共産主義はつねに亡霊的であったし、今後も亡霊的であり続けるだろう。それはいつまでも来たるべきものであり続け、そして民主主義そのものと同様に、自己への現前なる充実としての、自己自身に実際に同一な現前性の全体としての、いかなる生き生きとした現在からも区別されるのである。資本主義諸社会は、あいかわらず安堵の息をもらして次のように言っているがいい。共産主義は二〇世紀の数々の全体主義が崩壊したときに終わったのであり、終わったどころか場すら持たなかったのであり、幽霊でしかなかったのだ、と。その実、それらの社会は次のこと、すなわちまさしく否認すべくもないことを否認しているにすぎない。つまり、幽霊はけっして死なないということ、それはつねに来たるべきもの、再来すべきものであり続けるということを、である。

亡霊とヨーロッパ

思い出してみよう。『共産党宣言』において、最初に登場する名詞があの第一頁目に三たびも回帰していて、それが「亡霊」（Gespenst）だということを。「亡霊がヨーロッパに取り憑いている――共産主義の亡霊が（Ein Gespenst geht um in Europa —— das Gespenst des Kommunismus）」と一八四七年のマルクスは言っている。マルクスは――もう一方の著者であるエンゲルスでないとするならばだが――、そこでいくつかのパラグラフを費やして、古いヨーロッパの強国たちにこの亡霊がもたらす恐怖を演出している。よるとさわると亡霊の話題。ありとあらゆる幻想がこの幽霊のスクリーンのうえに投影される（ということは、ある不在者のうえに。というのもスクリーンそのものが、幽霊的だからだ。まるで、「スクリーン状」の媒体を必要とせず、映像を――時として合成映像を――直接に目のなかに投影することになるであろう将来のテレビがそうであり、あるいは耳の奥にじかにとどく電話の音声がそうであるように）。人は、諸々のシグナルを、テーブルの動きを、食器の移動を見のがすまいとする。亡霊は応えてくれるだろうか、というわけだ。交霊術集会をおこなっている居間《サロン》の空間にいるかのように――もっとも、街頭と呼ばれる空間がそれに充てられることも時にはあるが――、人は財産や家具を監視し、(2) 亡霊が訪れるという恐るべき仮説に政治全体を調整しようとする。政治家たちは、見者もしくは幻視者なのだ。出現は、現身《うつしみ》の人間としては誰も現前させずに解読すべき一連の打撃を与えることはわかっているのだが、そうした出現を彼らは望むと同時に恐れている。そこで、「共産主義の亡霊」という共通の敵を厄祓いするために、可能なありとあらゆる同盟を形成するのである。その同盟は、〈亡霊に死を〉を通達《シニフィ》する。人は、亡霊を呼びだしては追い祓い、何かにつけて亡霊を引きあいに出してはそれを厄祓いする。よるとさわると亡霊の話題。もっとも、幽霊の名に値する一切の幽霊がそうであるように、幽霊はここにいないのだから語る以外に何ができるというのだろう？　しかも、亡霊がいるとき、つまりここにいながらもいないとき、たしかに兜ごしにではあるが亡霊が見ていることが感じられはする。それは、盲目の見物者と見者たちをうかがい、観察し、凝視するが、しかしその亡霊を人は見ることができないのであり、亡霊はバイザーつきの鎧《よろい》のしたで、傷つくことなく眼差しの彼方にあり続けるのである。だから、よるとさわると亡霊の話題となるが、それは亡霊を追いだし、排除し、悪魔祓いするためなのである。その際の居間とは、あらんかぎりの力を結集する古いヨーロッパ（alle Mächte des alten Europas）のことである。人は、亡霊を悪魔祓いしたり厄祓いしたりしようとするが、結局のところ、共謀者どうし自分たちが誰のことを、また何のことを語っているのかわかっていない。共産主義とは共謀者《コンジュレ》＝厄祓いされる者たちのための名であり、神聖同盟とは神聖な狩猟なのである。「古いヨーロッパのすべての強国は、この亡霊に対する神聖な追い出し猟を（zu einer heiligen Hetzjagd gegen dies Gespenst）同盟して企てている（verbündet）」。

　誰が次のことを否定できるだろう？　ある同盟、古いあるいは新しいヨーロッパの同盟が共産主義に対して形成されつつあるが、その同盟は**神聖な**同盟であり続けているということを。当時マルクスによって言及された聖父たる教皇という父性的形象は、今日もまだ、ポーランドの一司教である人物に具現されて要所にあり続けるのが見られる。(*4) その司教は、ヨーロッパにおける共産主義的全体主義の崩壊や、つねにキリスト教的であらねばならなかったと彼が主張するあのヨーロッパの実現に何らかの貢献を果たしたと吹聴し、その点についてはゴルバチョフのお墨付きを得ている人物である。一九世紀の神聖同盟のように、ロシアがあらためてその一員となることもありうるだろう。だからこそ、われわれは「フクヤマ」タイプのレトリックの持つ新福音主義——

ヘーゲル的新福音主義——という点を強調したのである。ヘーゲル的な新福音主義こそ、マルクスがシュティルナーによる幽霊の理論において、かくも機知たっぷりと激しく告発したものであった。われわれは後ほどこの点について触れることにするが、今からすでにこの交叉を指摘しておかなければならない。それは、意味深長に思われるからである。

当時マルクスが語っていた亡霊は、そこに存在することなしに存在した。それはまだ存在していなかった。それが存在するようになることはけっしてないだろう。亡霊の現存在（Dasein）は存在しないが、逆に、何らかの亡霊の、あの不安をもよおさせる不気味さ、あの奇妙な親近性（Unheimlichkeit）なしには現存在はありえない。（＊5）亡霊とは何なのか。その歴史とその時間とはどのようなものなのか。

亡霊《スペクトル》とは、その名が示すように、ある可視性の**周波数**《フリークエンス》**=頻度**である。（＊6）とはいえその可視性とは、不可視なものの可視性である。しかも可視**性**〔visibili*té*〕は、その本質からして目に見えるものではなく、だからこそそれは〈存在の彼方（epekeina tes ousias）〉、すなわち現象もしくは存在者の彼方であり続ける。亡霊とは、とりわけ、人が想像するもの、見えると信じ、投影するものでもある。想像のスクリーンの上の、何も見るべきものがないところに。ときにはそのスクリーンさえもないところで。そして、奥底《フォン》まで、そもそも地《フォン》であるスクリーンの奥底までつきつめるならば、スクリーンは消滅的出現という構造を持っているのである。だが今や、回帰をうかがうあまり、目を閉じることすらできなくなる。そこにこそ、言葉《パロール》そのものの演劇化、時間をめぐる、見せ物化作用をもった思弁＝鏡像化〔spéculation spectacularisante〕が由来する。もう一度パースペクティヴを逆転させなければならない。幽霊であれ再来霊であれ、不可感的な可感者であり不可視的な可視者である亡霊こそ、まず**われわれを**見るのである。これこそ**バイザー効果**なるものなのだが、われわれが**それを**見る以前に、いや端的に見るという行為をわれわれが起こす以前にさえ、目の反対側でそれはわれわれを眼差しているのだ。まだ何も出現していないときから、われわれはそれに観察されるのを感じ、時には監視さえされるのを感じる。とりわけ、そしてこれこそが出来事なのだが——というのも亡霊は出来事**に**属している＝出来事**である**から——、それは**訪れ**の際にわれわれを見る。それは、われわれを訪れる。訪れに訪れを重ねる。というのも、それはわれわれを見に＝われわれに会いに〔nous voir〕戻って来るのであり、visere（見る＝会う、検査する、見つめる）の反復動詞であるvisitareは、訪れの再帰もしくは再来、つまりその頻度をよくあらわしているからである。この訪れは、いつも寛大な出現や友好的な光景《ヴィジョン》といった契機を示《マーク》しているとは限らず、厳格な監査や暴力的な捜索を意味することもある。それに続く迫害や仮借なき**連鎖関係**を意味することもある。強迫観念＝憑在〔hantise〕の社会的様態、その独特なスタイルを、この反復を考慮して、**頻交**〔*fréquentation*〕と呼ぶこともできるだろう。[*7] これから詳しく述べるように、マルクスは他の人々以上に亡霊たちとの頻交のなかで生きていたのである。

現前化すべき亡霊

訪れの際に、亡霊は現前するように**見える**。人は亡霊を再-現前化《ルプレザント》＝表象化するが、しかし亡霊自体は現身《うつしみ》で現前してはいない。亡霊のこの非-現前性は、亡霊の時間と歴史、その時間性もしくは歴史性の特異な性質を考慮に入れるよう要求する。マルクスが一八四七年から一八四八年にかけて共産主義の亡霊という名を口にしたとき、彼は、私が「マルクスの亡霊たち」というタイトルを提案した際に当初考えていた歴史的パースペクティブとはまさに正反対のパースペクティヴのなかに、その亡霊を書き込んでいる。私は、ある過ぎ去った現在の執拗な持続、ある死者の回帰、世界的な喪の作業が厄介ばらいすることができず、やみくもに遭遇をのがれようとし**狩ろうと**する（すなわち排除し追放すると同時に、その跡を追おうとする）幽霊的な再出現、それを亡霊という名であらわす誘惑に駆られていた。しかしマルクスは、これから来るはずの現前性を予告し、呼び求めていたのである。彼は予言し、かつ規定＝予め記している〔prescrire〕ように見える。すなわち、その時点では古いヨーロッパのイデオロギー的表象のなかでは亡霊でしかないものが、将来において現前する現実、すなわち生きた現実になるべきだということを。『共産党宣言』は、生きた現実がそのように現前化することを呼び求め、訴える。未来においては、この亡霊が——そしてまず、一八四八年前後まで秘密組織であることを余儀なくされた労働者の結社が——**現実**となるよう、しかも**生きた**現実となるようにしなければならない。この現実の生が姿を現わして顕在化《マニフェスト》し、ヨーロッパを超え、古いもしくは新しいヨーロッパを超えて、〈インターナショナル〉という普遍的な次元において**現前化**されなければならないというわけである。

とはいえそれは、ある党の『宣言《マニフェスト》』という宣言形式で表明《マニフェスト》されなければならないという。なぜならマルクスは、『共産党宣言』のなかで、革命や変化の原動力であり、国家の我有化と最終的にはその破壊の原動力であり、さらにそのものとしての〈政治的なもの〉を終わらせる原動力であるべき力の、まさしく政治的な構造に対して、すでに党という形式を与えているからである。(政治的なもののこの特異な終わりは、絶対的に生き生きとした現実が現前化することに対応するとされているので、政治的なものの本質は、なおさら幽霊という非本質的な形象を、幽霊という没‐本質〔anessence〕をつねにもっていると考えなければならない道理がここにある。)

政党の概念と現実の限界

ところで以下こそが、われわれが今晩話さなければならない新奇なモチーフのうちの一つかもしれない。すなわち、到来が告げられている政治世界において、そしてもしかすると民主主義の新時代において、消滅に向かっているのは党と呼ばれる組織形態の支配、すなわち党‐国家関係かもしれないということである。そしてその支配は、結局のところ、厳密にはかろうじて二世紀余りしか、すなわち一部の限定されたタイプのリベラルな議会制民主主義も属してはいるが、諸々の立憲君主制も、ナチス的、ファシスト的あるいはソビエト的な全体主義もがともに属している一時期しか続かなかったことになる。これらの体制の**いずれも**、政党の公理論とでも呼べるものなしには可能では**なかった**。ところで、今日世界のいたるところで告げられているように、党という構造はますます(しかも、もはやつねに必ずしも「反動的」ではない諸理由、古典的な個人主義的反動の諸理由ではない理由によって)胡散臭くなっているばかりか、公共空間や政治生活や民主主義の諸条件、そして民主主義が求めている(議会制の形をとる、あるいはとらない)代表制の**新たな**諸様態をめぐる新しい――遠隔《テレ》‐技術《テクノ》‐メディア的――諸条件に適応できなくなってきている。マルクス主義、その遺産もしくはその遺言に明日なにが起こるかということをめぐる考察は、とりわけ、党なるものに関するしかじかの概念や現実の有限性をめぐっておこなわれるべきだろう。そしてもちろん、国家というその相関物の有限性をめぐって。国家の伝統的諸概念の、ということは党と組合の伝統的諸概念の脱構築として記述したくなるような運動が、もっか進行している。それはマルクスやグラムシの意味における国家の消滅を意味しているわけではないが、マルクスの遺産の外でその歴史的な特異性を分析することはできない——その遺産がかつてないほど批判的《クリティック》=選別的かつ変形的なフィルターであるという意味で。すなわち、国家一般について、国家の生や死一**般**について単純に賛成もしくは反対をするということは問題外であるという意味で、である。ヨーロッパ(そしてもちろんアメリカ)の政治史において、既成の議会制諸構造が民主主義そのものに適合していないという分析をすることとまったく同様に、政党の終わりに訴えることも反動的な身ぶりだとされた一時期があった。それに対してここでは、理論的にも実践的にも多分の慎重さをもって、もはやそうではない、**もはや必ずしも**(というのも、国家に対する戦いの前述の古い形態は今後も長いあいだ生き残ることもありうるので)そうではないという仮説を提案しておこう。つまり、もはやそうではなくなるように曖昧さを解消しなければならないということである。変化はすでに始まっており、それが不可逆的なものであるというのがわれわれの仮説である。

亡霊の受肉としての共産党

普遍的な共産党、共産主義インターナショナルは、亡霊の最終的受肉であり、亡霊の現実的な現前であり、したがって亡霊的なものの終わりであるだろう、と『共産党宣言』は述べている。この将来は事実確認的な叙法で記述されてはおらず、その叙法で予見されてはいない。それは行為遂行的な叙法でもって予告され、約束され、呼び求められている。その症候から、マルクスはある診断と予測を引き出している。その診断がよりどころとする症候は、共産主義の幽霊に対する恐怖が**存在している**ということである。ヨーロッパの神聖同盟を観察すれば、その徴《シーニュ》がいくつも認められる。それらは何かを意味しているはずだ。すなわちヨーロッパの列国が亡霊を介して共産主義の潜在力《ピュイッサンス》=勢力を認めているということを（「共産主義は、すべてのヨーロッパの列強からすでに一つの力［als eine Macht］として認められている」）。予測に関しては、単に（事実確認タイプの身ぶりとしての）予見することに存するのではなく、未来における共産党宣言の到来を呼び求めるものである。その宣言は、亡霊の伝説を共産主義社会の現実へと変えるのではまだないにせよ、それを、まさしく呼びかけという行為遂行的形態のもとに、共産党《宣言》という（伝説的な亡霊とその絶対的な受肉のあいだに位置する）現実的出来事の別の形態へと変えるのである。宣言《マニフェスト》=明白なものの表明《マニフェスタシオン》=顕在化の臨在《パルーシア》。党として。だが、まず党があって、その党がおまけにこの場合は共産主義の党であったというわけではない。たまたま〈共産主義〉が一つの賓辞であるような党でもない。そうではなく、共産党という形で、党なるものの本質を完成させる党として、ということである。これこそが呼びかけであり、《宣言》を目指した《宣言》、宣言の自己表明〔auto-manifestation du manifeste〕である。そこにこそ、「今やその時」と言いつつ自己命名し＝みずからに呼びかける、一切の宣言なるものの本質が存する。「今やその時」の時間は、今、ここで、再びみずからに節合しみずからに連節されるが、この〈今〉は、この表明の行為とその本体のなかでこそみずからへと到来する〈今〉である。私が顕在的＝宣言となり、〈この宣言〉〈今〉〈ここ〉〈この私〉にほかならない宣言が顕在的となる「今やその時」なのであり、みずから証人でありみずからの接合物である現在が到来し、これこそまさしく私が体現し行動＝作品化する宣言である、というわけだ。私は、この作品の作用＝作品化、現実態ではこの顕在化＝表明のなかでしか私自身としては在らぬのであり、〈まさにこの瞬間、この書物にわれ在り〉(*8)なのである。「共産主義者がその考え方、その目的、その傾向を全世界の前に公表し、共産主義の亡霊伝説（den Märchen vom Gespenst des Kommunismus）に党自身の宣言を対立させる（entgegenstellen）、今やまさにその時である（Es ist hohe Zeit)。」この宣言は、何について証言するのか。そして誰が何について証言するのか。どんな言語で？　これに続く文は言語の複数性について述べている。あらゆる言語ではないが、いくつかの言語について、ロンドンに集った異なった国籍の共産主義者たちの言語について述べている。『共産党宣言』は、『宣言』が英語、フランス語、ドイツ語、イタリア語、フラマン語、デンマーク語で刊行されるだろうとドイツ語で述べている。幽霊たちもまた、彼らが切っても切れぬ関係にある金《かね》のように、異なった、数々の国語を話すというわけである。貨幣としての金《かね》は、地方的《ローカル》で政治的な性格を持ち、「いろいろな国語を語り、いろいろな国民的制服をまとう[3]」。証言の言葉《パロール》もしくは言語《ラング》としての宣言というわれわれの問いを繰り返してみよう。誰が何について証言するのか。けっして一方が他方に先行することはないわけなので、どのように「何」が「誰」を規定するのか。なぜこの絶対的な自己表明は、幽霊的なものに異議をとなえ、それを嫌悪することによってしか、党なるものの立場に立って**自分自身**〔**について**〕**証言**しないのか。[*9] とするならば、この戦いにおいて幽霊についてはどうなのか。しかも、そこで証言を強いられるのと同様、非難を受ける、兜およびバイザー効果を持つ幽霊については？

このように名指された＝呼び求められた出来事の構造は、依然として分析することがむずかしい。亡霊の伝説、その物語や寓話（Märchen）は、『宣言』において廃棄されるという。まるで亡霊自身が、伝説的なものであった亡霊性を具体化したあとで、（共産主義そのもの、共産主義社会そのものといった）現実となることはせずに、自分自身を脱したか、自分がその亡霊であった当の現実のなかに入ることなしに伝説から脱するよう呼び求めていたかのように。現実的でも伝説的でもないのに、何《モノ》かがこの出来事の曖昧さにおいて、またあの行為遂行的発言の、すなわちマルクス主義そのものの特異な亡霊性において、人に恐怖を抱かせ、また恐怖を抱かせ続けている。（そして、今晩の問いは次のように要約することもできるだろう。マルクス主義的発言とは何か。自称マルクス主義的発言とは？　あるいはもっと正確には、**今後**なにがマルクス主義的発言と**なる**のか。そして、誰が「私はマルクス主義者だ」とか「私はマルクス主義者ではない」とか言えるのか、と。）

幽霊への恐怖としての全体主義

恐怖を抱かせ、みずから恐怖を抱くこと。『宣言』の敵たちに、またもしかするとマルクスやマルクス主義者たち自身に。というのも人は、マルクス思想の全体主義的な遺産すべてについてもだが、偶然ゆえにあるいは機械的な並存ゆえに同時代的ではなかった他の全体主義についても、幽霊一般を前にしたパニック恐慌の反応として説明する誘惑にかられうるからである。古いヨーロッパの（君主的、帝国的、あるいは共和的な）資本主義諸国家一般にとって共産主義が体現していた幽霊に対し、おじけづいた容赦ない戦争が応え、その戦争の過程を通じてこそ、屍体のごとき厳格さをもつ醜怪さにまで硬直したレーニン主義、そしてスターリン主義的全体主義が成立しえたのである。ところが、マルクス主義的存在論**もまた、**唯物論的実在性としての生きた現前性の名において幽霊一般と闘っていたので、全体主義社会の「マルクス主義的」過程のすべては、この同じパニックに対して応えるものでもあった。私が思うに、こうした仮説は真面目に受け取らなければならない。もっと後で、シュティルナーとマルクスのあいだの、幽霊の体験における反省的反射作用、「自分を＝相互に恐がらせること〔se faire peur〕」の本質的宿命について触れよう。それはまるで、マルクスとマルクス主義がお互いから逃げだし、自分たち自身から逃れ、まるでみずから互いに恐怖を与えていたかのようなのである。同じ**狩猟、**迫害、地獄のような追跡を展開しながら。それは、『レ・ミゼラブル』の文彩《フィギュール》が示唆するように、革命に対抗する革命である。より正確には、その数と**頻交**を考慮に入れると、まるで彼らが自分たちの内なる**誰か**を恐れていたかのようなのだ。そんなことをすべきではなかったのに、と人はやや性急に考えるだろう。この幽霊どもの闘争において、ナチズムやファシズムといった全体主義は、時には一方の側に、時にはもう一方の側にあったが、すべては同じ一つの歴史の流れのなかで起こったことである。そしてこの悲劇のなかに、あらゆる陣営＝収容所〔camps〕の屍体置き場のなかに、あまりにも多くの幽霊がいるので、けっして誰も自分がただ同じ一方の側にいるという自信を持つことができないだろう。これは知っておいた方がよいことだ。一言でいうならば、少なくともヨーロッパの、そして少なくともマルクス以降の政治史全体は、互いに緊密に結びつき、幽霊に恐れおののいた陣営どうしの仮借なき戦争の歴史であるだろう。他者の幽霊と、他者の幽霊としての自分自身の幽霊に恐れおののいた陣営どうしの。神聖同盟は共産主義の幽霊に恐れおののき、それに対していまだ続いている戦争を仕掛けるが、その戦争はといえば、こちらも、相対する幽霊と自分の内なる幽霊、そういった幽霊の恐怖によって組織された陣営に対して仕掛けられたものなのである。

前世紀から共産主義が引き起こしていた幽霊の恐怖に対する相互的な反応として諸々の全体主義の発生を解釈することには、いささかも「修正主義的」なところなどない。[4] だがその恐怖は、敵たちに対して与えられたものであったにもかかわらず、共産主義自身の内に投げ返され、みずからの内にも感じられてしまった。それゆえに共産主義は、約束なるもの、すなわち約束の〈約束－としての－存在〉を尊重すべきであった解放の終末論——さらには、イデオロギー批判が他のいかなる着想の源も持ちえなかった限りにおいて、単なるイデオロギー的幻想ではありえなかった解放の終末論――、それを醜怪なかたちで現実化し、呪術的なかたちで実現し、アニミズム的なかたちで体内化しようと邁進することになったのである。

というのも、ついにこの点にやって来なければならないのだが、再来霊はマルクス**の**迫害だったのである。シュティルナー**の**迫害**でも**あったのと同様に。十分に理解できることだが、彼らは**二人ながら**、彼らの迫害者たち、彼ら自身の迫害者たち、彼らの内の最も親密なよそ者《エトランジェ》を迫害することをやめなかった。マルクスは幽霊の形象を愛し、嫌悪し、自分の異議申し立ての証人として引き合いに出す一方で、それに取り憑かれ、攻めたてられ、悩まされ、その妄想にさいなまれていた。彼の内に、とはいえ、それを彼の外に押し返そうと逆上して、である(*10)。彼の内でもあり外でもあること。これこそ、どこであれ幽霊たちが居を定めようとするふりをする際に、彼らの場となる場なき場なのである。もしかすると、マルクスは他の者たちよりも多くの再来霊を頭のなかに持っていて、自分が言っていることがわからずながらもわかっていたのかもしれない(シュティルナーをパロディー化して「人間よ、おまえの頭にはそれが棲み憑いている！〔Mensch, es spukt in Deinem Kopfe!〕」と彼に対して言うことができるだろう)。しかし、まさにこの理由で、彼は自分が愛していた亡霊たちを愛していなかったのだ。彼のことを愛し――彼をバイザーの下から観察していた亡霊たちを。彼はおそらくそれらの**妄想に取り憑かれており**(まもなくこの点に触れるが、この語は彼が使った語である)、共産主義の敵たちに対して同様、それらに対しても彼は容赦ない戦いを展開していたのである。

妄想に取り憑かれたすべての人間と同じように、彼は妄想を執拗に攻めたてた。この点については、どれも同じように明らかな無数の手がかりを見ることができる。その豊かな亡霊学のなかからきわめて異なった例を二つだけ引用してみるが、ついでに、まず一八四一年の『学位論文』(『デモクリトスの自然哲学とエピクロスの自然哲学との差異』)を喚起することができるだろう。そこで、まだうら若きマルクスは、まるで**子が親に捧げるような**〔*filiale*〕献辞に署名をしている(というのも、おびえた子どもが亡霊に対する助けとして呼び求めるのは、つねに父親であり、父親の秘密であるからだ。《I am thy Fathers Spirit [...] I am forbid To tell the secrets of my Prison-House》〔「われこそは汝の父の霊ぞ。[……] わが牢獄の秘密を語ることは許されぬのだ」〕)。その献辞のなかで、彼はみずから息子として、「トリーア市の枢密政治顧問」であるルードヴィヒ・フォン・ヴェストファーレン、あの「彼の親愛なる父のような友」(seinen theuren väterlichen Freund)に語りかけている。彼はそのなかで、「世界のすべての精神がその前に現われ」(vor dem alle Geister der Welt erscheinen)、退嬰的な幽霊たちの投影(Schlagschatten der retrograden Gespenster)の前でも、当代のしばしば暗黒な曇天の前でもついぞ逡巡したことがなかった人物に対する、子のような愛情のしるし(diese Zeilen als erste Zeichen kindlicher Liebe)について述べている。献辞の最後の数語は精神(Der Geist)を名指し、それはこの精神的な父親が信頼をよせ(anvertraut)、そこから幽霊たちの悪と闘う力の一切を引き出している「偉大な、魔法に通じた医者」(der grosse Zauberkundig

Arzt）であるとしている。〈精神〉対〈亡霊〉というわけだ。この養父、退嬰的な幽霊たち（マルクスは、これを、たとえば後の共産主義がそうであるような進歩の幽霊と暗に区別しているようだが）に対する戦いのこの英雄、この人物のうちに若きマルクスは、「観念論が空想ではなく真理であるということの」生きたはっきりと見える証拠（argumentum ad oculos）を見ているのである。

これは、若書きの献辞だろうか。儀礼的な慣用表現だろうか。たしかにそうではある。とはいえ、その言葉づかいはあまりありふれたものではなく、計算されたもののように思われるので、統計的な勘定をはじめてもよいだろう。頻度は、勘定に入れるべきなのだ。幽霊の経験や幽霊の懸念は、**頻度＝周波数**《フリークエンス》に、すなわち、（一つならずの）数、執拗さ、（波の、サイクルの、周期の）リズムに、一致するのである。ところで、この若書きの献辞は、語り続け、増殖し続ける。そして、続く何年かのあいだに、後の『ドイツ・イデオロギー』が亡霊物語（Gespenstergeschichte）と呼ぶことになるものを、マルクスがどんなに激しく告発し、つまりは厄祓いしてきたか、しかも激烈であると同時にどんなに魅惑されたかのようにそれをしてきたかに気がつけば、この献辞はより意味深長に見え、さほど儀礼的ではなく見えてくるのである。われわれはすぐ後でこの亡霊物語に戻って来ることにするが、そこはひしめき合いの場であり、再来霊の群が待ち受ける場である。すなわち、経帷子、彷徨霊、深夜の鎖の音、うめき声、きしむような哄笑、そしてあの頭たち、不可視でありながらもわれわれを眼差すおびただしい数の頭、人類史最大のありとあらゆる亡霊たちの集結が待ち受ける場である。マルクス（およびエンゲルス）は、そこに秩序をもたらそうとし、同定の作業を試みようとし、数を数える＝実をあげるふりをする。苦心惨憺しながら。

　事実、もう少し後に、『ルイ・ボナパルトのブリュメール一八日』もまた、同じ頻度＝周波数で、亡霊‐政治学および幽霊の系譜学として、より正確には**幽霊の世代**《ジェネラシオン》＝**生産**の**父系世襲**《パトリモニアル》論理として展開されている。そこでもマルクスは、絶えず厄祓いし、悪魔祓いしている。彼は、よい「幽霊」と悪い「幽霊」を選別する。ときには同じ文のなかで――しかし、なんと困難で危険に満ちた行為だろうか――彼は絶望的に「革命の精神」（Geist der Revolution）とその亡霊（Gespenst）とを対置しようとする。そう、それは困難で危険に満ちている。第一に、語彙上の理由から。esprit や spirit と同じように、Geist は亡霊という意味もあらわすことがあるが、マルクスはその修辞的な効果を、統御する一方で利用できると信じているのである。Gespenst の意味論そのものが、Geist の意味論に取り憑いている。幽霊的なものがあるとするならば、それはまさしく、Geist と Gespenst とのあいだで、何が指示されているのか決定できずに躊躇するか、躊躇すべきところでもはや躊躇しないといったときである。しかし、その作業が可能な一切の統御を超えるほど困難で危険に満ち、両語が分別不可能で結局は同義語であり続けるのは、亡霊がマルクス自身の目にさえ、精神の歴史的展開にとってまず必要だったからであり、死活的であったとさえ言えるからである。というのも、マルクス自身からして、まず、大きな出来事や革命や英雄をめぐる、歴史における反復についてヘーゲルがおこなった（周知の、初回は悲劇で次は茶番という）指摘を**相続している**からである。すでに見たように、ヴィクトル・ユゴーもまた、革命の反復には注意を払っていた。革命は繰り返されるのであり、しかも革命に対して革命を繰り返しさえするのである。『ブリュメール一八日』は、人間が自分たち**固有**の歴史を作るのは、**遺産相続**という条件があってこそだと結論づけている。自己固有化一般は、**他者という条件のもとで**、しかも**死せる**他者の**条件のもとで**、一人ならずの死者、一つならずの死者の世代という**条件のもと**でつくられると言えるだろう。自己固有化について言えることは、自由や自由にすること〔libération〕や解放〔émancipation〕についても言うことができる。「人間は、自分で自分の歴史（ihre eigene Geschichte）をつくる。しかし、人間は、自由自在に（aus freien Stücken）、自分で勝手に選んだ事情のもとで歴史をつくるのではなくて、あるがままの、与えられた、過去からうけついだ条件（überlieferten Umständen）のもとでつくるのである。あらゆる死んだ世代（aller toten Geschlechter）の伝統が、生きている人間の頭の上に悪夢のようにのしかかっている（lastet）〔マルクスは、「夢魔のようにのしかかっている」（lastest wie ein Alp）、すなわち「幽霊のように」、悪夢をもたらすあの亡霊的な存在者の一つのように、と言っている。翻訳においてしばしば起こるように、幽霊は忘却の地下牢か、最善の場合でもたとえば〈幻影劇〉といったおおまかな文彩のなかに解消されてしまう。しかもこの〈幻影劇〉[*11]という語は、それを発言《パロール》、しかも公的な発言へと結びつけている字義的な意味を取り除かれている〕。そこで、人間は、自分自身と周囲の事物とを変革する仕事、これまでにまだなかったものをつくりだす（noch nicht Dagewesenes zu schaffen）仕事に熱中しているように見えるちょうどそのときに、まさにそういう革命的危機の時期に、不安げに過去の霊たちを呼び出して〔まさしく〈懇願する＝厄祓いする〉をあらわす beschwören である〕その助けを求め（beschwören sie ängstlich die Geister der Vergangenheit zu ihrem Dienste herauf）、**その名前**や、戦いの合い言葉（Schlachtparole）や、衣装を**借り受けて**（entlehnen）、そういう由緒のある衣装をつけ、そういう**借り物の台詞**を使って（mit dieser erborgten Sprache）、世界史の新しい場面を演じるのである。(5)」

問題となっているのは、たしかに、積極的《ポジティヴ》な嘆願《コンジュラシオン》の身ぶりでもって、つまり抑圧するのではなく呼びかける誓いの身ぶりでもって、亡霊としての霊を召喚する（beschwören）ことである。だが、この区別に甘んじてよいのだろうか。というのも、こうした嘆願は死者に呼びかけ、死者が来るにまかせたり死者を来させたりするので、歓迎や歓待を示すものであるように見える。しかしそれは、けっして不安なしにはすまないからである。つまり、反発や制限の運動なしには。嘆願＝厄祓い《コンジュラシオン》は、（ängstlich〔不安げに〕という副詞が思わせるように）ある不安によって単に性格づけられたり、**付加的な形で**ある不安によって規定されたりするものではなく、それ自体が不安なので**あり**、不安なるものに運命づけられているのだ。嘆願が生きているものを発明＝生み出し、新しいものを生かし、まだそこに存在しなかった（noch nicht Dagewesenes）ものを現前へと到来させるために死に呼びかけるやいなや、嘆願は不安となる。亡霊を前にしたこの不安は、固有に革命的なものである。生ける者たちの生きた頭脳のうえに、それ以上に革命家たちの頭脳のうえに死がのしかかってくるのは、死が何らかの亡霊めいた密度をもっているからにちがいない。〈のしかかる〉（lasten）は、また、負荷をかける、課税する、課す、借金させる、告発する、割り当てる、厳命するということでもある。そして、生に満ちていればいるほど他者の亡霊が重みを増し、ますます亡霊はその負荷を重くする。生ける者は、ますますその責任をとらなければならない。**死者に対して責任を取り、死者に対して応答すること。**確信も対称性もなしに、憑在と相互に応答し、説明しあうこと。この幻影劇〔＝幽霊との公的な会話〕ほど真面目で真なるもの、正しいものはない。亡霊はのしかかり＝熟考し〔pèse〕、思考し、強力化し、生の内部でさえ、最も生き生きとした、最も特異な（こういった方がよければ個別的な）生のなかにおいてさえも凝結している。[*12] したがって、生ある限り、もはや生は純粋な自己同一性も確実な内部も持たず、もはやそれらを持ってはいないはずである。これこそありとあらゆる生の哲学が、ひいては生きた個体もしくは現実の個体のあらゆる哲学が、しかと熟考しなければならないことである。[6]

　次のパラドクスを先鋭化しなければならない。革命的危機のなかに新しいものが闖入するほど、時代が危機にあるほど、すなわち« out of joint »となるほど、人は古いものを呼び出し、古いものから「借用する」必要に迫られるというパラドクスを。「過去の霊たち」からの遺産相続は、いつもながら、借りることに存する。借用をめぐる文彩《フィギュール》の数々、借り物の形象《フィギュール》の数々、借用の形象としての形象性。しかも、借用は**語る**のだ。借用の言語、借用の名、とマルクスが言うように。したがってこれは、信頼《クレジット》の問題、あるいは信条の問題なのだ。しかし、不安定でかろうじて可視的な一本の境界線がこの信託的なものの法を貫いている。それは、パロディと真理のあいだを通っているのだが、その真理とは、受肉化されるか生き生きとした反復としての〈他なるもの〉の真理であって、人が相続しようとする過去、精神、過去の霊を再生させる復活なのだ。境界線は、亡霊の機械的な再生産と、遺産および「過去の霊たち」の自己固有化のあいだを通っているのだが、この自己固有化はあまりにも生き生きとし、内化作用を持ち、同化吸収作用を持っているので、忘却の生、忘却そのものとしての生以外の何ものでもないものとなる。しかも、精神＝霊を自己のうちに生かすための、母性的なものの忘却として。これはマルクスが用いた語である。これは彼の言語《ラング》であり、言語の例は数ある例のうちの一つではない。それは、前述の相続権の境位《エレメント》そのものを指し示しているのである。

「このようにして、ルターは使徒パウロの仮面をつけたのであり、一七八九―一八一四年の革命は、ローマ共和国の服装とローマ帝国の服装をかわるがわる身にまとったのであるが、一八四八年の革命にいたっては、あるときは一七八九年をパロディー化し（parodieren）、あるときは一七九三年―一七九五年の革命的伝統をパロディー化する以上のことはできなかった。このように、新しい外国語を習う初心者は、いつも外国語を自分の母語に訳しもどしてみるものであるが、彼がこの新しい言語の精神を同化吸収し［それを自己固有化し hat er sich nur angeeignet］それを自由に使いこなすこと［そこで生産する in ihr produzieren］ができるようになるのは、母語を思い出さずに外国語のなかを動き回れるようになり、母語を忘れていることさえできるようになってからにすぎない(7)。」

一つの遺産から他の遺産へ。精神を生き生きと自己固有化すること、新しい言語を同化吸収すること、それからしてすでに一つの遺産相続である。そして、別の言語の自己固有化は、ここでは革命を形象している。たしかに、この革命的な遺産相続は、亡霊、すなわち原語もしくは母語の亡霊を最終的には忘却することを想定している。とはいえそれは、相続《エリタージュ》するものを忘れるためではなく、そこから発して相続がおこなわれる相続以前《プレ・エリタージュ》を忘れるためにである。この忘却は一つの忘却にすぎない。というのも、忘却されるべきものは不可欠だったからだ。たとえ相続以前をパロディー化してであっても、新しい言語の生を自己固有化したり革命をおこなったりするためには、この相続以前を経由する必要があるのである。しかし、忘却が生き生きとした自己固有化の瞬間《モメント》に一致しているにせよ、マルクスは、人がそう考えがちなほど単純には忘却の価値を評価してはいない。事態はとても折れ曲が《コンプリケ》っている。マルクスは、歴史が続いてゆくためには亡霊とパロディーを忘却しなければならない、と言っているように見える。しかし、もし亡霊を忘却することで満足してしまうならば、残るのはブルジョア的平俗のみである。いわばただ生活しているだけだというわけだ。したがって、亡霊を忘却してはならないのであり、その記憶そのもののなかで、「革命の**亡霊**を再来させずに革命の精神を**再び見いだす**」(den *Geist* der Revolution wiederzufinden, nicht ihr *Gespenst* wieder umgehen machen. 強調はデリダ)ために亡霊を十分に忘却しつつ亡霊のことを思い出さなければならないのである。

これこそ、死者への懇願（Totenbeschwörung）に際した、ということはすなわち亡霊の喚起もしくは召喚に際した二様態あるいは二つの時間性における「目に飛びつく差異」（ein springender Unterschied）の折り目なのだ、とマルクスは言う。しかし、それら二つは似ていると言わざるをえない。仮象《シミュラクル》なるものはまさしく他者の幽霊を模倣し他者の幻像をもじることにあるので、その二者は時折、あまりにも厄介な仕方で染まりあってしまう。その結果、「目に飛びつく」差異はまさしく初めから破裂し、目に飛びつくというのは、その差異が目の前で吹っ飛んでしまうからにすぎないから、となるほどである。幻像という現象をまとって出現することによって消滅するにすぎないから。しかしながら、マルクスはこの差異に執着する。あたかもそれが自分の命であったかのように〔＝〈生〉に対してと同じように〕。彼は、あの雄弁な革命的叙事詩の一つにおいてそれを顕揚しているが、その価値を正当に評価するためには、息が切れんばかりに声を張り上げなければならないだろう。それは次のように、すなわち世界史という尺度（weltgeschichtliche Totenbeschwörung）で死者を**呼び出すこと**《コンジュラシオン》（Beschwörung）からはじまっている。

「さて、世界史の死者を呼び出したこれらの場合を観察してみると、すぐさま、そのあいだに一つの目に飛びつく差異があることがわかる。カミーユ・デムーラン、ダントン、ロベスピエール、サン・ジュスト、ナポレオン、これら昔のフランス革命の英雄たち、その諸党や大衆は、ローマ時代の衣装をつけ、ローマ時代の文句を使って、近代**ブルジョア**社会を枷からときはなし、つくりだすという、自分の時代の使命（die Aufgabe ihrer Zeit）をなしとげたのであった。そのうちのある人々は封建制の地盤を打ち砕き、その上に生《は》えていた封建的な頭を刈り取った。その他の一人は、フランス国内では、そのもとではじめて自由競争が発展でき、分割された土地所有を利用することも可能となるような諸条件をつくり出した。〔……〕その一方フランスの国境の外では〔……〕」(8)

しかし共時性《サンクロニー》が成立する可能性《チャンス》はまったくなく、いかなる時間も自分自身に対して同時的ではない。結局のところけっして現在形で場を持つことがない《革命》の時間も、それに続くかそれの帰結としての諸々の時間も、である。何が起きるのか。何も起きはしない。忘却以外は。まず、彼らの時代のものであったその使命（die Aufgabe ihrer Zeit）そのものからして、すでに解体され、脱臼させられ、蝶番のはずれた（«out of joint»あるいは«aus den Fugen»）時間のなかに現われる。それは、ローマの憑在において**しか**、古代の衣装と台詞の錯時性のなかに**しか**、**姿を現わす＝みずからを現前化する**〔*se présenter*〕ことが**できない**。そして、ひとたび革命の使命が終わると、必然的に記憶喪失がやって来る。それはすでに、「自分の時代の使命」において、錯時性のプログラムに含まれていた。錯時性は、忘却を実践し約束する。ブルジョア社会は、その醒めた平俗さのなかで、「ローマ時代の亡霊が自分の揺りかごの守りをしてくれた」(daß die Gespenster der Römerzeit ihre Wiege gehütet hatten) ことなど忘れてしまうのである。マルクスによれば、いつもながら頭《あたま》の問題であり、頭《キャップ》と精神の問題なのだ。（まるで動物のように、幽霊を忘却して生きる）資本主義的ブルジョアジーの秩序において、その頂点では動物面《づら》が頭の代役を演じ、ブルジョア的で、脂肪ぶとりし、定住的な王の豚脂頭《ラード》が、前進する革命家たちの政治的で神経質な頭の代役を演じているというのである。フランス語訳はたいていの場合、これらの特徴を落としてしまうのだが。

「［……］この社会の本当の司令官たち（ihre wirklichen Heerführer）は、帳場机のうしろに座っており、ぶくぶく頭の［字義どおりには「豚脂頭《ラード》」、Speckkopf］ルイ一八世がその政治上の頭（ihr politisches Haupt）であった。ブルジョア社会は富の生産と、競争という平和な闘争とにすっかり没頭しきって、以前にローマ時代の亡霊が自分の揺りかごの守りをしてくれたなどということは、もう理解できないようになっていた。しかし、ブルジョア社会は非英雄的であるとはいえ、この社会をこの世に生み出すには、やはり英雄心を、犠牲、テロル、内乱、諸国民間の戦争を、必要としたのであった。(9)」

そして、マルクスはこのリズムのついた**錯時性**の数々の例を列挙する。彼は、その欲動と衝動の数々を分析する。彼はそれに快楽を、反復の快楽を見いだす。そして人は、彼がそれらの強迫的な波にこれほどまで敏感なのを見て、彼が単に指で指し示しているのみではないような印象を受ける。彼が歴史の脈を取っている、という印象を受けるのだ。そして、革命の**周波数**＝**頻度**を聞いているのだという印象を。規則正しい衝撃を起こしながら、革命の周波数は亡霊たちの呼び出しと追い祓いを交互におこなっている。古典的伝統の偉大なる亡霊（ローマ）が――積極的な嘆願として――呼び出される。それは歴史悲劇の高みにまでのぼりつめようとしてのことだが、それというのもすでに、その錯覚を用いて、ブルジョア的野心の凡庸な内容をみずからに隠蔽するためである。そして、いったん事が成しとげられると――厄祓いとして――幻影は却下され、まるで幻覚から醒めたかのように幽霊は忘れられるのである。クロムウェルは、すでにユダヤの預言者たちの言語《ラング》を語っていた。だが、いったんブルジョア革命が成しとげられると、イギリスの民衆はハバククよりもロックを好んだ。(*13) ブリュメール一八日がやって来たとき、その反復が繰り返された。マルクスが革命の精神（Geist）と革命の亡霊（Gespenst）とを区別しようとするのは、まさにそのときである。まるで、精神からしてすでに亡霊を要請していなかったかのように、まるで一切が――彼自身がそう認めているにもかかわらず――**全般的であると同時に還元不可能な幻想系の内部における**数々の差異を経由していなかったかのように。時間構成をめぐる適切な一図式を組織するどころか、このもう一つ別の超越論的構想力は無敵の**錯時性**にその法を与えるのである。(*14) 革命の精神は、たとえそれが時宜を得てやって来るように見えたとしても、いやそうであればなおさら、時ならぬものであり、« out of joint »であり、**端から端まで幻想的であり錯時的**なのである。そうあらねばならないのだ――しかも、その言説がわれわれに割りふる問いの数々のなかで、最も必然的な問いの一つはおそらく次の分離不可分な概念どうしの連節にかかわるものだろう。これらの概念は互いに同一化するのではないにせよ、少なくとも、厳密な概念的境界線を横断することなく相互に移行しあわなければならないような概念なのである。それらの概念とは、革命の精神、実在する現実、（生産的もしくは再生産的）想像力〔＝構想力〕、亡霊（Geist der Revolution, Wirklichkeit, Phantasie, Gespenst）である。

「こうして、これらの革命で死者をよみがえらせた（Die Totenerweckung）のは、新しい闘争に栄光を添える（verherrlichen）ことに役立ったのであって、古い闘争をパロディ化する（parodieren）ためではなかった。与えられた課題を空想（in der Phantasie）のなかで誇張することに役立ったのであって、その解決を現実において避けるためではなかった。革命の精神をふたたび見いだすことに役立ったのであって、革命の亡霊をふたたびうろつきまわらせるためではなかった。ところが、一八四八年から一八五一年にかけては、老バイイに扮装した、**黄色の手袋をはめた共和主義者**マラストから、ナポレオンの鉄のデスマスクの下に自分のいやらしく下品な顔つきを隠している冒険家〔ルイ・ボナパルト〕にいたるまで、昔の革命の亡霊（Gespenst）ばかりがうろつきまわった。(10)」

マルクスはしばしば、頭を、そして頭領《シェフ》を標的にする。幽霊の形象たちとは、まず顔なのである。したがって問題となるのは、今度は兜やバイザーではないにせよ、仮面である。しかし、精神と亡霊とのあいだ、悲劇と喜劇とのあいだ、進行中の革命とそれをパロディのなかに据え付けてしまうものとのあいだには、二枚の仮面のあいだの時間という差異しか存在しない。ルターが使徒パウロの仮面をかぶる（maskierte sich）ときは精神であり、ルイ一八世の豚脂面《ラードづら》や小ナポレオンの顔をおおう大ナポレオンのデスマスク（Totenlarve）の場合は、亡霊、「パロディ」、「戯画」なのである。

亡霊による精神の汚染

もう一歩先に進まなければならない。未来を、すなわち生を、考えなければならない。ということは死を。マルクスはたしかにこの宿命的な錯時性の法を認めており、結局のところ精神（Geist）が亡霊（Gespenst）によって本質的に汚染されるという点については、われわれに劣らず敏感なのかもしれない。しかし、彼はその汚染を終わりにしたいのであり、それができると見なしており、そうしなければならないと宣言している。彼は未来を信じ、それを顕現させたがって〔veut l'affirmer〕おり、実際にそう主張して〔l'affirme〕、革命を厳命する。彼は、良きも悪しきも、あらゆる幽霊なるものを嫌悪し、幽霊たちとの頻交を断つことができると考える。まるで、そんなことはまったく信じていないわれわれに向かって次のように言っているかのようなのである。あなたがたが巧妙にも錯時性の法と呼んでいるもの、それこそまさしく時代錯誤《アナクロニック》なのだ、と。錯時性の宿命は、過去の革命のうえにのしかかっていた。これから、つまり**現在そして未来において**（すなわち、誰でもがそうであるように、マルクスが、生のように、つねにいっそう好む〔préfère〕それら。そしてそれらは嗜好《プレフェランス》=先に置くことの同語反復であるのだが）来る革命たち、一九世紀からすでに予告される革命たちは、過去から顔を背け、過去の Gespenst と同じく過去の Geist からも顔を背けなければならない。要するに、それらの革命はもはや相続することをやめなければならないというわけだ。それらは、生者たちが死者たちの世話をし、死者たちを演じ、死者たちの面倒を見るような、また死者たちによって世話をされたり、面倒を見られたり、**演じられたり**するにまかせるような、**彼らを**語り、**彼らに**語り、彼らの名を名乗り、彼らの言語を語るようなあの喪の作業、それをもはやしてはならないというわけである。いや、もう革命的記憶はいらない、記念碑を打ち倒せ、影絵芝居と葬送的雄弁には幕を引け、人民大衆のための霊廟を打ち壊そう、ガラスの柩のなかに安置されたデスマスクを打ち砕こう。これらすべては、過去の革命なのだ。すでに、いまだ一九世紀においてそうであった。すでに一九世紀において、そのような遺産相続はやめなければならず、喪の作業と呼ばれるものの頻度、すなわち亡霊の憑在と同じように、精神の憑在の頻度をめぐる忘却のこの形態を忘却しなければならないというのである。

「一九世紀の**社会**革命は、その詩（ihre Poesie）を過去から汲みとることはできず、未来から汲みとるほかはない。それは、過去へのあらゆる迷信を捨てさらないうちは、自分の仕事を始めることができない。これまでの革命は、自分自身の内容について自分の感覚を麻痺させるために（um sich über ihren eigenen Inhalt zu betaüben）、世界史を回想する必要があった。一九世紀の革命は、自分自身の対象［原文は「ふたたび自分自身の内容」、um bei ihrem eignen

Inhalt anzukommen となっている」をはっきり理解するために、死にたる者に死にたる者を葬らせなければならない。以前には文句が内容を超えていたが、ここでは内容が文句を超えている（Dort ging die Phrase über den Inhalt, hier geht der Inhalt über die Phrase hinaus）(11)。」

事態は単純にはほど遠い。耳をそばだてて間近から読まねばならず、言語《ラング》の一つ一つの単語を熟考しなければならない。そしてわれわれはまたしても墓場に来ている。墓堀人たちは懸命に働いており、頭蓋骨が発掘され、一つ一つそれらの身元の同定が試みられ、ハムレットはその頭蓋骨にも「かつて舌《ラング》があり」、歌を歌うこともできたと喚起する。マルクスは何を言いたいのだろうか。忘れてはならないことだが(*15)、彼もまた死んでおり、しかもまさしく一度ならず死んでいる。それをわれわれは知っていなければならないはずだ。だが、あまりにもしばしば起こるので知っていることは容易ではなく、われわれは自分なりの仕方で彼から、少なくとも、生き残った彼の言葉の一つ一つから遺産相続している。彼は、それらの言葉を人が忘れることをけっして望まなかったはずである。少なくとも人がそれらに対して何らかの尊敬に満ちた注意を持たずに、たとえば死にたる者に死にたる者を葬らせよ、といった革命の厳命を聞くことなしに、すなわちまもなくニーチェなる人物が「能動的忘却」の命法と呼ぶであろうものを聞くことなしに忘れることは。マルクス、死者マルクスは何を言いたいのか。彼は、死者によって葬られた者など誰一人としていないことをしかと承知していた。また同様に、〈**死すべき者**〉ではない、すなわちみずからのうちに、ということはみずからの外部そしてみずからの行く手に、みずからの死の不可能な可能性を担わないような者によって葬られた者などいないということも。いつでも、まだ生きている死すべき者たちがすでに死せる生者たちを葬らなければならないだろう。死者は何人《なんぴと》も葬ったためしはなかったし、生者たちにしてもそうであった。単に生ける者であるような生者、不死なる生者は、である。神々は、けっして誰かを葬ることはない。そのものとしての死者もそのものとしての生者も、けっして誰かを埋葬したためしはなかったのである。マルクスがそれを知らぬはずがないとしたら、彼は何を言いたいのだろうか。彼は、正しくは何を望んでいるのか。死んで埋葬されてしまった彼は、**当時**何を望んでいたのか。彼はまず、自己に対するこの恐怖が**みずからに恐怖を与えるということに**われわれを呼び戻したかったと思われる。すなわち、過去の、すでに死んでしまった諸革命においては、懇願=厄祓い《コンジュラシオン》は偉大な精神の数々（ユダヤの預言者、ローマ等々）を呼び出したが、それは、自分がもたらす衝撃の激しさにおののいて、単に忘れ、抑圧し、自分自身を麻痺させる（sich betaüben）ためにそうしたにすぎなかった。過去の精神は、懇願=厄祓いを「おのれ自身の内容」から守り、懇願=厄祓い自身から懇願=厄祓いを守るためにそこに存在したのである。ということは、すべてが、マルクスがかくも頻繁に言及し、この有名な数行のなかにも三たび言及するこの「内容」およびこの「固有の内容」の問題に集約されているわけである。錯時的な解体はすべて、文句と内容——**固有**《プロプル》の内容、自己固有化《アプロプリエ》された内容——とのあいだの不一致のなかで演じられるのである。マルクスはそれを信じる。[*16]

「固有の内容」と「文句」

この調節不全は、おそらく、けっしてなくなることはないだろう。おそらくそれは逆転し、革命なるものにおける革命、喪をともなわないことによって過去の革命を凌駕するとされる将来の革命となるだろう。それはついにやって来た出来事であり、出来事の到来であり、未来の到来であり、最終的には「文句」に打ち勝つであろう「固有な内容」の勝利となるだろう。しかし、過去の革命において、いわば墓堀人たちが生きていたときは、文句が内容をはみ出していた。革命的現在が古典的な数々のモデルに取り憑かれているという錯時性は、そこに由来する。しかし未来においても、そしてマルクスの目にはまだ来たるべきものである一九世紀の**社会**革命（新しいものの新しさはそっくり、政治的もしくは経済的革命を越えたこの**社会的**次元に宿るとされる）についてさえすでに、錯時性や反時代性は現在の臨在もしくは自己への現前という充実において解消されることはないだろう。時間は、依然として« out of joint »のままである。しかし今度は、「固有の内容」が「文句」に対して**過剰**であることによって不一致が生じている。「固有の内容」はもはや恐怖をもたらさず、古代的モデルの喪に服したレトリックやデスマスクの渋面の背後に抑圧されて身を隠すことはなくなる。それは形式をはみ出し、衣装を引き裂き、諸々の徴《シーニュ》やモデル、雄弁、喪といったものの先を越してしまうだろう。そこではもはや何ごとも装われず、**飾り付け**もおこなわれないだろう。すなわち、もはや信用貸しもなく、借用の形象もないというわけだ。しかし、それがどんなに逆説的に見えようとも、縁を乗りこえてのこの噴出、形式と内容とのあいだのあらゆる節合《ジョアンチュール》が吹き飛ぶこのときこそ、内容は固有の意味において「固有のもの」

となり、固有の意味において革命的となる。まったく論理的に、その事態はこの時ならぬものの脱自己同一化が持つ法外さ以外のものによってはそれと認められることはできず、つまりすでに存在する何ものかと較べることによって、それと認められることはできないわけである。現在において同定可能ないかなるものと較べることによっても、である。革命を同定するや否や、革命は模倣をしはじめ、瀕死状態におちいる。マルクスが、どこに**社会**革命がその「詩」を汲むべきかと述べているのでこう言うのだが、これこそが詩的な差異なのだ。これこそ、**昨日**〔*là-bas*〕の政治革命と、**今日**〔*ici*〕の社会革命、より正確にはあの〈間近にさしせまった今日〉の社会革命とのあいだの、詩そのものの差異なのである。われわれは残念ながら、いま、今日、間近にさしせまった今日と言われる日の翌日、つまりすでに一世紀半以来、その差異が際限なく、平然と、ときには良きにつけ、たいていは悪しきにつけ、以前の方よりもここで、近代人の最も枯渇することのない文句の一つにさらされることになったということを知っている。« Dort ging die Phrase über den Inhalt, hier geht der Inhalt über die Phrase hinaus. »〔以前には文句が内容を超えていたが、ここでは内容が文句を超えている〕残念ながら、然りかつ否である。

もちろん、この抗しがたい錯時性の例を『ルイ・ボナパルトのブリュメール一八日』のなかからいくつもあげるべきであっただろう（このタイトル、そしてこの日付がすでに、喪に服したパロディの最初の例を提供している。すなわち、ボナパルト家という家族とフランスという、公的なものと私的なものの系譜学的な節合におけるパロディを）。

『ブリュメール一八日』

最も字義にかなった例、ここではその代わりとなっている亡霊的身体により近い例を、一つだけ指摘しておこう。こんど問題になっているのは、要するに亡霊そのもののパロディである。革命がみずから、反革命派があらゆる手を使って厄祓いしようとした「赤い亡霊」を戯画化しはじめるのである。「赤い亡霊」は、ある革命集団の名でもあった(12)。ここで重要な代補的な折り目は、厄祓いなるものの反省的＝反射的反転を規則正しく保証する折り目である。すなわち、恐怖を抱かせる者たちは、ほかならぬ自分たちに恐怖を与え、自分たちが代表する＝再現前させる《ルプレザント》亡霊そのものを厄祓いするということである。厄祓いは、**みずから**〔**に**〕引導を渡し＝**みずから**〔**の**〕喪に服し〔fait son deuil *d'elle-même*〕、みずからの力に立ち向かうのである。

厄祓いの逆転

われわれの仮説は次のようなものである。すなわち、『ブリュメール一八日』なる書物をはるかに超えて、このことはマルクス主義というものに絶えず起こったことだ、というものである。最悪の事態からマルクス主義を守るどころか、この厄祓いの逆転＝再帰〔retour〕、この反‐厄祓いは、マルクス主義をより確実に最悪の事態に突き落とした。『ブリュメール一八日』の第三章において、マルクスはもう一度、一八四八年の革命を最初のフランス革命に対置している。確実で効果的なレトリックが、一つの主要な形象によって支配された対立の諸特徴を列挙している。一七八九年とは上昇線であり、果敢さがまさり、人はさらに先へと進む（立憲派、ジロンド派、ジャコバン派）、それに対して一八四八年では下降線をたどる。立憲派が憲法に対して陰謀をくわだてる一方で、革命派は憲法を擁護しようとし、国民議会はその全能を議会偏重主義のなかにはまりこませる。結局のところ文句が内容に勝るのである。

「[……]秩序を名として、放縦な、空っぽな扇動(inhaltslose Agitation)がなされ、革命を名として、ものものしい秩序の説教がおこなわれる。情熱には真実がなく、真実には情熱がない。英雄があって英雄行為がなく、歴史があって出来事がない(Geschichte ohne Ereignisse)。[13]」

ところで、この出来事の不在、そしてつまるところこの非歴史性、それはここでは何に存するのか。それは何に似ているのか。答え。もちろん、身体の不在に、である。だが、誰が身体を失ったというのか。さてそのことだが、身体を失ったのは生きた個体ではないし、いわゆる実在する主体でもない。身体を失ったのは、ある亡霊であり、反革命派が(本当は、ヨーロッパ全体が、である。『共産党宣言』はすでに昨日のことだから)厄祓いしていたあの赤い亡霊である。だからこそ物事を「逆転」させ、シャミッソーの物語、影を失った男『ペーター・シュレミールの不思議な物語』を反転しなければならないのだ。ここでマルクスは、革命が秩序の制服をつけて現われたときに、影は「反転したシュレミールのように」(als umgekehrte Schlemihle)自分の身体をなくしたのだ、と言っている。亡霊自身、赤い亡霊自身が、いわば肉体をなくしたというのである。あたかもそんなことが可能であったかのように。しかし、それはまさしく可能性なるものであり、潜在性そのものではないのだろうか。そして歴史を、すなわち出来事の出来事性を理解するためには、この潜在化を勘定に入れねばならないのではないだろうか。身体の喪失が亡霊そのものに作用をおよぼしうると考えるべきではないのか。亡霊と亡霊の亡霊とを、すなわち固有な内容と生き生きとした実在性を追求する亡霊とを識別することが不可能となるほどに？〈闇夜にはすべての牛が黒い〉[*17]からではなく、赤地に赤で描かれたゆえにどこまでも灰色となって識別できないといったぐあいに。というのも、けっして忘れてはならないことだが、とどまる縁《ふち》のないこれらの逆転、裏返し、転回を記述しながら、マルクスが告発しようとしているのは〈見せかけ《アパランス》〉なのである。彼の、**批判=弁別**（*critique*）は、次のことにも存する。すなわち、身体が消滅した（abhanden gekommen ist）逆のシュレミールのごとく肉体がなくなるこれらの人間や出来事たち、彼らはたしかにそう見えるが（erscheinen）、それは一つの現《アパリシオン》れでしかない。したがって、それらは見せかけでしかなく、**最終的には一つのイマージュ**にすぎない。**現象**という意味とレトリックの**文彩**《フィギュール》という意味でのイマージュである。ただし、最終的には一つのイマージュにすぎないように見えるもの、それはまた、暫定的にではあれ、最終的なイマージュでもあり、「終に出現する」（endlich erscheint）ものでもある。赤地に赤で描かれたにせよ灰色の地に灰色で描かれたにせよ、この流産した革命の臨在において。

「もしどこからどこまでも灰色に（*grau in grau*）描かれた歴史の一時期があるとすれば、まさしくこれである。人間も事件も反転したシュレミールとなって（erscheinen als umgekehrte

革命の鏡状反射

Schlemihle）、つまり身体をなくした影となって現れる。革命自体が自分自身の担い手を麻痺させて、自分の敵だけに激しく熱情的な協力を与える。反革命派が絶えず呼び出しては祓いのけてきた（heraufbeschworen und gebannt）「赤い亡霊」（das "rote Gespenst"）が終に出現するが（endlich erscheint）、しかし、その亡霊は、無政府的なフリュギア帽〔ジャコバンの赤い帽子〕を頭にかぶって出てくるのではなく、秩序の制服をつけ、**赤い兵隊ズボン**をはいて（in *roten Plumphosen*）出てくるのだ。[14]」

双方の側で、すなわち革命の側と反革命の側、民主主義者の側とボナパルトの側で、戦いは単に亡霊たちと厄祓いとを、心霊主義的な魔術と魔法の呪文とを、対立させるばかりではなく、これらの仮象の仮象も対立させている。双方の側で、ある鏡状の反射が仮象を絶えず相互に送りかえしている。すなわち、生きた身体との遭遇、実際の、生き生きとした、現実の出来事、革命そのもの、固有の意味での革命、現身の革命を底なしに遅延しているのである。このことは、マルクスがある日付を提示するのを妨げてはいない。たしかに彼は、そのつど鉤カッコにいれて、それは日曜であったことを示している。ところで、日付なるものは、その特異性そのものにおいてある反復をおこない、それが喪に服している別のある日付の幽霊をよみがえらせる。そして、日曜日は革命にとってどちらでもよい曜日ではない。ヘーゲルはすでに、思弁的な聖金曜日[*18]なる名を述べていた。マルクスは、主の日に見えるものを、待ち望まれた現《アパリシオン》れを、死者の回帰を、再《レ》-現《アパリシオン》としての復活を見るべく与えるのである。

「[……]一八五二年五月の第二日曜日の御利益を祝いあっていた。一八五二年五月の第二[日曜日、Sonntag des Monats]という日は、彼ら[民主主義者諸氏]の頭のなかで固定観念となり、信条となっていた。それは、千福年説信者の頭のなかで、キリストが再臨して(wiedererscheinen sollte)千年王国を創設するはずの日がそうなっていたのと同じであった。弱さは、いつもながら、奇跡を信じることに救いを見いだした。空想のなかで敵を祓いのけた(in der Phantasie weghexte)ので、その敵に勝ったものだと空想のなかで信じこんだ[……]。」

そしてもう少しあと——またしても日曜日、同じ曜日だが別の日曜日。こんどは幽霊たち、幻影劇、悪魔祓いの台詞(Bannformel)としての呪い、魔術が発言する番である。生きのびたのは、ほんの一瞬のあいだしかなく、人民の遺言が読まれる。みずからの声で、みずからの手で、まもなく盲目となった人民が、メフィストフェレス的な宣告でもってみずからに死を与える。

「[……]日刊新聞のいなずま、文筆界全体、政界の著名人と思想界の高名な人々(die geistigen Renommeen)、民法と刑法、**自由**、**平等**、**友愛**、そして一八五二年五月の第二[日曜日]——このすべてが、一人の男の呪文(Bannformel)のまえに幻影劇のように(wie eine Phantasmagorie)

消えてしまった。しかも、それは、その敵でさえ魔法使い（Hexenmeister）とは呼んでいない男なのである。普通選挙権はほんの一瞬のあいだ生きのびた（überlebt）が、これは全世界の見ている前で自分の手で遺言書をつくって、人民自身の名において、「すべて存在するものは滅びるに値する」と宣言するためでしかないように見える。(15)」

幽霊を超えるメタ‐レトリック

手の一ふりでもって何が起こったのか。この手品をどうやって記述すべきなのか。一人の、一種の**副次的地位にある幽霊**のように頼りない似非《えせ》魔法使い、補佐の亡霊、（ナポレオン・ボナパルトと一七八九年の革命という）偉大な亡霊のほとんど父性的ともいえる形象に自分自身も取り憑かれた当直中の再来霊（ルイ・ボナパルト）、その人物が、自分の当番日を利用して革命を消滅させてしまったのである。倒錯した、悪魔的で目に見えない悪魔祓いによって、まるで、それが幻影劇であったかのように。というのも、人民を消す一方で、彼の呪文＝厄祓いは本当は同時に、自分自身の消滅にも署名をしているからである。みずからの手で。それは、絶対的でもはや身体を持たぬ疎外であり、このようにして自己固有化するのは自分の死ばかり、遺産として遺せるのは自分の奪‐自己固有化ばかりという自己疎外である。

これらのパラドクスは、一貫した、還元不可能な論理に対応しているのだろうか。もしくは、他の部分を考慮しなければならないのだろうか。その部分とは、レトリックが占める部分なのか。これらのパラドクスは、マルクスの「哲学的」テクストに対して「政治的」もしくは「歴史的」

テクストと（ミシェル・アンリがしているように[16]）分類すべきだと信じられてきたテクストにおいて求められた諸効果にすぎないのだろうか。われわれの仮説は、まったく別のものである。たしかに、次のような要素を正しく見定めなければならない。論争の、弁論的才能の、あまり一般的ではない言語的武器の一揃いという要素、すなわち論法一揃いをでもあるが、イマージュの一揃い、好んで再来霊趣味が広まっていた時代における**途方もない**《ファンタスティック》**＝幻想的な武器一揃い**を（その趣味とは、**ある一定の**、歴史的に限定された舞台装置による再来霊の芝居であった——というのも、いかなる時代も独自の舞台装置を持っているのであって、われわれもまた独自の幽霊を持っているのだから）。たしかに、強く差異化された一つの歴史的、戦術的、戦略的コンテクストの可変性に対する特異な形での参与《アンガジュマン》という点を勘定に入れなければならない。しかしだからといって、これらの限界を超えて、数々の不変要素を認めるのが妨げられてはならない。そこには、恒常性、整合的連続〔conséquence〕、一貫性が存在するのだ。そこには、言説の層がいくつも存在するのであって、その層状構造のおかげで、長い要素連続〔séquences〕がつかのまの形成物の下に、下地としてとどまり続けることができるのである。たとえ、われわれがここでたえず示唆しているように、一定の異質性が構造的にあり続けるにせよ、その異質性は言説のタイプを分けているのではなく、それぞれのタイプの内側で作用している。亡霊の逆説論理《パラドクシー》は、その哲学的な形式において、すでに『ドイツ・イデオロギー』のプログラムにあり、『資本論』のプログラムにもあり続けることになる。そして、その途方もない《ファンタスティック》＝幻想的な武器一揃いはレトリックや論争に対してイマージュや幻影を供給しているのだが、このことはもしかすると、幽霊の形象＝文彩《フィギュール》が数ある形象＝文彩《フィギュール》のなかの一つではないということを考えさせるものであるかもしれない。それはもしかすると、ありとあらゆる形象＝文彩《フィギュール》の隠された形象＝文彩《フィギュール》かもしれないのだ。この資格において、もしかすると、それは数あるなかの一つの転喩的文彩として姿《フィギュレ》を見せているのではないかもしれない。幽霊を超えるメタ‐レトリックは存在しないということになるだろう。

これらのパラドクスを前にして、何が使命となるだろうか。少なくとも使命のうちの一つは、ある作戦図を再現することであろう。すなわち『ドイツ・イデオロギー』において展開された、哲学史全体のなかで最も巨大な亡霊闘争の、亡霊学的地図を再現することである。われわれが今しがた引用したくだりで、マルクスが「固有の内容」とか「文句」と呼んでいたものの前代未聞の戯れや相互的なはみ出しにおいて、その亡霊戦争の細部をたどってゆかなければならないだろう。それを享受する際に、機知を通じかつ機知の彼方に、精神の閃きを、マルクス（そしてエンゲルス）の精神の閃きをもはや一つたりとも見失ってはならないだろう。それも、単に Witz（機知）のエコノミー、すなわち機知の閃きや機知の矢《フレッシュ》ということではなく、Gas と Geist のあいだの実体変化を通じてかつその彼方に、ということである。(17)

われわれは単に、長く精神的な（＝霊に関する）誹謗のなかの、いくつかの特徴を特権的にあつかう以上のことはできない。ここであいかわらず問題になっているのは、**狩猟**である。そこでは、あらゆる手段《フレッシュ》が用いられている。そこでは、われわれが先に触れたあの新福音主義の系統に属しているというかどで、あいかわらず容赦なく、ある人物に対して執拗な攻撃がおこなわれている。しばしば信念も掟もない仕方で、すなわちあまり誠実ではない仕方で。マルクス（そしてエンゲルス）を信じるならば、聖マックス（シュティルナー）は、ヨハネの黙示録の名をかたって嘘をついたというのだ。聖ヨハネが、今日でも依然として中東の楕円《エリプス》＝省略語法の一方の焦点であるバビロン、そのバビロンの娼婦を予告しているところで、新福音主義者シュティルナーは、人間、秘密（das Geheimnis）、唯一者（den Einzigen）を宣言しているという。そこで精神の荒野（die Wüste des Geistes）のなかに、精神の、幽霊もしくは再来霊の物語がそっくり一つ登場するのである。すなわち、まず純粋な霊物語（reine Geistergeschichte）、次いで不純な霊物語（unreine Geistergeschichte）としての憑かれた人々（die Besessenen）の物語、さらに不純なる不純な霊物語（unreine unreine Geistergeschichte）である。シュティルナー自身がそれをこう宣言している。「言葉が肉となり、世界が霊化され（vergeistigt）、魔術化され（verzaubert）て以来、世界は一つの幽霊（ein Spuk）**である**[18]」。マルクスは、「シュティルナー」のケースを皮肉る［固有名詞を引用符に入れたかたちで。周知のように、「シュティルナー」はペンネームである[*19]］。「「シュティルナー」は霊どもを見るのだ（sieht Geister）」というふうに。というのも、観光ガイドか教師よろしく、シュティルナーはよき幽霊入門のための方法規則をわれわれに教授すると称しているというわけなのだ。精神は私（自我）とは違う何かである（Der Geist ist *etwas Andres* als Ich）と規定した後で――これは深みに欠けぬ定義であることをはばからずに強調しておこう――、シュティルナーはもう一つすばらしい問いを立てている（「ところで、この違ったものとは何か」。Dieses Andre aber, was ist's?）。この大きな問いを、マルクスはあまりにも手早く揶揄し、あらゆる手を使って悪魔祓いしてしまったように思われる。マルクス自身が気安く嘲笑するために次のように、すなわちこの問いが、根源的な問い（die ursprüngliche Frage）を代補的な「化体」〔Wandlung〕において修正することに甘んじていると指摘しているので、なおさらそう思われる。その問いとは、要するに、**精神**と呼ばれるものの自己への非同一性、自己への不一致、ということは自己への非現前、調整の狂った反時代性にかかわる、無底の問いにほかならなかった。マルクスは嘲笑すべきではなかった。しかし彼は、意地悪い仕方で、装われたものとして相手が受け取るべきと意図された無邪気さでもってそれをおこなっている。その無邪気さは、そう見えるほどは装われたものではないかもしれない（したがって、必ずしも適当な機会ではないにしても、マルクスなしで、あるいはマルクスに逆らって読まれるべきシュティルナーの独創性、大胆さ、そしてまさしく哲学的‐政治的なまじめさをわれわれがまじめに受けとめていることを隠そうとするのはやめよう。とはいえ、それはわれわれの当面の論題ではない）。マルクスはこう言っている。

「今や問いは次のように立てられる。精神とは、私とは他なる何者なのか。当初の＝根源的な問いは、無から創造された精神とは、それ自身とは他なる何者なのか（Was ist der Geist durch seine Schöpfung aus Nichts anderes als er selbst?）だったのに、である。そしてこの問いは、聖マックスが次の「化体」に跳び移るのを可能にする。」(p. 177.〔一三九頁〕)。他の読み方として、「精神は、それ自身以外の何者からも創造されない」がある。)

精神と幽霊を分離するマルクス

その最初の単純な「不純さ」において、幽霊の物語はいくつかの時期にわたって展開される。講壇の椅子にどっかりと身を沈めて、亡霊の理論《テオリー》=観照とでも呼ぶべきもの、(幽霊たちの単なる名前だとマルクスが考えている)幽霊のこれらの概念であるような〈概念の幽霊〉の行進に立ち会う前に強調しておかなくてはならないのは、この理論が自分の起源、すなわち父ヘーゲルを**暴露し=裏切っている**〔*trahit*〕ということである。それは暴露し、かつ裏切っているのだ。それは自分の先祖が誰であるかを見せてしまい、しかも不肖の子孫である。それは先祖を告発する。シュティルナーのヘーゲル的系譜は、息子の堕落でもあるというわけだ。シュティルナーはヘーゲルの子孫であり、『精神現象学』の著者に取り憑かれているのだが、それに耐えられない。彼は、まるで消化不良に苦しむ鯨のように、生きた幽霊を吐き出す。換言するならば、彼はヘーゲルを**理解=内包して**〔*comprend*〕はいないのである。ヘーゲルの後裔である誰かほどは。それが誰なのか当てていただきたい。その人物は、やはり夜ごと現われるこの祖父の影にさいなまれ、それを裏切ったりその仕返しをしたりすることを辞さないが(両者は時として同じことだ)、ここでは兄弟シュティルナーにヘーゲル主義の教えをたれることに忙殺されている。シュティルナーはつねにヘーゲルの文句のなかにひそかに忍び込み、「先刻ご承知の正統ヘーゲル的言い方」(19)にみずからの言葉をすべりこませる。ところがこの不肖の遺産相続者は、遺言《テスタマン》＝神との契約の本質的なところを理解しておらず、彼自身の着想の源泉であり、また彼がそのキリスト教版を提供したいと考えている『精神現象学』をよく読んでいない（「聖マックスは、われわれにキリスト教的精神現象学を与えようともくろむ」）。彼は何が理解できていないのか。何が本質的だというのか。精神の〈亡霊化〉について、彼は、ヘーゲルにとっては世界が単に霊**化**されている（*vergeistigt*）ばかりでなく**脱**霊化されて（*entgeistigt*）もいる、ということを看過しているのである。したがって、『ドイツ・イデオロギー』の著者はそのテーゼに賛同しているように見える。なぜなら、この脱精神化はまったく正しく（ganz richtig）ヘーゲルによって認められている、ということが読まれるからである。ヘーゲルは、その双方の運動を関係づける術を心得ていたが、われらが「聖なる弁証家」は、「歴史的方法」に無知であり、それを学ぶことができなかった、というのである。そのうえ、彼がもっとよい歴史家であったならば、彼は結局ヘーゲルと手を切ることになっていたにちがいない。というのも、シュティルナーに向けられた非難とは、ヘーゲルを理解していないこと、そしてそれと必ずしも矛盾しないが、彼の幽霊の系譜学においてあまりにもヘーゲル的であることなのだから。この悪しき兄弟は、あまりにもヘーゲルの息子然とした息子であると同時に、悪しき息子である咎で告発されている。[20] 父の言うことを聞き、彼の真似をするが、何もわかってはいない素直な息子なのだ――とマルクスは暗に述べている。その彼としては、その逆すなわち、やはり一人の悪しき息子になることではなく、親子関係を断ち切ることによって別のことをしたかったのだという。言うは易し行なうは難し、である。いずれにせよ、シュティルナーの著作は無効で存在すらしなかったものとなる。「しかし彼がわれわれにこうした現象学を与えていたとしても（そんなことはヘーゲルの後ではいずれにせよ余計なことである）、彼はわれわれにまだ何ものをも与えたわけではなかろう(21)」。

悪しき息子であり悪しき歴史家であったシュティルナーは、『精神現象学』という先祖にして先行者である著作と手を切ることができないというわけである（だが、**現象学**〔*phénoménologie*〕なるものが phainestai〔現れること〕と phantasma〔現れ〕、つまりは幽霊の論理でなくして何であるというのだろうか。マルクスその人がしたように、絶望的に亡霊から精神を区別しようとし、結局は精根尽き果ててしまうのでない限り？・）。『唯一者とその所有』の著者は、《自己意識》や《人間》といった抽象概念が宗教的な本性を持っていることを見過ごしている。まるで亡霊が一人で動くことができるかのように、彼は《宗教》を一つの自己原因〔causa sui〕としてしまっている。彼は、「キリスト教がまったく歴史など」、すなわち固有な歴史などまったく持っていないことを見過ごしている。彼は、そうすべきであったにもかかわらず、「宗教的霊＝精神《エスプリ》」の「自己決定」と「発展形態」とを適切な仕方で説明することができなかった。つまり「経験的な諸原因」から、「経験的諸条件」から、「一定の国家形態」から、また「一定の交換形態および産業形態」から説明することができなかった。彼は〈決定され〉、すなわち「必然的な」存在と、（告発の主要語である）**決定**、より正確にはこの決定の経験的性格を逸してしまった。こうして彼は、精神のこの決定を他律的決定として決定しているものを見過ごしてしまったのだという。この批判に着想を与えている、見かけの上では公然たる経験論は、事実、他者性の法へとつねに導き返す。いつものことながら、経験論は他者論理の資質を有する。経験は、他者に出会うからこそ、現実の経験として認められるのである。ところが、キリスト教精神のこの他律的決定を見逃してしまったために、シュティルナーは魔法にかけられてしまう。幻覚にとらわれた彼は幽霊化し、あるいは精神を幻想〔化〕するかのようである。実のところ、彼はヘーゲル的周波数に取り憑かれているのだ。ただそれだけが彼に宿っている。彼の実現できる唯一の「他者性」は講壇の「別ものであること」、「ベルリンの教授の思想とは別ものであること」なのだ。シュティルナー的な人間および世界の「化体」とは、ヘーゲルの影のなかに受肉した世界史であり、「ヘーゲル哲学の肉のなかに(in den Leib der Hegelschen Philosophie)」体内化され、「ただ見かけだけベルリンの教授の思想とは「別もの」であるような亡霊」に変容し体現される世界史なのである。変容とはそれでしかなく、また見せかけにおいてそうであるにすぎない。『精神現象学』、すなわちあの聖書あるいは大文字の《書物》において、ヘーゲルは個人を「意識」に、世界を「対象」に変貌させる。生と歴史とがその際に変貌をこうむり、その多様性そのものにおいて、**意識の対象への関係**となる。問題となっているのはつねに真理であり、**意識の**真理としての真理の現象学化こそが、ここで問い直される。幽霊の歴史は幽霊化の歴史であり続け、幽霊化の歴史はたしかに真理の歴史となるであろう。逆ではないとするならば、寓話の真理化の歴史、真理の作り話の、いずれにせよ幽霊たちの歴史＝物語《イストワール》ということに。（精神＝霊の）現象学が記述するのは、（一）意識から〈**真理としての**対象〉への関係、あるいは単なる対象である限りの**真理への**関係としての関係。（二）意識が〈**真なるもの**〉である限りで、対象に対して持つ関係。（三）意識と真理との**真なる関係**（wahres Verhalten desBewußtseins zur Wahrheit）、である。

この三重性は三位一体を反映している。父なる神、キリスト、聖霊である。霊《エスプリ》は媒介、すなわち移行と統一性を保証する。霊はまさしくそれによって、霊的なものの亡霊的なものへの変容に場を与えてしまう。これこそが聖マックスの過ちそのものである。こうして、いずれにせよシュティルナー批判のなかでは、マルクスは何よりもまず亡霊を攻撃しており、精神を攻撃しているのではないという印象を受ける。まるでこれに関して、相互の汚染を取り除く何らかの浄化がありうるとまだ信じているかのように。まるで幽霊が精神をうかがってはいないかのように。まるで、精神化の端緒からまさしく幽霊が精神に取り憑いていないかのように。まるで「理念」の理念化と霊化を条件づけている反覆可能性そのものが、そのとき双方の概念の区別に関しての批判的《クリティック》＝弁別的な保証を解消してしまうということなどないかのように。しかしマルクスは区別に執着する。これこそ、批判の krinein の代価なのである。

V

現れざるものの出現——現象学的「手品」

一つの連節がこの執拗な糾弾文書の運動を保証している。その連節は〈空隙＝賭け〉を生みだしている。それは精神（Geist）と亡霊（Gespenst）のいずれかに賭け、一方の精神か、他方の幽霊もしくは再来霊のいずれかに賭ける。すると今度は、この連節がしばしば接近できないままにとどまり、影のなかに隠れて、そこでうごめき、身代わりを差し出してたぶらかす。まず、もう一度強調したいのは、«esprit»や spirit がそうであるように、Geist は亡霊を意味しうるということである。精神とはまた、精神たちの亡霊《エスプリ》である。次に、『ドイツ・イデオロギー』は、この両義性を利用し、かつ濫用さえしているということである。それは、その主たる武器なのである。そしてとりわけ、その論法が恒常性と一貫性をもって――たとえマルクスが信じているほどそれが維持できるものではないにせよ――作用しているにしても、精神と亡霊の区別を可能にする論法は、目立たず巧妙であり続ける。亡霊は**精神的な何か**であり、精神の特性を共有し、幽霊的な分身のようにそれにつきしたがっているときでさえそれに属している。両者のあいだの差違、それがまさに幽霊的効果のうちに消滅しがちなのである。そのような差異の概念、もしくはその差異の概念をレトリックにおいて使用する論法の運動もまた消滅しがちであるように。しかも、そのレトリックがあらかじめ論争に宛てられており、いずれにせよある狩猟の戦略に宛てられているのだからなおさらである。さらにそれは、ある反‐詭弁術にさえ宛てられていて、それはあらゆる瞬間に**反駁**〔*réplique*〕を誘発しかねない。(*1) 反駁とはすなわち、言い返す際に鏡像のごとく相手の論理を再現すること、言葉を濫用しているかどで相手を告発するまさにその地点で、さらに誇張して濫用すること、である。この反‐詭弁術（プラトンの逆説的な遺産相続人としてのマルクスという点に、われわれはさしかかっているのだが）は、数々の仮象、模倣素、幻想をあやつらなければならない。奇術師のかけひき、概念の手品師の「手品」もしくは唯名論的雄弁家のごまかしを待ち伏せて、告発しなければならないのである。

霊＝精神の体内化

この戦略は、マルクスが一連の「手品」（Eskamotage）と呼んでいるものにおいて、可能な限り字義に近い形で、そして第一にシュティルナーの字義に近い形で、捉えなおしてみることができる。一連の「手品」とは、マルクスが「聖マックス」（「ライプチヒ宗教会議Ⅲ」）(*2)の冒頭でもって種を明かしていると称するあの手品のことである。幽霊の生産、**幽霊**効果の構成とは、たんなる精神化＝霊化ではなく、ヘーゲルの観念論においてすぐれて生産されるような、精神、観念もしくは思惟の自律化でさえない。そうではなく、いったんそうした自律化が、それに相当する脱固有化〔expropriation〕や疎外とともにおこなわれ、おこなわれてからのみ、幽霊的な契機が**その上にやって来て**〔*survient*〕、それに代補的な一つの次元を、さらにある仮象を、ある疎外もしくはある脱固有化をつけ加えるのだ。すなわち、ある身体を！　ある肉体（Leib）を！　というのも、少なくとも肉体の見せかけなしに幽霊などありえず、精神＝霊の亡霊化などけっしてないからだ。不可視的可視性の空間における、ある出現の脱‐出現としての現れなしには、である。幽霊的なものがあるためには、身体への回帰が、ただしかつてないほど抽象的な身体への回帰が必要である。したがって、亡霊発生のプロセスは逆説的な**体内化**に対応している。(*3)いったん観念や思惟

（Gedanke）をその基底から引き離した後で、それらに**身体を与えて**幽霊的なものを産み出すわけである。観念や思惟は生きた身体から引きはがされたわけだが、そこに戻ることによってではなく、観念や思惟を**別の人工的な身体**に、**代替器官的な身体**に、精神の幽霊に受肉させることによって、である。さらには、マルクスがときにそう考えさせるように、最初の精神化もまた、すでに、亡霊的なものを生産するのであれば幽霊の幽霊とさえ言えるかもしれない。しかし、より先鋭な特殊性がいわば「二次的」とも言える幽霊、自律化された精神の体内化としての幽霊、内的な観念や思惟を客体化する排出としての幽霊に属している。（この意味で、内面性のこの体内化のなかにはつねに喪の作業があり、死はつねにプログラムにあがっている。後ほど強調するが、イデオロギー論はいくつもの特徴において、この幽霊の理論に依拠している。マルクスによって批判され、訂正され、転覆されたシュティルナーの定理として、イデオロギー論は、精神化のプロセスを、すなわち精神的な理念性の自律化を定式化するというよりは、**体内化**の矛盾に満ちた法則を定式化しているのである。すなわち、物神も、また必要な変化をくわえたならばイデオロギー的なものも、双方とも与えられた身体、あるいはむしろ貸与されたか借用された身体であり、最初の理念化に授けられた二次的な受肉であり、たしかに知覚可能でも不可視でもないが、ある肉体であり続けているような身体への体内化である。それは本性（＝自然）なしの、**脱‐自然的＝脱‐身体的**〔a-physique〕な身体であり、かりにこうした諸対立を信頼するならば、技術的身体あるいは制度的身体への体内化と言えるだろう。バイザーのかげに隠れて、I am thy Fathers Spirit（我は汝の父の亡霊ぞ〉と言う者のように、それは可視‐不可視の、可感的‐非可感的身体でさえあり、つねに何らかの人工物の制度的もしくは文化的な堅い保護のもとにある身体なのである。その保護とは、イデオロギー素の兜か、鎧をまとった物神なのだが。）

しかしそれがすべてではない。このプロセスの特殊性は亡霊化をさらに資本蓄積しうるということである。いったん精神（観念もしくは自律化した思惟）の受肉によって幽霊が産み出され、この**第一の**幽霊効果の作業が成し遂げられると、その作業の主体そのものによって今度はその効果も否定され、統合され、体内化される。そしてその主体は、**おのれに固有の**人間的身体の唯一性を要求しつつ、シュティルナーを批判するマルクスによるならば、絶対的幽霊となる。その実、それは〈精神としての亡霊〉の幽霊の幽霊、際限なき仮象の仮象なのである。マルクスを信じるならば、それはシュティルナーに固有な傲慢さの、錯乱し幻覚作用をもった契機だというのだ。批判の名のもとに、そしてときには政治批判の名（というのもシュティルナーが語っているのは、政治的な言説でもあるからだ。この「ライプチヒ宗教会議III――聖マックス」のコンテクストを形成した議論の果てしない錯綜はよく知られている）のもとにあるのは、否定性のせり上げ、再自己固有化への熱狂、幽霊的諸層の蓄積でしかないというのである。マルクスは、あの饒舌でときには目も眩むような立論のなかでは最も明晰な瞬間の一つにおいて、この「手品」の詭弁術を告発している――その目も眩む立論自体も、こうした転義系＝屈折〔tropique〕が必然的にひきずりこむような眩暈に身をゆだねている。というのも、亡霊なるものはテーブルを回転させるだけでなく、頭をもふらつかせるからである。実際のところ、それはまた「新たな手品」だというのである。マルクスはこの言葉が好きだ。なぜこうした幽霊の増殖は**手品**〔*escamotage*〕によっておこなわれるのか。事実、手品は複数化する。それは、みずからを駆り立て、猛り狂って多数化する。マルクスはそれらを数えようとし、そしてあきらめる。「手品」という語は、商品交換におけるごまかしもしくは盗みのことを言うが、まず第一に奇術師がきわめて感覚的であるような物体を**消滅させる**技のことを言うのである。それは、**消すこと**の芸または技術なのだ。手品を使う者は、**見えなくする**すべを知っている。それは、超‐現象学の専門家なのである。ところで、ここでの手品の極致とは「見せかけ」を産み出しながらものを消すということなのだが、これが矛盾に見えるのは、見せかけの上でしかない。というのも、消すというのは、まさしく幻覚や幻視を引き起こしながらおこなわれるからである。〔マルクスは〕直前に長々とシュティルナーを引用し、できるだけ字義にそって解説をする。次のようなパラフレーズが読まれる。

「このように、ここで「唯一者」と同一視された大人は、まず思想（den Gedanken）に具身性（Leibhaftigkeit）を与えておいて、換言すれば思想を幽霊にしておいて（d. h. sie zu Gespenstern gemacht hat）、その後で今度またこの具身性をぶちこわす（zerstört er nun wieder diese Leibhaftigkeit）。それは彼がこの具身性を彼自身の身体のうちへ取り戻し、そうすることによってその身体を幽霊の身体に変えるからである（indem er sie in seinen eignen Leib zurücknimmt und diesen somit als den Leib der Gespenster setzt)。彼は亡霊の否定をとおしてはじめて彼自身の具身性へ到達する。このことはこの抽象的に構築された大人の具身性（Leibhaftigkeit des Mannes）なるものの真の性質を示している。それは彼が自分でそれを信じるために、「おのれに」まず「言わ」ねばならぬ体のものである。「しかも」彼は「おのれに言う」ことをおのれに正しく「言う」ことすらしない。彼の「唯一」無類の身体を別とすれば、まだ彼の頭にありとあらゆるそれぞれ一人立ちの身体たち、精虫どもが棲んでいるわけではないということを彼は、私**だけ**が身体を具えたものだ（私だけが身体なのだ、Ich *allein* bin leibhaftig）という「寓話」に変える。またしても新たな手品。[1]」

したがってマルクスによるならば、亡霊的効果は幽霊の定立（Setzung）に、幽霊的身体を自己固有の身体として**弁証法的**に定立することに相当するということになる。こうした一切は、**幽霊どうし**で、**二つの幽霊**のあいだで起こるというのだ。マルクスによるならば二つの幽霊のあいだで。シュティルナーにとってはただ最初の契機のみが亡霊的であり、自我はそれを生き生きとした唯一のものである身体を再自己固有化することによって止揚するということになっていたのに、である。生き生きとした、「私の」、「私の所有＝固有性《プロプリエテ》」としての身体は、幽霊的投影、理念的な代替器官を無化したり内部に取り込んだりしながら回帰する。この第二の契機は、先に定立され、外部にさらされ、客体化された幽霊の「破壊」もしくは「否定」を、すなわち**第一回目に**体内化された観念や思惟の「破壊」もしくは「否定」を標記する。この**第一回目の**亡霊的体内化は、その際に否定され、内面化される。自我とは、この体内化をみずからのうちに取り返すものである(zurücknimmt)。すなわち、「**私**」は最初の体内化を体内化するのであり、否定したり破壊したりしながら、先の定立からその客体としての外面性を取り除き、幽霊を脱客体化しながらそれをおこなうのである。当然のことながら、マルクスはここで、大人となる青年による自己の発見を記述するシュティルナーをパラフレーズしている。しかしそれも、シュティルナーではなくマルクスが最終的な契機、すなわち自我の、私のものであり、私の所有=固有性《プロプリエテ》である(als die Meinige, als Mein Eigentum)固有の身体を幽霊として規定する地点までのことである。シュティルナーが肉体の生き生きとした再自己固有化、すなわち**もっと多くの生**を(すなわち、**もはや**死が**ないと**)見るまさにその地点で、マルクスは亡霊性の誇張された増大を、すなわち**もっと多くの**死を(すなわち、**もはや生がないと**)告発している。生き生きとした、私のものである、唯一のものであるはずの身体は共通の場(=一般通念)でしかなく、自律化した思惟や理念的実体が集合する空間でしかないのだから、それ自体「幽霊たちの身体」(Leib der Gespenster)ではないのか、というわけである。

この幽霊たちの乱舞のなかで、少なくとも見かけの上ではその明白さが確実であるようないくつかの事柄に執着してみよう。シュティルナーとマルクスは、幽霊的なものに対する批判を共有しているように見える。二人とも、再来霊とは決着をつけたがっており、それができるという期待を抱いている。二人とも、自己固有の身体のなかに、生を自己固有のものとして取り戻すことを目指している。少なくともこの期待こそ、彼らの規制的厳命や約束を起動するものである。もしかするとそれは、彼らの呼びかけのメシア的形式に最初の決定的な内容を与えるものでさえあるかもしれない。しかし、シュティルナーはこの再自己固有化を自我の単なる転換にゆだね、その自我は客体化されて野放しの幽霊たちを**おのれのうちに取り戻し**（自我は実際には、その内化する集摂の運動に**すぎない**のだが）いわば本来的な形で再活性化するのだとしているようであるが、マルクスの方は、その自我論的な身体を告発している。彼は叫ぶ。これこそありとあらゆる幽霊中の幽霊だ！　これこそが、送還されたありとあらゆる亡霊たちがこぞって結集する場所なのだ。これこそ、再来するすべての者たちのためのフォーラムもしくはアゴラなのだ。というのも、よくしゃべるのだから、と。そしてマルクスは、最初の幽霊たちを生み出したあらゆる実践的かつ社会的構造、経験的‐技術的迂回を考慮に入れながら、再自己固有化にとりかかるよう指示する。幽霊たちを生きたままふたたび体内化するためには、魔法を使ったかのようにして彼らの「身体性」（Leibhaftigkeit）を一瞬のうちに破壊するだけでは事足りないのである。この直接性の魔術、それは外的な身体から内的な身体へ、もしくは客体性から主体性へ移行することによって亡霊に生を与え返し、しかもみずからの思惟の「創造者にして所有者」である「私が‐私を」という単純な自己触発においてこの移行を遂行するのだが、これこそシュティルナーが奨励しているように見えるものである。自己との純粋な接触の絶対的確信において、「私が‐私を」という直接性は幽霊を厄祓いしてしまうというのだ。幽霊からいかなる隙間も、住処も、憑在するために好都合ないかなる空間も奪うことによって。これはエポケーに似ており、幽霊の現象学的還元に似ている。しかし、マルクスはこれを幽霊**への**（幽霊〔phantôme〕の現象性もしくは幻想への）現象学的還元であるとして批判する。外的な幽霊の身体形式を主体化する還元は、過度に理念化することにすぎず、さらなる亡霊化にすぎないというのである。マルクスは、次のようにシュティルナーを引用し、解説する。

「「私が私を」（Ich Mich finde）（本当は「青年がおのれを」と言うべきところ）「**事物**（*Dinge*）の背後に、しかも**霊**＝**精神**（Geist）として見いだすとすれば、その次にはまた私は私を」（本当は「**大人**はおのれを」と言うべきところ）「思想（Gedanken）の背後にも、つまりそれの創造者にして所有者として（als ihr Schöpfer und Eigner）見いだすはずである。霊＝精神の時期に（In der Geisterzeit）おいて思想はそれの生み親であったはずの私」（青年）「の頭でも手に負えないほどのものとなり、あたかも熱に浮かされた幻のように（wie Fieberphantasien）、思想は私をめぐり漂って、私をゆさぶった。ものすごい力であった。思想は**身体を具えたもの**（leibhaftig）となっており、神、皇帝、教皇、祖国等々のように、幽霊（Gespenster）であった。私がその具身性（Leibhaftigkeit）を打ちこわすとき、私は思想を私の内へとりもどして、私だけが身体を具えたものだと私は**言う**（zerstöre Ich ihre Leibhaftigkeit, so nehme Ich sie in die

Meinige zurück und sage：Ich allein bin leibhaftig）。そしてこんどは私は世界を、私にとって存在するところのもの、**私のもの、**私の所有と解する。私は一切を私に関係づける（Und nun nehme Ich die Welt als das, was sie Mir ist, als die *Meinige*, als Mein Eigentum：Ich beziehe Alles auf Mich）[2]」。

シュティルナーの論法——超幽霊性

ここで**言われている**ことの〔＝みずから語っているものの〕歴史において、しばしば単なる**命名**を手段とし、「固有名」[3]を「仰々しい名前」ですりかえるだけのこの奇想天外な再構成において、マルクスは幻覚の増大と幽霊が資本のごとく蓄積されるさまを告発する。現実に（wirklich）破壊されたのは、表象（Vorstellung）形式における表象にすぎないというのである。青年は、なるほど自分の幻覚、および——皇帝、国家、《祖国》などの——諸々の身体の幽霊的な見せかけを破壊することができる。しかし彼は、それらを実際には（wirklich）破壊してはいない。そして、自分の表象という代替器官や「自分の幻想の眼鏡」（durch die Brille seiner Phantasie）といったものを通してこれらの現実と関係を持つことをやめるとき、すなわちこれらの現実を対象、理論的直観の対象に、ということは見せ物に変えてしまうのをやめるとき、そのとき彼は世界の「実践的構造」を勘定に入れなければならなくなるだろう。すなわち、労働、生産、現実化、諸々の技術などを。この実践性のみが、この現実性（労働、この Wirklichkeit〔現実〕の、Wirken〔活動〕もしくは Wirkung〔作用〕）のみが、純粋に想像上のものか亡霊的なものである肉体（phantastische [...] gespenstige Leibhaftigkeit）に打ち勝つことができるのである。

マルクスは、シュティルナーに次のように警告をしているように見える。信じてくれるよう懇願するが、もしあなたが幽霊たちを厄祓いしたいのなら、自我論的転回も、眼差しの方向転換も、括弧入れも、現象学的還元も十分ではなく、しなければならないのは労働だ——実践的、現実的な労働なのだ。労働を思想し、労働を思想するという労働をしなければならない、と。労働が必要なのであり、実践的現実性として現実を勘定に入れることが必要なのである。**実在**の皇帝や教皇を、彼らの身体の**幽霊的な**形態のみを悪魔祓いしたり手品で消したりすることによって、一撃のもとに追い払うことはできない。マルクスは断固として主張する。幽霊的な身体を破壊した後には、現実の身体が残る、と。皇帝の**幽霊的**身体（die gespenstige Leibhaftigkeit）が消滅するとき、消滅するのは身体ではなくその現象性なのであり、その幽霊性（Gespensterhaftigkeit）なのである。そのとき、皇帝はかつてなかったほど現実のものとなり、かつてなかったほどその現実の力（wirkliche Macht）を思い知ることになるだろう。祖国の幻想的で幽霊的な形態（die phantastische und gespenstige Gestalt）を否定したり破壊したりしても、祖国を構成する「現実の諸関係」（wirkliche Verhältnisse）にかすり傷さえ負わすこともできない。人の生涯の諸々の時代を抽象的に再構成するにあたって、シュティルナーはわれわれに「幽霊的な影」を与えてくれるにすぎず、われわれはそれをその消滅した身体と「対決」させなければならない。というのも、このいわゆる亡霊の破壊のなかでそれが失ったのは、端的にその身体、「生」、「実際の現実」（Wirklichkeit）だったからである。自分の身体をいとおしがるがゆえに、その身体を失ってしまったのだ。というのも、この物語全体は、ナルシシズムと喪の作業のパラドクスによって支配されているからである。シュティルナーの公理論においては、すべてがみずからの身体への愛からはじまっているのであり、あるいははじまったり再開したりすべきだとなっている（« wenn *man* sich *leibhaftig* liebgewonnen »すなわち、「**人が自分自身の身体**をいとおしく思い、その**肉体を**いとおしがるようになってはじめて」ということである）。そのとき人は、自分がすでにそのなかへと固有性を失っていた幽霊たち（観念、客体化された思惟、等々である）、みずからの身体と生とをそのなかへと失っていた幽霊たちの喪に服すのである。この**直接的な**喪、この労働の喪、労働なきこの喪の作業、この即座にナルシス的な転回に対して、マルクスはこの喪の作業をめぐる労働を対置し、それはわれわれをあの超幽霊性から解放するのである。すなわち、シュティルナー的身体の自我から。この批判は、生けるものの核心にある死も脱固有化も排除するものではない。それは、つねに喪の作業、喪そのもの、そしてナルシシズムを遅らせるものに呼び戻す。マルクスは単に差**延**を実践と再自己固有化の遅延として決定しているだけなのである。

この回顧は、時にあれほどまでに似かよっている声を区別するのを可能にしただろうか。マルクスがシュティルナーにしかけている政治論争のなかで、これらの声はこだまし合っているように見える。事情通のための密議(＊4)〔conciliabule〕があるとするならば、それは誰がいちばんうまく亡霊を殺すかという問いをめぐって展開されるはずである。どのようなリズムで、どのような迂回や計略でもって？　リアルタイムで、すなわち即座にか、あるいは事後的にかというぐあいに。ところで、なぜこれを密議と呼ぼうとするのだろうか。それは、絶対的で無限で見かけのうえでは決定的な不一致、マルクスが何よりも大事に取っておき、まるで誰も彼を信じていないかのように絶えず彼が喚起する不一致の下に、ある親近性が、ひいてはある恐るべき類似が隠されているからである。次のことをしっかりと理解しなければならない。それが恐ろしいのは、マルクスにとってだということである。そして、密議がおこなわれるのは、論争を引き起こす共通の賭金があるからなのである。その賭金の名は、亡霊である。そしてマルクスとシュティルナーは、終にそれと決着をつけたがっているというわけである。これこそが共通の公理なのだが、それは議論の外部にとどまったままになっている。幽霊をやっつけるべきだというのだが、そのためには幽霊をものにしなければならない。ものにするためには、それを見、位置づけ、同定しなければならない。それに支配されずにそれを支配しなければならない。それに取り憑かれることなしに（besessen〔取り憑かれた〕――これは、マルクスの糾弾文書の一つのタイトルである。すなわち、「取り憑かれた人々」[*5]、Die Besessenen〔unreine Geistergeschichte〕〔憑かれた人々（不純な霊物語）〕）。しかし亡霊なるものが何かに存するなどするならば、この区別を禁止するか混乱させることに存するのではないのだろうか。その識別不可能性そのものに存するのではないのだろうか。亡霊を支配するとは、亡霊によって支配され、端的に取り憑かれることではないのか。それを捕らえることは、それの虜になることではないのか。しかしながら、マルクスは本質においてシュティルナーと意見を同じくしているように見える。亡霊に打ち勝たねばならず、決着をつけねばならないというのである。不一致は、この決着の方途とそのための最善の解決法にかかわっている。亡霊を死に処すことに関するこの係争は方法論的なものであるように見えるが、それは定義からして、いかなる境界も持っていない。それは、不可避的に存在論的、倫理的、政治的になってゆく。とはいえ、密議とは離教者もしくは異端者の宗教会議であり、秘密の宗教会議であり、活発な議論である。共謀者たち、ときには陰謀者たちがそこでは反論しあい、計画を構築し、武器を研いだり秘密を交換したりする。そこでは、戦略について合意があろうとなかろうと、これら幻影の敵対者たち一同は、ヨーロッパがある幽霊、すなわち『共産党宣言』の最初の名詞が指示している幽霊を前にしてふるえおののいていることを知っているにもかかわらず、亡霊の軍団に対して、亡霊性そのものに対して陰謀を練り上げ、おそらく彼ら全員が、それが正々堂々とした戦いだと考えているのである。今では、以前よりもよく知られるようになった事柄がある。『ドイツ・イデオロギー』を掘り出し、土中から引っぱり出して、その根の数々が絡み合った糸からなる、マルクス、エンゲルス、フォイエルバッハ、シュティルナー、ヘス、バウアー等々のあいだの共犯性と対立の結び目を解きはじめるまでに一世紀近くもかかったということである。それはほじめられてこそいるが、まだ終わってはいない。そして、ヘーゲルの父親然とした幻影は絶えず回帰して、陰謀＝筋書き〔intrigue〕はそれが再出現するや否や結ばれるのである。この毒々しい陰謀において相手を告発すること、それはつねにヘーゲルの回帰が近いことを予告したり告発したりすることになるのだ〔[...] if again this apparition come [...]〔[……]もしふたたびあの亡霊が出るならば〔[……]〕〕)。

というのも、この回顧がこのような「論理」の狡知に対して、その数々の変装に対して、またその論理が幽霊的身体に保証するあらゆる武器、難攻不落の鎧に対して、さらにはそれが場を与える果てしなき戦略に対してわれわれの感覚を敏感にしたならば、シュティルナーがよりよく理解できるからである。彼が、いかにして、そしてなぜ、こうした全般的で性急な亡霊化をおこなったかがよりよく理解できる。いずれにせよ、マルクスによるならば、シュティルナーはヘーゲル的観念の一連の変装(Verkleidungen)を受け入れてしまっていた。それらを信じ、教条的に信頼に足るもの(auf Treu und Glauben)だとすることによって、彼はそれらを世界そのものだと思いこんだ。その世界を前にして、態度を明確にし、みずからを際だたせなければならない当の世界だと。そしてそのために或る非我と対決し、そうすることによって身体を具えた**生きている個人**として(als leibhaftiges Individuum)みずからを再自己固有化できるだろうと思いこんだのである。

シュティルナー的自我

事実、シュティルナーはしばしばフィヒテ的な思想家として読まれてきた。しかし、この《自我》、この**生きている個人**それ自体が、**自分自身の亡霊**によって住まわれ侵されているらしいのだ。それは亡霊たちによって構成されており、今やそれは亡霊たちの宿主となり、亡霊たちをたった一つの身体という取り憑かれた共同体のうちに集結させているというのだ。《自我》=幽霊、である。したがって、「われ在り」〔je suis〕は「われ憑かれて在り」〔je suis hanté〕を意味することになる。私は、私自身によって取り憑かれている（私は、取り憑かれている私によって取り憑かれ、その私は取り憑かれている私によって取り憑かれ、……等々）。《自我》があるいたるところは、es spukt、つまり「取り憑かれている」。（この« es spukt »という固有語法《イディオム》は、フロイトの *Das Unheimliche*〔「不気味なもの」〕においてと同じように、これらのテクストすべてにおいて特異な役割を演じている。残念なことにその翻訳は、現実の行為も主体も客体もない〔spuken という〕作用の非人称性もしくは準匿名性と、再来する者〔der Spuk〕という形象の産出とのあいだの結びつきをあらわすのにけっして成功することはない。すなわち、今しがたわれわれが翻訳を試みたように単に「取り憑いている」ではなく、むしろ「再来する」、「再来霊する」、「亡霊する」となるべきだということである。）コギトの自己への現前の本質的様態とは、この« es spukt »の憑在であるだろう。たしかに、ここで問題となっているのは一つの糾弾文書の論理におけるシュティルナー的コギトである。しかしこの限界は越えられぬものだろうか。この仮説を、一切のコギトにも拡張することはできないだろうか。デカルト的コギト、カント的「われ思う」、現象学的エゴ・コギトにまで？(4) ここでは、現実的な現前が聖体拝受のナルシスに約束されている。シュティルナー的生者、その唯一の《自我》を訪れるのは、いわば自分自身の出現だと言えるだろう。個人は、自分の「これはわが身である」をみずから自分自身に与えるのだ。サンチョ゠シュティルナーとキリストは、そもそも二つの「肉体を持った存在」（« beleibte Wesen »）のように似かよっている、とマルクスは指摘する。彼は、その企てのキリスト教的‐ヘーゲル的次元をたえず強調するだけでは満足せず、したがってあらゆる現象学は精神の現象学（ここでは、亡霊の現象学と翻訳しておこう）であり、だからこそ、そのキリスト教的使命を隠すことはできないのだということを強調することでは満足しない。彼は、彼の目には文字どおり「構築」であるものを分析し解体するのだと主張する。ところで、思弁的教化に似ており、ときには単に教訓的な言説および伝統主義的な思考の新たな形式に似ているものを脱構築するために、マルクスはイエス・キリストとのこの**類似**の下に、シュティルナー的幻想は或る**自己同一化**を、その実、ある唯一性を投影していると示唆する。「サンチョは現代のキリストである。これこそ彼の「固定観念」であり、その歴史の構築全体（die ganze Geschichtskonstruktion）は当初からそれを「目指し」ているのである」（*op. cit.*, p. 419〔邦訳、四〇九頁〕）。体系的な研究によって、それは随所で明らかになるという。糧、晩餐、聖体のパンのテーマが、言語の、変装の、手品の批判と交わっているが、それらは、（説明の役を果たしてしまう語源の濫用、同音語をめぐる遊び、命名の特権化、言語の自律化、等々の）[5]言説の諸力を素朴なかたちで信頼に足るものとするのに貢献しているというのである。

ここである問いが必要となってくるが、それは方法の問いであり、精神を見る〔＝視霊の〕ための第二の予備教育（Anleitung〔手引き〕）である。すなわち、いかに世界を「真理の亡霊」（in das Gespenst der Wahrheit）に変えるのか。そして、いかにしてみずから「何か聖別されたものもしくは亡霊的なもの（in einen Geheiligten oder Gespenstigen）」に変身するのか。この批判的な問いはまず、ある架空の対話のなかで聖マックス（シュティルナー）からセリガに対して宛てられている。セリガは、マルクスがシュティルナーに対して非難している当の事柄を非難されている。すなわち、自身の内に「幽霊しか見いださないとしても」(in sich « nichts als einen Spuk finde »)「いぶかるにはおよばない」ということを。対象を真理に変容させるときに、セリガはもはや細部を問わず（＝小売りを営んでいるのではなく）、対象を一般においてあつかい、事業《ビジネス》を産業化しているのであり、「最初の幽霊の大量生産」(Erste Gespensterfabrikation im Grossen) を設立するのである。セリガは、シュティルナーがその咎で彼をおどし告発している当のことを信じている。真理を幽霊として (die Wahrheit als Gespenst) 考えているということを。しかし、これはまさしくマルクスが聖マックスに対しておこなっている非難なのである！ これこそ、数々の**定立**と**対立**の演出を再現しながら、彼が執拗におこなっていることなのだ。その演出は、彼がその「弁証法的方法[6]」に感心するそぶりを見せる「同格語の算術的付け加え」にいきつくのであるが。目も眩むような非対称性。幻視を得る技術、幽霊たちを**見る**技術とは、ほんとうは幽霊たちに**よって見られる**技術なのだ。**幽霊、それはつねに私を眼差して**（＝**私にかかわって**）**いる**。「**視霊の手引き**。人ははじめまずわが身を底抜けのたわけ者に変え——ということは、セリガの身になり (sich setzen)、ということにほかならないが——その次に、みずからに向かって、聖マックスがこのセリガに向かって言うように、こう言わねばならない、『世の中を見まわしてみて、何か霊がありとあらゆるものからおまえを眼差して（aus Allem Dich ein Geist anschaut!）いないかどうか、言ってみろ！』と。」

「私の視線をたどってみろ」、と《騎士団長》のごとき泰然とした威厳と石の冷酷さでもって、亡霊は言っているようである。その視線をたどってみよう。われわれはそれをすぐに見失ってしまう。亡き者は、鏡張りの通路でいくつにもなり、姿を消してしまうのである。《おまえ》を眼差しているのはたった一つの霊ではない。この霊はいたるところに「在り」、いたるところから（aus Allem）来るので、それはアプリオリに増殖し、もはや一つの**視点**を指定することさえできない一群の亡霊に彼らから場を奪うことによって場を与える。彼らは、空間全体を満たしているのだ。数をなす亡霊。しかし、自分がいないところにさえ住み、同時にあらゆる場所に憑き、**非・場所的**《アトピック》（気が狂い、局限不可能）であるためには、たんに眉庇の下から見、（私やわれわれといった）見られる側から見られぬよう見るだけでは十分ではない。語りもしなければならないのである。そして、声を聞かなければならない。そのとき、亡霊的なざわめきが響きわたり、すべてを満たすのである。「崇高」の霊、「ノスタルジー」の霊があらゆる境界線を通過する。マルクスはこう引用している。「人間たちから何百万もの幽霊たちが語っているのが聞かれる（und man hört "aus den Menschen Millionen Geister reden"[7]）」。そして、容赦のない螺旋運動が一連の引用を引きだして、**二つの結論**に導いてゆく。マルクスは、それらをシュティルナーの〈証拠となるテクスト〉から抽出すると同時に、シュティルナーに対して利用しようとする。いつものことながら、自分こそ武器の唯一の所有者であると信じ込んでいた人物からその武器を奪い取り、その人物に対して向けかえすのである。われわれはここで、現象学的原理一般に対して向けてもよいと思われる異議申し立てを強調しておこう。二つの結論とは、次のものである。一、世界そのものの現象学的形態は亡霊的なものである。二、（《私》《汝》などの）現象学的エゴは亡霊である。（現象や幻影、つまり幽霊〔phantôme〕へと規定される以前の）Phainestai〔現レルコト〕そのものがまさしく亡霊の可能性なのであり、それは死をはらみ、死を与え、喪で作業しているのである。(8)

霊＝精神の現象としての幽霊

シークエンスの連続、連鎖、鎖の音、夜が最も深まったころ、すっかり青ざめ透きとおった姿をして、果てしない列をなしてゆく現象的な形の数々。精神の出現形式、精神の現象的身体、これこそが亡霊の定義である。幽霊とは精神の現象なのである。マルクスを引用してみよう。そのマルクスはシュティルナーを引用しているが、それはこの人物が一緒に出頭するために引用している〈証人としての論敵〉である人物にあらがいがたく自己同一化していることを告白させようとしてのことである。すなわち、あの哀れなセリガに。このセリガについては不確かな形象だけが忘却を超えて生き残り、この人物は引用というあの間接的な声でしか語ることがない。すべてがこの es spukt というドイツ語の言いまわしのなかに凝縮されているが、フランス語訳はこの言いまわしを遠巻きに表現する以外のことはできない。「憑在する」、「再来霊する〔ça revenante〕」、「亡霊する〔ça spectre〕」、このなかには幽霊がいる、生ける屍の気配がする、などと言うべきなのだろう——館、交霊術、オカルト学、暗黒小説、蒙昧主義、脅迫もしくは名もない切迫の雰囲気。憑在する主体は同定することができず、いかなる形を見ることも、居場所を示すことも、固定することもできず、幻覚と知覚のいずれなのかも決定することができない。人は、ただ何かが動きまわるのを感じ、見えぬものに眼差されているのを感じるのみである。

「この［人間たちから何百万もの幽霊たちが語っているのが聞かれる、aus den Menschen Millionen Geister reden］段階まで首尾よくやって来ることができ、シュティルナーとともに「**そうだ、**世界中に幽霊が出る（*Ja*, es spukt in der Ganzen Welt）」と叫ぶことができるようになると、「あとはもうほんの一足で楽に」（九三頁）さらにこう叫ぶところにまでゆく、「世界の**なかにいるだけだろうか？　いや、**世界そのものが亡霊なのだ（Nur *in* ihr? *Nein*, sie selber spukt）」。（ただ然り然り、否否と言え、これに過ぐるは悪より生ずるなり、すなわち論理的移行より出ずるなり。）「世界は霊＝精神のさまよえる化身であり、一つの亡霊である（sie ist der wandelnde Scheinleib eines Geistes, sie ist ein Spuk）」と。それから落ちついて「遠近をよく見てみよ、おまえのぐるりには亡霊じみた世界がある——、おまえには霊＝精神どもが見える（[...] in die Nähe oder in die Ferne, Dich umgibt eine gespenstige Welt ［...］ Du siehst Geister）」。［……］「おまえの霊＝精神」も「おまえの身体のなかに化けて出ている（Dein Geist in Deinem Leibe spukt）」のであり、おまえ自身が「贖罪を待ちこがれている、つまり一つの霊＝精神」、一つの亡霊である（Du selbst ein Gespenst bist）ことをこの機会に、そしてこのセリガ的高みにおいて知ったとしても、「いぶかるにはおよばない」。これでおまえは「あらゆる」人間のうちに「霊＝精神ども」と「幽霊ども」を見ることができるところまで来たわけで、これでもって視霊は「その究極のねらいを遂げる」ことになる（四六―四七頁）。この手引きの虎の巻は、ヘーゲルの（とりわけ）『哲学史』第三巻、一二四、一二五頁である。ただしそこではずっと正しい言い方がされているが。(9)」

このくだりは、とりわけ亡霊と霊＝精神とのあいだの差異について光を与えてくれたことだろう。その差異とは、差**延**なのである。亡霊は単に、精神の肉体の出現とかその現象的身体ではなく、その堕落して罪を背負った生命ではない。それはまた、贖罪に対する、ということはまたしても一つの精神に対する（［…］auf Erlösung harrt, nämlich ein Geist ［…］〔贖罪を待ちこがれている、つまり一つの精神〕）、待ちきれぬノスタルジックな期待なのだ。幽霊とは、差延された精神、ある贖いの約束ないし計算なのである。この差延とは何だろうか。一切か無かである。それを勘定に入れずにすますことはできないが、それはあらゆる計算、利息、資本の裏をかいてしまう。精神の二つの契機のあいだの過渡的段階である幽霊は、ただ通りすぎるばかりである。「精神の子どもたち」である複数形の「精神たち」から単数形の精神への移行をシュティルナーは、「まじめに」受けとめている、とマルクスは引用しつつ指摘する（Sankt Max macht jetzt Ernst mit den « Geistern », welche die « Kinder des Geistes sind »）。少なくとも、シュティルナーは万物がこの幽霊性を持っている（Gespensterhaftigkeit Aller）と「思っている」。これらすべての子ら、マックスによってもマルクスによってもその性がけっして特定されることがない（とはいえ、おなじ《息子》の兄弟であり、おなじ精霊の媒介によるおなじ《父》の息子たちであることをすべてが暗示しているが）これらの子どもたちに対して、シュティルナーは名を与えるだけで満足している。人名学と統制名称の呪文の魔術。名称は新しくても概念は古く、たった一つの考えだけを後ろに引きずっている。まさしく新しい名称のもとに、人間たちが一般的概念を**代表している**という考えである。もちろん、議論のすべてがここでは、概念的一般性の地位をめぐって展開され、マルクスによるならばシュティルナーがそれを幽霊化することによっておこなっているそれに対するひどい仕打ちをめぐって展開されている。これら「代表者」（Repräsentanten）である人間たち、彼らは「黒人的状態」（im negerhaften Zustande）における諸概念の一般性を現前化するか再現前化している。不実で二面性をもつ「黒人」という語は、二重の打撃を与える。一方で、それはシュティルナーが概念を、より正確には概念の**現前**を混乱状態においたままにしているさまを告発し、直観のなかに諸概念が「登場する」さまを告発している。夜闇の暗いエレメントにおける、等質なものの非限定性である。「黒人的状態」というのは、威厳ある先祖が少し前に言っていたように、すべての牛が黒くなる闇夜のことである。(*6) マルクスの当てこすりは、ある古典的な策略を起動させている。それは、一般性に対してあまりにも寛容すぎ、しかも暗がりのなかで幽霊にあまりにも気をとられすぎているとある人物を告発するとき、蒙昧主義ひいては神秘学の罪を結論づけようとしているということである。そのとき、次のようなことが言われる。この人物は、幽霊の存在を信じ続けている。それを追い払うのにこれほどまでのエネルギーを費やしているのだから、幽霊を信じているにちがいない！　理性の光の名のもとに、人はそのとき、一般的概念の呈示におけるいかなる**不明瞭さ**〔*obscurité*〕をも断罪するために立ち上がる。「黒人的状態」とは蒙昧主義プラス神秘学であり、謎プラス神秘主義および神秘化なのである。黒さは不明瞭さやオカルトからけっして遠くにあることはない。唯心論＝精神主義は、交霊術にすぎないのである。しかし他方で、「黒人的状態」はいかなる自律性も持っていないこれらの疑似概念の隷属化の方へと合図を送っているのかもしれない。これら疑似概念には、いかなる内的必然性も認められない。それらが、ただ**対象**として人間たちに奉仕し、人間たち**のために**働いているからである。「これらの一般的概念はここではまず黒人的状態において、客観的な、人間たちに対して対象的な霊＝精神ども（als objektive, den Menschen gegenständliche Geister）として現れ、この段階では次のように呼ばれる。幽霊たち、または――**再来霊たち**、である（und heissen auf dieser Stufe Gespenster oder –*Spuk*）(10)。」

幽霊がいたるところに散種されるならば、問いは不安をかきたてるものとなってくる。いったいどこから子孫を数え**はじめる**べきなのか。またしても、〔先〕頭の問題である。頭のなかに巣くっているもののうちで、誰を頭に持ってくるべきなのか。（Mensch, es spukt in Deinem Kopfe!〔人間よ、お前の頭にはそれが棲み憑いている！〕）　行列の先頭には肝要《キャピタル》なもの、主要《キャピタル》な表象、《長男》、すなわち《人間》がやってくる。首位の亡霊、はじまりをなし支配力を行使する、筆頭亡霊（das Hauptgespenst）とは、まず大文字の《人間》なのである（Das Hauptgespenst ist natürlich « der Mensch » selbst）。しかし、この論理において人間が、ある抽象的一般性、本質、概念もしくは精神の代表者（Repräsentanten）としてしか、ある〈神聖なもの〉もしくは異質な他者性（Fremden）の代表者としてしか存在しないとすると、彼らは幽霊的な仕方でしか、まるで亡霊のようにしか、おたがいにとって現前していないことになる（nur als gespenstige, Gespenster für einander vorhanden sind）[11]。人類は、幽霊の寄せ集めか連なりでしかない。これは、ヘーゲル的論理の忠実な応用なのだろうか。『精神現象学』を応用した〔＝の丹念な〕暗唱なのだろうか。マルクスはそうほのめかし、戯れにこれらの亡霊たちに行列を組ませ、列をなして、まさしく理論的に＝代表使節団[*7]のように、行進させて喜んでいる。しあわせな風刺文作家のアイロニーとやや神経質な自己満足でもって、おそらくはその身体を何らかの強迫性否認にむしばまれながら、彼は亡霊を指折り数えるふりをする。〈ふりをする〉というのも、まるで偶然でもあったかのように、十個の亡霊がいるというからである。マルクスがしているのは、ただ亡霊の数を数え、それらを列挙する〈ふり〉だけである。というのも、ここで数えあげることなどとうてい不可能だということを彼は知っているからである。彼がしたいのは、まさしく数かぎりないことを示すことにほかならない。これらの自己同一性の仮象は、論敵を混乱させるために何一つおろそかにしない論理にしたがって分類される。集合の数々をたがいにはめこむこと、亡霊的な特異性の数々をめだたぬ、整列した形で（der Reihe nach）系列化することが**同時に**実践される。おそらくは結局のところ、一つの幽霊しか、すなわち諸々の幽霊たちからなる一つの幽霊しかなく、しかもそれは概念、いや概念でさえなく、他のすべてよりも広く包括的な概念の不明瞭で「黒人的な」呈示でしかないのだ。それはひいては、ありとあらゆる置き換えに適合する名詞もしくは換喩なのである（全体をあらわしつつ、その際に全体をはみ出してしまう部分、原因をあらわしつつ、その際に今度は原因の原因となってしまう効果、等々となるような換喩ということである）。唯名論、概念論、実在論、これらすべては幽霊と呼ばれる《モノ》ないし《物ならぬモノ》〔Achose〕によって混乱に陥っている。分類学的秩序はあまりにも容易になってしまい、恣意的であると同時に不可能となってしまう。幽霊は分類されることも数えられることもできず、それは数そのものであり、数をなし、数のごとく数かぎりなく、その勘定を頼りにすることも考慮することもできない。幽霊はたった一つなのだが、すでにしてそれは多すぎるのだ。それは増殖し、その子どもや利子、その代補＝追加料金や剰余価値の数々を数えることはできない（プラトンが熟知していたように、ギリシア語においては、同じ形象が父親から生まれた息子と資本もしくは《善＝財産》から生まれた利子とを関連づけていた）[12]」。というのも、特異な幽霊、この計算不可能な多様性を生みだした幽霊、首位の幽霊とは父親もしくは資本である。この抽象的な二つの身体は、両者とも可視的であり不可視的なものである。〈現身〉なしの出現。それは思弁＝投機を不可能にするどころかその逆である。数えきれぬものを数えようとする欲望についても同様である。算術的欲望は、そこに衝動を、ひいてはほかならぬその起源を見いだすのだ。そして、分類する欲望を。そして、階層化しようとする強迫を。他方で階層化の強迫は、幽霊たちがすべて権利上は平等であり、平らな土地のうえを動く用意ができている概念のように、水平に幽霊たちを列にすることを妨げはしないのであるが。その幽霊たちにはラベルが貼られ、まるで照明灯にてらされて重要な決勝戦にのぞむ晩のサッカー・チームのメンバーでもあるかのように、身体には《幽霊一番》から《幽霊一〇番》までの番号がぬいこまれる。一つだけ幽霊が欠けているのだが、どの幽霊なのかとさんざん首をひねってしまう。(＊8)

亡霊たちを数えてみよう。マルクスが指折り数えるのを見ながら。しかしまたしても、この奇想天外な舞台のはじまりにあたって、次のような自問を禁じることができない。なぜこれほどまでの執拗さなのか。なぜこのような幽霊狩りなのか。なぜマルクスはこのように怒り狂うのか。なぜ、これほどまでに抗しがたいアイロニーでもって、彼はシュティルナーを責めさいなむのか。あまりにもその批判が執拗で冗長であるために、きらめきに満ちていると同時に重々しいために、マルクスがけっして中傷の矢を投げつけるのをやめることができず、致命傷を与えてしまうのではないかという印象を抱いてしまう。彼は、けっして自分の犠牲者から離れることができないかもしれないと。彼は、当惑させる仕方で、犠牲者に結びついている。獲物が、彼を虜にしているのだ。狩猟者の執拗さは、獲物をだますために動物のおとりをしかけるということであり、ここでそのおとりとは幽霊の、生命なき生きた身体である。このことについて私は私なりの感想をしかと持っている。(しっかりと強調しておくが、それは**感想**であり、**私の**感想であって、私が解釈している舞台のなかにそれが必然的に投影されていることを否認するいかなる理由もない。私の「主張《テーズ》」、仮説《イポテーズ》もしくは実体《イポスターズ》とは、まさしく、他人の幽霊たちを非難する際でさえ、各人が読み、考え、行動し、書いているのは**自分の**幽霊**たち**とともにであって、こうした性急さを避けることは不可能だということである)。したがって私の感想は、マルクスが自分を恐がらせているということ、彼自身と取り違えてしまうほど彼に似ている誰かをめぐって**みずから**〔を〕執拗に攻撃しているということである。その誰かとは、兄弟、分身であり、したがって悪魔的な像である。彼自身の幽霊のようなものである。それを彼は遠ざけ、彼と区別し、すなわち**みずからに対置**したいのである。彼は、自分がそうであるように、亡霊たちによって、亡霊の形象《フィギュール》=文彩と心乱す響きと指示をもった亡霊の数々の名(Geist, Gespenst)によってさいなまれているような人物がいるのを認めた。彼もまた、同じ亡霊に、また別の亡霊に、そのつど別のものである同じ亡霊につきまとわれている。というのも、幽霊の自己同一性=正体〔identité〕は、まさしく「問題《プロブレーム》」だからである(problema とは、同時に問い、課題、プログラムであり、楯、恐ろしげな様子で方向を転換させる鎧である。すなわち、鎧対鎧であり、他者によって魅惑されている兜であり、眉庇をしての決闘である)。ということで、この感想を記述してみよう。それは、シュティルナー**のように**さいなまれ、取り憑かれ、虜となったマルクスという感想であり、もしかするとシュティルナー以上にさいなまれ、取り憑かれ、虜となっていたかもしれないマルクスという感想である。それは〔マルクスにとって〕いっそう我慢ができないことである。しかるに、シュティルナーは**彼に先んじて**、しかもあれほどまで雄弁に語っている。それはさらに許しがたいことである。狩猟がときどきこの語に与える意味において、シュティルナーはマルクスの亡霊たちの**盗み狩りをして**(*9)しまったのだ。彼はありとあらゆる悪魔祓いを試みたが、それを何という雄弁、愉悦、歓喜をもっておこなったことだろうか！　何と彼は悪魔祓いの語を愛していたことか！　というのも、これらの語はつねに再来をうながし、それらの語が追い祓おうとしている当の再来霊を呼び出すからである。おまえを狩ってやるからこっちへ来い！　わかったか！　おまえを狩ってやる。おまえを追いかけてやる。ここからおまえを狩って追い出すためにおまえを追いかけてやる。放してなるものか。というわけで、幽霊はその獲物、すなわち狩人を放しはしない。彼は瞬時にして、ただ狩られる〔追い祓われる＝追いかけられる〕ために狩られる〔追いかけられる＝追い祓われる〕のだということを理解してしまう。(＊10)ここには鏡像的な円環があり、狩る〔追い祓う＝追いかける〕ために狩り〔追跡＝追い祓い〕がおこなわれ、追い求めがおこなわれ、何者かが逃げ出すために追跡がはじめられるのだが、その何者かを逃げ出させ、遠ざけ、退去させるのは、それを捜し求め続け、あいかわらずその追跡を続けるためにほかならない。何者かを狩り、その者を戸外に追いだし、そのものを排除し、抑圧するといったことがおこなわれる。しかしそれは、その者を狩るため、誘惑するため、その者に打撃を与えることができ、したがってその者を射程内にとどめておくためにすぎない。人はそれを遠方へと送り出し、生涯を――しかもできるだけ**長い時間**を――費やしてそれに近づこうとするのである。**長い時間**、これこそがこの**遠ざけ狩り**〔おとりを示す場合も獲物を示す場合も〈何々狩り〉というように〕の時間なのである。この遠ざけ狩りは、至近距離にあるということを幻覚したり――お望みならば欲望したりと言ってもいいが――差延したりすることしかできないのである。おとり**かつ**獲物、である。

この**逆説的な狩猟**（その形象はプラトン以前にすでにはじまり、哲学史全体を、より正確には存在論的調査ないし探索の歴史全体を貫いているのだが）の論理とトポロジーは、『共産党宣言』を読む際に、単なるレトリック上の装飾としてあつかわれてはならないだろう。すでに見たように、この著作の最初のいくつかの文章は、憑在の形象と狩猟の形象を直接に結びつけている。これは、厄祓いの経験以外の何ものでもない。厄祓いは、すべての側にある。（共産主義の亡霊に対して「神聖な追い出し猟」をしかけている）古いヨーロッパの強国の陣営にも、同じく狩りを行なっている対立する陣営にも。こちらの陣営において、マルクスとシュティルナーという二人の偉大な狩人は、原理上、同じ一つの〈共謀=厄祓い〉の〈共謀者=追い祓われる者〉たちである。しかしマルクスは、シュティルナーが裏切りをはたらき、敵対する者たちに、つまりキリスト教的ヨーロッパに、奉仕していると告発する。マルクスは、シュティルナーが、たとえ追放するためであったにせよ、亡霊を体系の、論理の、レトリックの中心に彼に先んじて据えたことを恨みに思っている。これは許しがたいことではないだろうか。マルクスは恨みに思っており、自分がシュティルナーとは別の物を望んでいることを示そうとする。それは物ではない。それは幽霊なのである。シュティルナー同様、また亡霊に関心を占領されているすべての者同様、彼が亡霊を受け入れるのはただ狩るためだけである。亡霊が登場するや否や、歓待と排除が対になって出てくる。幽霊に関心を占領されるのは、ただ幽霊を追い祓うことに関心を持つからであり、幽霊を戸外に追い出すことに関心を持つからにほかならない。これこそ、マルクスとシュティルナーが共有していることである。すなわち、この幽霊狩りだけ、〈無〉であり続ける幽霊という特異な〈無〉だけ、というわけである。しかし、忘れてならないことは、たとえば精神や観念とは違って、もしくは端的に思惟とは違って、この〈無〉は具身する無であるということである。そして、二人の敵対者は両者ともこの身体を追い祓いたいと考えているので、定義からして心を乱す両者のあいだの類似は、この観点からは解消することはできない。マルクスがシュティルナーの「歴史的構築」や「モンタージュ」についておこなった脱構築的批判の数々は、ブーメランのように彼の方に戻って来かねないのである。だからこそ、果てしないまでの執拗な攻撃が見られる。果てしないのは、**それ自身によって**それが維持されるからである。彼は分類したいというが、そもそも狩りをすることしかできない。執拗さは、先程ほのめかしたように、分身か兄弟のようなものを執拗に攻撃する。二人とも生を愛する。それは当然のことでもあるが、有限な存在にとってはけっして当然のことではなくもある。というのも、有限な存在は、死なき生はありえないことを承知しており、また、死が生の彼方に、その外部にあるのではないということを承知しているからである。〈彼方=あの世〉を生の内部に、生けるものの本質のなかに書きこまぬ限り。彼らは二人とも、見かけの上では私とあなたがしているように、生ける身体に対する無条件な偏愛を共有している。しかしまさにそれゆえに、その身体を表象するものに対して、その身体そのものではないがその身体に帰属する一切のものに対して、果てしなき戦いをくりひろげるのである。すなわち、代替器官、委任、反復、差延に対して。生ける自我は自己免疫を持っているのだが、彼らはそんなことは顧みようともしない。自分の生を護り、唯一の生ける自我たろうとし、〈同じもの〉として自分自身との関係を保つために、自我は必然的に他者を内部に受け入れなければならない(すなわち技術的配置の差**延**、反覆可能性、非‐唯一性、代替器官、合成像、仮象を、である。しかし、そしてそれは言語とともに、言語に先立ってはじまるのであり、これらすべては死の形象なのである)。したがって自我は、見かけの上では自我ではないものに対して、敵に対して、反対者に対して、敵対者に対して向けられているはずの免疫機構を、**自分のためと同時に自分に対抗して**さし向けなければならないのである。マルクスは、自分の方がすぐれた専門家(よりすぐれた幽霊学の「学者」、よりすぐれた「スカラー」)だと自称し、聖マックスにつまるところ次のように述べていたのを思い出してみよう。私の方がおまえより幽霊に詳しい。幽霊というのは私の関心事であり＝私を眼差しており、もしおまえが生を救済して生ける屍を追い祓いたいのなら、直接的に、抽象的に、自我論的に、幻想的に、言葉でもって、phantasmagoreuein〔幽霊ヲ語ル〕の言語行為でもって、それをおこなってもうまくゆかない。回り道という骨の折れる試練を経由しなければならないのだ。**実践的**諸構造を横断し**変形**〔*travailler*〕しなければならず、実在的、「経験的」等々の現実性が持つ確固とした媒介を横断し変形しなければならないのだ。さもなければおまえが追い祓えるのは身体の幽霊性のみであって幽霊の身体そのものではないだろう。すなわち、国家、《皇帝》、《国民》、《祖国》等々の現実ではないのだ。しかし、当然のことながら、この回り道をゆくあいだは、幽霊的現実の自律的身体、その比較的自律した身体を勘定に入れることを受け入れなければならないだろう。

決着を急ぎすぎるがゆえに一貫性を欠くこの分身に対して執拗に攻撃を加えることによって、マルクスはつねに自分自身の幽霊を攻撃してしまうリスクをおかしている。思弁的であると同時に鏡像的な亡霊を攻撃してしまうリスクを。このリスクは彼をいらだたせ、彼は果てしなく攻撃の矢〔traits〕を繰り出さなければならなくなる。区別するための特徴〔traits〕と論争的な毒舌〔traits〕を。それは果てしないのだが、それはあくまで決着をつけるためであり、勘定をするのは遺恨の決着をつけるためである。

彼は相手の幽霊を数える。十個ある。というよりも、彼は十でやめてしまう。単に指折り数えるのに好都合だからだろうか。教科書〔manuel〕作成を目指しての手作業〔opération manuelle〕だからだろうか。しかし、ここでマルクスの手は――パトリス・ロローならば、「手の裏で」と言うかもしれない[13]――何をしているのか。なぜ十なのか。

ここでその確認はしないが、『ドイツ・イデオロギー』全体を通じて読むことができるのは、この幽霊目録《ターブル》の尽きることなき注解である。というのも、それを次のようにみなすことができるからである。すなわち、十段階に分かれた《律法の石版《ターブル》》のための板《ターブル》、すなわち十戒の亡霊および亡霊の十戒として。新しい一覧表《ターブル》は、また表《タブロー》としても呈示される。すなわち再来霊たちの皮肉な表作成、架空の分類もしくは統計として。亡霊一般としての客体もしくは存在者の範疇表として。しかしながら、表の展示にふさわしい静力学というものがあるはずだが、この表は安定した静止をまったく知ることがない。この霊たちの一覧表＝絵画は、交霊術用のテーブルのごとく動くのである。それは、『資本論』のしかじかのテーブルのようにわれわれの目の前で踊りだすが、その商品化が秘密の、神秘の、物神崇拝の次元を開くときに動きだすのを、もう少し先でわれわれも見ることにしよう。というのも、この再来霊のリストのなかで、主要な諸範疇が告訴箇条としてそそり立つ新しい表のなかで、諸々の概念は区別されないからである。それは一つ一つ加えられるのではなく、互いに代補しあって順番に他の概念のなかに入りこみ、それぞれがその他の概念の一つの展開として姿を現している。ここで『ドイツ・イデオロギー』を読むことはできないが、その書物は結局のところ、この一覧表が展開された展示なのである。好奇心がある読者には原典の参照をお願いすることにし、マルクスが十個の出現のそれぞれにともなって発する感嘆形式の揶揄を引用することもひかえて、われわれとしてはしかじかの弁別的特徴をめぐる指摘をいくつかするだけにとどめておきたい。「純粋な霊の歴史」(reine Geistergeschichte)のなかでマルクスは「十のテーゼ」を数えていたが、何頁か先の「不純な霊の歴史」のなかでは、十の再来霊を基にして計算をおこなっている。

Gespenst Nr. 1〔亡霊一番〕。至高存在(das höchste Wesen)、《神》。この「信じがたい信条」について語るのに、一分たりとも無駄にすることはない、とマルクスは指摘する。ちなみに、マルクスもシュティルナーも信じることの本質、ここでは優れて信仰なるものの本質について立ち止まることはない。その信仰なるものは、信じがたいものしか信じることができず、一切の「神の存在証明」を超えて、信じることなしには信仰たりえないのである。

Gespenst Nr. 2〔亡霊二番〕。存在あるいは本質（das Wesen）。［見かけの上では、より高い方、すなわち das höchste Wesen〔至高存在〕からより高くない方、単なる das Wesen〔存在＝本質〕へとくだってきている。少なくともアリストテレス以来の古い問題である。神学から存在論にいたる下降ヒエラルキー。そんなに単純なことですむのだろうか。Wesen は、これから見るように、この分類の共通概念であり続け、その導きの糸であり続けている。そしてこの分類は本質的に存在論的であり続け、実際には存在‐神学的であり続けるのである。[14]］

Gespenst Nr. 3〔亡霊三番〕。世界の虚しさ。それが「容易に」、「軽く」、〔ドイツ語で言うならば〕*leicht* の次に続くものにつなぐためだということ以外には何も言うことはない、とマルクスは指摘する。事実、幽霊の影と虚しさ以上に軽く、まさにそれ以上に虚しく、それ以上に存在せぬもの（そこにはもはや Wesen〔本質〕はない）があるだろうか。したがって単に、次に来るものへ移行し、それと連鎖させるために、世界の虚しさ、というわけである。次のものとは、

Gespenst Nr. 4〔亡霊四番〕。善き諸存在〔＝本質〕と悪しき諸存在〔＝本質〕（die guten and bösen

Wesen〕。Das Wesen〔本質〕は戻って来ているが、マルクスは、言うべきことがあまたあるにもかかわらずマックスがそれについて何も言っていないことを指摘する。次に来るものと連鎖させるためだけなのだ。次のものとは、

Gespenst Nr. 5〔亡霊五番〕。本質とその王国（das Wesen und sein Reich）。これは存在の最初の規定である。それは一つの帝国を有しており、複数の存在へと変身するその化体（Verwandlung）はそこに由来する。これこそが複数的なものの最初の誕生であり、すなわち誕生そのものであり、数と子孫の起源である。もちろん、「王国」という語は、十戒の石板もしくは存在の諸範疇の一覧表を福音の地へとすでに移動させている。

Gespenst Nr. 6〔亡霊六番〕。よって、諸々の本質（die Wesen）である。五から六への過程で、化体と自然発生によって複数へと移行し、子孫の増殖へと移行した。（« daß es "das Wesen" ist, worauf es sich flugs in Gespenst Nr 6 : "die Wesen" verwandelt. »〔それは「本質」であると言われ、その後それはたちまち幽霊六番、「諸々の本質」と化する。〕）

Gespenst Nr. 7〔亡霊七番〕。神人（der Gottmensch）。要するに、これがこの下降するヒエラルキーにおける転回もしくは（下降方向であり**かつ**上昇方向であるという）可逆性の契機である。

それはまた、第三者の範疇であり、思弁的観念論の総合のための中間項あるいは媒介であり、幽霊の人類‐神学としてのこの存在‐神学の**蝶番**である。神人は、『精神現象学』においても同じ役割を果たしているのではないのだろうか。この分節の継ぎ目は、また、受肉化の場所を、亡霊として受肉するか体内化するという特権的な契機を示している。マックスもそうであったように、マルクスがこれについて最も長く、まさしく最も執拗な、最もとらわれたような解説をほどこしていることには何も驚くべきところはない。キリストの契機と、その契機のうちでの聖体の瞬間とは、執拗さそのものの誇張法ではないだろうか。このことについては十分に見てきたが、もしどんな亡霊も体内化によって、体内化に準ずる現象的形態によって精神と区別されるならば、キリストは亡霊のなかでも最も亡霊的な存在である。それは、絶対的な亡霊性について何かしら教えるところがある。シュティルナー自身も、この超越論的な特権が特異なものであるということをキリストに対して認める準備があるというのである。この受肉化がなかった場合、受肉化の概念はどんな意味を持つというのか。歴史に残るどんなチャンスを持つというのか。イエスは最も偉大な幽霊であると同時に最も「不可解な幽霊（unbegreiflichste Gespenst）」でもある。マルクスはそれを強調する。

「このキリストについてシュティルナーの言えることとは、キリストが「**身体を持っていた**」（daß er *"beleibt"* gewesen ist）ということである。聖マックスはキリストを信じないが、少なくともキリストの「現身」(an seinen "wirklichen Leib") は信じている。キリストはシュティルナーによれば大きな不幸を歴史にもちこんだのであって、われらがセンティメンタルな聖者は目に涙をたたえながら、「最も強いキリスト教徒たちですらキリストを理解しようとしてどんなにわが身を責めさいなんだか」。そうなのだ！「それほど人々の心を責めさいなんだ亡霊などというものはいまだかつてなかった……」と語る。[15]」

したがって、キリストから「恐るべき存在」(zum grauenhaften Wesen) に移行することはたやすい。

Gespenst Nr. 8〔亡霊八番〕。人間。ここでわれわれは自分自身にもっとも近いところにあるが、それは最も恐ろしいところでもある。恐しがらせるということは幽霊一般の本質に属する。このことはとりわけ、人間について、すべての幽霊のうちでも最も《unheimlich》〔不気味な〕幽霊である人間について真実である。この unheimlich という語をシュティルナーは用いているが、フランス語訳はたいていの場合これを無視している。しかしこの語はわれわれにとっては最高度の重要性を持っている。それは、還元不可能な憑在の語である。最も親密なものが最も不気味なものになる。オイコス〔oikos〕をめぐる家政管理的《エコノミック》もしくは家政学的《エコロジック》な〈わが家〉、近しいもの、親密なもの、飼い慣らされた＝国内的なもの、ひいては国民的なもの (heimlich) が、自分自身を不安に陥れるのである。その〈わが家〉は、自分の内奥の秘密（Geheimnis）そのものにおいて、もっとも異質なもの、遠いもの、脅かすものによって占拠されているのだ。結論するにあたって、後ほどこの点に立ち戻ることにしよう。絶対的な亡霊であるキリストは恐れをいだかせ苦痛を与える。その一方で、そのキリストという Gottmensch〔神人〕は人間となるが、その人間は（そして、ここで人間は、こうした生成においてしか人間となることがない）、われわれにさらに近づく限りにおいていっそう大きな恐れを抱かせる。人間は亡霊的なものよりもさらに亡霊的なのだ。人間はみずから**恐れとなる**＝みずからに**恐れを抱かせる**。彼は、みずからがもたらす恐れとなるのだ。[16]そこから、人間主義を維持しがたいものとする数々の矛盾が生じる。ここにこそ、われわれの話題を方向づけている**自己の恐怖**の論理が芽ばえるのである。そこにこそ、自己の〈自己性〉が構成される。誰もそれをまぬかれることはなかったことになるだろう。マルクスも、マルクス主義者たちも、もちろん彼らの不倶戴天の敵たちも、ということは〈自分たちの家の居心地よさ〉――すなわち、自己の身体、固有名、国民、血、領土、ならびにそれらによって根拠づけられる「諸権利」――の所有＝固有性とその保全を護ろうとするあらゆる者たちも、である。マルクスは、誰もまぬかれることができぬその宿命を提示するが、それはまさしく正面にいる他の者においてそうするのであり、聖マックスにおいて逆方向に提示された、宿命性なのである。[17]マルクスは、それが現象学的な襞にかかわっていると示唆しているようである。存在を現れから区別している、決定的であると同時に一貫性のないあの差異に。存在の現れは、そのものとしては、その現象の現象性としては、存在が現れるのであり、また現れるのではない。これこそが、«unheimlich»〔不気味なもの〕の襞なのである。

「亡霊八番、人間。ここではわれらがけなげなる著者はずっと「気味悪がり」つづける、――「彼は自分自身を恐がり（er erschrickt vor sich selbst）」、ひとりひとりの人間の内に「ぞっとするような亡霊」（einen "grausigen Spuk"）、「不気味な亡霊」（einem "unheimlichen Spuk"）を見る。そこに「妖しいものが出ている（in dem es "umgeht"）」のである〔これは、『共産党宣言』で用いられている語だ〕。彼はひどく不安に感じる。現象的現れ（Erscheinung）と本質（Wesen）の分裂（Zwiespalt）は彼が落ちついて眠るのを妨げる。彼はアビガルの夫ナバルのようなものである。ナバルについては、聖書において、彼の本質もまた彼の現象とは別のものであったと言われ……」(18)

すべてが相変わらず頭と首領の間近で起こっている。この自己の恐怖は、作家を自殺へと**追いやり**かねなかった。作家、作家としての人間は、自分自身を**追い払う**こともありえたのである。というのも、迫害の一切が自分の内部にあり他者が頭のなかで彼を苦しめるので、聖マックスは自分の脳味噌を打ち抜くしぐさを見せている（またしても狩猟の語彙である。eine Kugel durch den Kopf jagt〔頭に弾を撃ち込む〕）。この人間を人間から救い出すのは、またしても別の幽霊である。

彼は、「奴隷たちについてそのようなことをまったく顧みなかった」古代人のことを思い出す。そこで彼は、**民族精神**が受肉しているいたるところにおいて、民族精神のことを考える。このことが、彼に次の幽霊を推論するよう（Dies bringt ihn auf）導いてゆく。

Gespenst Nr. 9〔亡霊九番〕。民族精神（Volksgeist）。**今日**、この推論について言うべきことはあまりにも多い——諸々のナショナル‐ポピュリズムの回帰についてばかりでなく、それらがみずから語る創設物語において、つねに自分たちを再来霊の出現に結びつけてきたものについても。立証することもできるが、ある民族の精神を創設する者はつねに再来し‐生き残った者の形象をまとっている。それはつねに自分の回帰の時間性にしたがっている。その再出現は待ち望まれているが、漠然と恐れられている。マルクスは他の箇所ではきわめて冷静にナショナリズムについて語っているが、ここではきわめて言葉少ないままである。彼は、最後の変容へ向けて必要な移行を指摘するにとどめている。

Gespenst Nr. 10〔亡霊十番〕。《万物》。マックスはすべてを、《万物》そのものを、再来霊へと変質させることに成功したことになる（« Alles » in einen Spuk zu verwandeln）。だから、勘定〔les comptes〕をやめなければならない。そして話〔les contes〕も。さらには、物語も、寓話も、暗黒小説も。そして Aufklärung〔啓蒙〕であるかのごとくみずからよそおう番号論の神秘主義も。すべてが再来してすべてに取り憑き、すべてがすべてのなかにある、すなわち「亡霊たちの部類に」（in der Klasse Gespenster）あるのだとすると、その場で「一切の勘定がようやく終わる」（alles Zählen aufhört）と白状しなければならない。一切合切をそこに放り込むことができ、シュティルナーもためらわずにそうしている。精霊、真理、法、そしてとりわけ、とりわけあらゆる形式における「正しい大義」をである。（die gute Sache〔正しい大義〕）——これについてマルクスは、いつものように、現代の冷静な分析者として、シュティルナーがけっしてそれを忘れることができないと告発している。あたかも、シュティルナーもまた、すでに、良心を自分の職業に、正当な権利を個人的昇進の技術にしていたと言わんばかりに）。

シュティルナーの範例的過ち

　シュティルナーは彼の範例的な過ちのために裁かれなければならないのだが、彼の範例的な過ちとは、近代的思弁＝投機〔spéculation〕の罪だということになるだろう。思弁＝投機はつねに亡霊をめぐって思弁＝投機し、自分が生産するものの鏡に照らして、みずからに与え、みずから見るべく与える見せ物《スペクタクル》をめぐって思弁＝投機する。それは、自分が見ていると信じているものを信じる。すなわち、表象を信じる。われわれが点検してきた（die wir Revue passieren liessen）すべての幽霊たちは、表象（Vorstellungen）であった。その意味では、思弁＝投機はつねに理論的であり**かつ**神学的である。この「幽霊物語」を説明するために、マルクスはフォイエルバッハとその**通俗神学**と**思弁神学**の区別に送り返すが、通俗神学は感性的想像力の幽霊たちを、思弁神学は非感性的抽象の幽霊たちを信じるものであった。しかし、神学一**般**が「幽霊への信仰」（Gespensterglaube）

なのである。通俗的、思弁的の両神学が交叉する、感性的なものと非感性的なもののあの契約への信仰を指して、信仰一般というふうに言うこともできるだろう。〈非感性的な感性的なもの〉については、別のテーブルが出現した際にまた後ほど語ることにしよう。そのテーブルとは、十戒の石版《テーブル》でもなく、十の範疇の一覧表《テーブル》でもなく、今度は木製のテーブル、四本脚のテーブル、木の頭を持ったテーブルである。すなわちごく単純に、交換価値の誕生以外の何ものでもない。そして、われわれは、頭と、絵画とテーブル、しかも頭のてっぺんから爪先まですっかり武装したテーブルのこと以外は語らなかったことになるだろう。そして、交換価値の起源とは資本の誕生のことである。神秘学と秘密の誕生のことである。

　彼らが共通しておこなう告発において、その告発が持つ最も批判的で存在論的な次元において、マルクスと聖マックスはプラトン的伝統も相続している。より正確には、イマージュを亡霊に、エイドラを幻想に、すなわち生ける死者という幽霊的あるいは漂泊的な次元におけるファンタスマに密接に結びつけている伝統を、である。『パイドン』(81d)および『ティマイオス』(71a)が「エイドラ」と区別していない「ファンタスマ」とは、死せる魂の形象であり、死者たちの魂である。それが墓碑や墳墓のあたりをうろついていないとき(『パイドン』)、それは昼も夜も一部の生者の魂に取り憑いているのである(『ティマイオス』)。この結合は密接かつ回帰性のものであり、容易に解消できるようなものではない。それは、生ける死者の生存と回帰がエイドラの本質に所属しているという考えをわれわれに与える。もちろんのこと、その非本質的な本質にである。観念に一つの身体を与えるが、存在論的には劣った内容を持った身体を、観念そのものよりも現実的ではない身体を与えるものに所属しているということである。エイドラは、死を背景にしてしか姿を現さず、規定されない。たしかにこれは独創性に欠ける仮説であろうが、その帰結はある巨大な伝統の恒常性に基づいて、哲学的な**父性遺産**〔*patrimoine*〕とも言うべきものの恒常性に基づいて測られるべきものである。その父性遺産は、プラトンから聖マックスやマルクスに到るまで、さらに彼らを超えて、最も父親殺し的な変動も物ともせずに受け継がれている。この父性遺産の系譜は責めたてられてはいるが、観念の問い、概念および概念の概念の問い、すなわち『ドイツ・イデオロギー』の問題系全体を宿らせている問い（唯名論、概念主義、実在論があるが、おなじく修辞学と論理、字義的意味、本来的意味、比喩的意味、等々）によって中断されてはいない。そしてこの問いは、存在、本質もしくは実存の問いである以前に、生死の問い、生‐死の問いなのである。それは、存在にも、生と死のいかなる対置にも還元不可能な**さらに‐生きること**〔*survivre*〕もしくは**余‐生**〔*survivance*〕(*11)の或る次元へ開かれるだろう。

イデオロギーとは何か?

イデオロギーとは何か。イデオロギーについて、われわれが今しがた**エイドラの父性遺産**についてかいま見た〈**さらに生きること**〉の論理を翻訳することができるのか。そして、そうした作業の利益とは何なのか。

『ドイツ・イデオロギー』における幽霊的なものの扱いは、宗教に対して、宗教、神秘学もしくは神学としてのイデオロギーに対してマルクスが与えている**絶対的な特権**を予告しもしくは確認している。イデオロギー素に対して幽霊が形を、すなわち身体を与える一方で、数々の翻訳がよくおこなっているように、おおよそ等価的だと判断される（幻影的〔fantasmagorique〕、幻覚的〔hallucinatoire〕、幻想的〔fantastique〕、想像的〔imaginaire〕、等々の）諸価値において亡霊の意味論もしくは語彙を抹消することによって看過されるのは、マルクスによれば〈宗教的なもの〉に固有なものなのである。宗教的なものの経験を刻印している物神の神秘的な性格とは、まず第一に幽霊的な性格なのである。マルクスの修辞学もしくは教育学における叙述の安易さにとどまらないばかりか、そこで問題となっているのは、**一方で**、亡霊の還元不可能なまでに特殊な性格であるように思われる。亡霊は、想像力の心理学あるいは想像的なものの精神分析から派生するのではなく、それにおとらず存在論あるいは非存在論から派生するのでもない。たとえマルクスが、亡霊を社会‐経済的系譜もしくは労働および生産の哲学のなかに書き込んでいるように見えてもである。これらの演繹はすべて、亡霊としての死後の生を前提としている。**他方で**、しかも同時に問題となっているのは、イデオロギー概念の構築において宗教モデルが還元不可能だということである。たとえば、マルクスが商品の神秘的性格もしくは商品の物神化を分析する際に亡霊を引き合いに出すとき、われわれはそこに単に修辞学的な効果、偶然の言いまわし、あるいは想像力を刺激することによって納得させることのみを目指す言いまわしを見るべきではない。そもそも、もしそうであったとしても、そうした観点からなぜそれが効果を持つのかを説明しなければならないだろう。そこでもなお、「幽霊」効果の無敵の力と独自の権能を勘定に入れなければならないだろう。なぜそれが、恐れを抱かせたり想像力を刺激したりするのか、恐れとは何か、想像力とは何か、それらの主体とは、その主体の生と何か、等々を語らなければならないだろう。

使用価値と交換価値——テーブルの例

少しのあいだ、マルクスのテクストにおいて、そしてとりわけ『資本論』において、(使用価値と交換価値とのあいだの) **価値**、**秘密**、**神秘的なもの**、**謎**、物神、**イデオロギー的なもの**が連鎖を形成する場に身を置いてみよう。そして少なくとも、一つの指標にすぎないが、この連鎖の**亡霊的な**運動を示すことを試みてみよう。その運動は、まさしく舞台が、一切の舞台なるものがわれわれの盲目の目を開こうとする際にその目から見えなくしてしまう当のものの概念を形成する際に、舞台上に演出されるのである。ところで、この概念はたしかに何らかの憑在との参照において構築されるのである。

『資本論』冒頭のあの偉大な瞬間を思い出して欲しい。要するにマルクスは、商品の**神秘的な**性格、物そのものの神秘化——商品の単純な形態が「萌芽」となっている貨幣形態——を、その出現時においていかに記述すべきかと自問している。ブルジョア経済学者に対しては、その貨幣、金貨もしくは銀貨という完成された形態しか強い印象を与えない等価物の**謎**と神秘的性格を分析しようというのである。マルクスが、その神秘的性格が何ら使用価値に負うものではないことを立証しようとする瞬間である。

彼が自分の説明の原理を例証するために或るテーブルをまわすのは偶然であろうか。もしくは、ターニングテーブルの出現を喚起するのは？

商品の物神的性格とその秘密（Geheimnis）をめぐる章の冒頭におけるこのテーブルは周知のものであり、あまりにも周知のものである。[19] このテーブルはあまりにも使われ、搾取され、過剰搾取の対象となり、あげくの果てに使用不能のものとして骨董品店や競売所の奥に片づけられてきた。その物は、片づけられている＝品行方正である〔rangée〕と同時に散らかっている＝頭がおかしい〔dérangée〕。というのも、遅からずそれに気づいて驚くだろうが、そのテーブルは少し気が違っていて、気まぐれで、いかれていて、out of joint でもあるからだ。解釈学的な緑青の下で、突然に出現したこの一片の木材がどのような使用目的を持つのかわからなくなってしまうのである。

これから出現するのは、単なる例なのだろうか。それは例ではあるが、テーブルというある物の例であり、それは**自分から**出て、自分の脚で立つように見えるのである。それは、出現の例なのだ。

感覚的なものの彼方

あまたの注解のあとで、あえて素朴な読解というリスクを冒してみよう。何が起こっているのかを見てみよう。だが、それはのっけから不可能ではないだろうか。マルクスは、最初の言葉かられわれわれに対して警告を発している。すぐさま、最初から、最初の一瞥の彼方へとおもむき、したがってその最初の一瞥が盲目であるところで見、見えるものが見えないところで目を見開かなければならない。最初の一瞥では見るにまかせないものを見なければならないのだ。そして、それは不可視性そのものなのである。というのも、最初の視覚が見のがしてしまうのは、〈見えないもの〉だからだ。最初の視覚の欠陥、その過ちは、見ることであり、そして〈見えないもの〉に気づかないことである。人がその不可視性におもむかないとき、直接に知覚された〈商品としてのテーブル〉は、実はそうではないもの、すなわち陳腐であまりにも明白だと判断される単なる物にとどまる。その陳腐な物は、おのずから了解されるように思われる（ein selbstverständliches, triviales Ding）。すなわち、その現象の現象性における物そのもの、ごく単純な木のテーブルとして、である。その不可視性を見るべく、それを見ずして見るべく、すなわちその不可視的な可視性の身体なき身体を考えるべく――早くも幽霊はその出現を告げているわけだが――われわれに準備させるために、マルクスは、問題となっている物すなわち商品は、**それほど単純ではない**、と宣言する。（もちろんこの警告は、それをまったく信じず、自分たちの目に映っているのは見えるものであり、見えるもの一切であり、見えるもののみであるという自信をもつすべての愚か者を、この世の終わりまでせせら笑わせることになるのだが。）商品なる代物は、とても複雑でさえあり、錯綜しており、困惑させるものであり、麻痺させるものであり、アポリアに満ちており、もしかすると決定不可能なものである（ein sehr vertracktes Ding）。商品としての物なる代物は、かくも意表をつくものなので、「形而上学的」小細工および「神学的」衒《てら》いをもって接近しなければならないほどなのである。まさしく、物そのものをめぐる、直接に可視的な、生身の――それが

「一見したところ何であるのか」(auf den ersten Blick)という限りでの——商品をめぐる、現象学的良識を構築していた形而上学的なものと神学的なものとを分析するために、それらは必要なのである。この現象学的良識は、もしかすると使用価値については妥当するかもしれない。もしかすると、使用価値に限ってそれは妥当すべく運命づけられているのかもしれない。まるで、これらの概念の相関性が次の機能に応答しているかのように。すなわち、市場を考え**ないための**、あるいは交換価値に対して盲目になるための、使用価値の言説としての現象学という機能である。もしかするとそうかもしれない。そして、現象学的良識もしくは知覚の現象学(それはマルクスが**純粋かつ単純な**使用価値について語りうると信じるとき、彼においても作用している)が、使用価値そのものは何ら「秘密めいた」(nichts Mysteriöses an ihr)ものを持っていないとして、自分たちは啓蒙に奉仕していると主張するのはその意味においてである。使用価値のみにとどめておくならば、物の所有=固有性《プロプリエテ》(Eigenschaften)——というのも、問題になっているのは固有性《プロプリエテ》=所有物なのだから——は、結局のところつねにきわめて人間的であり、それゆえに安心させるものである。それらは、つねに人間固有なものに、人間の諸属性にかかわっている。すなわちそれらは、あるいは人間の欲求に応え——その場合はまさしく物が使用価値を持つ——、あるいは使用価値を持つよう運命づける人間の活動の産物なのである。

たとえば——そしてそこであのテーブルが舞台に登場するのだが——木でテーブルを作っても木は木のままである。(*12) それは五官で知覚できるごく普通の物(ein oridinäres sinnliches Ding)である。しかし商品となり、市場なるものの幕が開き、テーブルが役者も人物も同時に演じ、マルクスが言うように商品としてのテーブルが舞台に登場し（auftritt）歩き出して商品価値としての価値を主張し出すと、事情はまったく異なってくる。どんでん返しがおこるのだ。普通の感性的な物は変質し（verwandelt sich）、ある人物となり、形象を持つにいたる。この木質の頑固な濃密さは超自然的な物に、**非感覚的な感覚**物に、感覚的**でありながら**非感覚的な物に、感覚的に超感覚的な物に変貌する（verwandelt er sich in ein sinnlich übersinnliches Ding）。そのとき、幽霊の図式は不可欠に思われる。商品は現象なき「物」であり、五官を超える失踪中の物である（それは見ることができず、触れることができず、聴くことができず、臭いを嗅ぐことができない）。しかしこの超越は完全に精神的＝霊的であるわけではなく、われわれが亡霊と精神＝霊の相違をなしていると認めたあの身体なき身体を保持している。五官を超える物は、まだわれわれの前を感覚的な身体の輪郭をまとって通りすぎるが、その身体はそれにには欠けているかわれわれには到達不可能なままにとどまる。マルクスは感覚的**かつ**非感覚的と言っているのではなく、感覚的**であるが**非感覚的であると言っているのでもなく、非感覚的な感覚物、感覚的に超感覚的と言っている。超越、〈-を超えて〉という運動、彼方への一歩（über, epekeina）はその過剰そのものにおいて感覚的となるのである。それは非感覚的な物を感覚的にするのだ。触れることなしに物に触れ、感じることなしに感じ、苦痛が場を持たぬのに苦しみさえするのである。少なくとも、人が苦しんでいるところで場を持たない場合は（忘れてはならないが、これは幻影肢、すなわち一切の〈知覚の現象学〉にとって難問の刻印が付されたあの現象について言われていることでもある）[*13]。商品はこうして物に憑在し、その亡霊は使用価値を苦しめる。この憑在は、主要人物であるかもしれない女性エキストラの匿名のシルエットもしくは形象のように移動する。商品は場所を変え、それが正確にどこにいるのかを人は把握できず、商品はまわり、ある démarche〔足取り、販売活動〕でもって舞台全体に蔓延する。そこにはある歩みがあり、その足どりはこのミュータント独特の物である。マルクスは演劇の言語に訴え、商品の出現を舞台への登場（auftritt）のように記述することを余儀なくされている。そして彼は、商品となったテーブルをたしかに交霊術の会の際のターニングテーブルのように記述することを余儀なくされているが、幽霊的なシルエットとしても、すなわち一人の役者もしくは舞踏家を演じる端役としても記述することを余儀なくされている。性別不明（フランス語の女性名詞 table を意味するドイツ語の Tisch は男性名詞である）の神型‐人型形象であるテーブルは、脚を持ち、頭を持ち、その身体は活気づき、まるである制度のごとくそれは立ち上がり、立ち上がって〔se dresse〕他の者たちに言葉をかける〔s'adresse〕。まず第一に幽霊性の面では自分と同類である商品たちに言葉をかけ、それらに面と向かい、対立する。というのも亡霊は社会的なものであり、その最初の出現から競争もしくは戦争のなかに身を投じているからである。さもなければ、有効な社会要素〔socius〕も葛藤も、欲望も愛も平和もないだろう。

このテーブルを競りにかけ、それを共‐生起と競争にかけなければならない。それをわれわれの父性遺産の他のあまたのテーブルと語らせなければならない。哲学、修辞学、詩学、プラトンからハイデガーまで、カントからポンジュそして他のおびただしい人々までの数えきれぬほどのテーブルと。これらすべての人々において同じ儀式が見られる。テーブルの会である。

というわけで、マルクスはその舞台への登場と感覚的に超感覚的な物への変質を告げたところである。するとテーブルは、ただ立っているばかりではなく立ち上がり、高みへとのぼり、ふたたび立ち上り、頭を持ち上げ、起きあがってみずからに言葉をかける。他の者たちに向かい、そして第一に他の商品たちに向かって、そう、テーブルは頭を持ち上げるのである[*14]。最もよい翻訳——それは最も新しい翻訳でもあるが——を引用する前に、字義にできるだけ近づきながら何行かをパラフレーズしてみよう。この木製のテーブルにとって、地面に足をつけて立っているだけでは十分ではない(Er steht nicht nur)。それはまた立ち上がる(sondern er stellt sich ——しかもマルクスは、記述の大胆さに恐れをなした一部のフランス人翻訳者が彼に譲歩させ訳しているようには「いわば」〔pour ainsi dire〕とただし書きを付していない)。それはまた頭で、すなわち木の頭**で立つ**。というのも、それは、立った状態で他の商品に面と向かう(er stellt sich allen andren Waren gegenüber auf den Kopf)一種の頑固な、強情な、執拗な動物となったのである。それは他の者たち、すなわち自分の同類の面前で立ち向かう奇妙な創造物の出現である。同時に《生命》であり《物》であり《動物》であり《事物》《オブジェ》であり《商品》であり《自動機械》であるような——すなわち一言で言えば《亡霊》である。完全には物でなくなってしまったこの《モノ》は、展開し(entwickelt)、**みずからを**展開し、ほとんど自生的な生殖によってそれが産み出すものを発展させる（単性生殖と非限定な性。動物としての《モノ》、生命がありかつない《モノ》、生きた屍としての《モノ》は、《父 - 母》〔Père-Mère〕である）。それは頭から分娩し、その木の頭**から**幻想的あるいは驚異的な創造物の系譜をそっくり抽出し、諸々の気まぐれ、諸々の幻想（Grille）など、木質ではない組成の役割を抽出する。[*15] すなわちもはやそのテーブルとは似ても似つかない子孫の系譜を、たとえその気が違った、気まぐれな、手に負えないテーブルがみずから〔＝自分の頭で〕（aus freien Stücken）[20] 頭がふらつくほど踊り出すよりも奇抜で驚くべき（viel wunderlicher）諸々の発明を、である。ギリシア語と哲学を理解する者にとって、木質を非木質に変化させるこの系譜はまた、物質〔matière〕の非物質化を図示していると言えるだろう。Hylè すなわち質料〔matière〕は、まず第一に木であったことが知られている。そして、この質料の非物質化には一切の時間はかからず、その変質は一瞬の、一瞥の魔術において、ある思考の全能によっておこなわれるように見えるので、われわれはそれをアニミズムもしくは交霊術の投影として記述する誘惑にかられるほどである。木に命が宿り霊が宿る。啓蒙以前の軽信、秘術信仰、蒙昧主義、未熟さ、もしくは幼児的あるいは原始的な人間。しかし、市場なしの啓蒙はどうなるのだろうか。そして、交換価値なしではたして進歩なるものはありうるのだろうか。

重大な《キャピタル》矛盾。資本《キャピタル》＝頭なるものの起源そのものにおける矛盾。即座にもしくは時間をおいて、あまたの差延的な中継点を経由しながら、その矛盾はあらゆる厳命にも見いだされる「プラグマティックな」二重の拘束を課すことになる。自由に（aus freien Stücken）、**みずから**、頭の動きでありながら身体全体に、すなわち頭のてっぺんから足の先までに指令する動きによって、材木でありながら脱物質化された《モノとしてのテーブル》は、その原理からして、みずからの端緒かつ指令に位置するように見える。それは、みずからのイニシアティヴによって自分を解放する。すなわち、一人で、自律しかつ自動的に、その幻想的なシルエットはみずから、自由に、拘束なく動くのである。それはトランスもしくは空中浮揚の状態に入り、すべての幽霊のように身体を取り除かれて軽くなり、いささか狂気じみ調子が狂ったようにもなり、故障したようになり、《out of joint》になり、錯乱し、気まぐれになり、予見不可能になる。それは自発的に運動を自分に与えるように見えるが、他者にも運動を与える。そう、それは、自分のまわりのすべてに運動を起こすのである。マルクスが、幽霊のこの踊りに関する注のなかで、「他のものを励ますために」とフランス語でわざわざ述べているように、である。「他の世界がすべて静止しているように思われたとき、シナと机が踊りだした——**他のものを励ますために**〔*pour encourager les autres*〕——ということが思い出される。[21]」

重大《キャピタル》な矛盾は、単に同じ《モノ》における、感覚的なものと超感覚的なものとの結合に存するばかりではない。それは**自動的自律**、機械的自由、技術的生命の矛盾でもある。いかなる物もそうであるように、市場の舞台に登場した瞬間から、テーブルは自分自身の代替器官《プローテーズ》に似ることになる。この木製テーブルが具えているのは、自律性**かつ**自動性、自律性**しかし**自動性である。テーブルは、たしかに自発的にみずから動きを与え、それゆえに活性化し、動物化し、精神化し、霊

化するように見える。しかしそれは、その踊りがあるプログラムの技術的な硬直性に従う人工的な物体に、自動機械に、端役に、機械的で硬直した人形にとどまる限りにおいてである。二つのジャンルが、運動の二つの生成《ジェネラシオン》がテーブルのうちに交叉しており、それゆえテーブルは、亡霊の出現の形象となっている。テーブルは、その不気味さにおいて、矛盾に満ちた述語を決定不可能なかたちで蓄積している。すなわち、生気のないものは突如として**息＝命を吹き込まれ**〔*inspirée*〕、たちまち気息《プネウマ》なり魂《プシュケ》なりに貫かれているようになる。生を与えられたかのごとく、テーブルは代替器官的な犬のようになり、すぐにでも自分の同類に立ち向かう準備ができているかのように、四本の脚で立ち上がる。一個のエイドラが自分の法を制定しようというのである。しかしその逆に、テーブルを賦活する精神、霊魂あるいは生は、hylè の不透明で重い物性のなかに、その木質の身体の生気なき厚みに捕らえられたままであり、自律はもはや自動性の仮面でしかなくなってしまう。仮面ひいては、兜の下にいかなる生きた眼差しも隠していないという可能性をつねに持った、バイザーでしかなくなってしまう。自動機械は、生者を擬態する。《モノ》は死んでもおらず、生きてもおらず、死んでいると同時に生きてもいる。それは、余生している。同時に狡知にたけ、発明の才を持ち、機械的であり、巧妙かつ予見不可能であるその戦争機械は、演劇的機械であり、mekhanè である。[*16] 舞台上を通り過ぎるのが見られたもの、それは——天から降ってきた、もしくは地から湧き出た——**出現**（*apparition*）であり、準‐神であった。しかし、視像もまた**余生する**。その超‐冷静さは固執するのである。

交換価値と社会要素

挑戦もしくは招待、「励まし」、誘惑に対抗する誘惑、欲望もしくは戦争、愛もしくは憎悪、他の幽霊たちの挑発。マルクスはその点に固執する。というのもその社会性には**複数性**があり（つねに一つならずの商品、一つならずの精神、そしてさらに多くの亡霊がある）、そして**数**は亡霊化の運動そのものに、その有限ならぬプロセスに所属しているからである（ボードレール、そして彼の後でベンヤミンは、近代的資本主義の蟻塚のごとき都市における数——幽霊、群衆、貨幣、売春——についてみごとに語った）。というのも、いかなる使用価値も**自分だけでは**商品のあの神秘性もしくは亡霊的効果を生産することはできず、そしてその秘密が深遠であると同時に表層的、不透明かつ透明、いかなる実体的本質もみずからの背後に隠していないだけになおさら秘められた秘密であるのは、それが一つの**関係**〔*relation*〕（férance, 差異、参照そして差**延**）によって、二重の関係〔rapport〕、二重の社会的紐帯と言うべきであろうか、そうした関係によって生ずるからである。

この二重の社会要素〔socius〕は、一**方で**人間どうしを結びつけている。それは、とマルクスはすぐさま指摘するのだが、人間が何時《なんどき》にも時に、労働の時間ないし労働の長さに、関心を持ってきた限りにおいて、彼らを結び合わせる。何時にもということは、あらゆる文化と技術・経済的な発展のあらゆる状態において、ということである。この社会要素は「人間たち」を結びつける。彼らはまず時間の経験であり、時間に対するその関係によって規定された存在である。その時間自身は、余生作用と再帰作用なしには不可能であり、生き生きとした現在の自己への現前を解体し、そのことによって他者への関係を創設するあの《out of joint》であることなしには可能ではないのである。この同じ社会要素が、関係のこの同じ「社会的形態」が、**他方では**、商品どうしを結びつけている。〈他方では〉とは、どのようにだろうか。そして一方で人間どうしのあいだで、時間の把握をめぐって場を持つことが、いかにして、**他方で**商品という亡霊どうしのあいだで場を持つことによって説明されるのだろうか。いかにして「人間」と呼ばれるもの、生きた人間、時間的かつ限りある存在は、その社会的諸関係において、商品どうしの、**同じく社会的な**関係という亡霊たちに服従しているのだろうか。

資本蓄積と社会要素の時間性

〔ここで時間性は、資本化の過程と、亡霊化することによって交換価値が商品化する社会要素〔socius〕にとって本質的であり、そのプロセスのなかに書き込まれた人間たちの存在が、『資本論』においては一切に先んじて**時間的**であるとして規定されているので、通りがかりにほんの一言でもって、より一貫した分析に値するであろう相続もしくは親子関係の可能性を指摘しておこう。それは、『資本論』の冒頭で交換価値を定義し、テーブルを「感覚的であると同時に超感覚的である」と、感覚的に超感覚的であると規定する**定式化**のことである。この定式は、字義どおり、ヘーゲルの『エンチクロペディ（自然哲学、機械論）』における時間の定義――空間の定義と同様に時間の定義――を喚起する（そしてこの字義性は、偶然のものであるとか外的なものであるとみなすことはできない）。ヘーゲルは、カント的定義を弁証法的解釈に、すなわち止揚〔relève〕

（Aufhebung）にゆだねる。彼は、時間をまず抽象的もしくは理念的なもの（ein Ideelles）として分析する。というのも、それは（自分がその真理であるところの空間同様）〈自己に外的であるもの〉の否定的な統一性だからである。（時間のこの理念性は、当然のことながら一切の理念化の条件であり、したがって、この両プロセスのあいだにある差異を尊重しなければならないにせよ、一切のイデオロギー化と一切の物神化の条件でもある。）ところで、ヘーゲルが次の指摘を付け加えるのは、この抽象的かつ理念的時間の時間化としての止揚の運動を明示するためである。「空間同様、時間は感性もしくは直観的行為の純粋形式であり、非感覚的な感覚物である（das unsinnliche Sinnliche）……」（第二五八節、M・ド・ガンディヤック訳、ガリマール社、一九七〇年、二四七頁。『余白——哲学について』ミニュイ社、一九七二年、四九頁において、このくだりの一読解を提案したことがある）。[＊17]」

商品=亡霊どうしのやりとり

商品としてのテーブル、頑固な犬、木頭は、**他のあらゆる商品に面と向かっている**という点を思い出してみよう。市場は戦線（front）であり、あまたの額《ひたい》〔fronts〕のあいだの戦線であり、対決（confrontation）なのである。商品は他の商品と係わり合い、この頑固な亡霊たちは互いにやりとりをおこなう。しかもそれは、頭をつき合わせてだけのことではない。それこそ彼らを踊らせる〔＝ひどい目に遭わせる〕ものである。これが見かけである。しかし、商品の「神秘的性格」、**商品としての**労働の生産物の「秘密めいた性格」が労働の「社会的形態」から生まれるのならば、このプロセスが持つ神秘的なものもしくは秘密なものをさらに分析しなければならず、それこそが商品形態の秘密（das Geheimnisvolle der Warenform）なのである。この秘密は、ある「置き替え」に存する。この語はマルクスのものである。彼はまたしても、われわれをある演劇的な筋書きに導く。すなわち、機械的狡知（mekhanè）もしくは人物の取り違い、プロンプターの倒錯した介入によるくり返し〔＝稽古〕、吹き込まれた言葉、俳優もしくは人物の置き換えである。ここで、演劇的置き替え〔quiproquo〕は鏡像の異常な作用に存する。鏡があり、そして商品形態もまたその鏡であるのだが、とつぜん鏡が自分の役割を演じるのをやめ、期待された鏡像を送り返すのをやめるので、自分の姿を捜す者たちは、そこに自分を認めることができなくなってしまうのである。人間は、そこに「**自身の**労働」の「**社会的**」性格を認めることがもはやできなくなるというわけである。あたかも、こんどは彼らが幽霊化しているかのように。吸血鬼と同じように、[22]亡霊に「固有なもの」は、彼らが鏡像を、真の、良き鏡像を奪われているということである（だが、奪われていない者などいるのだろうか）。どのように幽霊を見分けることができるのだろうか。幽霊が、自分の姿を鏡のなかに認めることができないという点で、である。ところで、それは商品が**互いに**取り交わす**交易**のなかで[*18]おこなわれる。商品というこの幽霊たちは、生産者である人間を幽霊に変えてしまう。そして、この演劇的（視覚的、観照的、だが光学的《オプティック》、**光学機械的**《オプティシアン》なプロセス一切は、謎めいた鏡の作用を開始する。すなわち、その鏡が正しい像を送り返さず、対象を幽霊化するのは、まずそれが自然化するからだということである。社会形態の推定された反映としての商品形態の「秘密」とは、その鏡が像を送り返す（zurückspiegelt）信じられぬ仕方である。それは、人間に対して「自身の労働の社会的性格」の像を反映させると信じられているのに、そのような「像」は自然化することによって対象化する。そのとき——そしてこれこそがその真理なのだが——その像は隠しつつ見せ、その像はそれらの性格を、「それらの物の社会的な自然固有性《プロプリエテ》として（als gesellschaftliche Natureigenschaften dieser Dinge）」、労働生産物そのものに書き込まれた「対象的な（gegenständliche）」性格として映し出すのである。したがって、ここでこそ商品どうしのやりとりは待ったなしなのであるが、送り返された（歪曲され、対象化され、自然化された）像は、商品間の、すなわち回るテーブルという、息＝命を吹き込まれ、自律し、かつ自動的な「物＝対象」間の社会的関係の像となる。この対象化作用を伴った自然化の戸口から、鏡像的なものは亡霊的なものとなる。「それは、総労働に対する生産者たちの社会的関係をも諸対象の彼らの外に存在する社会的関係として反映させるということである。このような置き換え〔quiproquo〕によって、労働生産物は商品になり、感覚的であると同時に超感覚的である物、または社会的な物になるのである」[23]。

物にとっても、時間との関係における労働者にとっても、社会化、すなわち社会的な生成はこの亡霊化を経由する。ここでマルクスが丹念に記述している「幻影性」、物神崇拝と宗教的なものの問いを開くことになる幻影性とは、この社会的**かつ**亡霊的生成のエレメントそのものなのである。同時に、そしていちどきに社会的であり亡霊的である生成の。彼の光学的な類似をたどりながら、マルクスはたしかに同じ仕方で、ある物が視神経の上に残す光の印象は目の前に、そして目の外部に対象的な形で与えられるのであり、視神経の刺激として与えられるのではないと譲歩している。しかしそこで、その視覚的知覚のなかで、ある物すなわち外的対象から、他の物すなわち目へとおもむく光が現実に（wirklich）存在する、と彼は言う。すなわち、「物理的な物と物とのあいだの一つの物理的な関係」である。しかし、商品形態と、それが姿を現わす労働生産物の価値の関係は、その「物理的な性質」とも、そこから出てくる「物的な（物質的な）関係（dinglichen Beziehungen）」とも、何ら関わりを持ってはいない。「ここで人間にとって諸物の関係という幻影的な形態（die phantasmagorische Form）をとるものは、ただ人間自身の特定の社会的関係でしかない」のである。商品（merx）が他の商品と関係を持ち、互いに語り合い、話し（agoreuein）、交渉するとき、mercatus〔市場〕や agora〔市民広場〕における、商品的事物間の**やりとり**をめぐるこの幻影性について、われわれはそれが人間的な社会要素の、事物のなかに物化＝対象化された労働の自然化**と同時に**、脱本性化に、すなわち商品となった物の、もはや使用価値としてではなく交換価値として舞台に姿を現わす木のテーブルの脱自然化および脱物質化に相当することを確認したところである。というのも、まもなくマルクスが喚起するように、商品は一人で歩くのではなく、他の商品に出会うために一人で市場におもむくのではない。物どうしのこのやりとりは、幻影劇に属するのである。商品に帰せられた自律は、擬人論的な投影に対応している。それは商品に**息**＝**命を吹き込み**、そこに霊《エスプリ》を吹き込む。人間的霊を、**言葉**《パロール》の霊と**意志**の霊とを。

A、まずは言葉の霊であるが、その言葉は何を言うのだろうか。そのペルソナ、その俳優、その人物は何を言うのだろうか。「もし商品がものが言えるとすれば、商品はこう言うであろう。われわれの使用価値は人間の関心を引くかもしれない。使用価値は物としてのわれわれに具わっているものではない。だが、物としてのわれわれに具わっているものはわれわれの価値である。われわれ自身の商品物としての交わり(Unser eigner Verkehr)がそのことを証明している。われわれはただ交換価値として互いに関係しあう(Wir beziehn uns)だけだ」[24]。この修辞学的な技巧は底なしのものである。マルクスはまもなく、経済学者はこの商品の虚構的もしくは亡霊的な言葉を素朴に反映もしくは再現し、それによっていわば腹話術的に操られると主張することになる。経済学者は、「この商品の心の底から発して(aus der Warenseele heraus)語る」(*ibid.*;一一一頁)。しかし、「もし商品がものが言えるとすれば(Könnten die Waren sprechen)」と言うことによって、マルクスは商品が話せないことをほのめかしている。彼は(自分が糾弾する経済学者と同じように)商品に語らせているのだが、逆説的にも、それらが語るのは交換価値としてであって、それらがお互いに語ったり交わりを維持したりしているのは、それらが語る限りにおいてであるということを語らせるために語らせているのである。いずれにせよ、商品に対しては、言葉を帰することができるということを言わせんがためである。語ること、言葉を借りること、そして交換価値であること、それはここでは同じことである。語らないのは使用価値であり、その意味では、それらは商品を眼差さないし、関心を引くこともない——少なくとも彼らが言うように見えることには。言葉を、言葉と言っても「商品である私は語るのだ」と言うことによってわが身を売る言葉を仮構するこの運動において、マルクスは経済学者たちに一つの教訓を与えようとしている。商品が「私は語る」と言いさえすれば、それが真であり、商品が霊魂を、深い、その商品に固有の霊魂を持つために十分であると信じる経済学者たちに（だが、マルクスもそう信じてはいないのだろうか）。ここで、われわれは、話すことと「私は話す」と言うことのあいだで、仮象の差異がもはや作用しなくなる地点にさしかかっている。些細なことに大騒ぎをしているのだろうか。Much Ado about Nothing〔空騒ぎ〕というわけで、マルクスは、運命（偶然あるいは宿命）と本性（法、必然性、歴史、文化）との対立をめぐっていささかひねくれた使い方をしつつ、すぐ後でシェークスピアのこの芝居を引用している。« To be a well favoured man is the gift of fortune ; but to write and read comes by nature. »〔およそ容貌の善悪は運命の賜であるが、読むと書くとは自然にして具わるのだから。[25]〕

B、次には**意志**に関してである。商品たちは歩いて、意志をもって、自発的に市場に行くことができないので、彼らの「番人たち」および「所有者」たちは物に住まうふりをする。彼らの「意志」は商品に「住まい」（hausen）はじめる。**住む**と**憑在する**とのあいだの差異は、ここでかってないほど把握しがたいものとなる。[＊19] 人格は、言うならば、その人格が物に住むことによって生産する対象的憑在の効果そのものによって憑在されるままになることによって、人格化する。人格

（物の番人もしくは所有者）はそのお返しとして、そして構成上、物のなかに自分の言葉と意志とを住まわせることによって物**のなかに**生み出す憑在によって憑在される。交換過程をめぐる『資本論』の言説は、憑在——そして憑在の反射の法則——に関する言説としてはじまっている。

「商品は、自分で市場に行くことはできないし、自分で自分たちを交換し合うこともできない。〔……〕商品の番人たちは、自分たちの意志（Willen）をこれらの物に宿す（haust）人として、互いに相対しなければならない。したがって、一方はただ他方の同意のもとにのみ、すなわちどちらもただ両者に共通な一つの意志行為を媒介としてのみ、自分の商品を手放すことによって、他人の商品を自己固有化〔s'approprie〕するのである。[26]」

マルクスはそこから、協定、宣誓、契約、そして人々が顔を覆う「経済的扮装《マスク》」——「経済的諸関係の人格化」（同所）を形象化しているにすぎないのだが——をめぐるそっくり一つの理論を演繹する。

幻影創造的〔phantasmopoétique〕もしくは幻影的なプロセスをめぐるこの記述は、「宗教的世界[27]」との類似における物神に関する前提を構成することになる。

だが、そこにおもむく前に、何歩か後戻りをしていくつかの問いに形を与えてみよう。少なくとも二つの問いに、である。

第一に、ここで『資本論』が分析しているものが単に商品形態の幽霊化ではなく、社会的紐帯の幽霊化でもあるのならば、すなわち変調をきたした反射を経由しての、翻っての社会的紐帯の亡霊化であるのならば、シュティルナーが人間**自身の**、人間**自身に対する**幽霊化について語るのをはばからなかったとき、マルクスが彼に対しておこなった、痛烈な皮肉に満ちた仕打ちをどのように（またしても回顧的に）考えるべきであろうか。すなわち、自分自身の幽霊に恐れをなす人間、自分自身について、したがって人間としての彼の歴史の一切について形成された概念を構成する恐れを？　人間がそのなかでみずからをなし、彼がみずから生を吹き込む恐れそのものをなすような、**おのれを怖がらせること**を？　歴史およびみずからの喪の作業としての、自分自身の喪の、人間に固有なもの自体に彼が持っている喪の作業として？　そして彼が木のテーブル、すなわち幽霊を生み出し、**頭のなかで頭でもって**、すなわち自分の内部である外部に、**自分から発して**、幽霊を分娩する木のテーブルの幽霊化を記述するとき、マルクスはいかなる反射《レフレクシオン》＝反省によってシュティルナーの言語を字義どおり再現しているのだろうか。彼自身が『ドイツ・イデオロギー』において引用し、その作者に対して、すなわちみずから練り上げた訴因でこんどは告訴されることになった告発者に対して、いわば投げ返していた言語を？　（「世界が二〇頁の空想にふける（phantasierenden）青年に、彼の「熱に浮かされた幻」（Fieberphantasien）の世界、亡霊の世界として（als Gespensterwelt）現われたのち、「彼の頭の独自の産物（eignen Geburten seines Kopfs）」は彼の頭の内部で彼の頭を凌駕してゆく。[28]」）

この問いは果てしなく展開されうるだろう。だが、その行程は中断しよう。もしくは、その問いの別の中継をたどることにしよう。

使用価値以前の交換価値

第二に、同じもの、すなわちたとえば木のテーブルが、使用価値においては通常の物にすぎなかった**後で、**商品として**舞台に登場する**と言うこと、それは幽霊的契機に起源を与えることである。使用価値は、その幽霊的契機には触れられていない、とマルクスはほのめかしているように見える。使用価値はそれ自身であった、すなわち使用価値であったのであり、自分自身に対して同一であった、と。資本と同じく幻影劇は、交換価値と商品形態から始まるのだという。そのときに初めて、亡霊が「舞台に登場する」のである。マルクスによれば、それ以前に亡霊はいなかったことになる。使用価値に憑在するためにでさえも。しかし、先行段階、いわゆる使用価値の段階、まさしく使用価値と商品形態を形成するいかなるものにも汚されぬ使用価値に関する確信はどこに由来するのだろうか。何がその区別を保証するのだろうか。ここで問題となっているのは、使用価値の存在やそれを参照する必然性を否定することではない。そうではなく、その厳密な純粋性を疑うことである。もしそれが保証されていないのならば、次のように言わなければならないだろう。すなわち、幻影劇はかの交換価値以前に、価値一般という価値の戸口で始まった、あるいは商品形態は商品形態以前に、すなわちそれ自体が自分自身以前に始まったと言わなければならないだろう。その通常の感覚的なものの使用価値、その単なる hylè、木のテーブルの材木、マルクスはまだそれが「踊り」だしていないと想定している。しかし、その形相〔forme〕そのもの、そのhylēに形態を与える〔informe〕形相は、少なくとも反覆可能性、置き替え、交換、価値へとそれを約束してなければならなかった。そして、たとえわずかであろうとも理念化を始め、可能な幾多のくり返しなどを通じて、それを同じものとして同定することを許すようにしなければならなかった。純粋な使用がないのと同様、交換とやりとり（いかなる名で呼ぼうとも、意味そのもの、価値、文化、精神（！）、意味作用、世界、他者への関係、そして第一に単純な形態と他者の痕跡）の可能性が或る**使用の外部**――不要なものには還元されぬ、使用をはみ出すという意味である――に書き込まぬ**使用価値**など存在しないのである。[*20] 一つの文化は、文化――そして人類――以前に始まったのである。資本蓄積もそうである。まさにそれゆえに、資本蓄積は文化や人類以後に生き残ると言ってもよいだろう。（かりに別の文脈に踏み入るならば、交換価値についても同じことが言えるだろう。それもまた、交換を超えた贈与の約束によって書き込まれ、はみ出されている。ある仕方で、商品的等価性はそれが始めるように見えた踊りを止め、または機械化する。恩寵が与えられるのではなくとも、それが約束され、とはいえいささかも踊りに**返されて**いないのは、価値そのもの、すなわち使用、交換、技術、市場の彼方においてなのである。）

消滅することはなしに、使用価値はしたがって一種の限界に、限界概念の、純粋な開始の相関物となる。それに対しては、いかなる対象も応答することはできず、また**すべき**でもない。さらにそれを、資本の一般理論（いずれにせよさらに一般的な理論）へと複雑化しなければならない。可能な数限りない帰結のなかから、われわれは一つだけ帰結を引き出すことにしよう。すなわち、この使用価値の限界概念自身は何らかの使用価値（すなわちそれ自体が虚構的であり理念的である、ということはすでに一定の幻想論によって純化された起源から発して「幻影的な」プロセスの分析を**方向づける**ことを可能にするという使用価値）を保持しているが、その限界概念はあらかじめ自分の他者によって、すなわちテーブルの木頭のなかに生まれるもの、ということは商品形態とその幽霊の踊りによって汚染され、つまりあらかじめ占領され、住まわれ、憑在されているということである。たしかに商品形態は使用価値**ではない**。その確認をマルクスに対して与え、その区別がわれわれに引き渡す分析力を考慮に入れなければならない。しかし、商品形態が**現前として使用形態ではなく**、たとえそこに**現実的に現前**していないにもかかわらず、それは**あらかじめ**この木のテーブルの使用価値に作用している。商品形態は、使用価値に作用し、それが後ほどなるところの幽霊のように喪に服させるが、まさにそこにおいて憑在が始まる。さらにその時間、そしてその現在の、その《out of joint》なあり方の時ならぬ性格が始まる。〈憑在する〉は〈現前する〉を意味するのではなく、一概念の構築のなかにさえ憑在を導入しなければならない。存在と時間の概念を手始めに、一切の概念の構築のなかに。これこそが、われわれがここで憑在論と呼ぼうとしているものである。それに対して、存在論は厄祓いの動きでもって対立するしかない。存在論は、厄祓いなのである。

商品の「神秘的性質」は、書き込まれる以前に書き込まれ、商品の額もしくは遮蔽幕のうえにはっきりと書かれる以前に線描される。始まる以前に一切が始まる。マルクスは、**どこで、**正確

商品の「神秘的性質」

に**どの時点で、どの瞬間に**幽霊が登場するのか知りたがり、かつ知らせたがっている。そしてそれは、厄祓いの一流儀なのであり、幽霊を威圧する一つの仕方なのだ。その境界線以前には、幽霊はいなかった、というわけである。逆にわれわれが示唆しているのは、その劇的な瞬間以前に、「商品として現れるや否や、それは力を持たなかった。それは一つの感覚的であると同時に超感覚的であるものになってしまう」瞬間以前に幽霊が姿を現していたということである。当然のことながら、そして定義にも適っているように、幽霊その人としては姿を現さずにではあるが。しかしそのとき、使用価値のなかに、頑固なテーブルの木のごとき頑固さのなかに、それなしにはいかなる使用さえもけっして限定されぬであろう反復(したがって、置き替え、交換可能性、反覆、特異性の経験そのものとしての特異性の喪失、資本の可能性)がすでに穿たれていたのである。この憑在は経験的な仮説ではない。憑在なしには、使用価値の概念も、価値一般の概念も形成することさえできないし、いかなる素材に形を与えることも、いかなるテーブルも、それが使用に耐えようが販売可能であろうが、いかなる木のテーブルも、範疇表〔table des catégories〕も限定することができないだろう。いかなる戒律の石板《ターブル》も。次の明白事を喚起することによって、マルクスがしているようには、使用価値概念を充分に複雑化し、分割し、破断することはできないだろう。すなわち、想定された最初の所有者にとって、**他者に**宛てられた使用価値としてそれを市場に持ってゆく人間にとって、最初の使用価値とは交換価値であるということである。[29]「それゆえ、商品は、使用価値として実現されうるまえに、価値として実現されなければならない」(*ibid.*;

一一五頁)。そしてその逆に、通時性を**円環的に**し、区別を相互含意に変えるのである。「他方では、商品は、自分を価値として実現しうるまえに、自分を使用価値として実証しなければならない」(*op. cit.*, p. 98;一一五頁)。たとえ、しかじかの商品を使用価値に変えること、他のしかじかの商品を貨幣に変えることが独立した停止点を標記し、流通のなかに一つの静止を標記するにしても、流通は無限のプロセスであり続ける。『経済学批判』がかくも執拗に喚起するように、M-A-M〔商品-貨幣-商品〕という流通の総体は「始めも終わりもない系列[30]」である。しかしそれは、使用価値、商品、貨幣のあいだでの変貌があらゆる方向で可能だからにほかならない。〈貨幣という商品〉(Geldware)の使用価値もまた、みずから「二重化する《プロテーズ》」という点を勘定に入れなくてもそうなのである。自然の歯の代わりに金製の入れ歯を入れることはできるが、その使用価値は、貨幣の特殊な社会機能である「形態的使用価値」とマルクスが呼んでいるものとは別のものである[31]。

根源的反復可能性

いかなる使用価値も、**他者の**役に立つあるいは**他の機会に**役に立つという可能性によって標記されているので、この他者性もしくは反復可能性は、使用価値をアプリオリに等価性の市場に投げ入れることになる(その等価性とは、当然のことながら、つねに非等価物のあいだの等価性であり、われわれが先ほど述べていた二重の社会要素を前提としている)。その根源的反復可能性において、使用価値はあらかじめ前に進められ〔promise〕、交換に、さらには交換の彼方に、ゆだねられる約束をされている〔promise〕。それはあらかじめ、等価物の市場に投げ込まれている。それは、たとえつねに商品のなかに霊魂を失う**危険性がある**にせよ、ひたすら悪であるというわけではない。商品は、諸々の差異を抹消してしまうので、生まれながらにして「皮肉屋=犬儒派」であるという。だが、それが先天的に平準化作用を持ち、「生まれながらにして大いなる平等主義者にして皮肉屋（Geborner Leveller und Zyniker）」（*op. cit.*, p. 97；一一四頁）であるにせよ、その根源的皮肉=犬儒派は**すでに、**使用価値のなかで、テーブルのごとく四つ足で立ち上がったあの犬の木頭のなかで**準備されていた**のである。テーブルについて、マルクスが商品について言っていたことが言える。その皮肉屋=犬儒派は、後に商品となり、あらかじめ商品であるのだが、それはすでに身売りをおこなっている。それは、「他のどの商品とでも、たとえそれがマリトルネスよりも見苦しいものであろうと、心だけではなく身体まで取り交わそうといつでも用意している」(*21)（*ibid.*；同所）のである。マルクスが好んで『アテネのタイモン』とその預言的な呪詛を引用したのは、われわれも覚えているように、その根源的な身売りを念頭に置いてのことであった。しかし、商品が（芸術、哲学、宗教、道徳、法を、それらの作品〔œuvres〕が商品価値になるとき）腐敗させるにせよ、商品化はみずからが脅かす価値をすでに証していたと言わねばならない。たとえば、ある芸術作品が商品となることができ、そのプロセスが宿命的だと思われるのは、商品が何らかの仕方で芸術の原理を作品化した〔mettre en œuvre〕からである。

これは、批判的=分別的〔critique〕な問いではなかった。むしろ、批判的=分別的な諸限界、批判的=分別的な問いかけの必要かつ正当な行使を保証する、安堵させる諸限界の脱構築であった。

そのような脱構築は、カント以降のドイツ・イデオロギーに特有な二重化にのっとった、批判の批判ではない。そしてとりわけ、価格の等価性のなかで一切が等しなみに商品となるような一般的幻影化の方へと必然的に導くわけではない。われわれがそこここで示唆してきたように、商品形態や交換価値といった概念は、それらをはみ出す同じような汚染の作用をこうむるのでなおさらである。資本化は厳密な限界を持っていないということは、それ自体がはみ出されるものだからでもある。しかし幻影化の諸限界が、現前と不在、現実性と非現実性、感覚的なものと超感覚的なものという単純な対立によって制御されたり割り振られたままにもはやならないので、かくして再開された領野を諸々の差異をめぐる**別の**アプローチが（「概念的」かつ「現実的」に）構造化しなければならない。分析的諸差異および諸規定を抹消するどころか、この別の論理は別の諸概念を呼び求める。より洗練され、より厳密な再書き込みがそれらについておこなわれることを期待してもよいだろう。いずれにせよ、それのみが、そもそも批判の進歩そのものを求めるのと同様に、絶えざる再構造化を求めることができるのである。そして、この〔脱-〕限界化〔dé-limitation〕は宗教、イデオロギー、物神に関する言説にも作用することになるだろう。だが、幽霊がそこにいることを知らねばならない。たとえそれが、約束もしくは待機の開口、**幽霊の初めての出現以前**のことであるとしても。出現は予告されており、初回からして二回目だったことになる。**一回で二回**、この空間とこの時間との、根源的反覆可能性、還元不可能な潜在性。これこそが、「回」もしくはある出来事の日付を別様に考えなければならない理由である。またしても、

again である。《ha's this thing appear'd againe tonight?》〔例のモノは今夜もまた現れたか。〕

　というわけで、『資本論』の冒頭に悪魔祓いがあるのだろうか。幕開けの上へと開かれている幕開けに？　その第一巻の第一章からして？　いかに潜在的に見えようとも、いかに予備的、仮想的に見えようとも、その前提としての悪魔祓いは、かの偉大な作品の論理全体に署名を付し、それに調印をするほど強い力を展開したのだろうか。厄祓いの儀式が、広大な批判の言説の進展に拍子を与えているというのだろうか。その言説に、あたかも影のごとく秘かに付き添い、後を追い、もしくは先行しているというのだろうか。不可欠な余生のように、そしてまだそのようなことが言えるなら、生命的であり、あらかじめ要請された余生のように？　起源からすでに相続され、その後瞬間ごとに相続された余生のように？　そしてその厄祓いの余生は、抹消不可能なかたちで、革命的約束の一部となっているのではないだろうか。『資本論』を指導する厳命もしくは誓約の一部となっているのではないだろうか。

　われわれが今しがたそこで読んだ一切は、**限られた錯乱**をめぐるマルクスの視点であることを忘れないでおこう。それは、彼によるならば、終焉を迎えることを運命づけられた狂気に関する言説であり、抽象的な人間労働の一般的体内化に関する言説であり、その体内化については依然として、だがそれも限りある一時点まで、狂気の言語に、表現の錯乱（Verrücktheit）[32] に翻訳しているものにすぎないという。マルクスは、「この錯乱した形態で（in dieser verrückten Form）」（*ibid.*; 同所）現れるものを終わらせ**なければならず**、かつ終わらせる**ことができ**、終わらせる**ことがで**

きるはずだ、と宣言する。その錯乱とその幽霊たちの終わりが**見られるだろう**（終わりが**やって来るのが見られるだろう**、と翻訳しておこう）、と明らかにマルクスは考えている。それは必要なのだ、というのもその再来霊たちはブルジョア経済学の諸範疇に結びついているのだから、と。

この錯乱なのか。その幽霊たちなのか。それとも亡霊性一般なのか。これこそ、われわれの問いのおよそすべてであり、われわれの慎重さなのだ。(*22) マルクスが、この幽霊、すなわち『資本論』が対象として取り上げるこの Spuk は商品経済の単なる効果であるとはっきりと述べるとき、彼が幽霊一般とは決着がつくと考えていたのか、また本当にそうしたがっていたのかどうかさえ、われわれにはうかがい知れない。さらに彼が、そのものとしては、幽霊が他の生産形態においては消滅するはずだ、消滅すべきだと述べるときに、である。

「このような［マルクスが今しがた述べた、錯乱した］諸形態こそはまさにブルジョア経済学の諸範疇をなしているのである。それらの形態こそは、この歴史的に規定された社会的生産様式の、商品生産の、生産関係についての社会的に認められた、つまり客観的な思想形態なのである。それゆえ、商品世界の一切の神秘、商品生産の基礎の上で労働生産物を幽霊的な霧のなかに包み込む一切の奇怪事は、われわれが他の生産形態に逃げこめば（flüchten）、たちまち消えてしまうのである。（Aller Mystizismus der Warenwelt, all der Zauber und Spuk, welcher Arbeitsprodukte auf Grundlage der Warenproduktion umnebelt, verschwindet daher sofort, sobald wir zu andren Produktionsformen flüchten.)」（*ibid.*；同所）

われわれが引用している最近の仏語訳は、「幽霊的な霧」という表現でもって、再来霊（Spuk）に対する字義的な参照をしっかりと標記している。従来の幾多の翻訳は、それを規則正しく抹消してきたのであるが。また、マルクスが少なくとも信じようとし、もしくはわれわれに信じさせようとしていること、すなわち神秘主義、魔術、そして再来霊が消えるときの瞬間的な即時性も強調しなければならない。彼によるならば、商品生産の終わりが見られる（であろう）その瞬間に、それらはまるで魔法をかけられたように、やって来たときと同じく、消え失せるだろう（直説法）、実のところ霧散するだろう、というのである。マルクスとともに、商品生産の終わりなるものが本当に可能であったと想定するならば、であるが。マルクスはたしかに「するや否や」、「すぐさま」、sobald と言っており、そしていつもそうであるように、幽霊、物神、宗教の来たるべき消滅について、雲状の幻のごとく語っている。真理からしてそうなのだが、すべてに霧のベールがかかっており、すべてを雲が覆っている（umnebelt）。冷たい夜のなかの雲、ghost が出現する際の『ハムレット』の風景もしくは舞台装置である（« It is past midnight, bitterly cold, and dark except for the faint light of the stars »）。

悪魔祓いなき思想の不可能性

たとえこのように『資本論』が悪魔祓いの大いなる舞台から、厄祓いの競り上がりから始まるにせよ、その批判の段階はいささかも破壊されないだろうし、その権威は失墜しないだろう。少なくとも、その出来事とその創設的な性格のすべてを無化することはないだろう。というのも、われわれはここで、思考なるものが厄祓いの欲動をけっして払拭できないと踏んでいるからである。むしろ思考は、そうした欲動から生まれると言えるだろう。誓うこと、あるいは厄祓い＝共謀すること〔conjurer〕、それは思考にとって限界であるの同じぐらい、チャンスであり、運命ではないのだろうか。その有限性の贈与ではないのだろうか。複数の厄祓いから選択する以外に、思考に選択があるというのだろうか。問いそのもの、しかもあらゆる問いのなかで最も存在論的で、最も批判的で、最もきわどい問い、そのような問いもまだみずからを護っているということをわれわれは知っている。その**定式化**自体がバリケードを打ち立てたり堀を穿ったりし、周囲を障害物で囲んだり、銃眼を増やしたりしている。それが身を投げ打って突き進むことはまれである。魔法の、儀式的な、強迫的な仕方で、その**形式化**は時おり呪術的な手法である**文句**《フォルミュル》を用いる。それは、眼差しを逸らせる楯の陰に計略や夜警〔veilleurs〕を配置して、みずからの陣地を標記する。問題化〔problématisation〕そのものが否認すべく、ということは厄祓いすべく徹夜で目を光らせる〔veille〕（problema とは楯であり、鎧であり、強調するが、来たるべき調査のための使命であるのと同じぐらい城壁でもある）。批判的＝分別的な問題化は幽霊たちと戦い続ける。問題化は、幽霊たちを自分であるかのように恐れ入るのだ。

物神、宗教、イデオロギー

　これらの問いが提起され、あるいはむしろ宙づりにされたので、もしかするとわれわれは、『資本論』が同じくだりで、しかも同じ論理に従って、物神について言いたがっているように見えることに立ち戻ることができるかもしれない。忘れてはならないことだが、問題は「貨幣」なる物神の謎は、「商品」なる物神が「可視的」(sichtbar) になったときに、この後者の謎に還元されるのを証明するということである。だが、マルクスは同じく謎めいた仕方で、まぶしすぎて目が見えなくなるほど**可視的かつ明白**になったときに、と付け加えている。われわれがここで参照している仏語訳は、正しくも「人目をくらます(33)」と述べている。すなわち、«die Augen blendende Rätsel des Warenfetischs»〔人目をくらます商品物神の謎〕ということである。

ところで、周知のように、ただ宗教的世界への参照のみが、イデオロギー的なものの自律を説明することを可能にする。したがってその自律の固有な効力を、見かけ上の自律を具えているばかりではなく、木のテーブルの頑固さを偶然に喚起するのではない一種の自動性を具えた諸々の配置のなかへそれが組み込まれているということを説明する。商品形態の「謎めいた」性格とその秘密 (das Geheimnisvolle) を報告することによって、われわれは物神的なものとイデオロギー的なものへと立ち入ることになった。互いに還元され合うことはないにせよ、この両者は共通の条件を分有している。ところで『資本論』は、宗教との類比のみが、「宗教的世界の夢幻境 (die Nebelregion der religiösen Welt)」のみが、その形態の生産と物神化する自律化の理解を可能にしうると述べている。この類比の方へと向く必然性、それをマルクスは、彼が今しがたその発生を分析した「幻影的形態」の一帰結として呈示している。**かりに**事物のあいだの客観的関係 (われわれが**商品間のやりとり**と呼んだものである) が人間どうしの社会的関係の幻影的形態であるとするならば、**そうであるならば唯一可能な類比**、すなわち宗教という類比に訴えなければならないというわけである。「ここで人間にとって諸物の関係という幻影的な形態をとるものは、ただ人間自身の特定の社会的関係でしかないのである」。そこから帰結するのは、「それゆえ、**その類例を見いだすためには**（Um daher eine Analogie zu finden は私が強調）、われわれは宗教的世界の夢幻境に逃げこまなければ（またしても、もしくはすでに flüchten〔逃げる〕である）ならない」[34]。

強調するのも無用であろうが、イデオロギー的なものと宗教的なものとの関係における物神の問題は、巨大な賭金を構成している。すぐあとに続く言表において、物神崇拝の推論は、イデオロギー的なものにも、その自動化同様にその自律化にも適用されている。

「この世界（宗教的世界）では、人間の頭［またしても人間の頭、des menschlischen Kopfes である。それは、その形態が商品形態を取ることができるとき、すなわちできるや**否や**――自分の頭の内外に――空想を生み出すことができるテーブルの木頭と類比的なものである］の産物が、それ自身の生命（mit eignem Leben）を与えられてそれら自身のあいだでも人間とのあいだでも関係を結ぶ自律した姿に見える。［……］これを私は物神崇拝と呼ぶのであるが、それは、労働生産物が商品として生産されるや否やこれに付着する（anklebt）ものであり、したがって商品生産と不可分なものである。このような、商品世界の物神的性格は、前の分析がすでに示したように、商品を生産する労働の特有な社会的性格から生ずるものであ

る。」（*ibid.*；同所）

換言するならば、生産があるや否や、物神崇拝がある。すなわち、理念化と自律化と自動化が、脱物質化と亡霊的体内化が、一切の労働と共外延的な喪の作業などが、ということである。マルクスは、この共外延性を商品生産に限定すべきだと信じている。それは、われわれの目に、すでに述べた、そしてそれについての問いをここでもまだ宙づりにしておく悪魔祓いのしぐさのように映る。

したがって宗教的なものは、数あるなかのイデオロギー的現象もしくは幻想的生産ではない。一方で、それはイデオロギー的幽霊もしくは幻想の生産に対して、その根源的な形態もしくは参照となるパラダイム、すなわち第一の「類例」を提供する。他方で（そもそも、そしておそらく同じ理由で）、宗教的なものはメシア的なものと終末論的なものとともに、われわれがここでその厳命を、それがいかに秘密あるいは矛盾に満ちているように見えようとも再肯定している、解放者としてのマルクス主義の「精神」に形を与えている——たとえその形が、ここでわれわれが特権化している、必然的に限定を欠き、空虚であり、抽象的であり、無味乾燥なものであるにせよ。

物神と亡霊性に関する三視点

われわれはここで、物神化の一般的な問いに立ち入ることはできない。[35] 来たるべき著作において、おそらくその問いを幽霊的亡霊性の問いに結びつけなければならないだろう。その賭金が、すべての縁において無限に開かれているにもかかわらず、もしかするとその輪郭を少なくとも次の**三つの観点**から描くことができるかもしれない。

一、物神的な幽霊性一般と『資本論』におけるその位置。(36) 商品価値の登場と木のテーブルの舞踏術以前からして、マルクスは労働の残余的産物を幽霊的な対象性 (gespenstige Gegenständlichkeit)(37)として規定していた。

二、マルクスの文書体《コーパス》におけるこの理論的契機の位置。彼は、『ドイツ・イデオロギー』において幽霊とイデオロギー的なものについて言われていることを破棄しているのかいないのか。それについては、疑うことができる。その関係は、おそらく切断のそれでも同質性のそれでもないだろう。

三、単にマルクス注釈の次元にはとどまらないこれらの次元を超えて、事は、特異な布置において**今日**《宗教》と《技術》とを結びつけている一切に、おそらく関わってくるだろう。

アブラハム的メシアニズム／メシアニズムなき〈メシア的なもの〉

A、それはまず、宗教的なものの回帰というオリジナルな形をとるものに関わってくる。それは、原理主義的なものでもそうでないものでもありうるが、国民《ネーション》、国家、国際法、人権、Bill of Rights〔基本的人権宣言、権利章典〕のありとあらゆる問題を重層的に決定しているものである。要するにそれは、少なくとも症候的なエルサレム、あるいはそここではその再我有化、そしてそれをめぐって配列された同盟システム、これらの形象にその住処を集中している一切のものである。われわれがここで同じ名のもとに語っている二つのメシア的空間を、いかにして相互に関連づけるべきなのか、またいかに分離すべきなのか。メシア的呼びかけが固有な形で一つの普遍的構造に、未来へ向けての歴史的開口という還元できぬ運動に、よって経験そのものと経験の言語（来たるべきものの出来事に対する待機、約束、関与の誓約《アンガジュマン》、切迫、緊急、救済の要請、法を超えた正義の、現前しない、現に現前しない、現に生きていない限りでの他者に対して与えられた担保《ガージュ》等々の要請）に属するのだとしたら、いかにしてそれをアブラハム的メシアニズムの諸形象**でもって考えよう**というのか。メシア的呼びかけは、アブラハム的メシアニズムの抽象的な砂漠化の形象なのか、それともその根源的な条件なのか。アブラハム的メシアニズムは、範例的な予備形象、われわれがここで名指そうとしている可能性に依拠した予備的名称にすぎなかったのか。だがその場合、到来する者のいかなる形象も、その彼ないし彼女がみずからを告知しているというのに、あらかじめ限定され、予備的な形象を受け、予備的な名を受けることさえ許されないはずである。そのなかで、なぜ名を、あるいは少なくとも形容詞を（われわれは、宗教よりも経験の構造を指示するという意味で、messianisme〔メシアニズム〕よりも messianique〔メシア的〕を使うことの方が好ましいと考えている）保持するのか。これらの二つの砂漠のうちで、最初に他方へと合図を送ったことになるのはいずれの砂漠なのだろうか。メシア的なものの、非神学的な相続を構想することができるのか。あるいは逆に、メシア的なもの以上に、それに整合的なものはありうるのか。相続はけっして自然的なものではないので、相続は一度ならず、異なった場所と時におこなわれることができ、最も適切な時——それは最も時ならぬものであるかもしれないが——を待つことができ、異なった**系譜**に従って、それゆえに一つならずの**射程=譜表=懐胎**

〔*portée*〕に署名することができる。これらの問いと仮説とは互いに排除し合うものではない。少なくとも、とりあえずわれわれにとっては。禁欲は、メシア的希望から聖書的なあらゆる形態を、さらには待機をめぐる限定可能なあらゆる形象さえをもはぎ取る。こうしてそれは、絶対的な歓待であるべきものへの応答を目指して裸形となる。その歓待とは、到来する男（女）への「然り」、先取り不可能な未来への「来たまえ」である――だがそれは、われわれがまさしく見分けるべく訓練をしなければならない、あまりにもよく知られた幽霊たちがその背後に隠れている「なんでもよい」ものであってはならない。正義**としての**出来事を待つ開口であるこの歓待は、みずからの普遍性を監視してこそ絶対的なものとなる。メシア的なものは、その革命的な諸形態を含めて（そしてメシア的なものはつねに革命的であり、そうあるべきなのだが）、緊急性であり、切迫であるのだが、還元不可能なパラドクスによって、それは期待の地平なき期待なのである。このメシア的なもののほとんど無神論的な無味乾燥を啓典の諸宗教の条件であると見なすこともでき、それらの宗教のでさえなかった砂漠であると見なすこともできる(しかし、土地はつねに神によって貸与されたものであり、貸し出されたものであって、けっして占有者によって所有されたことはなかったと旧約聖書は述べており、その厳命もまた聴き取らねばならないだろう)。そこに、予告された者であれ、認知された者であれ、あるいは依然として期待されている者であれ、あらゆるメシアの生きた形象が生育し通り過ぎた、不毛な土壌を認めることはつねにできるだろう。また、その強迫的な生育とその束の間の通過を、それから発してわれわれがメシア的なもの一般――

すなわちわれわれがそれなしで済ますことができず、済ますべきでもないあの別の幽霊――に近づくことができ、そしてまず第一に命名できる唯一の出来事と見なすこともできるだろう。この絶対的歓待の形象を奇異であり、奇妙に親近感があると同時に歓待を拒むもの(unheimlich,uncanny)と判断することもできるだろう。われわれはその絶対的歓待の約束を、次のようなものに託そうとしているのである。すなわち、かくも不可能な、その貧しさゆえにかくも保証されていない経験に、かくまでに不安で脆弱ですべてを欠いた準-「メシアニズム」に、つねに前提とされた「メシアニズム」に、ほとんど超越論的ではあるが、実体なき唯物論に頑固なまでに関心をもったメシアニズムに、すなわち絶望的な「メシアニズム」のためのコーラ〔khôra〕の唯物論に、である。(＊23)しかし、この絶望がないならば、そして来たるべきものを**勘定に入れる**ことができるとするならば、希望はあるプログラムの計算でしかないことになるだろう。人は見通しを持つことになるだろうが、何も、そして誰も待つことはなくなるだろう。正義なき法である。人はもはや、身体も魂も招待することもなく、訪れを受けることもなく、会う=見ることとさえ考えなくなるだろう。来るのを見ることとさえ。この絶望させるメシアニズムについて、私自身もそこから排除されてはいない一部の者たちは、もしかすると奇妙な味を、時によっては死の味を見いだすかもしれない。その味は、何よりもまず趣味〔goût〕であり、予感〔avant-goût〕であり、だから本質からしてそれが新奇なものだ〔curieux〕というのは事実である。それは、人が懇願〔=厄祓い〕している当のものの――そしてそれは欲望をかき立て続けるものなのだが――新奇さを求めるもの〔curieux〕

なのである。

B、しかし不可分な形で、それはテクネーの、科学技術の、遠隔技術の差延的展開に関わってくるものでもある。(38) それはかつてないほど、われわれをして、空間と時間の仮想化について考えることを強いるものである。すなわち、その運動と速度がもはやわれわれに、現前とその表象、「リアルタイム」と「遅延された時間」、現実性と仮象、生物と非生物、つまりは生者とその幽霊たちの生ける死者、これらを対立させることをもはや禁じる仮想的出来事の可能性について考えることを、である（対立させるのを禁じるというのは、以前にもまして、かつ別様に禁じるということだ。というのも、それは徹頭徹尾新しいことではないからである）。それは、そこから発して、民主主義のための新たな空間を考えることを強いる。来たるべき民主主義のための空間、ということは正義のための空間を。われわれがここでそのまわりをめぐり歩いている出来事は、幽霊の特異な「誰」と仮象の一般的な「何」のあいだで躊躇しているということを示唆した。あらゆる遠隔科学技術の仮想空間において、恋人たちの、家族の、国民《ネーション》の場所がそうであるように、われわれの時代が運命づけられている一般的な場所解体のなかで、メシア的なものはその出来事のまさしく縁において身震いする。メシア的なものはその躊躇なのであり、それ以外の振動を持たないのであり、別様な「生き方」を持たないのであるが、かりに躊躇するのをやめたとき、それはもはやメシア的なものではなくなってしまうであろう。いかにしてその場を与え、それ、つまりその場を、与え返すのか、それを居住可能にするのか。だが、古い境界線の名のもとに、未来を殺さずに？　血統のナショナリズム同様、土地のナショナリズムは単に憎悪をまき散らすばかりではなく、犯罪を侵すばかりではない。それらはいかなる未来も持っておらず、たとえそれらが、愚かさや無意識のようにしぶとく生き続けていても、何も約束はしないのである。このメシア的躊躇は、いかなる決断も、いかなる肯定も、いかなる責任も麻痺させるものではない。それは逆に、それらの基礎的な条件を与える。メシア的躊躇は、それらの経験そのものなのである。

早急に結論を出す必要があるので、図式化して述べよう。『ドイツ・イデオロギー』から『資本論』にいたるまで動いていないものがあるように見えるとすれば、それはいずれの相続もわれわれにとって等しく重要な二つの公理である。しかしそれは、そもそもいかなる相続と責任があるいかなる決断のものでもあるダブルバインドへと合図している、あるダブルバインドの相続である。矛盾と秘密が厳命に住まっている（言うならば、父の精霊である）。一方でマルクスは、（幽霊的、幻想的、物神的もしくはイデオロギー的）差**延**の有限にして無限のプロセスとしての理念性の独創性と固有の有効性、その自律化と自動化を尊重しようとする——そしてその内にあって単に想像的なものではない仮象についても同様である。それは、人工事実的〔artefactuel〕な身体であり、技術的な身体であり、それを構成したり構成を壊したりするためには労働が必要である。この運動は、およそ「良きマルクス主義者」たる者がするであろうように、未曽有の構造と状況にそれを調整するならば、貴重であり続け、おそらくは代替不可能であり続けるだろう。しかし他方で、技術をめぐる第一級の思想家であり続け、多かれ少なかれ技術がつねにそれであり続けた遠隔技術の断然の第一人者であり続けながらも、マルクスは亡霊的仮象に対する批判もしくは悪魔祓いの根拠を存在論に求め続けたがっている。それは、実際の現実かつ対象性としての現前の——批判的ではあるが前‐脱構築的な——存在論である。その批判的（＝分別的）存在論は、幽霊を霧散させること、またしてもはばからずに言うならば、主体の表象的意識のように幽霊を厄祓いすること、そしてその表象自身の条件に戻すために、労働、生産、交換の物質的世界へと導きなおす可能性を展開することを欲するのである。ここで前‐脱構築的というのは、誤った、不要である、幻想的であるということを意味するのではない。しかしそれは、相対的に安定した知を、批判そのものよりも、さらには批判を基礎づける存在論よりも根本的な数々の問いを呼び求める知を特徴づけている。それらの問いは、何らかの理論的‐思弁的転覆の効果によって不安定化する作用を持っているのではない。最終的には、それらは問いですらなく、地を揺るがす出来事なのである。思考が**行ないとなり**、身体、手の経験（ハイデガーはどこかで、思想をHandelnとして語っている）となり、労働、つねに分割可能な——とはいえ分業の古い図式を越えて分有可能な——労働となるその場においては、**実践的な**出来事なのである。（分業の古い図式のなかには、マルクスがかくも多くのもの、とりわけイデオロギー的ヘゲモニーをめぐる言説をそのまわりに構築した区別さえも含まれる。すなわち、その妥当性はたしかに失われてはいないながらもかつてないほど制限されているように思われる、知的労働と肉体労働との区別である。）地を揺るがすこれらの出来事は未来からやって来るものであり、それらは諸々の時間の不安的で混沌として関節の外れた奥底から与えられるのである。それなしには、出来事も歴史も正義の約束もないであろう、節が外れ、調節の狂った時間の奥底から。

存在論的なものと批判的=分別的なものがここでは前‐脱構築的なものであるということの政治的帰結は、もしかすると無視できぬものであるかもしれない。そしておそらく、あまりにも手っ取り早く言ってしまうならば、政治的なものの概念、政治的なものそのものに対する帰結は。

あまたある例のなかから一つだけ示すために、結論としてまたしても『ドイツ・イデオロギー』の一節を引き合いに出しておこう。それは、『資本論』が絶えず確認したように見える図式を用いている。マルクスはそこで、宗教的亡霊に対する、ということは幽霊一般に対する信仰とは、ある表象（Vorstellung）を自律化し、その実在的基礎（reale Grundlage）と同じく、その生成も忘れることだと主張している。そのようにして歴史のなかに生み出された作為的な自律を解消するために、生産および技術的‐経済的交換の諸様式を考慮しなおさなければならないというのである。


「宗教において人間たちは彼らの経験的世界を、彼らによそよそしく対抗する（das ihnen fremd gegenübertritt）、一つの単に考えられ表象されただけの存在物（zu einem nur gedachten, vorgestellten Wesen）に仕立てる。そしてこれはこれで他の諸概念、たとえば「**絶対的な**自己意識」とかそういった類のたわごとなどから説明されるようなものではけっしてなくて、かえって従来の全生産様式と交換様式から明らかにされるものなのである。そしてこの生産、交換の様式が純粋概念から独立したものである（unabhängig）ことは、あたかも自動製紡機（文中ではself acting muleという英語を使用している）の発明と鉄道の使用がヘーゲル哲学から独立であるのと同様である。いやしくも宗教の「存在」について、すなわちこの非‐存在の物質的基礎（d. h. von einer materiellen Grundlage dieses Unwesen）について云々しようとするならば、彼はそれを「人間の本質」のうちに（im "Wesen des Menschen"）も神の諸々の述語のうちにも求めるべきではなくて、宗教的発展の各段階が当面したところの物質的世界のうちに求めるべきである。（前述フォイエルバッハの章参照）。われわれが検閲をおこなったところの（die wir Revue passieren liessen）「幽霊たち」はことごとく表象（Vorstellungen）であった。これらの表象が、その実在的基礎を度外視され（abgesehen von ihrer realen Grundlage）（どっちみちシュティルナーはこれを度外視する）、意識内部の表象、人間たちの頭のなかの思想と解され、それらの対象性(Gegenständlichkeit)から主観のなかへ取り戻され(in das Subjekt zurückgenommen)、実体から自己意識のなかへ高め入れられる場合、――それらは妄想（der Sparren）または固定観念である。(39)」

このテクストの字義をたどるならば、幽霊もしくは精霊たちの批判はしたがって、主観的な表象と抽象の批判だということになる。**頭のなかで**起ることとの、頭からしか出ないものの、そこ、すなわち頭から出て、頭の外で生き残っているというのに、そこ、すなわち頭のなかにとどまるものの批判である。だが、何も、そもそも批判からして、生き残るという性質、**頭の外における**この自律と自動性なしには可能ではないだろう。そこにこそ、マルクス主義的批判の精神、その字義に対置する精神ではなく、その字義の運動が前提としている精神が位置しているのである。幽霊のごとく、それは頭のなかにもなく、頭の外にもない。マルクスはそれを知っていて、あたかもそれを知りたくないかのようにふるまっている。『ドイツ・イデオロギー』のなかで、この次の章はシュティルナーに《Mensch, es spukt in deinem Kopfe! 》と言わしめていた強迫観念に捧げられていた。その一般的な翻訳は、「人間よ、おまえは頭のなかに再来霊を持っている！」である。マルクスは、聖マックスに対してその呼びかけを投げ返せば事足りると信じている。(40)

《 Es spukt 》。その翻訳が困難であることは、すでに述べてある。なるほど再来霊と憑在の問題であるが、それ以外には何があるだろうか。ドイツ語の固有語法は、再帰性を名指しているように見えるが、それを動詞的な形態でおこなっている。その形態は、再来霊が、亡霊が、幽霊がいるとは言わず、出現、すなわち der Spuk があるとは言わず、それが出現する〔ça apparaît〕とさえ言わず、「それが亡霊する」、「それが出幻する〔ça apparitionne〕」と言っている。まったく非人称的なその動詞的形態の中性的性格において、**それは**何かもしくは誰かなのであり、誰かでもなく何かでもないものなのであり、行動せぬ「誰＝何か〔on〕」なのである。それはむしろ、把握＝懸念の受動的運動なのであり、迎え入れる準備ができた把握＝懸念の経験である。だが、どこへ迎え入れるというのか。頭のなかだろうか。だが、頭とは、収めることすらできない把握＝懸念以前に何だというのだろうか。そして、主体でも意識でも自我でも頭脳でもない頭が、第一にそのような経験の可能性によって、さらには収めることも境界画定もできない当のものによって、«es spukt»の非限定性によって定義されるものであったならどうだろうか。というわけで、〈受け入れる〉とわれわれは言っていた。しかしそれは、外部の者〔étranger〕を排除する不安と欲望のなかで、彼を受け入れることなく招待することを懸念しつつのことである。それは、外部の者を受け入れることなく受け入れる家政的歓待であるが、その外部の者はすでに内部にいる外部の者〔das Heimliche-Unheimliche〕、自己自身よりも自己に親密な者、その力が特異でありかつ匿名である〔es spukt〕外部の者の絶対的至近性、命名不可能で中性的な力、すなわち決定不可能なもの、能動的でもなく受動的でもない、不可視的な形でしかも**何もなさずに**、結局はわれわれのものでも彼のものでもない諸々の場を占拠する没同一性〔an-identité〕なのである。ところで**その一切**、すなわちわれわれが何ら論理的に限定可能なことを言うことに失敗した**それ**、かくも困難な形で言語に到来する**それ**、何も言わんとしないように見える**それ**、われわれが何も言いたくない場から、われわれがはっきりと自分たちが言いたくないことを知っているが、自分たちが言いたいことを知らない場——あたかもそれが知の秩序、意志もしくは言わんとする意志〔vouloir-dire〕の秩序には属していないかのように——われわれに規則正しく話させ、われわれの言わんとする意図を敗走させる**それ**、そう、**それ**は再来し、**それ**は回帰し、それは切迫のなかで固執し、それは考えるべく与える。しかし、未来と死と同じぐらい不安を生み出すに充分なほどそのつど抵抗不可能で特異なる**それ**、**それ**は「自動反復」（われわれの前にはるか以前から回っている自動機械のそれ）に属するよりも、その一切を、すなわち反復強迫が属する**まったく他なるもの**を考えるべく与える。すなわち、すべての他者はまったき他者である。« Es spukt »の非人称的な再来性は、自動反復にみずからの根拠律を見いだすのと同じく、自動反復を生み出す。*Das Unheimliche*〔不気味なもの〕の信じがたい節のなかで、フロイトはそもそも、彼が（*Das Unheimliche*、死の衝動、反復強迫、快楽原則の彼岸などに関する）探究を始めるべきであったのは、そこから、すなわち«es spukt»が語っていることからであったのだと認めている。彼はそこに、探究を始めるべきであった一**例**を見ている。[41] 彼は、それを Unheimlichkeit〔不気味さ〕に関する最強の例とさえ見なしているのである（Wir hätten eigentlich unsere Untersuchung mit diesem, vielleicht stärksten Beispiel von Unheimlichkeit beginnen können.「実を言うと、われわれはこの Unheimlichkeit の例、もしかするとその最強の例からわれわれの調査を始めることができたかもしれない」）。だが、最も強力な例と彼が呼んでいるものが果たして一つの例に還元できるのか——単に諸々の例という系列のなかの最強の例に還元できるのか——と問うことができるだろう。さらに、それこそ探究され、人を探究におもむかせる《モノ》そのもの、大義＝原因そのものであったとしたら？　知と探究の原因＝大義、歴史もしくはエピステーメーの動機であったとしたら？　まさにそこから例としての力を引き出しているのだとしたら？　他方で、そのときフロイトが、前面に押し出す厄祓いのメカニズムに注意しなければならない。つぎのことを正当化するために。すなわち、彼が始めることも**できた**であろう地点、彼が始める**べき**であったであろう地点から、にもかかわず始めるべきだとは思わなかったことを。たとえば**彼**が、である（私が言わんとしていることをよく理解して欲しい。マルクス、**彼**もまた、ということである）。

フロイトはそれを、認識論的な、方法論的な、修辞学的な、その実、魂を教導するような慎重さをもった平静なトーンでわれわれに説明している。彼が始めることができ、あるいは始めるべきであった地点から始めないことを余儀なくされたのは、問題となっているモノ（Unheimlichkeit の最強の例、すなわち«es spukt»、再来霊と幽霊の出現）を扱った場合、恐ろしすぎるからだというのである。存在するものと、恐るべきものとぞっとするものとを（mit dem Grauenhaften）、矛盾し、決定不可能で、heimliche-unheimliche な仕方で、混同してしまうというのである。しかるに、恐怖は探究の平静さにとっても、諸概念の分析的区別にとってもよいものではない。このテクストの続き全体をそれ自体として、またこの観点から、読解しなければならないだろう。われわれはそれを別の所で試みることにするが[42]、その読解をハイデガーの数多くのテクストと交叉させながらしなければならないだろう。ハイデガーが『存在と時間』やその他の著作でおこなっている、Unheimlichkeit の価値に対する頻繁で、決定的で、組織的な訴えは、一般に看過もしくは無視されていると、われわれは考えている。フロイトとハイデガーが展開する二つの言説において、その訴えは根底的な企図もしくは行程を可能にしている。しかしそれは、用いられている概念的な区別の数々の秩序を、絶えず、そして多かれ少なかれ地下に潜行した形で不安定化しながら、可能にしているのである。それは、暗黙にもしくは明示的に、結果として生じる倫理や政治もまた脅かすものであろう。

いまだに受容されぬマルクス

われわれの仮説は、マルクスの亡霊学についても事態は同じだということである。憑在のこの偉大な問題系がなす星座はわれわれのものである。(*24) そうではないだろうか。それは保証された縁をもつことはないが、マルクス、フロイト、ハイデガーという固有名のもとで点滅し、きらめいている。マルクスを看過したフロイト、フロイトを看過したハイデガーの固有名のもとで。それはおそらく偶然のことではない。マルクスはいまだに受容されていないのだ。この呼びかけの副題は、したがって、「マルクス——das Unheimliche〔不気味なもの〕」でもありえただろう。マルクスは**われわれのところでは**移民であり続けている。彼の人生を通じてそうであったように、栄光に満ち、神聖な、呪われ、しかしいまだ地下に潜った移民に。彼は脱節〔disjonction〕の時に、あの« out of joint »な« time »に属している。すなわち、営々と、苦しみに満ちた仕方で、悲劇的に、諸々の境界線の新たな思想が、家の、わが家の、エコノミーの新たな経験が創設されるその場に。天と地のあいだに。地下に潜行する移民に対して、性急に滞在禁止を言い渡してはならず、あるいは、つねに同じことに帰着する危険があるように、家政に適応させて〔domestiquer〕はならない。帰化によって、中性化させてはならない。彼を怖がらないようにと同化してはならない。彼は家族の一員ではないが、またしても、彼のこともまた、国境へと送り返してはならない。

その笑いの炸裂がいまだにかくも健全で、批判的で、必要であり続け、しかもまず筆頭亡霊もしくは父親の亡霊、すなわち《人間》の一般的本質である« Hauptgespenst »〔筆頭亡霊〕の前でそうであり続けながら、das Unheimliche〔不気味なもの〕としてのマルクスは、もしかするとかくも性急にあれほど多くの幽霊たちを追い払うべきではなかったかもしれない。全部を一度に、かくも簡単に、彼らが存在しないという口実（もちろん彼らは存在しない。だがそれがどうしたというのだ）――あるいは一切が過去であり、過去であり続けるべきだ（「死者が死者を葬るにまかせよう」など）という口実のものに、追い払うべきではなかったかもしれない。彼が、交換価値やイデオロギー素や物神の（相対的）自律を分析する運動のなかで、幽霊たちを自由なままにし、解放さえするすべを知っていたのでなおさらである。たとえそれを欲したとしても、死者に死者を葬ることを任せることはできないだろう。それは意味を持たず、**不可能**である。ただ死すべき者たちだけが、生き神ではない生ける者たちだけが死者を葬ることができるのである。生ける者だけが死者のために通夜をし〔veiller〕、端的に注意をする〔veiller〕ことができる。幽霊たちもまたそれをすることができ、彼らは注意しているいたる所にいるが、死者には**それができない**――それは不可能であり、できるようであってはならないだろう。

この無底の不可能事がそれでも**場を持ち**うるということ、それこそ逆に破滅もしくは絶対的な灰であり、**思考**すべき、そして依然として悪魔祓いしなければならない――違うだろうか？――脅威である。幽霊を追い払うために悪魔祓いするのではなく、今度は彼らの権利を認めるためにするというわけだ。もしそれが彼らを生ける者として再来させることに、もはや再来霊ではない帰還者、記憶もしくは歓待の約束が彼らに応対すべきあの他の生者として再来させることに帰着するならば、である——しかも、彼らがそのものとして現前する確信をけっして持てないままに。それは、その意味で彼らに権利を認めるということではなく、**正義**の配慮からである。現前的な実存もしくは本質は、正義の条件や対象や**事項=大義**〔*chose*〕であったためしはなかった。不可能事（「死者が死者を葬るにまかせる」）が残念なことにつねに可能であることを、絶えず喚起しなければならない。あの絶対悪（絶対的生、十全に現前した生——そうではないだろうか？——死を知らず、死については聞きたくもないという生のことである）がつねに場を持ちうることを絶えず喚起しなければならない。まさしくこの不可能事の恐るべき可能性から発して、正義が望まれるべきだということを絶えず喚起しなければならない。法を**横断して**、ということはしたがって法を**超えて**の正義が。

マルクスは、フロイトやハイデガーやすべての人もそうであったように、「始めることができる」（beginnen können）はずであったところから、**そのものとしての**生以前、**そのものとしての**死以前、すなわち憑在から始めなかった。しかしその過ちは、おそらく彼に帰すべきではないだろう。いずれにせよ過ちは、その定義からして、反復され、相続されるものであり、人はそれに対して注意をしなければならない。(*25) それはつねにとても高くつくものである——まさしく人類にとって。人類にとって高くつくのは、おそらく、Hauptgespenst〔筆頭亡霊〕しか、原 - 幽霊しか表象していないという口実のもとに、歴史において《人間》の一般的本質とは金輪際手を切れると信じることであろう。だが同様に、それは——**根底からすると**——同じことに帰着するのだが、依然として、おそらく、その筆頭幽霊**を**信じることであるだろう。信じやすい人々や教条的な人々がするように、それを信じることである。種々の信憑のあいだの扉は、つねにそうであるように、狭いものであり続ける。

恐るべき代償について問うことに意味があるためには、未来を見守ることに意味があるためには、すべてをやり直さなければならないだろう。しかし今度は、あの不純な「不純な不純な幽霊たちの物語」を記憶に置きながら。

それに対して問いを発するために、幽霊に声をかけることができるのだろうか。誰に？ 彼に？ マーセラスがまたしても、かつ用心深く言うように**それ**に？ «Thou art a Scholler ; speake to *it* Horatio [...] Question *it.* »〔君は学者だ、**それ**に話してみてくれホレイショー〔……〕**それ**に問いかけてみろ。〕

その問いは、もしかするとひっくり返すに値するかもしれない。すでに何らかの幽霊が再来していないならば、**一般に言葉を宛てる**ことなどできるのだろうか。少なくとも正義を愛するならば、未来の「学者」、明日の「知識人」はそれを学ばねばならず、しかも彼から学ばなければならないだろう。彼は、幽霊と会話することを学びながらではなく、彼または彼女と話し合うことによって、彼〔女〕に言葉をゆだねあるいは返すことによって、たとえそれが自己のうちであっても他者のうちに、自己のうちの他者に対してであってもそうしつつ、生きることを学び＝教えなければならないのである。というのも、彼ら、すなわち亡霊たちは、たとえ彼らが存在せず、たとえもはや存在せず、たとえまだ存在しなくとも、つねに**そこに**存在しているからだ。彼らは、われわれが口を開くや否や、「そこ」を再考すべく与える。たとえコロキアムにおいて口を開き、とりわけ外国語を話すときには。[*26]

« Thou art a scholar ; speak to it Horatio »…

原注・訳注

（6頁）

訳　注

（＊1）クリス・ハニ　一九四二・六・二八―一九九〇・四・一〇。南アフリカの政治指導者。殺害時には南アフリカ共産党の書記長であった。一時アフリカ民族会議の武装闘争部門の責任者を務め、ネルソン・マンデラに次ぐ人気を誇っていたとも言われる。一九九〇年に、マンデラが二七年にわたる監獄生活から解放されたあと、政治的抗争によって何千人もの犠牲者が出ていた。暗殺者たちは、沈静化へと向かいつつあった状況を逆転させ、一九九四年に予定されていた、全人種が参加する初めての国政選挙を妨害しようとしたわけである。幸い、マンデラをはじめとする指導者たちの呼びかけが功を奏し、混乱は最小限にくい止められた。

導　入

原　注

（1）正義と法とのあいだの区別の仕方について、この両概念の差異と相互含意の上に作用している奇妙な非対称性について、それによって起こるいくつかの帰結について（とりわけ、「正義」のある脱構築不可能性をめぐって――しかし、これに別の名称を与えることもできる）は、次の著作に送り返すことをお許しいただきたい。« Force of law, "The mystical foundation of authority" ». M. Quaintance 訳（*Deconstruction and the Possibility of Justice*, dir. D. Cornell, M. Rosenfeld, D. G. Carlson, Routledge, New York, London, 1992 所収. ドイツ語では、*Gesetzeskraft*, "*Der mystische Grund der Autorität*", A. García Düttmann 訳、Suhrkamp, 1991). 仏語版はガリレー社より一九九四年に刊行予定。〔*Force de loi. Le « Fondement mystique de l'autorité »*, Galilée, 1994.『法の力』堅田研一訳、法政大学出版局、一九九九年〕

訳注

（＊1）原文は、«*je voudrais apprendre à vivre enfin.*» 動詞 apprendre は、apprendre à quelqu'un「誰かに教える」、apprendre de quelqu'un「誰かから教わる」という両義性を含んでいる。続く箇所を読めばわかるように、この一文はその両義性をことさら強調する形で書かれている。これに続く原文は、«Enfin mais pourquoi?»、すなわち「なぜこの期に及んでそうした願望を抱くにいたったのか」という問いかけとなっている。それは、一方で、人生経験をすでに少なからず積んだ人物――「私＝デリダ」は発言時点で六十三歳目前である――がその思いを表明するのかというふうに解釈できる。他方でそこには、生き方の問題は哲学の伝統と同じぐらい古いという含意も読みとれる。なお、「ついに、やっと、とうとう」を意味する enfin は、「やれやれ、いやはや」という意味で用いられることもある。語調によっては、「いやはや、でもなぜなのだ」という解釈も可能である。また、Jacques Derrida, *Apprendre à vivre enfin--Entretien avec Jean Birnbaum*, Galilée, 2005（『生きることを学ぶ、終に』鵜飼哲訳、みすず書房、二〇〇五年）参照。

（＊2）「他者教育」と訳したのは、hétérodidactique。Autodidacte は「独学の（人）」を意味するが、独学で生きることを学ぶことはできないという問題系、および生死の境界と知との問題系は、後にとりわけ *Apories* (Galilée, 1996. 邦訳『アポリア』港道隆訳、人文書院、二〇〇〇年）のテーマとなる。また、死との近接という主張は、すでにプラトンの『パイドン』におけるソクラテスのものであった。そこにおいて、哲学者の形象は「人生において、できるだけ死んでいることの近くで生きようと自分自身を準備してきた人」（『パイドン』67E、石田靖夫訳、岩波文庫、一九九八年、三八頁）として語られている。

（＊3）原文にある«cela ne peut que *s'entretenir* de quelque fantôme»において、動詞 entretenir は、「持続させる、維持する、保つ」および「話す」の二種類の意味を持っている。二者間で起こることは、幽霊を排除するのではなくそれを介在させ、さらにそれを語ることによってしか可能ではないという主張である。

（＊4）「節合外し」、「脱節」の原語は、それぞれ désajointement, disjonction. 本書では、ラテン語 *junctus* から派生した一連の語彙が重要な役割を果たしている。この点については、第I章訳注（3）を参照。

（＊5）フランス語の survie は、「生き延びること」、「生存」でもある。それはまた、生を、ということは死をも越える〔sur-〕「死後の生」でもある。このsurvieについては、以下第I章注（1）を参照。

I　マルクスの厳命

原　注

（1）Paul Valéry, *La Crise de l'esprit*, Œuvres, Bibliothèque de la Pléiade, Gallimard, 1957, t. 1, p. 993.〔邦訳『ヴァレリー全集11』筑摩書房、一九六七年、三一―三二頁〕西方で、すなわちヨーロッパ半島の岬の近くにおいて、デンマーク王国は、まさしくイギリスとともに、マーストリヒトのヨーロッパなるものに抵抗を示す最後の国家になりかけたということを、ここで喚起すべきだっただろうか。いや、そうではない。王の頭をめぐるこの派生命題は、むしろ別の場所の方を指している。それはまず最初に、これらの命題と、『他の岬』(*L'Autre cap*, Minuit, 1991〔『他の岬』高橋哲哉・鵜飼哲訳、みすず書房、一九九三年〕）の諸命題とが分節する場の数々の方である。そして、『他の岬』は、**精神**の問いとして――ということは亡霊の問いとしてのヨーロッパの問いへの再導入をうながすために、とりわけヴァレリーにおける**頭的なもの**〔du capital〕（つまり頭領や頭）の扱いもまた分析していた。そして、これこそが筆頭の重要性を持つことなのだが、こう言ってよければ、der Kopf や das Haupt といったある〈頭の形象〉を強調することを忘れてはならない。この形象は、規則正しく、マルクスのコーパスの数多くの箇所、しかも幽霊を最も快く歓待する箇所で、くりかえし必要とされているのである。より一般的で目立たぬやり方でもって、この試論は以前からの道をたどりつづけている。すなわち、労働一般と外延をともにするような喪の作業をめぐって（とりわけ *Glas*, Galilée, 1974〔『弔鐘』鵜飼哲訳（抄訳）、『批評空間』一九九七年一〇月、九八年一月、七月、一〇月、九九年一月、七月、一〇月、二〇〇〇年一月、四月、二〇〇一年一〇月、一二月、二〇〇二年三月、七月の各号〕）、体内化と取り込みとのあいだの問題をはらんだ境界線をめぐって、この概念対立の実効的ではあるが制限された妥当性をめぐって、また同じく喪の作業の失敗と成功、喪の病理と正常な喪とを区別する概念対立の妥当性をめぐって（この点については、*Fors*, Préface à *Le Verbier de l'Homme aux Loups*, de N. Abraham et M. Torok, Aubier-Flammarion, 1976、特にp. 26以降〔『狼男の言語標本――埋葬語法の精神分析／付・デリダ序文"Fors"』ニコラ・アブラハム著、港道隆・前田悠希・森茂起・宮川貴美子訳、法政大学出版局、二〇〇六年〕、*Schibboleth—pour Paul Celan*, Galilée, 1986〔『シボレート』飯吉光夫・小林康夫・守中高明訳、岩波書店、一九九〇年〕、*Feu la cendre*, Des Femmes, 1987〔『火ここになき灰』梅木達夫訳、松籟社、二〇〇三年〕、*De l'esprit, Heidegger et la Question*, Galilée, 1987〔『精神について』港道隆訳、人文書院、一九九〇年〕、*Mémoires—pour Paul de Man*, Galilée, 1988)、生にも死にも還元されない死後の生の残存をめぐって(«Survivre», dans *Parages*, Galilée, 1986)、負債と贈与のエコノミーをめぐって（*Donner le temps*, Galilée, 1992）、である。理念という観念（反覆可能性の効果としての理念性の理念化）とは不可分であり、もはや脱構築の「理念」とは言えないので脱構築のモチーフと言っておくが、このモチーフと不可分な亡霊性の論理は、最近の二〇年間に刊行されたあらゆる試論のなかで、そしてとりわけ『精神について』のなかで、しばしば顕在的な形で働いている。Revenant〔帰り来るもの＝再来霊〕は、そこでもまた最初の名詞であった（「私は、revenant〔……〕についてお話ししようと思う」）。〔続く段落にあげられている「精神の政治学」は、『ヴァレリー全集11』八二—一一五頁に収められている〕

（2）Paul Valéry, *Lettres sur la société des esprits*, *op. cit.*, p. 1139.〔『ヴァレリー全集11』一二二—一二三頁〕

（3）Maurice Blanchot, «La fin de la philosophie», *La Nouvelle Revue Française*, 1er août 1959, 7e année, n°. 80.

（4）Maurice Blanchot, *L'Amitié*, Gallimard, 1971, pp. 109-117.〔「マルクスを読む」『ブランショ政治論集一九五八—一九九三』安原伸一朗・西山雄二・郷原佳以訳、月曜社、二〇〇五年、二〇二—二〇三頁〕

（5）*Hamlet*, tr. Yves Bonnefoy, 1957, coll. Folio, Gallimard, 1992.

（6）*Hamlet*, tr. Jean Malaplate, Corti, 1991.

（7）*Hamlet*, tr. Jules Dorocquigny, Les Belles Lettres, 1989.

（8）*Hamlet*, tr. André Gide, Bibliothèque de la Pléiade, Gallimard, 1959.

（9）ここでは、とりわけ *Du droit à la philosophie*, Galilée, 1990, p. 80および随所（特にカントについて）へ、さらには *Passions*, Galilée, 1993, p. 33以降〔『パッション』湯浅博雄訳、未來社、二〇〇一年、二九頁以降〕において展開されている、正直（せいちょく）と斜めの問題のよりいっそう体系的なアプローチへの参照を指示せざるをえない。

(10) これらの価値が今度は**タイトル**という価値のなかに集約される仕方については、« Titre à préciser », *Parages*, Galilée, 1986 所収を参照。

(11) Emmanuel Lévinas, *Totalité et infini*, M. Nijhoff, 1961, p. 62.〔『全体性と無限』合田正人訳、国文社、一九八九年、一二六頁〕

(12) « *Dikè*, aus dem Sein als Anwesen gedacht, ist der fugend-fügende Fug. *Adikia*, die Un-Fuge, is der Un-Fug. », Martin Heidegger, «Der Spruch des Anaximander», in *Holzwege*, Klostermann, 1950, p. 329. Tr. fr. Wolfgang Brokmeier, in *Chemins qui ne mènent nulle part*, Gallimard, 1962, p. 291.〔「〈ディケー〔節理・正当〕〉とは、現前することとしての有ることから考えるならば、正しい筋道にあわせながら按排する正当〔der fugend-fügende Fug〕である。〈アディキア Adkia〔節理ナキコト・正当ナラザルコト〕〉すなわち、非節理とは、不正当〔der Un-Fug〕である」、「アナクシマンドロスの箴言」茅野良夫、ハンス・ブロッカルト訳『杣道』創文社、一九八八年、四〇〇頁〕

(13) *Op. cit.*, p. 326-327, tr. fr., p. 288.〔前掲書、三九六頁〕

(14) *Op. cit.*, p. 330, tr. fr., p. 291.〔前掲書、三九六―三九七頁〕

(15) « Er sagt es und sagt es nicht », *op. cit.*, p. 328, tr. fr., p. 290.〔前掲書、三九八頁〕

(16) Cf. *Donner le temps*, *op. cit.*, p. 12, n. 1 et suiv., et pp. 201-202, n. 1 et *Sauf le nom*, p. 83 et 112.

(17) Heidegger, *op. cit.*, p. 329, tr. fr., p. 290.〔前掲書、三九九―四〇〇頁〕

(18) この点は、*Passions*, Galilée, 1993〔『パッション』湯浅博雄訳、未來社、二〇〇一年〕において展開されている。

(19)「脱構築的」スタイルにおける**ヘゲモニー**概念の新たな適用については、エルネスト・ラクラウ〔Ernesto Laclau〕の著作の数々を参照いただきたい。

(20) K. Marx, F. Engels, *L'Idéologie allemande*, tr. fr. H. Auger, G. Badia, J. Baudrillard, R. Cartelle, Editions sociales, 1968, pp. 262-263.〔『ドイツ・イデオロギー』『マルクス＝エンゲルス全集』第三巻、大内兵衛・細川嘉六監訳、大月書店、一九六三年、二七二頁〕

(21) *Ibid.*〔同所。なお、引用の長さは異なるが、同じ箇所は『資本論』『マルクス＝エンゲルス全集』第二三巻第一分冊、大内兵衛・細川嘉六監訳、一七三頁、注(91)、『資本論(一)』向坂逸郎訳、岩波文庫、一九六九年、二二

三一頁、注（91）にも読まれる――訳者〕

(22) Shakespeare, *Timon d'Athènes*, tr. fr. François-Victor Hugo, Bibliothèque de la Pléiade, t. 2, p. 1223.〔『アテネのタイモン』小田島雄志訳、白水社、一九八三年、一一一頁〕

(23) *Contribution à la critique de l'économie politique*, II B, II c (Le numéraire. Le signe de valeur), tr. M. Husson, G. Badia, Editions sociales, 1957, p. 77.〔『経済学批判』『マルクス＝エンゲルス全集』第一三巻、大内兵衛・細川嘉六監修、大月書店、一九六四年、八九頁〕

(24) *Ibid.*〔同所〕

(25) *Op. cit.*, p. 95〔同書、一〇九頁〕

(26) *Op. cit.*, p. 97.〔同書、一一二頁〕この意味論的連鎖系は、すでに『弔鐘』（ヘーゲル欄）と『精神について――ハイデガーと問い』において分析したものである。

(27) *Op. cit.*, p. 86、96.〔同書、九九頁、一一〇頁〕

(28) *Op. cit.*, p. 98.〔同書、一一三頁〕

訳注

(＊1) 以下では、injonction に対して「厳命」という訳語をあてた。動詞形の enjoindre は「厳命する」と翻訳する。これらの語は、ラテン語の injungere「結合させる、つなげる、結集する、ぴったり合わせる」に由来し、以下訳注（3）で解説する jungere, junctus の意味論につらなっている。ただし、この語源的、辞書的意味にもかかわらず、本書では injonction は joindre（結合すること）を命じるのではなく、むしろ、分離し、離散し、選択することを命じるという逆説的な意味で用いられている。

(＊2)『ハムレット』からの引用については、おもに小田島雄志訳（白水社、白水Uブックス、一九八三年）を参照した。ただし、文脈に応じて、訳語には適宜変更をくわえてある。

なお、ボンヌフォワによるフランス語訳は左記のとおり。

Hamlet [...] : Jurez

Le spectre, sous terre : Jurez [*Ils jurent*]
Hamlet : Calme-toi, calme-toi, estprit inquiet. Maintenant, messieurs,
De tout mon cœur je m'en remets à vous
Et tout ce qu'un pauvre homme tel qu'Hamlet
Pourra vous témoigner d'amitié et d'amour,
Vour l'aurez, Dieu aidant. Rentrons ensemble,
Et vous, je vous en prie, bouche cousue.
Le temps est hors de ses gonds. Ô sort maudit
Qui veut que je sois né pour le rejointer !
　Allons, rentrons ensemble.

（＊3）冒頭の原文は、Maintenant les spectres de Marx. この文は、maintenant を「今」と読むか、動詞 maintenir の現在分詞「保持しつつ」と読むかによって、少なくとも以下のように二通りの解釈が可能となる。（一）「今こそマルクスの亡霊たち」。ただしこの場合でも、マルクスの亡霊たちが出現するのか、われわれが亡霊たちと対話すべきだというのか、亡霊たちを追い払うべきなのかなど、多様な解釈が可能である。（二）「マルクスの亡霊たちをとどめつつ」あるいは「保持しつつ」。この場合も、たとえば à distance という語句が続いた場合は、「遠ざけたままにしつつ」を意味することができる。訳文はむしろ、亡霊たちの存在なき存在を忘れぬよう、あるいはいったん姿を現した亡霊たちがふたたび姿を消さぬよう引きとどめるという方向に解釈している。また、maintenir は、maintenir son opinion「意見を堅持する、固持する」に近い用法となり、マルクスの亡霊たちが語ることを何らかの形で肯定し続ける態度と解釈することもできる。ただし、ここで語られている「今」は、単一の共時性のなかにある「今」ではなく、「とどめる」も ensemble（in simul）「一緒に」とどめる行為ではない。この点については、本書五〇頁、七五頁など（*Spectres de Marx*（以下、SM と略記）、p. 41, p. 57-58, etc.）を参照。

　また、本章の冒頭に、『ハムレット』の有名な台詞"The Time is out of joint"が題辞としてあげられている。この台詞のなかの joint はラテン語源として jungere, junctus（結ぶ、結びつける、集める）を持つが、本書はこの joint の意味論を濫用にも近い形で展開しつつ、構築されている。通常の辞書があげる訳語を採用しては形態上、意味論上の連続性を再現できないので、joint を「節」と捉えた上で、原則として以下のような翻訳を試みた。（ ）内は通常、仏和辞典が提案する最も一般的な訳語であり、（ ）が付されていないものは、広く使用されている Petit Robert 辞典に項目が見あたらない語である。ajointement「節合、節理」、conjoindre「共に節合させる」、conjonction「節合系列」（結合、出会い、〔天文学〕合、〔言語学〕接続詞）、conjoncture「情況節合」（さまざまな状況の結びつき、情勢、景気）、désajointer「節合をはずす」、disjoindre「脱節する」（離す、分離する）、disjointement「節合不全」、disjointure「脱節状態」、disjonctif「脱節的」（選言的な、〔言語学〕離接的な）、disjonction「脱節」（分離、分離裁判、選言命題）、jonction「節続」（接合、結合）、jointure「節合状態」（接合部分、関節、継ぎ目）、rejointer「再節合する」。

joint の多義性については、"The Time is out of joint"をフランス語に翻訳する際の困難について述べた、本書五三頁以下（SM, p. 43-）にも触れられている。大別して、機械的・技術的な意味と政治的・倫理的意味の領野にまたがっていることが指摘されているが、日本語訳の「節」も、joint と同じく、「ふし、物の結合している部分」（関節）、「時間」（時節）をあらわし、さらには倫理的含意および人間関係における定め（節義、変節、礼節）をあらわすことがある。

（＊4）この個所のフランス語は、« Un spectre hante l'Europe – le spectre du communisme. »となっている。日本語訳については、『マルクス＝エンゲルス全集』大内兵衛、細川嘉六監訳、第四巻、大月書店、一九六〇年、四七五頁。『共産党宣言』大内兵衛、向坂逸郎訳、岩波文庫、一九五一年、三七頁を参照。フランス語 spectre（ドイツ語 Gespenst）の部分は、「妖怪」（全集）、「幽霊」（岩波文庫）となっているが、本書ではフランス語の spectre に対しては、一貫して「亡霊」をあて、fantôme には「幽霊」をあてることにする。

（＊5）「モノ」。『ハムレット』において、亡霊を指すのに用いられる *thing* を仏訳する chose にあてた訳語。chose は一般に「物」を指すが、この文脈においては単に人や生者一般に対置された非生物としての「物」には還元できない意味を担っている。よって、以下では chose が「人間（生物）」でもないが「事物」でもない、いわば亡霊的な次元を含意する場合は、「モノ」とカタカナで記し、大文字つきの Chose は《モノ》と表記する。

次のセンテンス「再来する者=再来霊はまもなくやって来る」の原文は、« Le revenant va venir ». revenant は、動詞 revenir（再び来る、帰ってくる、戻ってくる）の現在分詞から作られた名詞。ふつう「亡霊」の意味に用いられる。spectre と区別し、「再来、回帰」の意味を活かす必要から、「再来する者」、「再来霊」という訳語をあてた。また、revenant はあくまで「再来する者」であって「再来した者」ではない。この点は、以下で亡霊と「来たるべきもの」、「未‐来」が結びつく一契機となっている。

（＊6）ここで開かれたカッコは、本書三六頁（SM, p. 31）まで続いている。また、この「最初の示唆」に続く（別の示唆）は三〇頁（SM, p. 27）から始まる。さらに、次の文の冒頭にある「憑き物」の原語は hantise、「強迫観念」も意味する。Hanter, hantise の本書における展開については、三七頁以下（SM, p. 31）および本章の訳注（20）を参照。

（＊7）「異邦の客人」の原語は、hôte étranger. hôte は、文脈によって歓待する「主人」と歓待される「客」のいずれをも意味する。さらにデリダは、語源のラテン語 *hostis* までさかのぼり、この語に「敵」の意味があることを指摘、*De l'hospitalité*, Calmann-Lévy, 1997.（『歓待について』広瀬浩司訳、産業図書、一九九九年）などでこの問題を展開している。

（＊8）Da, fort. フロイト「快感原則の彼岸」へと送り返す記述。生後一年六カ月の幼児が発明した、母親との別れと再会を演出する遊戯。意味深い「オーオーオーオー」（fort）という声とともに糸巻きを遠くに転がし、うれしそうに「いたー」（da）と言いながら回収する。ここでは順序が逆になり、fort の方に満足感がともなうことが暗示されているのかもしれない。（「快原則の彼岸」須藤訓任訳『フロイト全集　一七』岩波書店、二〇〇六年、六三頁以下。「快感原則の彼岸」『フロイド選集』第四巻、井村恒郎訳、日本教文社、一九七〇年、一二頁以下参照。）

（＊9）原語は、le nom du disparu. Disparu は、「消えた者、行方不明になった者」もあらわすが、同時に「亡くなった者、亡き者」でもある。また、「別の場所への書き込み」は無意識への書き込みを示唆する。

（＊10）これら「三つの事柄」の内容については、三三頁以下（SM, p. 29-）参照。

（＊11）原文は、« Il y a du disparu dans l'apparition même comme réapparition du disparu. »まず、apparition は「現れ、出現」と「幻影」の双方を意味する。したがって、「disparu の再出現としての幻影＝出現」のなかに du disparu があることになる。この語自体、生前の姿に較べると「何かしら消えてしまったもの」を意味すると同時に、「亡き者の生前の面影」を意味する。幻影として現れた亡き者には、生前の面影がありながらも、生前の姿の何かが欠けていることになる。

（＊12）「われわれを眼差す〔＝に関わる〕モノ」。原文は、« ... cette chose qui nous regarde »。regarder は、「見る、眼差しを向ける」であるが、他方で« cela (ne) me regarde (pas) »「それはわたしに関わりがある（わたしには関わりがない）」という慣用表現でもよく用いられる。亡霊とは、われわれを見つめ、われわれに関わってくる何者かなのである。亡霊が存在論、意味論、哲学、精神分析に対する挑戦であることが述べられているが、なかでも精神分析に対する挑戦が何を指示するのかがわかりにくく思われる。この点については、たとえば、本書三五二頁以下（SM, p. 273-）参照。

（＊13）イヴ・ボンヌフォワによる仏訳は次の通り。« Si ce spectre revient, Il pourra rendre justice à nos yeux -- et lui parler. »

（＊14）「バイザー効果」effet de visière。バイザーとは（「サンバイザー」のように）目や顔を日ざしや武器などから保護するもの。甲冑に付属するものは「眉庇《まびさし》」とも呼ばれる。この効果ゆえに、亡霊の方はわれわれから見られることなくわれわれを眼差すことができる。この非対称性がいかなる spécularité すなわち鏡状効果としてのいかなる「鏡像性」も、さらには理論化の努力としてのいかなる「思弁性」も妨げるものとされている。この部分で活用されているのは、いずれも「見る、観察する」を意味するラテン語 *specio, specto* の意味論。「亡霊」spectre のラテン語は、*spectrum*、「鏡像性」spécularité は *speculum* を語源としている。さらに、「観客」spectateur の語源は *spectator*、「思弁」spéculation は *speculatio* であり、「観察点」、「スパイの報告」といった意味も持つ。この意味論的な連関のなかで、亡霊は眼差すモノだと言われているわけである。

　直前に出てくる「錯時性」anachronie は、本書四七頁（SM, p. 38）における「退屈な時代錯誤」とは異なり、単なるアナクロニズムではない。アナクロニズムが、通常、時間の**内部**で起こるものであるのに対して、錯時性は、いわば時間そのものが錯乱し、同時（代）性や共時性（simultanéité, contemporanéité, synchronie）が成立しない状態である。

（＊15）「超感覚的な感覚」、たとえば『資本論』全集版、九六頁。岩波文庫版、一三〇頁。この点をめぐる議論については、三一〇頁（SM, p. 239-）を参照。

（＊16）「ここでは錯時性の法が支配している」。原文は、« L'anachronie fait ici la loi »。faire la loi à qn は、通常、「指揮する」、「支配する」、「主人としてふるまう」を意味する。ただし直後に、「錯時性」とほぼ同じ機能を持つ「バイザー効果」のために、誰が法を制定しているのかわからないという記述があるので、字義どおり「法を制定する」という訳を添えておく。

（＊17）Problématique は、problème（問題）から作られた形容詞で、通常、「疑わしい」、物事の実現などが「不確かな」を意味する。本文においても補足されているとおり、ギリシャ語の *problema* は「前に置かれたもの、前に突き出たもの」および「楯」、「鎧」の意味を持つ。したがって、「この防具は、それを着けた者にとって厳密な意味で前に置かれて身を守るもの、楯もしくは甲冑的なもの」という意味がこめられている。

（＊18）王が一つならずの身体――すなわち自然的で可死の身体と永続的で不可死の身体――を持つという議論については、エルンスト・H・カントロヴィッチ『王の二つの身体　上下』小林公訳、ちくま学芸文庫、二〇〇三年参照。

（＊19）「知が必要なのだ〔＝それを知らねばならないのだ〕」。原文は、« Il faut le savoir »。Savoir を名詞「知」と取れば最初の解釈、動詞「知る」と取れば、死者の身許を知り、どこに埋葬されているかを知るという解釈になる。

（＊20）「憑在論」。すでに登場した hanter「取り憑く」、hantise「取り憑き、強迫観念」をもとにした造語。フランス語では h が発音されないため、hantologie と ontologie「存在論」はわずかに最初の鼻母音が違うだけである。以下では、原則として hanter を「憑在する」、hantise を「憑在」と翻訳することにする。

（＊21）『ジュリアス・シーザー』の四幕三場に読まれるブルータスとシーザーの亡霊とのあいだのやりとり。シーザーの亡霊とブルータスとの対話。この直前に、ブルータスは、「何か形あるものか、おまえは？／神か、天使か、それとも悪魔か？（……）」とそのモノに話しかけ、必死で亡霊に語らせようとしている。（『ジュリアス・シーザー』小田島雄志訳、白水社、一九八三年、一五五頁。）

（＊22）本章の訳注（14）を参照。劇中の亡霊は、他の登場人物に語りかけるが、観客を見たり、観客に語りかけたりしないということ。

（＊23）「亡霊を臨検し、安定させ、止まらせたい」« veut arraisonner, stabiliser, arrêter le spectre »。arraisonner は、「臨検する」ことでもあるが、「正当な理由でもって説得する」という用法から、raison（理性）の枠内に亡霊を招き入れ、道理を聞かせるという意味が出てくる。また、arrêter は「止める、逮捕する」でもあるが、「決める、決定する」の意でも用いられる。人が、亡霊を理性の枠内に納めて、それが誰であるのか、何であるのかを決めたいという欲望を抱くことを言っている。

（＊24）「マルクスなくしてはない。マルクスなくして未来はないのである」の原文は、Pas sans Marx, pas d'avenir sans Marx. Pas を名詞と取り、「歩」と解釈すると「マルクスなしの歩み、マルクスなしの未来への歩み」とも読める。

（＊25）「哲学における黙示録的な語調」。デリダの著書、*D'un ton apocalyptique naguère adopté en philosophie*, Galilée, 1983.（『哲学における最近の黙示録的語調について』白井健三郎訳、朝日出版社、一九八四年）を指示している。

（＊26）「コジェーヴによる遺言補足書、そしてコジェーヴその人の遺言に対する補足書」。アレクサンドル・コジェーヴ（一九〇二年—一九六八年）は、*Introduction à la lecture de Hegel* (Gallimard, 1947.『ヘーゲル読解入門——『精神現象学』を読む』上妻精、今野雅方訳、国文社、一九八七年）を遺している。これは厳密な意味での著作ではなく、コジェーヴが一九三三年から一九三九年にかけて高等研究実習院（École pratique des hautes études）にておこなったヘーゲル読解の講義を、小説家、詩人としても知られるレイモン・クノーが編集したものである。コジェーヴはその講義において、承認を目指して主人と奴隷とのあいだでくり広げられる闘いを全面に押しだし、一八〇六年のイエナの戦いにおいてフランス革命の自由、平等の概念が勝利することによって歴史は終わったというヘーゲルの見解もふんだんに紹介している。また、彼の講義には、R・アロン、G・バタイユ、R・カイヨワ、P・クロソウスキー、J・ラカン、M・メルロ＝ポンティ、J‐P・サルトル、J・ヴァール、E・ヴェイユが出席していたとされ、コジェーヴが戦後のフランス哲学に決定的な影響を与えたと見るむきもある。「コジェーヴの遺言補足書」は『ヘーゲル読解入門』を指し、「コジェーヴその人の遺言に対する補足書」

は、彼の講義を受け継ぎつつ歴史、人間、哲学の終焉について書いた人々のことを指している。

（＊27）原文は、Question d'actualité.「アクチュアリティなるものの問いである」とも読める。なお、複数形 actualités は「ニュース」を指すので、本書で問題となっている世界情勢、およびそれを伝えるメディアの問題にも間接的に言及している。

（＊28）以下は、講演を単行本として出版するにあたって追加された部分。ここ（SM, p. 39）で開かれた［　］は、八九頁（SM, p. 66）まで続いている。

（＊29）「自分自身から**脱節された**厳命」の原語は、une injonction d'elle-même *disjointe*. 自分自身**に対して**節合されていないことも意味するが、自分自身で節合を壊すという、いっそう能動的な意味にも取れる。

（＊30）「不揃い」の原語は、disparate である。いずれも一定の調和を意味する accord や harmonie を乱し、衝撃や不快感を与えかねない「ちぐはぐな」様子をあらわす。本訳書では、一貫して avenir を「未来」、futur を「将来」としており、どちらかというと通常の訳とは逆転した訳語の選択となっている。ただ、デリダにおいては avenir がしばしば à-venir（未 - 来）と表記されていることからうかがわれるように、avenir はけっして現在となることはなく、つねに「来たるべきもの」、「いまだ来たらざるもの」にとどまる。それは、本書で呈示されている anachronie（錯時性）の次元に属し、「一緒に保持する」ものの〈将来の今〉〔le maintenant futur〕」という共時性のもとに現前することはない。少なくとも、このくだりにおいては以上のような解釈が成り立つであろう。ただし、そもそも maintenant の共時的存在自体がきわめて怪しいというのがデリダの一般的な姿勢である。アリストテレスからハイデガーまでを視野に入れてその問題を論じた論文として、« Ousia et grammè. Note sur une note de *Sein und Zeit* »（in *Marges*, Minuit, 1972, pp. 31-78.『哲学の余白　上』高橋允昭、藤本一勇訳、法政大学出版局、二〇〇七年、七七 - 一三六頁）がある。

（＊31）「時間はおかしくなり」以下の原文は、… le temps est détraqué, traqué et détraqué, *dérangé*, à la fois déréglé et fou. détraqué, dérangé はともに、仕組みや機械の調子がおかしくなったことを表すと同時に、しばしば異常な行動をとる人、変調をきたした人について用いる。また、traquer は猟の用語で、獲物を追いつめることを言う。

（＊32）このくだりには、génie を中心とした複雑な形態的 - 意味論的展開が見られる。それを訳文で再現することはできなかったが、おおよそ以下のような多義性がこめられていると思われる。génie には、「天才」、「才能」、「霊」などの意味があり、その名詞から派生した動詞 s'ingénier は、通常、「ある目的を達成するために自分の精神の持てるあらゆる資質を投入する」を意味するので、「才を凝らす」と訳した。しかし、原文でイタリック体になっている *s'ingénie* には、この辞書的意味以外にも、「天才的な作品がみずから一つの génie（霊）になろうとしている」という意味がこめられていると思われる。また、「天才＝霊なるものは**作用し＝作品となり**」の原文は、un génie *opère* である。動詞 opérer は「作用する」、「効果をもたらす」であるが、語源はフランス語の oeuvre に相当するラテン語の opus「作品」である。イタリック体は、「作品となる」というやや特殊な用法を示唆している。

（＊33）「物を言い＝それらの原因となり」の原語は elle cause である。causer は「原因となる」を意味するが、日常会話では「しゃべる」の意味でよく使われる。この語句は、「ハムレットの原文が翻訳の各バージョンの原因となり、かつ各バージョンのなかで語っている」という事態をあらわすことになる。また名詞形の cause は、「原因」以外に「大義」を意味する。この部分で多用されている「《モノ》」Chose、「モノ」chose は cause と同じく、ラテン語の causa「原因」、「訴訟」を語源とする。デリダはしばしば、両者の語源を喚起しつつ、二つの語を関連づけて用いている。なお、数行前に登場した「**精神的事象**」*chose de l'esprit* であり、前の行に読まれる oeuvre de génie「天才的な作品＝霊の作品」の言い換えである。身体を持たぬ霊が「精神的事物」という形で具現化されるのであるが、こんどはその事物が霊となり、物ならぬモノとなって種々の翻訳に取り憑くという運動が示唆されている。「取り憑く」と「住む」の関係については、第V章の訳注（19）を参照。

（＊34）「**正しくまっすぐな状態**」の原語は、*être-droit* である。droit は、「曲がった」に対する「まっすぐな」といういわば物理的な意味だけではなく、「間違った」、「不正な」に対する「正しい」といういわば倫理的な意味をあらわす。デリダはこの二つの意味論が同一の語に重複していることを強調しながら議論を進めているので、droit に対して「正直《せいちょく》」という訳語をあてたところがある。また、droit は「法＝権利」も意味するので、「正直＝法」などと二重の訳が必要となった箇所もある。なお、いちいち原語を記さなかったが、この前後には droit の語源であるラテン語の rectus から派生した語が、「公正さ」rectitude「**正しい位置に**」*à l'endroit*「正道」droit chemin

「宛先」adresse「正す」rectifier「矯正」correction といったぐあいに多用されている。

（＊35）ここで、「ねじれ」、「歪み」と訳した原語は、それぞれ torsion と tort である。前者は、ねじる行為、もしくはその行為の結果生じる変形を指す。後者は、Vous avez tort「あなたは間違っている」などの形で一般的に用いられる語であるが、ラテン語の tortus「曲がった」に由来する。

（＊36）「ヨブ記」三・1でヨブが口を開き、三・3から「わたしの生まれた日は消え失せよ。男の子を身ごもったことを告げた夜も。その日は闇となれ」という呪詛が始まる。

（＊37）forfait に「大罪」の訳語をあてた。なお、税制の用語での forfait は、現実の諸要素にもとづいた金額の計算値ではなく、査定された額を意味する。この二義性は、現実におこなわれた罪が見られることはなく、単に憶測（＝査定）にもとづいてしか推定しえない大罪の性質を表現している。

（＊38）ドイツ語の zugeben は、「付け加える」、「おまけとして付ける」を意味するが、とりわけ音楽会などでアンコールとして歌ったり演奏したりすることを言う。また、少し前の「市場を超えて」の原語は par-dessus le marché であるが、通常は「おまけに」、「その上」の意味で用いられる。「取り引きで合意したことを超えて」から生まれた用法だと言われる。デリダは、「市場の彼方」という意味を持たせながら使用しているので、「市場を超えて」とした。

（＊39）この部分の解釈はむずかしい。米語訳（*Specters of Marx. The State of the Debt, the Work of Mourning, & the New International*, tr. by Peggy Kamuf, Routledge, 1994, p. 29）は、この部分の conjuré, conjurés にそれぞれ sworn conspirator の単数形と複数形をあてており、双方とも「宣誓によって結ばれた陰謀者（共謀者）」という意味になる。これに対し訳文は、「二つの記号が一つとなり、一つの二重の記号となったもの」を重視し、それが「共謀者」と「追い祓われた者」という二つの記号が conjuré という二重の記号を形作っていることを意味すると捉えている。それを「同時に」（ここでは ensemble をその語源 insimul「同時に」の意味に取った）「理解」すべきだと言うのである。したがって、「追い祓われた者」であるはずの亡霊が狩り出す側の「共謀者」でもありうる者たちに命令を下すという逆説的状況、通常の論理では考えにくい「世の中の関節がはずれてしまった」ような状況があるという線で翻訳を考えた。到来を懇願する conjuration と拒絶し追い祓おうとする conjuration とが同時に見られるという錯綜した関係は、第Ⅳ章でふんだんに論じられている。

（＊40）「新しいインターナショナル」については、以下一八四頁（SM, p. 139）参照。

（＊41）「言質＝抵当」の原語は gage である。また、「契約」は engagement であるが、ここでは明確に答えたり決断したりする以前に責任＝応答可能性が生じている事態をあらわす。

（＊42）「それが要請であり続けるためには〈**ありうるかもしれない**〉という状態にとどまりさえしなければならない」。「ありうるかもしれない」の原語は peut-être である。英語の maybe に似た構成となっているが、「ありうるかもしれない」と言われている事柄が実現する可能性は、maybe よりも低く、perhaps に近い。この文脈において、革命はけっして実現され、現前してはならず、つねにこの「ありうるかもしれない」の次元にとどまって未‐来のものでなければならない。また脱構築は、独特の「贈与」や「赦し」の考え方に見られるように、improbable（ありえそうもないもの、ひいてはその存在を立証できないもの）、さらには impossible（不可能なもの）をなお思考し、希求する営みである。この improbable, impossible とされるものがそれでも場を持つかもしれぬ場、もしくは場なき場こそ peut-être の次元だと言えるだろう。

（＊43）「マルクス主義者ではない。」一八九〇年八月五日付でエンゲルスがコンラート・シュミットに宛てた手紙にある文言。この部分はフランス語で書かれている。（『マルクス＝エンゲルス全集』第三七巻、三七九頁参照。）

（＊44）四九頁（SM, p. 39）で開かれた長い［ ］の終わり。

（＊45）「復活的」、「再‐蜂起的」の原語は、それぞれ résurrectionnelle, ré-insurrectionnelle であり、両方ともラテン語の surgere「立ち上がる」、「起き上がる」を語源としている。

（＊46）「正義者同盟」は、一八三四年に秘密結社「亡命者同盟」の急進派分子が分かれて一八三六年にパリで結成された秘密結社。一八四七年にロンドンで改組され、「共産主義者同盟」となる。（エンゲルス「共産主義者同盟の歴史について」山辺健太郎訳『マルクス＝エンゲルス全集』第二一巻、大内兵衛・細川嘉六監訳、大月書店、一九七一年、二一〇‐二二九頁参照）

（＊47）géo-politique に「地球‐政治学的」の訳語をあてた。通常は、「地政学」と翻訳されるが、この語は「民族や国家の特質を、主として地理的空間や条件から説明しようとする学問」を指すとされている。この箇所では明らかにグローバルな「地球規模の政治」を念頭に置いて用いられているので、「地球‐政治学的」の方が妥当だと判断した。

（＊48）temps réel と temps différé をそれぞれ「実際の時間《リアルタイム》」と「遅延された時間」と訳した。différé は「延期された」、「遅れた」であるが、メディア用語として en différé は「録画（録音）された」を意味し、émission en différé は「録画（録音）放送」となる。

（＊49）évoquer, convoquer を、それぞれ「呼び出す」、「呼び寄せる」と訳した。いずれの動詞もラテン語 vox（声）をもとにした動詞 vocare（呼ぶ）を語源として持つことから、「声でもってやって来させる」と言われている。

（＊50）imprécation「呪詛」の語源はラテン語 precari「祈る」であり、その意味で「呪詛は祈り prière 以外の何ものでもない」と言われている。なお、エゼキエルは、バビロンで捕囚となっていたユダヤ人を指導した預言者。旧約聖書に収められた「エゼキエル書」は、神につれられてエルサレムに来たエゼキエルが偶像崇拝や風俗の壊乱を目にし、それを糾弾する呪詛の言葉に満ちている。

（＊51）この文は、原書では以下のようになっている。Cette magie s'affaire toujours auprès des fantômes, elle fait affaire avec eux, elle manipule ou s'affaire *elle-même*, elle devient une affaire, l'affaire qu'elle fait dans l'élément même de la hantise. s'affairer は「忙しく立ち働く」ことを意味する。名詞 affaire も何回も登場するが、この場合は「事業」、「取り引き」の意味が前面に押し出されている。「忙しさ」と「事業」との形態的な連続性を維持するため、あえてここでは「ビジネス」という訳語をあてた。

（＊52）「悪魔祓い‐分析する」の原語は exorçanalyser であり、exorciser「悪魔祓いする」と analyser「分析する」から作られたカバン語である。

（＊53）「事実確認的発言」、「行為遂行的発言」。言語行為論を創設したJ・L・オースティンがおこなう区別で、前者は存在する事実に関して真偽の判断ができる事柄を言い、後者は挨拶や誓約などのように、発言行為そのものによって行為を遂行する発言を言うとされる。デリダはこの区別には重大な疑義があるとしながらも（*Limited Inc.*, Galilée, 1990.『有限責任会社』高橋哲哉、増田一夫、宮崎裕助訳、法政大学出版局、二〇〇二年参照）、しばしば用いている。

II　共謀する＝厄祓いする——マルクス主義（を）

原　注

（1）ヘルダーリンのこの断片的な草稿（一八〇〇年）は、ハイデガーによって *Hölderlin und das Wesen der Dichtung* (*Gesamtausgabe*, Bd IV, Klostermann, 1981, p. 35), tr. fr. par H. Corbin, dans Heidegger, *Approche de Hölderlin*, Gallimard, 1973, pp. 44-45 において引用されている。

（2）ベンヤミンはそれを、あるテクストのなかでおこなっている。そのテクストは、数ある理由のなかでも、もっぱら冒頭で自動人形について語っているという理由によって、われわれの興味を引くものである。われわれは、とりわけ『資本論』がある**テーブル**について記述していることに言及する際に、一度ならず自動人形の形象を指示することになるだろう。それは、商品価値の形象であり、自律的な亡霊であると同時に自動人形でもあり、資本**なるもの**の起源ではないとするならば、資本蓄積の還元不可能な起源である。そこでベンヤミンは、「チェスの試合において、相手がどんな手を打ってきても、確実に勝てる手をもって応ずることができる自動人形の言い伝え」に言及することからはじめている。この自動人形はまた、鏡面反射のシステムによって透明に見える「テーブル」の上に置かれていた。そして彼は、この「装置」(Apparatur) の哲学的な「対応物」(Gegenstück) を探す。それは、「「歴史的唯物論」と呼ばれている人形」である。「それは、今日では周知のものとなっている、小さくて醜い、そのうえ人目をはばからなければならない神学を使いこなしているときには、誰とでも敢然と張り合うことができる」。次の節には、メシアニズムの名、より正確にはメシアニズムなしの〈メシア的なもの〉の名、「**弱い**メシア的な力（eine *schwache* messianische Kraft 強調はベンヤミン）」の名があげられている。われわれがここで遺産相続と世代交代〔＝生成〕の亡霊的論理、とはいえ不均質で脱節した時間のうちで過去におとらず未来の方へと向いている論理でもって、メシア的な貧窮についてわれわれが言わんとしていることと、多くの差異があるにもかかわらず、またすべての違いを認めたうえで、共鳴するので、このくだりを引用したい。ベンヤミンが Anspruch（主張、呼びかけ、尋問、問いかけ）と呼ぶものは、われわれが *injonction*〔**厳命**〕の語でもって示唆しているものとさして遠くはない。「過去という本には秘かな索引（heimlichen Index）が付され、索引は過去の贖い（Erlösung）を指示する。〔……〕かつての諸世代とわれわれの世代とのあいだには秘かな約束（geheime Verabredung）があり、われわれは彼らの期待を担ってこの地上に出てきたのだ。われわれには、先行したあらゆる世代に等しく、**弱い**メシア的な力が付与されているが、過去はこの力を要求（Anspruch）している。この要求をけっしておろそかにしないことは正しい。歴史的唯物論者は、それがどうしてだかを知っている［それについてはなにがしかのことを知っているDer historische Materialist weiß darum］。（*Über den Begriff der Geschichte*, dans *Illuminationen*, Suhrkamp, 1977, p. 251-252. 仏訳——ここではやや変更を加えてある——Maurice de Gandillac, *Thèses sur la philosophie de l'histoire*, dans Benjamin, *L'Homme, le Langage et la Culture*, Denoël-Gonthier, 1971, p. 183-184 所収〔『歴史の概念』『ベンヤミン・コレクション1　近代の意味』浅井健二郎編訳、久保哲司訳、ちくま学芸文庫、一九九五年、六四五―六四六頁〕）。この——濃密で、謎に満ち、焼けつくような——頁をすべてここに引用し、読みなおさなければならないだろう。すなわち最後の方の、メシア的なものが〈いま現在〉（現代 Jetztzeit）の身体に刻みこむ棘（破片、骨片、Splitter）への言及にいたるまで、そしてメシアが通るための「狭き門」、すなわちあらゆる「瞬間」にいたるまで、である。というのも、「とはいえ、ユダヤ人にとって、未来は均質で空虚な時間とはならなかった」からである。

（3）*The End of History and the Last Man*, the Free Press, New York, 1992. この著作は、**同じ年に** D. A. Canal によって翻訳され、Flammarion 社より出版された。〔『歴史の終わり　上下』渡部昇一訳、三笠書房、一九九二年〕

（4）*Op. cit.*, p. 22.〔同書、上巻三〇頁〕

（5）*Op. cit.*, p. 13.〔同書、上巻一七頁〕

（6）*Op. cit.*, p. 96.〔同書、上巻一三三頁〕

（7）*Op. cit.*, p. 21, 169, 324 et *passim*.〔同書、上巻二八、二四四頁、下巻一八七頁および随所〕

（8）*Op. cit.*, p. 14.〔同書、上巻一七頁〕

（9）*Op. cit.*, p. 13.〔同書、上巻一七頁〕強調は引用者。

（10）*Op. cit.*, p. 14-15.〔同書、上巻一九頁〕

（11）*Op. cit.*, p. 245.〔同書、下巻七四頁〕「しかし今日、イスラム世界以外では、リベラルな民主主義の主張の正当性を最も合理的な政治体制として、〔……〕受け入れる一般的なコンセンサスが存在しているように思われる」。このような暗示的看過法によって、まるで何かのついでであるかのように、今日の状況にあって、イスラム的例外という問題を片づけてしまう、かくも簡単で無頓着な指摘は、あることを雄弁に物語っている。不寛容と思い違いの合金は、このような水によって鍛えられるのである。

(12) *Op. cit.*, p. 233 et *passim*.〔同書、下巻五六頁および随所〕

(13) *Op. cit.*, p. 237.〔同書、下巻六二頁〕この点については、すぐ先で立ち戻ってくることにする。

(14) *Op. cit.*, p. 233.〔同書、下巻五六―五七頁〕

(15) *Op. cit.*, p. 238.〔同書、下巻六三頁〕

(16) *Op. cit.*, pp. 223-224.〔同書、下巻四〇―四三頁〕

(17) *Op. cit.*, p. 238.〔同書、下巻六三頁〕

(18) *Op. cit.*, p. 237.〔同書、下巻六二頁〕

(19) *Op. cit.*, p. 11.〔同書、上巻一四頁〕強調はフクヤマによる。

(20) *Op. cit.*, p. 246〔〔同書、下巻七四頁〕

(21) *Op. cit.*, p. 12.〔同書、上巻一五頁〕

(22) *Op. cit.*, p. 233.〔同書、下巻六二頁〕

(23) *Op. cit.*, pp. 168-169.〔同書、上巻二三三頁〕

(24) *Op. cit.*, p. 169.〔同書、上巻二三四頁〕「経験的」のまわりの引用符は、「民主主義への挑戦に関する経験的な証言」(p. 324〔下巻一八七頁〕) が問題となる際には姿を消している。

(25) *Op. cit.*, p. 169.〔同書、上巻二三四頁〕。p. 324〔同書、下巻一八七頁〕にそっくり繰り返されている。

(26) *Op. cit.*, p. 336.〔同書、下巻二〇〇頁〕

(27) *Op. cit.*, p. 373.〔同書、下巻二五四頁〕

(28) 残念ながら私がこのテクストを書いてしまってから目を通すことができたのだが、さまざまな意味で注目すべき著作のなかで、エティエンヌ・バリバールは、「弁証法的唯物論」がマルクスによってもエンゲルスによってもそのままの形では用いられていないことを喚起している（*La Philosophie de Marx*, La Découverte, 1993, p. 4〔『マルクスの哲学』杉山吉弘訳、法政大学出版局、一九九五年、三頁〕）。マルクス主義のある歴史（とりわけここ何十年かのフランス・マルクス主義の歴史）をそっくり解釈もし、きわめて緻密に移動させもするこの著作のすべての貢献のなかから、私にとってここで最も密接に重要であるものを図式的に書きとめておきたい。一、マルクスの「厳命」（この語は、規則正しくp. 19, 20, 24〔三〇、三一、三六頁。ただし、訳語はそれぞれ「指令」「厳命」「命令」となっている〕などに見られる）というモチーフを考慮に入れる必要性。二、（後述の）「超感性的な感性的なもの」をめぐっての、商品価値の世界（p. 59-〔八九頁以下〕）としての「魔法にかけられた」世界のテーマ。三、切迫の範疇――これはメシア的であることも、またそうではないこともあるが、いずれにせよ非ユートピア的なものである――（p. 38, 39, 69, 118〔五九、六〇、一〇五、一七九頁〕）、そしてとりわけ「移行」の範疇。この「移行」の範疇は、「歴史的時間のみずからに対する「非同時代性」の政治的形象として、しかし歴史的時間によって**暫定的なもの**のなかに書き込まれたままにとどまっているものとしてマルクスによってかいま見られた」（p. 104〔一五六頁〕）範疇であった。（「移行」と非同時代性については、本書p. 50-51〔六四―六七頁〕を参照）。当然のことであるが、最後の瞬間に書き加えられた注のなかで、議論をはじめたり、意見の一致を詳しく説明することはできない。そうしたことをはじめるためには、私がここでマルクスの**哲学**もしくは**存在論**といった語で言おうとしていること（彼の哲学素の数々のなかで脱構築可能であり続けるもの）を、バリバールが『マルクスの哲学』のなかで「マルクス主義哲学は存在しないし、けっして存在することはないだろう」（p. 3〔三頁〕）と述べていることと調整しなければならないだろう。だからといって、それは「マルクスの**諸々の哲学**を探し求めること」（p. 7〔七頁〕）を妨げるものではない。私がここでマルクスの哲学あるいはマルクスの存在論と呼ぶものは、バリバールによって分析された言表の空間もしくはレベルに正確には属していないので、議論がどこに導こうとも、議論を展開する場合のプロトコルは、長く綿密な練り上げを必要とするだろう。しかし、そうしたプロトコルは、本書のように図式的で予備的な試論においても、少なくとも暗黙の形で読み取ることが可能だと期待している。

（29）«La puissance, les riches et la charité», in *Lignes*, «Logiques du capitalisme», n°18, janvier 1993, p. 21 et 29でミシェル・

シュリアによって引用されている。

(30) Alexandre Kojève, *Introduction à la lecture de Hegel. Leçons sur la « Phénoménologie de l'esprit »*, Gallimard, 1947, pp. 436-437.〔『ヘーゲル読解入門――『精神現象学』を読む』上妻精、今野雅方訳、国文社、一九八七年、二四六頁〕

(31) *Op. cit.*, p. 437.〔同書、二四七頁〕

訳注

(＊1)「(……) être は、単なる機知の言葉ではなく、まさしく精神の言葉である。est は、精神＝霊の最初の言語的身体である」。このくだりには、聖書の「創世記」および「ヨハネによる福音書」の冒頭を思わせるものがある。しかしむしろ、ハイデガーの『アナクシマンドロスの箴言』に読まれる premier mot de l'être（das frühe Wort des Seins : to Khreôn）へと密かな指示を出しているものと思われる。訳注の枠内でこれ以上の展開は無理なので、デリダ自身の著作に送り返させていただく。Jacques Derrida, « La différance », in *Marges*, Minuit, 1972, p. 29 および « Ousia et grammè. Note sur une note de *Sein und Zeit* », *op. cit.*, pp. 31-78.（『哲学の余白』上巻、七五頁および七七―一三六頁）

(＊2) conjuration は「呪文」、「祈願」、Verschwörung は「謀反」、「陰謀」、Beschwörung は「懇願」、「悪魔祓い」、「宣誓」などを意味する。conjurement はごく稀にしか使用されないようであるが、調べたところでは「真剣な厳命」、「厳粛な要求」となっている。

(＊3)「憑在論」については、第I章の訳注（20）を参照。

(＊4)「フォイエルバッハに関するテーゼ」『マルクス＝エンゲルス全集』第三巻、五頁。

(＊5)「〈喪の作業〉における勝ち誇ったような段階」。「喪」deuil は「悲哀」と翻訳される場合が多い。愛着の対象を喪失したことによって引き起こされる悲しみによって代表される過程である。この過程を通して、人は徐々に愛着の対象から離れてゆくとされる。喪（悲哀）は、「対象が死んだことを自我に明らかにし、自分が生き残るときの利得を自我に示す」過程なので、死者をあらためて殺すという見方もできる。その意味で、デリダは喪の成就については留保なき肯定を与えることはない。（「悲哀とメランコリー」『フロイト著作集』第六巻、井村恒郎、小此木啓吾他訳、人文書院、一九七〇年、四八頁、または『フロイド選集』第一〇巻、加藤

正明訳、一九六九年、日本教文社、一四五頁参照）

（＊6）「**反証の余地なき**明白さ」の原語は、évidence *incontestable*. 語源のラテン語 contestari は、「証人をともなって自己の大義を主張する」なので、「反証」と訳した。訳文には必ずしも十分に反映できなかったが、本書では随所に「証人」témoin の意味論が展開されている。

（＊7）「マルクスは今日われわれのものとなっている経験や予測に到達することができなかった」と言明することがマルクスをけなすことにならず、彼の予想を字義どおり引用することになるという点については、本書四二頁（SM, p. 35）を参照。

（＊8）コジェーヴの「脚注」については、Alexandre Kojève, *op. cit.*, pp. 434-437（前掲書、二四四―二四七頁、注（6））。注の内容については、本書一六〇頁以下（SM, p. 120-）参照。

（＊9）ここにはじまる（　）は、一四三頁（SM, p. 106）まで続く。

（＊10）原文は、Retour à la rhétorique néo-évangélique de Fukuyama. de の解釈を変えると、「新福音主義的レトリックに回帰するフクヤマ」とも読める。

（＊11）ヘーゲルには似たような発言はいくつか見られる。たとえば、「国家は、現前する、すなわち現実の形態と一つの世界の有機的組織へと展開する精神としての神の意志である。」（『法の精神』下巻、上妻精・佐藤安邦・山田忠彰訳『ヘーゲル全集　9b』岩波書店、二〇〇一年、四五〇頁）

（＊12）『歴史の終わり』上巻、二一頁に「ヘーゲルと、彼の「承認を求める闘争」をふまえた非唯物論的な歴史観」とある。

（＊13）「しばらくのあいだの未開状態」。『共産党宣言』全集版、四八一頁。岩波文庫版、四七頁。

（＊14）「「相対主義者」ニーチェ」。ニーチェは、『歴史の終わり』第四部1「冷たい「怪物」――リベラルな民主主義に立ちはだかる「厚い壁」」のなかで、どの民族も善悪について独自の言葉を語り、みずからの風習と律法のなかで独自の言葉を作りだしたことを語った思想家として扱われている（『歴史の終わり　下』七五頁以下）。ただしニーチェは、フクヤマによって「最後の人間」とまったく無縁の扱いを受けているわけではない。彼の名は、「はじめに」のなかで、リベラルな民主主義が目指す普遍的な承認に対する「右翼からの批判」を語る者としてあげられている。「右翼からの批判」は「左翼からの批判」よりも「いっそう強力なもののようにおもわれる」として上で、フクヤマは、ニーチェを、「右翼の側が見いだした最も輝かしい代表」として紹介している（『歴史の終わり』上巻、三〇頁）。

（＊15）デリダは、J－P・ヴェルナンとともにチェコの反体制派を支持するヤン・フス協会を立ち上げ、一九八一年時点にはその副会長となっていた。彼は年末にプラハを訪問するが、チェコ警察に尾行され、荷物に粉末を仕込まれたあげく、麻薬密輸のかどで逮捕されてしまう。フランスでは署名運動が起こり、それを受けたミッテラン大統領もこの件に介入する。収監されていたデリダは、まもなく有罪ながらチェコを追放されるという処分を受け、帰国することができた。

（＊16）Alexandre Kojève, *op. cit.*, p. 437（前掲書、二四七頁）

（＊17）「**そしてそれが定めなのである**」の原語は、*et c'est la loi* である。この「定め」は、引用を超えて、一六七頁（SM, p. 125）に姿を現す「法則」および「法則の定め」につながっている。「法則の定め」において、フクヤマ流の歴史の終わりがけっしてコジェーヴ思想の忠実な展開ではないという考えが示されている。

（＊18）「ニュー・ヒストリシズム」。一九八〇年代にアメリカで台頭した文学批評理論で、作品が生産される時代、場所、状況などを重視する。スティーブン・グリーンブラットが代表的な批評家として知られる。

Ⅲ　摩耗

原注

（1）アラン・ブルームの言葉。ミシェル・シュリアによって *Lignes, op. cit.*, p. 30 に引用されている。シュリアは、適切にも、ブルームがフクヤマの「師であり賞賛者である」ことを喚起している。

（2）これらの頁を読み返しているときに、飛び交う「報道《アンフォルマシオン》」からたまたま捉えた最近の事例を二つあげておこう。それは、多かれ少なかれ計算された二つの「踏みはずし」であるが、それらが可能だということは、報道《プレス》の媒介とそれが今日もっているリズムなしには想像できないものであっただろう。（一）二人の大臣が、彼らが首相に宛てた「私的な」（つまり、秘密で、「個人的」で、非公式だということになる）書簡が、彼らの意思に反して公開されてしまったことを「遺憾に思う」ということを、（もっぱらテレビ）報道において発言することによって、（彼らの同僚のイニシアティヴによって）進行中の政府決定の方向を変えようとしたこと。いずれにせよ首相は、不承不承、彼らの言うことに従い、政府もそれに従い、議会も政府に従った。（二）朝食時におこなわれたラジオ対談において、同じ政府の別の大臣が失言らしきものを「即興的に」演じて見せ、近隣某国の中央銀行の激しい反応と一連の政治的・外交的プロセスを引き起こしたこと。また、毎日しかじかの通貨を攻撃したり買い支えたりする――個人的かつ国際的な――しかじかの投資家の権力に対して、メディアの速度と力が果たす役割も分析するべきであろう。その投資家の電話やテレビで伝えられる片言隻語が、世界中の議会を合わせたよりも、諸々の政府の政治**決定**と呼ばれるものにおいて大きな比重を持っているのである。

（3）こうしたことにくわえて、国連による大規模な（政治的、社会的・教育的、文化的もしくは軍事的）介入ばかりではなく、単に国連そのものの行政管理において、国連が経済的に独立していないということを指摘しなければならない。ところで、国連が深刻な財政危機のただなかにあることもまた、知っておくべきである。すべての大国が分担金を支払っているわけではない。それに対して求められた解決法は、私的資本の支持をとりつけるためのキャンペーン、「カウンシル」（産業、商業、金融各界の巨頭による会）の形成であるが、このカウンシルなるものは、明言されているかいないかは別にして（しばしば、そこここで、まさしく〈よそ〉ではなく、〔その会が関わる〕〈ここ〉においては）市場の利害の方向に行きがちな国連の政策を、ある一定の条件のもとで支持するという使命を与えられている。この点は強調し深く考えなければならないことだが、しばしば、国際的諸機関を導いている原理は、そうした市場の利害と一致している。なぜ、どのように、どのような限界において一致しているのだろうか。それらの限界は何を意味しているのか。この問いは、われわれがさしあたりここで提起できる唯一の問いである。

（4）これらの点については、Étienne Balibar, *Cinq études du matérialisme historique*, Maspero, 1974（とくに、「『共産党宣言』の訂正」の章と、その章において「政治の終わり」「国家の新しい定義」「新しい政治的実践」に関する p. 83 以降『史的唯物論研究』今村仁司訳、新評論、一九七九年」）を参照。

（5）法と正義とのあいだのこの差違については、ふたたび『法の力』（前掲書、この著作については本書 p. 15, note

1〔三六一頁注（1）〕を参照）に送り返させていただく。この区別の必要性を語るのは、〈法的なもの〉の資格失墜、その特殊性およびそれが今日要請している新しいアプローチの数々の資格失墜をもたらそうとするからではいささかもない。むしろ逆に、このような区別は、どのような練り直しにも不可欠であり、またどのような練り直しにも先立つものと思われる。とりわけ、まるで上から下まで基礎づけをし直さずにそれを埋めることができるかのように、人が多かれ少なかれ安穏と「法的空白」と呼んでいるものを確認しうる、ありとあらゆる場所においてそうである。それが最も頻繁に問題となるのが**生の所有権**をめぐってであり、生の相続の、その生成＝世代《ジェネラシオン》の（いわゆるヒトゲノムの科学的、法的、経済的、政治的諸問題、遺伝子医療、臓器移植、代理母、冷凍胚の諸問題、等々）所有権をめぐってであるということには、何ら驚くべきことはない。

　法を、法《ロワ》の支配《ロワ》を、法律と正義とを考えるべきなのに「法的空白」を埋めればよいのだと安穏と信じてしまうこと、「問題を解決する」ために新たな「法的条項」を産み出せばよいのだと信じてしまうこと、それは倫理委員会なるものに〈倫理の思考〉をそっくり任せてしまうのと同じことであるだろう。

（6）しかし、「根本化する〔radicaliser〕」とは何を意味するのだろうか。この語は、最善の語であるにはほど遠い。それはなるほど、より遠くに歩を進めるための、立ち止まらないための運動について語っている。しかしその妥当性は、そこで限界に行き当たる。問題となっているのは、「根本化する」以上かつ以下のことであり、むしろ別のことである。というのも、まさしく〈根〉とその想定された統一性が賭金となっているからである。問題となっているのは、根本性の、根底的なもの〔fondamental〕の、あるいは（原因、原理、arkhè といった）起源的なものの深みへと、同じ方向にさらなる一歩を踏み出して、もっと進むことではない。マルクス主義的批判を統御し続けている根底的なものの、起源的なものの、あるいは根本的なものの図式は、**存在論的な**統一性を保ちつつ、マルクス主義を自負する諸言説を支配し続けているが、その図式は、立てられて**いない**か**十分には**立てられて**いない**数々の問いを、定式化の手続きを、系譜学的な解釈を呼び求める。そこにこそ、われわれはおもむこうとしているのだ。主題の体系においてと同様、帰結においても問いは十分に立てられていない。というのも、これらの定式化と系譜とをめぐる問いが展開されたとき、その展開はほとんど言説全体に影響をおよぼし、しかも単に、いわゆる「理論的」ではない仕方で影響をおよぼすことになる。ここでわれわれの導きの糸となっている賭金、すなわち幽霊という概念ないし図式は、はるか以前から、しかもその名のもとで、予告されていた。それは、喪の作業、理念化、仮象、ミメーシス、反覆可能性、二重の厳命、「ダブル・バインド」、責任ある決断の条件としての決定不可能性、等々の問題系を通じて予告されていたのである。

もしかすると、この場においてこそ以下の点を強調すべきかもしれない。すなわちマルクス主義と脱構築とは、一九七〇年代のはじめから、あらゆる観点からして多様な、しばしば互いに対立するか互いに還元不可能であるかのような、数多くの研究を呼び起こしてきた。その数はあまりにも多いので、ここでそれらを正当に扱い、私がいかにそれらに負っているかを見極めることはできない。マルクス主義と脱構築とを本来の対象とした著作（Michael Ryan, *Marxism and Deconstruction. A Critical Articulation*, Johns Hopkins University Press, 1982、あるいは Jean-Marie Benoist, *Marx est mort*, Gallimard, 1970など。著作のタイトルとは裏腹に、巻末部分がマルクスを讃えている後者は、あからさまに「脱構築的」たらんとすると同時に、その死亡宣告が思わせるほど否定的な著作ではない。本書のタイトルは、それがいかに時間、もしくは不時の出来事――ということは再来霊――を取り、あるいは残したかにかかわらず、J－M・ブノワのタイトルに対する回答として読むことができる）以外にも、ここで列挙することが不可能な数多くの試論（とりわけ、J-J. Goux, Th. Keenan, Th. Lewis, C. Malabou, B. Martin, A. Parker, G. Spivak, M. Sprinker, A. Warminski, S. Weber のもの）を喚起しなければならないだろう。

（7）『ハムレット』第一幕第五場、tr. Yves Bonnefoy, *op. cit.*, p. 60.〔仏語訳は、以下のとおり。Je suis l'esprit de ton père / Condamné pour un temps à errer, de nuit, / Et à jeûner le jour dans la prison des flammes / Tant que les noires fautes de ma vie / Ne seront pas consumées. Si je n'étais astraint / A ne pas dévoiler les secrets de ma geôle, / Je pourrais te faire un récit.〕彼の生前（« in my dayes of Nature »）に起こった「汚れた罪業」（« foule crimes »）は、彼自身の罪業であったのかどうか定かではない。そして、もしかするとそれこそ、王に明かすことが「禁じられている」（« I am forbid to tell the secrets »）あの« secrets of my Prison-House »〔私の獄舎の秘密の〕秘密かもしれないのである。入れ子状になった行為遂行的発言。そして、そのとき――誓約の偉大な思想家であり詩人であったシェークスピアの全演劇においてと同じように――増殖する数々の宣誓、誓約への呼びかけ、厳命、懇願＝厄祓いは、たしかに一つの秘密を前提にしている。すなわち、不可能な証言を、かつ告白という形で、ましてや証拠、すなわち証拠物件もしくは〈SはPである〉といった確認の言表という形で、暴露されることができず、暴露されてはならない証言を前提にしているのである。しかしこの秘密は、秘密をめぐる二つの経験のあいだにある何らかの矛盾について秘密を守っている。すなわち、〈おまえには何も言えないと言っているのだ。誓って言うがそうなのだ。これこそ私の最初の罪であり、私の最初の告白、告白なき告白である。信じてほしい、それらは他のいかなる罪も排除するわけではない。〉

訳　注

（＊1）この部分の原文は、Un tableau noir sur un tableau noir. tableau は、「光景」、「絵画」、「一覧表」などを意味し、tableau noir は「黒板」も意味する。sur は「上に」でもありうるが、「について」という解釈も可能である。訳文は、統御不可能な多義性のごく一部を再現したものにすぎない。

（＊2）「内戦」と「国家間戦争」。伝統的な概念対立であるが、デリダが直接に念頭に置いているのはカール・シュミットの戦争概念だと思われる。この問題は、*Politiques de l'amitié*, Galilée, 1994（『友愛のポリティックス』上・下、鵜飼哲、大西雅一郎、松葉祥一訳、みすず書房、二〇〇三年）において論じられている。

（＊3）「ペレストロイカ」。一九八五年にソビエト共産党書記長に就任したゴルバチョフが打ち出した改革で「再編」、「再構築」を意味する。デリダは、一九九〇年二月にモスクワをはじめて訪問する。一種の紀行文とロシア人研究者との対話の記録が、*Moscou aller-retour*, Editions de l'aube, 1995という形で刊行されている。「ペレストロイカ」の訳語として「脱構築」を採用することについては慎重になるべきだとの記述がp. 73に見られる。

（＊4）アルチュセール（一九一八―一九九〇年）は、一九六〇年代にマルクスの批判的な再解釈をおこない、一世を風靡した。彼は、マルクスの経済学批判が、ヘーゲルを含む観念論的な人間主義に対して明確な「認識論的断絶」をおこなっているとし、マルクスの仕事を科学的な歴史の創設として理解しようとした。

Ⅳ　革命の名のもとに、二重のバリケード

原　注

（1）Sigmund Freud, *Eine Schwierigkeit der Psychoanalyse*, GW. Bd. XII, p. 8. Standard Edition, vol. XVII, p. 141.〔「精神分

析に関わるある困難」『フロイト著作集』第十巻、人文書院、一九八三年、三二九頁〕

（2）交換価値の亡霊化としての物神化をめぐって、もっと先（p. 236〔三〇七頁〕以降）で、ある**テーブル**をかこんでのこの光景を取り上げることにする。それは、原光景とは言えないまでも、『資本論』の冒頭そのものであり、第一の場面である。

（3）*Contribution à la Critique de l'économie politique* (1859), tr. M. Husson et G. Badia, Éditions sociales, p. 75, tr. M. Rubel et L. Évrard, Bibliothèque de la Pléiade, t. 1, Gallimard, p. 364.〔『マルクス・エンゲルス全集』第一三巻、大内兵衛、細川嘉六監訳、大月書店、一九六四年、八七頁〕

（4）この世紀末を標記《マーク》し、おそらくこの世紀とともには終わらないであろうありとあらゆる「修正主義」の倒錯した論理、底なしの倒錯。修正主義や否定主義の最悪のもの、それらは、出現が絶えず増殖し刷新されているにもかかわらず、その形象や諸々の利害はいまやかなり限定できるようになってきている。それらに対しては、もちろん、たゆむことなく闘わなければならないだろう。したがってその使命は、つねに緊急であり続け、つねに再肯定され続けなければならないだろう。しかしそこかしこで、それと対称的で、それにおとらず脅威に満ちた倒錯の前兆が見られる。無知と蒙昧に身を包むがゆえに揺るぎなき良心で武装し、マスメディアに身を置くがゆえにいかなる実効的な反論掲載権の射程外にある（私は、一九九三年四月二〇日付の『ニューヨーク・タイムズ』に掲載された、ミチコ・カクタニによる« When History and Memory Are Casualties : Holocaust Denial »〔歴史と記憶が被害者になるとき——ホロコーストの否認〕という記事のことを考えている）、一部の者たちは、われわれの最も苦痛に満ちた記憶に取り憑いている幽霊たちから利益を引き出すばかりではない。彼らはまた、余勢を駆って、その幽霊たちをよりどころにして、罰を受けることも、はばかるところもなく、「修正主義」という語そのものを**操作**するのである。彼らは、歴史について、歴史を考えたり書いたり制定したりする仕方について、真理の地位規定《ステータス》等々について、批判的、方法論的、認識論的、哲学的な問いを立てるすべての人間に対する糾弾へとその語を手早く変えてしまうのである。歴史を読む際に警戒するよう呼びかける者、ドクサが信用する図式の数々を少しでも複雑化しようとする者、歴史的真理の諸概念、諸手続あるいは諸生産、もしくは歴史記述の諸前提、等々を見直すよう要求する者、こうした人々は誰であれ、主張が混同、感染、混乱されることによって、今日、「修正主義」の非難を受けたり、少なくとも何らかの「修正主義」に奉仕したりしているという非難を受ける危険性があるのだ。今やこの非難は、こうした批判的必然性をまったく了解せず、それから身を護ろうとし、そして何よりもまず自分の教養もしくは無教養に、自分の確信もしくは信憑に触れて欲しくないと望んでいる誰もが用いることができるようになっている。これは、現在のわれわれの実存が持つ過敏部分に触れるいたるところで、歴史の探究や歴史に関する考察をアプリオリに検閲してしまいかねない、きわめて不安な歴史的状況である。次のことを喚起することは緊急であろう。すなわち、歴史の、ヨーロッパ内外の、とりわけ今世紀の歴史のいくつもの側面がそっくり、**まだこれから**問いに付され、覆いを取り除かれなければならないだろうし、根本的な問いの数々が立てられ鋳直されなければならないだろう、と。そしてそれには、「修正主義的な」ことなど何もないのだと。むしろその逆だ、とさえ言っておこう。

(5) Karl Marx, *Le Dix-huit Brumaire de Louis Bonaparte*, 1852, tr. fr. G. Cornillet, Messidor, Éditions sociales, 1984, coll. « Essentiel », pp. 69-70.〔邦訳、「ルイ・ボナパルトのブリュメール一八日」『マルクス・エンゲルス全集』第八巻、大月書店、一九六二年、一〇七頁〕強調は引用者。

(6) もちろん、ここでわれわれが念頭に置いているのは、ミシェル・アンリの著作（*Marx*, t. I et II, Gallimard, 1976〔『マルクス——人間的現実の哲学』杉山吉弘・水野浩二訳、法政大学出版局、一九九一年。ただし、縮約された英語版を底本にしている〕）のことである。そこにおいては、『共産党宣言』や他のいくつかの著作と同じく、『ルイ・ボナパルトのブリュメール一八日』は「政治的テクスト」もしくは「歴史的‐政治的テクスト」として分類されている。アンリは、これらの著作は、「みずからのうちに理解可能性の原理を持っていない」（t. I, p. 10〔二頁〕）ために、哲学的ではあるにせよ、その哲学的な度合いは低いと言う。（テクストなるものにおいて、厳密な意味で、**みずからのうちに理解可能性の原理を持つ**とは、いったいどのようなことなのか（＊）。そのような例がかつて存在したためしがあったのか。ここは、この点について論じる場ではない——とはいえ、このような理解可能性の内在をめぐる奇妙で自信に満ちた信念は、アンリの著作全体を支えている生の概念と無縁ではない。）ミシェル・アンリによれば、この（あまり哲学的でないか、端的に非哲学的である）「歴史的‐政治的」次元は、「アメリカの雑誌のために書かれた『ルイ・ボナパルトのブリュメール一八日』の場合にとりわけ」（t. I, p. 11〔四頁〕）顕著であるとされる〔『ルイ・ボナパルトのブリュメール一八日』は、一八五一年一二月から翌年三月までに執筆され、当初ニューヨークで発行されていた *Die Revolution* の一八五二年第一号に発表された〕ところが、この著作は、とりわけマルクスの作品の場合よけいに問題が大きい先の区別をかりに受け入れたとしても、いささかも「政治的」もしくは「歴史的 - 政治的」テクストの閉域に閉じこもっているようには見えない。なかでも、この著作における亡霊的な、われわれにとって重要なパラドクス論は、ミシェル・アンリその人の目にさえ最も「哲学的」で、最も意味深く映るテクスト、たとえば、われわれがまもなく確認するように『ドイツ・イデオロギー』においてさえ、見られるものである。この亡霊論理をはかり、考えることによって、われわれは正面から生の哲学や「一切の客体性が排除された根本的主体性」の哲学に対立するのではないし、ミシェル・アンリによるその解釈に対立するのでもない。（今日までのマルクスの読解という点について彼が抱く不安のいくつか、それをわれわれは共有しているとはいえ、おそらくはまったく別の観点からである。）そうではなく、われわれは底なしの仕方でそれを複雑化する必要性に向かおうとしているのである。そこにおいては、ある内的 - 外的な襞が、生物を非生物と単に対置するのを禁じている。われわれがしたいと思っているように、ミシェル・アンリによる『マルクス』の本当に最後に書かれた結論の最後の数語（「マルクスの思想は次のような底なしの問いの前にわれわれを連れてくるのである。すなわち、「生とは何か」という問いに」）に同意するものは誰でも、次の深淵に送り返さなければならない。すなわち、**生物**、**生きた**個体、**生きた**主体性、**生きた**労働としての現実的な労働、等々をめぐる、かくも完全なこの書物が先行する部分で記してきたあらゆる命題を、すなわち深く論争的なこの著作が用いる批判的兵器倉庫の全体を再問題化しなければならないはずである。というのも、アンリがきわめて暴力的に、マルクスに関するほとんどあらゆる既存の読解を、しかもとりわけその政治的な次元において信頼するに足りないとするのは、最終的には生きているものへの一義的な参照の名においてであるからだ。人は次のように自問するだろう。なぜ、まさしく、生の問いは「底なし」なのか。換言するならば、なぜこの問いがあるのか。それは「生」という名の概念もしくは存在のいまだ思考されざる自己非同一性に対して開かれているのではないのか。科学にとっても哲学にとっても生と呼ばれるものが持つ、本質的な不明瞭さに対して？　このすべては、内的あるいは外的な境界線を、閉域もしくは破綻の原理を標記《マーク》しているのではないのか。生の哲学なるものの？　そして主体性の？

たとえその概念的体裁《プレザンタシオン》がどんなに斬新であろうとも、その主体性が本質的に生きているものとして規定されている限りはそうなのではないのか。かりにこの生きた主体性の生に、否定性もしくは客体性の作業、死なる現象あるいはむしろ死なる非現象、等々を統合するのならば、なぜそれをまだ生と呼ぼうと固執しなければならないのか。しかし逆に、存在や生産を解釈するにあたって、生きたモナド的な主体性の顕現――あるいは根本的な内在――だとすること（たとえば、t. II, pp. 41-42を参照〔日本語訳に該当個所なし〕）、それは事実、マルクスによる数多くのテクストの字義のなかに正当化の要素を見出す解釈であるが、われわれはその解釈に対して、何らかの死の哲学を対置すべきだとは考えていない（だが、この死の哲学は、マルクスによる同じテクストを別様に読むならば、生の哲学と同じぐらい資格と参照を引き合いに出すことができるであろう）。われわれの試みは、別のところにある。（生〈と／あるいは〉死という）この二者択一自体の可能性に到達を試みるために、われわれは注意を（生でも死でもない）ある死後の生〔sur-vie〕もしくは死者の回帰の諸効果や諸要請の方に向けるのである。それらから発してのみ、（その死との対比において）「生ける主観性」について語れるのである。しかも語れるのみでなく、その主体が語ることができ、自分のことを語ることができ、自分の生の生き生きとした現在を超えて痕跡や遺産を残したり、自分自身について＝自分の主体に対して〔à son propre sujet〕数々の問いを提起したり（自問したり）、要するに、他者に語りかけたり、こういった方がよければ他の生ける個体、他の「モナド」に語りかけたりすることができるということが理解できるのである。これらすべての問いについて、そしてこれこそがわれわれの読解の仮説なのだが、亡霊の作業は、鏡でおおわれた迷路の暗がりのなかで、非常に細いとはいえ不可欠な導きの糸を紡いでいるのである。

＊パトリス・ロローは、彼の著作のきわめて明晰な何頁か（*Les Sous-Mains de Marx*, Hachette, 1986, pp. 34-36）をミシェル・アンリがその序文「テクストの理論」で展開しているこの戦略にあてている。彼はとりわけ、その戦略の伝統を喚起している。

（7）*Le dix-huit Brumaire...*, p. 70.〔邦訳、「ルイ・ボナパルトのブリュメール一八日」一〇八―一〇九頁〕翻訳には、やや変更を加えてある。

（8）*Op. cit*., p. 70.〔同書、一〇八頁〕

（9）*Op. cit*., p. 70-71.〔同書、一〇八頁〕

（10）*Op. cit*., p. 71.〔同書、一〇九頁〕

（11）*Op. cit*. p. 72.〔同書、一一〇頁〕強調は引用者。

（12）私がこの「赤い亡霊」への言及を『ブリュメール一八日』のなかに再発見する以前に、私は、『赤い亡霊』という名の雑誌が存在するという、エティエンヌ・バリバールからの教示を受けていた（「四八年の革命のさなか、［……］おそらく六月の虐殺の後、［……］すなわち死んだプロレタリアート革命家たちの亡霊」）。「私は農民一揆を宣言する」とロミューは『赤い亡霊』のなかで書いている。「プロレタリアートたちは準備ができており、憎悪と羨望を心に抱いて、最も辺鄙な村にいたるまで待ち伏せをしている［……］」（Droz社刊の*Histoire générale du socialisme*, PUF, t. I, p. 507所収の*Le Socialisme français de 1848 à 1871*においてJ・ブリュアが引用）。バリバールは、次のようにもつけ加えている。「それは、私の記憶違いでなければパリ・コミューンの後で書かれた、ヴィリエ・ド・リラダンの「赤い死の亡霊」も連想させる。たとえ、「赤い死」が見かけのうえでは「赤たちの死」と同じでないにしても……。」

（13）*Le dix-huit Brumaire*..., p. 100.〔同書、一二九―一三〇頁〕

（14）*Op. cit*., p. 101.〔同書、一三〇頁〕

（15）*Op. cit*., p. 74-75〔同書、一一二頁〕翻訳にはやや変更を加えてある。

（16）本書、第Ⅳ章注（6）を参照。

（17）「［……］シュティルナーは「御霊」が古代世界の終わりに「止めどなくまたぞろ泡立ち溢れた」ということを発見する。「なぜかといえば、それは御霊の内部でガス（霊（*Gase* / *Geister*））どもが発生したからである」。続いてマルクスは、こうして聖マックスが記述する「不思議きわまる働き」を分析している（*L'Idéologie allemande*, *op. cit*, p. 213.〔同書一八〇頁〕）。ヘーゲルはすでに、GasとGeistの親近性に注目していた。死の作用、腐敗する死体の発酵は、自然哲学から精神哲学への移行を標記しているというのである。これらのテーマについては、*Glas*, Galilée, 1974の、とくにpp. 70, 106, 263と*De l'esprit*, Galilée, 1987, p. 163に送り返させていただく。

（18）*L'Idéologie allemande, op. cit.*, p. 177.〔『ドイツ・イデオロギー』一四〇頁〕。周知のように、マルクスは絶えず彼の論争的な議論に『唯一者とその所有』（一八四五年）の長い引用をからませている。
（19）*op. cit.*, p. 172.〔同書、一三五頁〕
（20）シュティルナーとの関係の、もつれ合い、重層決定された歴史、およびこの論争の歴史的・政治的コンテクストについては、Henri Arvon, *Aux sources de l'existentialisme, Max Stirner*, PUF, 1954, p. 128以下を参照。
（21）*L'Idéologie allemande, op. cit.*, p. 177.〔同書、一四一頁〕

訳　注

（＊1）『レ・ミゼラブル』第五部第一編一「壁にかこまれた戦い」からの文章。かなり途中を略しながらの引用である。たとえば、『レ・ミゼラブル　III』辻昶訳『世界文学全集　8』講談社、一九六九年、二二一―二三二頁参照。

（＊2）「**閂をはずすこと**」déverrouillage については、本書四二頁（SM, p. 34）を参照。

（＊3）「別の方向」、「属格の別の道」le génitif は、日本語ではふつう「の」であらわされる、所有や所属を示す格である。デリダはしばしばこの「の」の両義性を活用して議論を組み立てるが、この場合も、「マルクスの亡霊たち」とは、死んだマルクスが亡霊と化したものではなく、マルクスが相手にした亡霊たちのことである。

（＊4）「ポーランドの一司教」。一九七八年から二〇〇五年までローマ教皇であったヨハネパウロ二世のこと。本名カロル・ユゼフ・ヴォイティワの彼は、一九六四年からクラクフ教区の大司教であった。

（＊5）本書で「現存在」Dasein が明らかにハイデガーの用語とわかる形で用いられている唯一の箇所である。亡霊の不気味な憑在なくして現存在がありえないことが語られている。憑在論が存在論を可能にするという主張（本書一一三頁、SM, p. 89）とほぼ同義だと考えられる。

（＊6）Spectre は、光学的な意味での「スペクトル」も意味し、さらには原子、イオン、電子などの分布も意味する。その意味論は可視性、不可視性双方の領域にわたるが、たいていの場合、「周波数」に関係している。「亡霊」の意味での spectre については、fréquence という語でもって出現の頻度が語られていると思われる。

（＊7）「頻交」。fréquentation は、通常、「交際」、「つきあい」、「しげしげと通うこと」を意味する。先の「頻度」との連続性を保つために、「頻交」とした。

（＊8）「まさにこの瞬間、この書物にわれ在り」。デリダによる以下のレヴィナス論に暗黙裏に送り返している。« En ce moment même dans cet ouvrage me voici », in *Psyché. Inventions de l'autre*, Galilée, 1987, pp. 159-202.

（＊9）「異議をとなえ、嫌悪する」。それぞれの動詞はフランス語では、contester, détester であり、いずれもラテン語源を介して「証人」もしくは「証言」と深く関わっている。contester の語源 contestari は「証人をともなって自己の大義を主張する」であり、détester の語源 detestari は「神を引き合い（証人として）に出して（あるものを）そらせる」である。なお、「自分自身〔について〕証言する」の原語は *s'atteste elle-même* である。ここでは「証言」の訳語を前面に出したが、自分の立場を「保証する」という意味がある。

（＊10）「彼の外に押し返そうと逆上して」の原語は、pour (...) repousser, hors de lui である。hors de lui は字義どおりに「彼の外」であるが、熟語として特に怒りで「われを忘れた」状態をあらわす。

（＊11）「幻影劇」。fantasmagorie は、通常、「幻影」もしくは一九世紀に流行った幻灯を用いた見せ物である「幻影劇」と訳される。しかし語源を見ると、fantasmagorie はギリシャ語で「幽霊」phantasma と「公の場で語る」agoreuein から成り立っている。「公的な発言へと結びつけている字義的な意味」は、この事情を述べたものである。語源への間接的な言及は、二九五頁（SM, p. 225）にも見られるが、この場合も含めて（一箇所の例外を除き）二五二頁（SM, p. 193）以降のスペルは phantasmagorie となっている。

（＊12）「亡霊はのしかかり＝熟考し」Le spectre pèse. peser は、「目方がある」、「重い」であるが、「圧力をかける」、「のしかかる」の意味でも用いられる。また、他動詞的に用いられた場合は、「重さをはかる」、「軽重を吟味する」となる。そもそも、peser はすぐ後に続く動詞 penser「考える」、「思考する」と同じ語源 pendere を持っている。

（＊13）ロックは、名誉革命を代弁し、人民主権を説いたイギリスの哲学者ジョン・ロック（一六三二―一七〇四年）のこと。ハバククは主に旧約聖書の「ハバクク書」によって知られる預言者で、神への絶対的な信頼を説いた。

（＊14）「無敵の錯時性にその法を与える」。カントにおいては、超越論的（＝先験的）な構想力が時間の図式を与える。しかし、ここで「別の超越論的構想力」と呼ばれているものは、錯時性に法を与えてしまう、つまり錯時性の支配を許してしまうということである。donner sa loi à は、字義どおり「法を与える」でもあるが、「支配を許す」、「好きなままにふるまうにまかせる」でもある。

（＊15）「忘れてはならないことだが」。原語は、ne l'oublions pas. 目的語代名詞 l'を「マルクスが死んだこと」と取れば訳文のようになる。ただ、この文にはその代名詞を「マルクス」と解釈する仕組みもあり、その場合は、「彼のことを忘れてはならない」となる。

なお、マルクスの引用中にある「死にたる者に死にたる者を葬らせなければならない」は、新約聖書「マタイ伝」（八・21）にイエスの言葉として記されている。本書においてこの言葉に対するいくたびもの言及が見られる。だがその際は、むしろ『精神現象学』「序論」の末尾にこの言葉を引用しているヘーゲルの文脈のなかでこの言葉を読むべきだと思われる。彼の著作のありうべき需要について、ヘーゲルは「読者」と「読者の代表」もしくは「読者の代弁者」としてふるまう人々を区別する。「（……）自分が読者の代表であり、代弁者であるようにふるまう人々と、読者とをしばしば区別しなければならない場合がある。読者はいろいろな点でそういう人たちとは違った態度をとるものである。いや対立しさえする。読者は、哲学上の著作が自分の性に合わないという責を、むしろ気前よく自分で引き受けるが、これと反対に、そういう人たちは、自分に資格があると思っているので、すべての責を著者に押しつける。その与える影響から言えば、読者の場合の方が、彼ら（代弁者たち）「死せるものがその死せるものを葬る」ときのふるまいよりも、穏やかである」（『精神現象学　上』樫山欽四郎訳、平凡社ライブラリー、一九九七年、九四頁）。

（＊16）「マルクスはそれを信じる」。原文は、Marx y croit. 中性代名詞 y をどうとるかによって、（1）マルクスが文句と内容とのあいだの不一致によって錯時的な解体が引き起こされると信じる。（2）マルクスは固有の内容、自己固有化された内容があると信じる、の意味に解釈できる。

（＊17）「闇夜にはすべての牛が黒い」。『精神現象学』「序論」において、ヘーゲルはシェリングを形式主義的であり、十分に否定性を考察していないとして批判している。その際に用いられている有名な言葉への暗黙の送り返し。『精神現象学』上巻、三二頁参照。）

（＊18）「思弁的な聖金曜日」。ヘーゲル「信仰と知」に登場する言葉。ヘーゲルはそこで、「神自身は死せり」という言葉に言及し、歴史的なものであった聖金曜日に代わって、まったき真理と神喪失の過程のただ中で「思弁的な聖金曜日」を再興しなければならないと言っている。聖金曜日とはキリストが十字架に付けられた日、受難日である。「信仰と知」の訳注において、「思弁的な聖金曜日」は、『精神現象学』の結語にある「絶対精神の頭蓋の場」と「同様の事態を表現する」とされている（ヘーゲル『信仰と知』上妻精訳、岩波書店、一九九三年、一六九頁および訳注（18）参照）。

（＊19）「シュティルナーはペンネーム」。シュティルナー（一八〇六―一八五六年）は、いわゆるヘーゲル左派に位置づけられるドイツ哲学者であるが、本名はヨハン・カスパー・シュミットであった。シュティルナーは、額（Stirn）が広かったために付けられたあだ名である。

V　現れざるものの出現――現象学的「手品」

原　注

（1）*Op. cit.*, pp. 147-148.〔『ドイツ・イデオロギー』一〇八―一〇九頁〕。翻訳には、若干変更を加えてある。

（2）*Op. cit.*, p. 147.〔同書、一〇八頁〕

（3）*Op. cit.*, p. 153.〔同書、一一四頁〕

（4）「われ在り」の宣言において（単に「私は死すべき者である」ではなく、「私は死んでいる」という）奇妙な形でつぶやかれた死の関わり合いについては、『声と現象』〔*La Voix et le phénomène*, PUF, 1967, p. 98 et suiv.『声と現象』高橋允昭訳、理想社、一九七〇年、一六七頁以下〕へと送り返させていただく。

（5）とくに、*op. cit.*, p. 181.〔同書、一四五頁〕, pp. 489-490〔四八〇頁〕，さらにとりわけ p. 261〔二二八―二二九頁〕を参照。

（6）*Op. cit.*, p. 180.〔同書、一四四頁〕

（7）*Op. cit.*, p. 176.〔同書、一四〇頁〕

（8）言うまでもないが、幽霊もしくは *phantasma*〔幻影〕の、狭義で厳密な概念が *phainesthai*〔現れ〕の一般性に還元されることはけっしてないだろう。取り憑きの独特な経験に配慮する亡霊的なものの現象学は、フッサールの論理を尊重するならば、（たとえばイマージュの現象学などといった）領域的学問のなかで、きわめて限定されかなり派生的な領野を確定すべきだろう。そうした限定の正当性や豊穣さについてここで異議を申し立てることはしないが、単に次のことを示唆しておきたい。それ以上その方向に踏みこむことはできないが。すなわち、一切の亡霊性なるものの根本的な可能性は、フッサールが非常におどろくべき仕方で、しかも非常に強力な仕方で現象学的経験の志向的ではあるが**実的ではない**要素として同定しているもの、すなわちノエマの方向に求めるべきであるだろう。（ノエシス‐ノエマ、モルフェー‐ヒューレーという）二つの相関関係の他の三つの語とはことなり、ノエマ的相関物のこの**非‐実性**、志向的ではあっても実的ではない内包は、世界の「なか」にもなく意識の「なか」にもない。しかしそれは一切の経験、客観性、現象性、すなわち――根源的であろうと変容されたものであろうと――一切のノエシス‐ノエマ相関関係のまさしく条件なのである。それはもはや領域的ではない。この志向的要素の非‐実的な内包（したがって、内包的でありかつ内包的ではない内包ということになる。ノエマは、部分となることなく内包される）なしには、いかなる現出についても、いかなる現象性一般（〈ある意識に対して存在すること〉であり、意識でも意識に現れる存在者でもない現れである）についても語ることはできないだろう。このような「非‐実性」、その世界**と**自我論的主体性の**実的**組織の双方に対する独立は、出現の場そのものであり、亡霊の本質的、一般的、非領域的可能性なのではないだろうか。それはまた、現象の現象性そのものに他者と喪の可能性を書き込むものではないだろうか。

（9）*Op. cit.*, p. 176.〔同書、一四〇頁〕

（10）*Op. cit.*, p. 181.〔同書、一四五頁〕。シュティルナー流歴史哲学の起源がヘーゲルにあることを喚起する際に、『ドイツ・イデオロギー』はもう一つ別の黒人のテーマ系を強調している。「黒人性（die Negerhaftigkeit）は『こども』である」（p. 194 et suiv.〔一六〇頁以下〕）というテーマ系である。

（11）*Op. cit.*, p. 181.〔同書、一四五頁〕

（12）プラトン『国家』555e〔『国家』下、藤沢令夫訳、岩波文庫、一九七九年、二〇〇頁〕

（13）われわれはここで、マルクスの遺産を再肯定しようと試みているが、とりわけ公的事象と（多かれ少なかれ新しい）公共空間の政治的把握において、還元することのできない**潜在性**（潜在空間、潜在対象、合成像、亡霊的仮象、遠隔‐技術的差延、**観念反覆性**〔*idéalitérabilité*〕、現前と不在の彼方の痕跡、等々）を勘定に入れるような〈亡霊的なもの〉の思考にマルクスの遺産を調整し、合わせながらそれをおこなおうとしている。したがってわれわれは、「合成像」および「潜在対象」としての「マルクスの著作」について、パトリス・ロロー自身がきわめて適切な定式を用いて言ったことに多大な重要性を認めなければならない。すなわち、問題となっているのは「それ自身のみでは読解可能性の閾に達しない」マルクスの言説なのだということである。著作は「マルクスの手許に」とどまってはおらず、「それをとどめておくことに享受を見いだしている」彼の身体のとどく範囲にとどまっているのではない（とはいえ、〈とどめて**おかない**ことに享受を見いだしている〉とも言えるだろう。そしてすべてはこのもう一つ別の、とはいえ同じものでもある享受に発端を持っているのだ）。ロローは次のように説明する。「しかし、編者たちはわれわれのためにまったく別の対象をつくりあげる。すなわち、読者にマルクスの著作という**合成像**を提供することになる、精巧な操作の産物としてのマルクスの著作である。というのも、マルクスの著作はけっして**潜在的対象**以外のものたりえず、誰もそれを**手中に**おさめていないからである。」（Patrice Loraux, *Les Sous-Main de Marx*, p. 21-22. 強調は引用者）

（14）もちろんのことながら、『ドイツ・イデオロギー』が（かなり広範にであることは事実だが）切り取り、たいていの場合は風刺のために歪曲をほどこしている抜粋を超えてシュティルナーを読まなければならないだろう。それは必要であり、かつきわめて興味をそそる課題である。また、シュティルナーのテクストをも横断する、一九世紀におけるあの幽霊のテーマ系の伝統あるいは系譜を再構成しなければならないだろう。少なくともカント（スエーデンボリに興味をもったカントだけではなく、超越論的構想力の思想家、感性的なものと叡知的なものとのあいだに幻想《ファンタスティック》の問題系が導入するあらゆる概念的中間項の思想家としてのカント。それらの中間項は、すべて亡霊性に適した場なのだから）にはじまって、『亡霊に関する試論』（*Versuch über Geistersehen und was damit zusammenbängt*, 1851）のショーペンハウアー、ニーチェに——彼は、間接的にシュティルナーのテクストを知っており、一八七四年にバウムガルトナーにそのテクストを読むよう勧めている——、あるいは——その作品が、「いまだ書かれざる頁のごとく白い幽霊」（「ミミック」）のかたわらで寝ずの番をしている——マラルメにいたる伝統あるいは系譜を。こうした再構成はわれわれの話題の限界を超えてしまうので、『唯一者とその所有』のいくつかのくだりを一度引用するにとどめておく。「幽霊＝もしくは妖怪＝信仰の否定によって神への信仰そのものがいかなる衝撃をこうむるか、ロマン派の者たちはこれをよく感知し、ふたたび呼びおこされた童話の世界を借りるばかりか、とりわけ、「より高次の世界の導入」によって、夢行者たち、プレヴォルストの女予言者たちまでも借りて、この不吉な成り行きをきわめようとしたのであった。だが、善良な信者・教父たちは、幽霊信仰とともに宗教からその基盤が奪われ、以後宗教は宙にさまようものとなることを予感しなかった。ひとたび幽霊の存在を信じない者は、要するにとことんその不信仰の果てまでさまよいついて、やがて、およそ事物の背後には何ら特別なものがひそむわけではなく、幽霊〔Gespenst〕も——語の素朴な意味で同義と見なされている——「精神＝幽霊〔Geist〕」も存在しないこと、を悟るにいたる」（*L'Unique et sa Propriété et autre écrits*, tr. P. Gallissaire et A. Sauge, Bibliothèque l'Âge d'Homme, 1972, p. 107〔『唯一者とその所有』上、片岡啓治訳、現代思潮社、一九六七年、四六—四七頁〕）。そして、「亡霊」のタイトルのもとに、次のように読まれる。「幽霊たちとともに、われわれは、精神の国へ、**本質**の国へと到達する。万有のなかを徘徊し、摩訶不思議で「捉えがたい」その本領を発揮するところのもの、それはまさに、われわれが至高の本質と名づけるところの秘密に満ちた幽霊である。この幽霊の根底をきわめ、それを**捉える**こと、そのなかに**現実**を発見すること、（「神の実在」を証明すること）——この課題を何千年来、人間はみずからに課してきた。幽霊を非・幽霊に、非現実なるものを現実的なるものに、**精神**を一の全にして**体**を具えた人格に変えるという、そら恐ろしい不可能事・果てしない徒労——これで人はみずからを苦しめ続けてきたのである。実在する世界の背後に、人は、「物自体」を求め、**事物**の背後に**非事物**を求めたのである。」（p. 112）〔五三—五四頁〕

（15）*L'Idéologie allemande*, p. 182.〔一四六—一四七頁〕したがってマルクスは、すでにキリスト教の存在・神学の幻影に異議をとなえていた聖マックスのキリスト教的存在・神学の幻影に異議をとなえているのだ。彼らは二人とも、幽霊を執拗に攻撃し、それを狩り立てているが、**それは同じ幽霊なのである**。マルクスの執拗さが、執拗なもう一人の人物、つまり聖マックス（の幽霊）を狩り立てているということ以外は。しかしながら、彼らは二人とも、より要求度の高い存在論の名において、存在・神学的で、三位一体的な亡霊を狩り立てようとしているのだ。その存在論は、単にもはや、再来霊を、生身の生ける身体としての存在者と混同しないのみならず、とりわけ生身のあの原-幽霊と混同することはないのである。その原-幽霊とは、聖マックスがとてもうまく説明しているように、キリストであり、受肉化によって〈人となった神〉である。マルクスと聖マックスは存在-神学的でキリスト教的なある現象学を問題視しているように見える――性急に「脱構築する」という者もいるかもしれない。しかし、彼らが二人とも言うには、それはその現象学が再来霊によってのみ占拠され、つまり住みつかれ取り憑かれている限りにおいてなのである。彼らの「脱構築」は、次のような点に限られる。すなわち、この亡霊の存在-神学に対して、彼らが**二人とも**――あくまでもそれぞれのやり方で、二人のあいだに相違があるとはいえ――生ける人間の生身の現前の、存在者そのものの、そして現実的で幽霊的ではないその現前の、肉と骨を具えたその現前の、超-現象学的な原理を対立させている点に、である。

この係争のプログラムは、たしかにそれ自身としても興味深いが、今日進行している多くの論争に対して潜在的なモデルを提供してもいる。その意味でも私たちにとって重要なのである。

(16) マルクスが示している断片を超えて、もう一度シュティルナーを引用しておこう。「亡霊を把握しうるものたらしめようとする、あるいは**無意味**[*non-sens* は文中フランス語]を現実化しようとする衝動は、**骨肉の身体を具えた幽霊**を、**現実の体をもつ**幽霊あるいは精神を、肉ある幽霊をもたらした。きわめて力あり能あるキリスト者たちが、この霊的現象を把握せんがために、いかに苦悶したことであろうか。にもかかわらず、この二つの本性の、神のそれと人間のそれ、霊的なそれと感性的なそれとの矛盾はつねに存在しつづけた。不思議きわまりない亡霊・物ならぬ物は残りつづけた。いまだかつて、この幽霊ほど魂を責めさいなんだものはない[……]。しかし、同時にキリスト者によって、本来的精神もしくは本来的幽霊とは――人間なり、ということの真理が明るみにもたらされた。[……] かくあっては、人間はもはや本来的には人間の**外部に**ある霊どもに恐れおびえることはなく、恐れるべきは人間そのものなのだ。人間は、自己自身を懼れるのだ。人の胸深くには**罪の精神**が住まい、ほんのちょっとの思惟でさえも(この思惟ということ、まさにそれ自体が一つの精神なのだから)一つの**悪魔**でありうる、等々。――幽霊は体をまとい、神は人間となった。かくてしかし、今や人間みずからが、その背後にいたりそれを呪縛しそれを窮めて現実に・言語にもたらそうと努めてきたところの当のその恐るべき亡霊なのだ。人間が——**精神なのだ**」(*op. cit.*, p. 112-113)〔上巻五五—五六頁〕

(17) *La pénultième est morte. Spectrographie de la modernité* (Champ Vallon, 1993) という最近刊行された著作の結論部において、ジャン＝ミシェル・ラバテ〔Jean-Michel Rabaté〕は、「マルクスとエンゲルスはシュティルナーによる諸分析の批判的射程を理解しないふりをしている」(一二—一三頁) と、力を込めて指摘している。こうして「『聖マックス』を復権すること」をもくろんでいるわけではないとしながらも、ラバテは『唯一者とその所有』を(シェークスピアからサド、マラルメ、ジョイス、ベケットにいたる)ある強力な系譜——つまり亡霊記述学的《スペクトログラフィック》な系譜——のなかに書き込んでいる。その系譜は、その著作が持ったアナキズムの後裔たちによって汲み尽くされるにはほど遠いものである。

(18) *L'Idéologie allemande*, *op. cit.*, p. 182.〔『ドイツ・イデオロギー』一四七頁〕

(19) *Le Capital*, Livre I, ch. I, 4.〔『資本論』第一巻、第一章第四節〕. この第一巻については、ジャン＝ピエール・ルフェーブルの責任のもとで刊行された翻訳および約二〇名の著者によって編集されたテクストを参照することにする。引用は、一九九三年刊行の PUF 社 Quadrige 版によっておこなう。

(20)「たとえば材木で机をつくれば、材木の形は変えられる。それにもかかわらず、机はやはり材木であり、ありふれた感覚的なものである。ところが、机が商品として現れるや否や、それは一つの感覚的であると同時に超感覚的であるものになってしまうのである。机は、自分の足で床《ゆか》の上に立っているだけでなく、他のすべての商品に対して頭で立っており、そしてその木頭からは、机が自分勝手に踊り出すときよりもはるかに奇怪な妄想を繰り広げるのである。

だから、商品の神秘的な性格は商品の使用価値からは出てこないのである。」*Le Capital*, éd. Lefebvre, *op. cit.*, p. 81.〔『資本論』『マルクス＝エンゲルス全集』第二三巻第一分冊、大内兵衛、細川嘉六監訳、大月書店、一九六五年、九六頁。岩波文庫版『資本論 (一)』向坂逸郎訳、岩波書店、一九六九年、一二九—一三〇頁〕

(21) *Op. cit.*, p. 81.〔同書、全集九六頁、岩波文庫一三〇頁〕編訳者たちが明確にしているように、「マルクスは、一八四八年の諸革命のあとヨーロッパで広まった心霊術の流行と中国における太平天国の動乱のはじめの符合を引き合いに出している」。われわれが指摘したごとく、時代ごとにそれぞれの幽霊が(われわれもまたわれわれの幽霊を持っている)、固有の経験が、固有の霊媒が、固有の憑在論的メディアがあるにもかかわらず、また憑在の「歴運的」歴史が存在の「歴運的」歴史同様の諸問題を提起する――それは偶然ではない――にもかかわらず、その複雑化はこの件に関する歴史的な調査を禁止すべきではない。それはただ、それをいっそう慎重なものにすべきであろう。たとえば、われわれが参照しているシュティルナー、マルクス、エンゲルスのテクストが、その時代に、おおざっぱに「霊媒的」と呼ばれていた強力な「流行」に対応し――それに応答し――ていたのは確実である。その社会的、哲学的、文学的兆候(ウージェーヌ・シューの『パリの謎』に対するシュティルナーの関心、ヴィクトール・ユゴーその他における「心霊学的な」誘惑を喚起しておこう)を見つけることができるし、その歴史的特異性の輪郭を示そうと試み、一定の地点までそれを説明することさえ試みることができる。しかし、それをより広範な幽霊学的シークエンスのなかに書き込み直すことを忘れてはならないだろう。〔なお、「他のものを励ますために」の部分には、全集版に以下のような注記が伏されている。「一八四八年—四九年の革命の敗北後、ヨーロッパでは暗い政治的反動期が始まった。そのころヨーロッパの貴族仲間は、またブルジョア仲間も降霊術や時には卓踊術に熱中していたが、他方、シナでは特に農民のあいだに強力な反封建的解放運動が広がっており、それは太平天国の乱として歴史に残っている。」〕

(22)『あら皮』をめぐる感嘆すべき読解のなかで、サミュエル・ウェーバーは、資本のこの**吸血鬼的な**性格、この生ける怪物(beseeltes Ungeheuer)を、まさしく物神の亡霊的論理と関連づけて指摘している。*Unwrapping Balzac. A Reading of « La Peau de Chagrin »*, University of Toronto Press, 1979, p. 86 そしてとりわけマルクス――そしてバルザックに捧げられた――注(1)、(2)、(3)を参照。

(23) *Le Capital, op. cit.*, pp. 82-83.〔『資本論』全集九七—九八頁、岩波文庫一三一頁〕

(24) *Op. cit.*, p. 94-95.〔同書、全集一一一頁、岩波文庫一四九頁〕

(25) *Op. cit.*, p. 95.〔同書、全集一一二頁、岩波文庫一五〇頁。マルクスが引用する台詞は、シェークスピア『空騒ぎ』第三幕第三場からのものである〕

(26) *Op. cit.*, p. 96.〔同書、全集一一三頁、岩波文庫一五二頁〕マルクスは、シェークスピアとは別の形ではあれ、契約や宣誓の思想家であったので、『ドイツ・イデオロギー』一八六頁〔邦訳、一五一頁〕で、皮肉たっぷりに宣誓について述べている箇所を参照されたい。

（27）この行程をいかに解釈するにせよ、それは少なくとも『一八四四年の草稿』の三番目のものが語っていることに遡る。そこでは、死と感覚について語られており、諸感覚がその実践そのものにおいて「理論家」となる仕方について語られている。それは、言うならば感覚的なものを無感覚にすることによって、そして「主観主義と客観主義、唯心論と唯物論、能動性と受動性」のあいだのあらゆる対立をあらかじめ損なうことによって遂行される。そのときマルクスは、そこに理論的な使命しか見ないであろう哲学によって解決不可能と判断されたそれらの対立が、社会状態と社会的実践によって解決され、また解決されるべきだと考え、かつ、私が思うに、絶えず考え続けることになる。*Manuscrits de 1844*, tr. fr. E. Bottigelli, Éditions sociales, p. 90 et suiv.〔『一八四四年の経済学 - 哲学手稿』『マルクス＝エンゲルス全集』第一三巻、大内兵衛・細川嘉六監訳、大月書店、一九六四年、四六〇頁以下、『経済学・哲学草稿』城塚登・田中吉六訳、岩波文庫、一九六四年、一三五頁以下〕参照。

（28）*L'Idéologie allemande*, *op. cit.*, p. 184.〔『ドイツ・イデオロギー』一四九頁〕

（29）*Le Capital*, *op. cit.*, p. 97.〔『資本論』全集一一五頁、岩波文庫一五三頁〕

（30）*Contribution à la Critique de l'économie politique* (1859), Éditions sociales, p. 63 ; Bibliothèque de la Pléiade, p. 349.〔『経済学批判』『マルクス＝エンゲルス全集』第一三巻、大内兵衛・細川嘉六監訳、大月書店、一九七五年、七五頁〕

（31）*Le Capital*, *op. cit.*, p. 102.〔『資本論』全集一二〇頁、岩波文庫一六一頁〕

（32）*Op. cit.*, p. 87〔同書、全集一〇二頁、岩波文庫一三七頁〕

（33）*Op. cit.*, p. 106〔同書、全集一二四頁、岩波文庫一六七頁〕

（34）*Op. cit.*, p. 83〔同書、全集九八頁、岩波文庫一三二頁〕

（35）その一般的な形式において、私はこれを別の箇所で扱おうと試みた（とりわけ、*Glas*, Galilée, 1974, pp. 51, 149, 231以下、249以下, 264以下を参照）。物神とイデオロギーとの関係については、Sarah Kofman, *Camera obscura – de l'idéologie*, Galilée, 1973、とりわけ *La table tournante* (p. 21) の前後の部分を参照。さらには、Étienne Balibar, *Cinq études du matérialisme historique*, *op. cit.*,（「物神理論」について）, p. 206以下を参照。

（36）Cf. Étienne Balibar, *op. cit.*, p. 208 et suiv.

（37）その感覚的物質性という形象において、その幽霊的な対象性がもつ固有の身体は、形を取り、凝固し、屹立しあるいは石化する。それは柔らかで未分化の物質から発して**結晶化し**、無形の残余から発して創設される。「そこで今度はこれらの労働生産物に残っているものを考察してみよう。それらに残っているものは、同じ幽霊的な対象性のほかには何もなく、無差別な人間労働の、すなわちその支出の形態には関わりのない人間労働力の支出の、ただの凝固物［Gallerte、すなわちゼラチン、等質な塊の形象］のほかには何もない。これらの物が表わしているのは［それらのうちに姿を現す一切。Diese Dinge stellen nur noch dar］、ただ、その生産に人間労働力が支出されているということだけである。このようなそれらに共通な社会的実体の結晶（Als Kristalle）として、これらのものは価値――商品価値なのである。」*Le Capital, op. cit.*, p. 43.〔同書、全集五二頁、岩波文庫七三頁〕

　この「幽霊的な対象性」（gespentige Gegenständlichkeit）については、バルザックとマルクスのあいだで、商品としての幻の女性的性格を正当にも強調するサミュエル・ウェーバー（*op. cit.*, p. 75）を参照。事実、それについては一つならずの指標がある。しかし、いかにして物神の性を安定化させるのだろうか。それは一つの性から他の性へと移ってしまうのではないのか。その静止がいかなるものであれ、物神とはその移行の運動なのではないのだろうか。

　このたび上梓されたテクストにおいて、トマス・キーナンもまた、とりわけこの「幽霊的現実」の「昇華物」を分析している。「抽象の厳密性のなかでは、ただ亡霊たちのみが生き残る」（« The Point is to (Ex) Change It », in *Fetishism as Cultural Discourse*, ed. E. Apter & W. Pietz, Cornell University Press, 1993, p. 168）

（38）これらすべてのモティーフについては、われわれは当然のことながら、ポール・ヴィリリオの仕事、およびベルナール・スティグレールの未刊の著作（ガリレー社にて近く刊行〔その後、Bernard Stiegler, *La technique et le temps* としてガリレー社から三巻で刊行された。それぞれの巻の刊年は、一九九四年、一九九六年、二〇〇一年〕）に送り返させていただく。

（39）*L'Idéologie allemande, op. cit.*, pp. 183-184.〔『ドイツ・イデオロギー』一四八―一四九頁〕

（40）*Op. cit.*, p. 184.〔前掲書、一四九頁。ただし、そこでの訳は、「おいおい、おまえの頭はどうかしている！」となっている〕

（41）なぜフロイトは、Unheimlichkeit〔不気味さ〕の経験において「もしかすると最も強力な」例を、一種の原型を強迫観念に見るのだろうか。なぜなら、「死、死体、死者の回帰、精霊と亡霊に結びついた（mit Geistern und Gespenstern）」すべては、多くの人々において「最高の度合いに」（im allerhöchsten Grade）« unheimlich » に映るからである。ところが、翻訳者たちにとってきわめて不幸なことに、フロイトはその主張を、« es spukt » を翻訳することが（われわれが先に指示した諸理由によって）きわめて困難であると指摘することによってではなく、「いくつもの近代言語が、われわれの"ein unheimliches Haus"という表現を、次のように、すなわち"es spukt"する家と転記することによってしか表わすことができない」（« [...] manche moderne Sprachen unseren Ausdruck : ein unheimliches Haus gar nicht anders wiedergeben können als durch die Umschreibung : ein Haus, in dem es spukt ». *Das Unheimliche*, GW XII, pp. 254-255）と指摘することによって説明しようとしている。実のところ、« unheimliche » は、« es spukt »と同じぐらい翻訳が困難である。そしてそれは、困惑し、結局のところ理解不可能な翻訳をうむことになる。たとえば、「［……］いくつもの近代語が、霊の取り憑いた家という婉曲表現によってしか、われわれの『unheimlich な家』という表現を表わすことができない」（tr. M. Bonaparte et E. Marty, « L'inquiétante étrangeté », in *Essais de psychanalyse appliquée*, 1933, « Idées », NRF, pp. 194-195）のように。あるいはまた、« [...] some languages in use to-day can only render the German expression "an *unheimlich* house" by "a *haunted* house" » (Standard Edition, vol. XVII, p. 241）のように。次いでフロイトが死そのものについて主張していることについて、その主題に関するハイデガーとレヴィナスの言説と関連づけるために、われわれは別の所で立ち戻っている（*Apories*、ガリレー社から近く刊行の予定〔その後、*Aporie. Mourir – s'attendre aux limites de la vérité*, Galilée, 1996として刊行された。邦訳は、『アポリア　死す――「真理の諸限界」を［で／相］待‐期する』港道隆訳、人文書院、二〇〇〇年〕）。幽霊にとって別の時代、別の様態、別の流行。フロイトは、同じ頁に、再来霊とのコミュニケーションに関する卓越した講演が増加傾向にあると指摘していた。科学者たちのなかの鋭敏な精神を持った人々が、とりわけ晩年に、テレパシーあるいは霊媒の誘惑に屈する、と彼は記している。経験者は語る、である。さらに、ハムレットがわれわれの主題であったことになるので、フロイトは亡霊の出現をいかなる Unheimlichkeit の力も持っていないものと判断していたということを明確にしておこう（*op. cit.*, p. 265；前掲書、フロイト「不気味なもの」著作集 第三巻、三二七―三五七、選集第7巻、二六七―三二三頁）。マクベスやジュリアス・シーザー、ダンテの地獄における出現と同様に。たしかにそれは、恐るべきもの（schreckhaft）であったり陰鬱（düster）であったりするかもしれない、しかしホメロスにおける神々の世界に劣らず unheimlich には欠けるのである。その説明は、文学、演劇的虚構であるからだ、ということである。フロイトによれば、われわれは判断を、詩人によって定められた限りでの**虚構的**現実に適応させ、「霊魂、精霊、亡霊」を根拠ある、通常の、正当な存在（vollberechtige Existenzen）として扱うからだというわけである。彼の試論における Unheimlichkeit の例がすべて文学から借りてこられたものであるために、なおさら驚くべき指摘である！

(42) フロイトとハイデガー。*La carte postale*（Flammarion, 1980, p. 206〔『絵葉書Ⅰ』若森栄樹、大西雅一郎訳、水声社、二〇〇七年、二八〇頁〕）において、『発送』の署名者は、彼らが二つの亡霊であるかのように対にしている。「ここではフロイトとハイデガー、私は彼らを『偉大な時代の』偉大な二つの幽霊のように私のうちに結合させている――生き残った二人の祖父のように。彼らは互いに知り合いではないが、まさにそれゆえに、私に言わせるならば、この特異な錯時性のカップルを形成している」。

再来霊はつねに来るべく、再来すべく求められているので、亡霊の思想は、良識が信じるのとはうらはらに、未来へと合図している。それはいまだ到来していないもの――到来するものそのもの――からしか来ることのない過去の思考であり、相続なのである。

訳注

（＊1）「反駁」の原語 réplique は、「レプリカ」も意味する。本文にもあるように、反駁する際に相手の論法等を鏡像的なまでに再現して応える危険性がつねにあるということである。

（＊2）「ライプチヒ宗教会議Ⅲ 聖マックス」は、『ドイツ・イデオロギー』のシュティルナー批判にあてられた部分のタイトルである。

（＊3）「体内化」incorporation は、この箇所ではもっぱら、〈主体が対象を体内に侵入させて保持する過程〉を意味する、精神分析的な用法で用いられている。本書では、incorporation の定訳である「体内化」を維持するが、本書では、身体が幽霊を「取り込む」よりも、幽霊が身体に「受肉する」と考えた方がわかりやすい箇所が多い。数行後に「受肉する」incarner という動詞が用いられているのもその事態をめぐる一つの傍証であろう。

（＊4）「密議」conciliabule は、「宗教会議」concile と同じ語源を持っている。conciliabule の語源的意味は、「不正な、異端の、（カトリック教会から）離教した宗教会議」である。

（＊5）「ライプチヒ宗教会議Ⅲ　聖マックス」四、Bのタイトルが、「取り憑かれた人々（不純な霊物語）」である。

（＊6）「すべての牛が黒くなる闇夜」については、第Ⅳ章訳注（17）参照。「威厳ある先祖」とは、もちろんヘーゲルのことである。

（＊7）「まさしく理論的に＝代表使節団のように」justement, en théorie の最後の語は、「理論」や「観照」を意味するが、わざわざ「まさしく」と言われているところから、もう一方の意味、すなわちギリシャの都市国家が厳粛な祝祭や神殿に派遣した代表使節団も含意していると思われる。

（＊8）「どの幽霊なのか」。サッカー・チームを構成するには幽霊が一つ足りない。どのポジションが欠けているのかと疑問に思うということ。デリダは、少年の頃、サッカー選手になる夢を持ったことがあった。

（＊9）「盗み狩りをしてしまった」voler については、フランス語での用法を確認することができなかった。米語訳が poach「密猟する」を使っているので、それを参考にして翻訳した。

（＊10）フランス語 chasser は、英語の chase after「追跡する」と chase away「追い立てる」の両方の意味を兼ねそなえている。chasser の両義性。

（＊11）**「さらに‐生きること」**、**「余‐生」**。原語はそれぞれ *sur-vivre*, *survivance*. 通常、survivre は「生き残る」、「生きのびる」という〈まだ死んでいない状態〉を意味するが、デリダは一種の「死を超えた生」、「死後の生」の意味でこの語を用いている。「余生」はしたがって、老年に達した者が残された人生を生きることではない。また、生‐死の対立には還元されないと言っているように、「余生」は喪や亡霊的次元とも密接な関係を持っている。やや早い時期にこの「余生」を扱ったテクストとして、« Survivre », in *Parages*, Galilée, 1986（二〇〇三年に増補改訂版が刊行されている）がある。

（＊12）「木は木のままである」。原文に用いられている rester de bois という表現は熟語として「木石のごとく無表情である」を意味する。

（＊13）「難問の刻印が付された」の原語は、marqué d'une croix である。幻影肢の問題は、たとえばメルロ＝ポンティにおいては、『知覚の現象学』のなかで少なからぬ比重を占めているが、そこでは切断された腕の「両義的な現前」として語られている。(Maurice Merleau-Ponty, *Phénoménologie de la perception*, Gallimard, 1945, p. 96.『知覚の現象学　1』竹内芳郎、小木貞孝訳、みすず書房、一九六七年、一四七頁)

（＊14）「ふたたび立ち上がり、頭を持ち上げ」の原語は、se relève, relève la tête である。relever は、デリダがヘーゲルの aufheben「止揚する」のフランス語訳として提案した言葉であるが、ここでも木の物体としてのテーブルがみずからを止揚し、商品もしくは交換価値へと変身するという過程を示唆していると思われる。少し後の三二〇頁 (SM, p. 246) で、この語は明らかに Aufhebung の訳語として用いられている。

（＊15）この部分では、〈木の頭が木質 (ligneuse) ではない構成を持った創造物の系譜 (lignée) を産み出す〉というふうに、「木質」と「系譜」を意味するフランス語の形態上の符合が強調され、数行後にギリシャ語で「木」を意味する「形相」hylè を登場させる伏線を構成している。

（＊16）mekhanè. ギリシャの演劇において、神や怪物を吊して出現させるために用いられたクレーン状の装置。deus ex machina「機械じかけの神」はここに由来する。

　なお、次の段落の末尾に「社会的紐帯」について語られ、さらに次の段落に socius という語が見られる。この語は、「個体の行動および精神的生における社会的構成要素」を意味するとされるので、「社会要素」とした。ただしその語は、既成の社会に見いだされる要素という意味ではなく、むしろそれぞれの個体にあって社会的なものの構成へとむけて働く要素を意味する。

（＊17）『ヘーゲル全集　２a　自然哲学　上巻』加藤尚武訳、岩波書店、一九九八年、五六頁、および『哲学の余白　上』九九頁を参照。

（＊18）「商品が**互いに**取り交わす**交易**」le *commerce* des marchandises *entre elles*. commerce は社会的な「交わり」一般も意味するが、その語源 merx「商品」からして、一種経済的な使用域に属す語である。原文のイタリック体は、商品がみずから市場におもむくことができないにもかかわらず、商品はあたかも〈みずから交易をいとなむ〉かのように生産者を幽霊化することを示唆している。

（＊19）「**住む**と**憑在する**とのあいだの差異」。「憑在する」と訳した hanter の語源にはいくつもの説があるが、ここでデリダは Littré 辞典の語源を念頭に置いているように思われる。Littré は、古スカンジナビア語の heimta（わが家を意味する heim から派生）を上げる一方で、最も確実な語源はラテン語の habitare であろうとしている。この説にしたがえば、「住む」habiter と「憑在する」hanter は同じ語源を持つことになる。

（＊20）「使用の外部」。原語である hors d'usage は、通常、「使用不能」、「役に立たない」、「使われなくなった」を意味する。

（＊21）マリトルネス。『ドン・キホーテ』に登場する宿屋の女中。ドン・キホーテが自分が想うドゥルシネーアと勘違いし、騒動を引き起こす。

（＊22）「慎重さ」。二段落前に、デリダは「『資本論』の冒頭に悪魔祓いがあるのだろうか」と問うている。その問いに肯定的に答えるための要素がここまで相当数でてきているが、まだ断定を差し控える慎重さを指している。

（＊23）「コーラ」khôra は、プラトンの『ティマイオス』に登場し、造物主が叡知的世界をモデルにして感性的世界を作るために用いる形なき物質である。すべてを受け入れる場なき場であるコーラは、デリダにおいて、この箇所のように、絶対的歓待との関連において語られることがある。*Khôra*, Galilée, 1993（『コーラ』守中高明訳、未來社、二〇〇四年）参照。

（＊24）「憑在のこの偉大な問題系がなす星座はわれわれのものである」。われわれはその星座を単に分析したり研究したりするだけでなく、それはわれわれに憑在してもいるということが示唆されている。

（＊25）「過ちは、その定義からして反復され、相続される」。本書六〇頁以下（SM, p. 46-）参照。

（＊26）「会話する」、「話し合う」。それぞれの原語は、faire la conversation および s'entretenir である。通常、両者のあいだに大きな意味の相違は意識されない。conversation の語源 conversari は、現代のフランス語では本書で「頻交する」と訳した fréquenter に相当する。また、「会話する」という動詞形は、一時、「ともに生きる」という意味も持っていた。相手が生者ではない限りにおいて「ともに生きる」ことはできないということから、faire la conversation ではなく s'entretenir であるとの記述がおこなわれていると思われる。なお、entretien は、「維持」、「メインテナンス」も意味する。maintenant からはじまる冒頭の一文が喚起される仕組みになっている。

訳者解説

本書は、Jacques Derrida, *Spectres de Marx. L'État de la dette, le travail du deuil et la nouvelle Internationale*, Paris, Galilée, 1993 の全訳である。

「……『マルクスの亡霊たち』が悲しい本だというのだけは違うと、はばかりなく主張しておこう。これもまた私が放棄するつもりのない**深刻**さがそこに読まれるにもかかわらず、その本は私にとって**陽気で滑稽な**本なのである」。(『マルクスの息子たち』、強調は引用者)

マルクス主義と脱構築との「出会い」

このようにデリダが評する『マルクスの亡霊たち』は、長らく刊行が待たれていた著作であった。ずいぶん前から、デリダはマルクスについて応答することを求められていたのである。一九七一年に刊行された対談集『ポジシオン』において、彼は、より正統なマルクス主義者であると自任し、マルクスもしくはマルクス主義の遺産相続人としてはよりふさわしいと自任するJ－L・ウドビーヌに、脱構築とマルクスとの「出会い」について語るよう詰め寄られている。そのやりとりは、「知識人」と言えば当然のごとく「左翼」を意味していた時代を彷彿させるものである。若干の誇張をまじえて表現するならば、ある人物が「誰」であり、「何」を言わんとしているのかが——正体《アイデンティティ》が——明らかになるのは、その人物がマルクスやマルクス主義に対して自分をどのように位置づけるかという作業を待ってからのことであり、しかも定められた用語、定められた正統性《オーソドクシー》のなかでそれをおこなってからのことであった。彼は、ロゴス中心主義の脱構築が「唯物論的テクスト」と「出会う」のが「必然」だと考える。あるいは、その必然性を信じるために問う。「この出会いの必然性を強調する点でわれわれに同意されますか」。そして、デリダの回答を待つまでもないかのように、間髪を入れず、やや糾問へとトーンを転調させながら、「唯物論的テクスト」に対する忠誠の確認を引き出そうとする。「それで、今までこの必然性があなたの仕事のなかでは、あるいは周縁的な仕方でしか（……）、あるいは欠落としてしか（……）しるされてこなかった理由を説明してもらえますか」と。

「唯物論的テクスト」は、「弁証法的唯物論のテクスト」同様、今日あまり耳にすることのない表現である。さしあたり、「マルクス主義的テクスト」と同義と考えてよいだろう。この「唯物論的テクスト」に関する問いに対して、デリダはどのように答えているのだろうか。彼は、「出会い」が「絶対に必要」（もしくは「絶対に必然的」）であることを認める。そして、唯物論的テクストに対する言及が少ないのは、それを彼の仕事と連接するための条件が厳密には解明されていないからだと説明する。「出会い」をめぐる論考をまだ著していないのは、マルクスのテクストをまじめに受け取っているからであり、その困難さ、その異質性もしくは内的な不均質性、その歴史的重要性を考慮してこそなのだと。性急にその出会いを語っても何の利益にもならない。理論的、政治的に何の利益もなく、独断論、混同、日和見主義をもたらすだけである、と。そのやりとりのなかで、先の「連接」のかわりに、「両者のあいだの「**節合**」(ajointement) は即座には与えられない」という語彙がすでに用いられている点が興味深い。『マルクスの亡霊たち』において、「節合」の欠如は「マルクスの思想」もしくは「唯物論的テクスト」とデリダのあいだの連続性を妨げているだけではない。デリダがブランショを引用しつつ展開しているように、その欠如はむしろ、マルクス自身のなかにおいて強調されている。「マルクスの思想」なるものの単一性は存在しない。それは一つに集約されることはなく、**一つならず** (plus d'un) という形象のもとでしか語ることはできない。一つに集約する節合が欠如しているとの思想、すなわち「脱節」(disjonction) の思想は、本書を貫く強力な主張の一つとなっている。

『ポジシオン』において、マルクスに対する見解を表明するデリダの言葉から、何本もの糸が『マルクスの亡霊たち』に向かって伸びている。マルクス、エンゲルス、レーニンのテクストは完璧に練り上げられたものではなく、「応用」を待つばかりのテクストではない。したがっておこなうべきは、単に解釈学的もしくは注解学的な読解ではなく、変形的な読解なのだ、というのもその一本であり、本書の「行為遂行的解釈」(一二三頁) へとつながっている。そのような主張に対しても、対談の相手は単数定冠詞付きの「唯物論的テクスト」(もしくは「弁証法的唯物論のテクスト」、「マルクス主義的テクスト」) という語彙を放棄せず、それと脱構築との関係を説明するよう要求し続ける。その相手に対して、デリダは「唯物論的テクスト」が脱構築の対象となるべきだとは明言せず、自分にはまだそのテクストの「読解プロトコル」が、すなわち読解手順がわかっていないのだと、控えめに答えるにとどめている。

宿題としてのマルクス論

ウドビーヌとのやりとりを今日読みなおすと、そこに奇異な、何やら職務尋問や異端審問さえも思わせる雰囲気が漂っているのに今さらながら驚く。そもそもウドビーヌの問いに何が賭けられていたのだろうか。J-P・サルトルが、「マルクス主義は現代の乗り越え不可能な地平である」と断言したのは、一九六〇年のことであった。おおかた忘却されてしまった論壇史的な状況をあえて喚起するならば、その後まもなく、「実存主義」対「構造主義」、「マルクス主義」対「構造主義」という対決が随所で起こることになる。そこに台頭してくるのが、雑誌『テルケル』を中心に集まった人々であった。Ph・ソレルスが主催するその雑誌には、彼の妻となったJ・クリステヴァはもちろん、G・ジュネットやR・バルトも積極的に参加しており、L・アルチュセール、M・フーコーなども寄稿している。J・ラカンもその理論的探究に関心を寄せていた。その探究を一言で要約するならば、マルクス主義と構造主義を融合して人文科学における前衛知識人の前線を形成し、文学の領野を革命的戦略が実践されるべき場へと変えてゆくということになるだろう。

デリダは、一九六六年頃からその『テルケル』と近い関係にあった。『エクリチュールと差異』(一九六七年)、『散種』(一九七二年)は、スイユ社のテルケル叢書として刊行されている。しかし『テルケル』は、一九六〇年代後半にフランス共産党に近づいた後、次第に毛沢東主義へと傾斜してゆき、デリダは一九七二年に、教条主義的になりすぎたその雑誌と袂を分かっている。『ポジシオン』の対談はその前年におこなわれたことになるが、そこに読まれるトーンには、『テルケル』

流革命理論とは距離を置きはじめながらも、まだ断絶にはいたっていないという微妙さが刻印されていると考えてよいだろう。

さて、ウドビーヌの問いに何が賭けられていたのかだが、〈未来を志向する思想としてのマルクス主義の優位およびその無謬性〉こそがその賭金だったという答えはさほど的外れではないはずである。サルトルの「乗り越え不可能な地平」発言は、明らかにマルクス主義に特権的な位置づけを与えている。そして、構造主義の挑戦によってサルトルの知的権威にかげりが見えても、しばらくのあいだ、マルクス主義の優位と無謬性について本格的な見直しがおこなわれることはなかった。ウドビーヌが知ろうとしたのは、結局のところ、マルクスやマルクス主義もまた、脱構築の対象となりうるのかということであった。マルクス主義が対象化され、脱構築のメスによってそこから形而上学的要素がえぐり出されることは、一種の「乗り越え」を意味する。その場合、世界を分析し、変革し、人々を正しい方向に教導する思想の絶対性は大きな傷を受けることになる。それを予感してか、ウドビーヌの職務尋問には、やや気弱な面もうかがわれるように思われる。彼は言う。唯物論は観念論によって長いあいだ抑圧されてきた。ロゴス中心主義的な観念論に対立する唯物論は、ロゴス中心主義ではない。それは、抑圧されてきたものを復権する作業を展開している脱構築と同じ側に立っている。唯物論を脱構築の対象にする必要などないのではないか、というわけである。

フランスにおいて前衛思想が隆盛を誇ったのは、とりわけ一九六八年の五月革命前夜から一九七〇年代前半までであった。一九七四年になってもなお、四月から五月にかけて、毛沢東主義の雑誌と化した『テルケル』の主催者たち（Ph・ソレルス、J・クリステヴァ、M・プレネ）と雑誌に近い知識人（R・バルト、F・ヴァール）は、文化大革命さなかの中国を訪れている。しかし、同年六月にはソルジェニーツィンの『収容所列島』が仏語訳で刊行され、社会主義体制の暗黒面が広く語りだされる。アメリカに対する批判に勢いを与えていたベトナム戦争は一九七五年に終わり、舞台はボート・ピープルの発生、文化大革命に対する幻滅、クメール・ルージュによる大量虐殺、ベトナムによるカンボジア侵攻、一九七九年の中越戦争へと移行する。そこにあったのはもはや、圧倒的な資本主義、帝国主義勢力の侵略に抵抗する共産主義ではなく、共産主義内部での深刻な抗争や問題であった。また、一〇年間続くことになるソ連のアフガン侵攻がはじまるのも一九七九年である。そして一九八九年にはベルリンの壁崩壊。さらに、一九九一年末にはソビエト連邦が解体し、社会主義の冒険の巨大な一章が終焉を迎えることになるのである。

デリダはその間、何回か社会主義国を訪問している。一九八一年末に反体制派支持のために訪れたプラハで、現地警察による工作の犠牲となって麻薬密輸のかどで逮捕され、数日間拘留された事件は広く報道されている。さらに、一九九〇年二月という微妙な時期にモスクワを訪問し、現地の研究者たちと交流していることも喚起すべきであろう。

『マルクスの亡霊たち』という、古くからの宿題に答える著作が刊行されたのは、以上の出来事がすべて起こってからのことであった。「宿題」は、もちろん訳者が勝手に用いた言葉であるが、デリダ自身もまた「宿題」という意識を持っていたのではないだろうか。本書第Ⅲ章の原注（6）には、一九七〇年代のはじめから、脱構築とマルクス主義との関係は数多くの研究を呼び起こしてきたという記述があり、関連の著作やその問題に取り組んだ人々の名前が列挙されている。そのしぐさは、本書が彼らの問いかけにも動機づけられており、彼らに対する答えであるという示唆だと思われる。とりわけ、一九七〇年に刊行されたJ－M・ブノワの『マルクスは死んだ』に対する指摘は興味深い。『マルクスの亡霊たち』は、そのタイトルに対する一つの回答として読むことができるというのである。つまり、「マルクスは死んだ」とは何を意味するのかをめぐる考察として。

マルクスとの釈明的対決

ウドビーヌとのやりとりから二〇年以上が経過し、マルクスとマルクス主義をめぐる状況がまったく変わってしまった一九九三年。四月二二日から二四日にかけて、カリフォルニア大学リヴァーサイド校で「マルクス主義はどこへ行くのか？」というコロキアムが開催された。デリダは、「長い躊躇のすえに、しかも自分の能力の明らかな限界を熟知していたにもかかわらず」（一二三頁）、その基調講演を引き受ける。その講演に注やいくつかの増補をくわえられて刊行されたのが本書であった。

翌年、本書の米語訳が刊行されている。

Jacques Derrida, *Specters of Marx*, tr. by Peggy Kamuf, Introduction by Bernd Magnus & Stephen Cullenberg, New York, London, Routledge, 1994.

さらにコロキアムの記録も、以下のような形で刊行されている。

Bernd Magnus & Stephen Cullenberg (ed.), *Whither Marxism?*, New York, London, Routledge, 1995.

また、M・スプリンカーの編集による、『マルクスの亡霊たち』をテーマにした論集が一九九九年に刊行されている。

Michael Sprinker (ed.), *Ghostly Demarcations. A Symposium on Jacques Derrida's "Specters of Marx"*, London, New

York, Verso, 1999.

これには、A・ネグリ、P・マシュレ、F・ジェイムソン、T・イーグルトン、A・アフマド、W・ハーマッハーなどの文章が収められ、それぞれの読解や批評を展開している。最後にはデリダが、参加者たちの論評に回答しつつ、コメントをくわえるという形になっている。

デリダによる回答 "*Marx & Sons*" は、同名の単行本として二〇〇二年にフランス語で刊行された。

Jacques Derrida, *Marx & Sons*, Paris, PUF / Galilée, 2002.（『マルクスと息子たち』國分功一郎訳、岩波書店、二〇〇四年）

なお、一九九七年にパリ郊外ナンテール市において、デリダ、シェークスピア、マルクス、B・シャルトルーらのテクストに想をえた芝居、*Karl Marx Théâtre inédit* が上演された。訳者は残念ながら未見であるが、『カール・マルクス、未刊の芝居』とでも訳せそうなタイトルである。その機会にデリダは対談をおこない、『マルクスの亡霊たち』について語っている。その対談を含むいくつかの発言が以下の単行本に収録されている。

Jacques Derrida, Marc Guillaume, Jean-Pierre Vincent, *Marx en jeu*, Paris, Descartes & Cie, 1997.

さらに、「生きることを学ぶ＝教える、終に」という、本書「導入」の冒頭に読まれる謎めいた文について説明をしているので、生前最後のものとなった以下の対談をあげておいてもよいだろう。

Jacques Derrida, *Apprendre à vivre enfin. Entretien avec Jean Birnbaum*, Paris, Galilée, 2005.（『生きることを学ぶ、終に』鵜飼哲訳、みすず書房、二〇〇五年）

「デリダとマルクス主義とのあいだの長らく待たれた直接の出会い」。これは、*Ghostly Demarcations*

を編集したM・スプリンカーの言葉であるが、その彼もウドビーヌ同様、「出会い」(encounter)という語を使っている。その「出会い」は、一九二三年に起こったドイツ共産党最後の武装蜂起の敗北以来、マルクス主義の将来が最も陰鬱に思われる時点におこなわれた、と彼は言う。そのような状況において、世界的知名度を誇るにいたった哲学者に期待されていたのは、断末魔ひいては死の確認ではなく、むしろマルクス思想が持つ可能性の確認と再生の保証だと考える方が当たっているだろう。そしてデリダも、マルクスの死を繰り返し叫ぶ側のおびえ、ときには生者よりも強力な死者の話を展開することによってその期待に応えているようにも見える。しかし、スプリンカーが記す「序文」には、ある「失望」が語られている。『マルクスの亡霊たち』という「出会い」によってデリダとマルクス主義との関係を解明できると期待する向きには、その書物はきっと失望をもたらすだろうというのである。

L・アルチュセール、W・ベンヤミン、B・ブレヒトについて書き、『ニュー・レフト・レヴュー』誌に関わったスプリンカーが失望しても、読者一般が失望する理由にはならないだろう。たしかに『マルクスの亡霊たち』は、マルクス主義の知的風土に身を置いた人々からの問いかけに対する一定の回答でもある。しかしその位置づけは、数あるコンテクストのなかの一つに従って読んだ場合の位置づけにすぎない。デリダは、脱構築が、一方では一九五〇年代からすでに聞かれていた「終焉の言説」、他方では社会主義もしくは共産主義社会と呼ばれる社会における破綻——「最低限の指標に話を限るならば、モスクワ裁判からハンガリーにおける弾圧まで」——をエレメントとして展開されたと言う(四七頁)。脱構築は、マルクス主義の知的風土に根ざしすぎた人々とは一定の距離を置いて展開されていたということである。「マルクス主義の或る精神に忠実であり続けた」

（一七〇頁）脱構築は、けっして非マルクス主義でなかったのと同様、けっしてマルクス主義であったことはなかったという証言も、同様の事情を指示していると思われる。

本書をもとにして作られた芝居に関連して発言を求められ、デリダは本書が「マルクスへの回帰」であるというのだけは違っていると述べている。マルクスやマルクス主義の或る「精神」の遺産を再肯定することは、何らかの「マルクス主義」を復興することではけっしてないし、失われた体制や社会などを救ったり復権したりすることではけっしてないというわけである。むしろ彼が望むのは、マルクス主義的伝統をわがものにしたありとあらゆる教条主義に批判的であり続けることである、と。したがってこの書物は、マルクス主義者にとりわけ宛てられたものではなかった。むしろ、デリダはやや意地悪く、『マルクスの亡霊たち』に喜ばないのは、とりわけマルクス主義者を自任し、さらにはマルクスやマルクス主義の所有者づらをした人々であろうとさえ述べている。したがって、スプリンカーが覚えた失望は、ある程度は計算されたものであったと言えるかもしれない。

仮にそうだとするならば、『マルクスの亡霊たち』の宛先《アドレス》は誰なのだろうか。マルクス主義が一九二三年以来もっとも陰鬱な時代を経験しているとするならば、時はもはや跡目争いにはない。マルクス主義が否認され、その名が抹消されようとも、デリダにとってこの世界は抹消不可能なまでにマルクス主義によって刻印されている。その事実を証言し、その証言を共有することによってマルクスを相続する人々の範囲を限りなく開いてゆかなければならない。世界メディアを動員して「歴史の終わり」を説く言説に異議をとなえ、それに抗してわずかでも未来への開口を保持しようとするならば、ただマルクスの教義、共産党、労働組合などに集うマルクス主義者への呼びかけだけでは不十分である。その意味でも、『マルクスの亡霊たち』は、政党の宣言《マニフェスト》という形をとらず、政党組織を顕現《マニフェスト》させようとはしない。その代わりに、まだ匿名性のなかにある「新しいインターナショナル」を呼び求めるのである。

この「新しいインターナショナル」については、「メシアニズムなきメシア的なもの」同様、あまりにも漠然としているとして少なからぬ批判が寄せられた。第一次から第四次までの「インターナショナル」、もしくは多かれ少なかれマルクス主義に想を得たその他の「インターナショナル」組織、その歴史は葛藤に満ち、「新しいインターナショナル」の名を耳にするや否や、誰が、あるいはどの党派が主導権を握るのかと気色ばむ状況がある。デリダは、本書以降に公にされた著作やインタヴューにおいて、いわゆるオルタナティヴ・グローバリゼーションにその雛形を見ていることを明らかにしている。「新しいインターナショナル」は、完全に武装した状態で彼の頭から出てくるものではない。共闘組織も、共通の党派や祖国、国民的共通性もなく、まだ混乱した、規定不可能な状態にあるのはたしかである。しかしデリダは、「もう一つの世界は可能だ」というスローガンを掲げ、従来の労働組合から一般市民、そして第三世界のフェミニストや農民までもがゆるやかな連携を形成し、明日を考え、明日のために行動しようとするその運動に期待を寄せるのである。かりに『マルクスの亡霊たち』の宛先があるのならば、その運動の担い手こそがそれに当たると言えるだろう。

デリダの立場決定

本書は、ともにフランスでは翌年刊行された『法の力』および『友愛のポリティックス』とともに、デリダの「政治的転回」を印象づけた一冊であった。彼の哲学にそのような「転回」があったと認めるべきかどうかはここでは問わないが、本書に次のような激しい言葉が読まれるのはたしかである。「即座にあらゆる手段に訴えて、新しい理論主義の中和的麻酔作用を回避すべきであり、さらには、マルクスへの哲学的‐文献学的回帰が優勢となるのを妨げるべきであると要請する(……)」(八二頁)。または、「文書集体《コーパス》から神経を抜き取り、そこに読み取れる反乱を沈黙させる」(八〇頁)ことをしてはならない。

　マルクスを政治的に読解するだけではなく、反乱を沈黙させてはならない。第一次湾岸戦争の際の、やや窮屈そうな沈黙とは対照的に、デリダは沈黙を破るばかりでなく叫ぶ必要さえ訴えている。F・フクヤマのような者たちが、実は資本の支配下にあるリベラルな民主主義の到来を人類史の理想であったかのように喧伝するとき、文字通り叫ばなければならないというのである。「この地球史と人類史において、暴力、不平等、排除、飢餓、そして経済的抑圧が、かつてこれほど多くの人間を苦しませたことはない、……それぞれが特異なものである夥しい数の苦しみ、……いかなる進歩があろうとも、絶対数で見たとき、かつて地球上でこれほど多くの男女と子どもが奴隷化され、飢え、絶滅させられたことはなかった」(一八六頁)。そして彼は、世界の十の傷口として、失業と新しい貧困、ホームレスの増大、経済戦争、自由市場の矛盾、対外債務、兵器産業および兵器貿易、核拡散、(共同体、国民国家、主権、国境、土地、血に関する)アルカイックな諸概念、マフィアと麻薬カルテル、国際法の限界などを列挙するのである。

　デリダの悲痛な叫びは、その後、グローバル化に対する明確な批判となってゆく。金融市場の爆発で、伝統的な意味での生産や貿易の取引額よりも金融による金の流れの方が極端に肥大したそのシステム。遠隔技術的な投機が秒単位で世界の金融市場を動かし、おびただしい数の人々の条件を瞬時にして激変させることができるシステム。デリダはそこに、あまりにも冷酷な「経済的現実主義」、資本蓄積のなりふりかまわぬ「濫用」、有無を言わせぬ市場化を見る。そして、遠隔技術を駆使した金融操作よりも労働へと高い評価を与え、グローバル化の荒波に対して国家が一定の役割を演ずるべきだとの期待さえ述べるのである。

　デリダの態度は脱構築の哲学者のものとしては意外だとの反応、ひいては脱構築の思想に対する裏切りだとの反応がありうるかもしれない。歴史において、もしくは歴史以前にさえも幽霊的な遠隔技術がつねに介在していたことを強調し、その分析を奨励する人物が、なぜ遠隔技術を最大限に活用した経済形態を批判できるのか。また、国家共同体を含むいかなる共同体に対しても拒絶反応を示す哲学者が、なぜ国家に対する期待を表明できるのか、というわけである。

　たしかに、一筋縄ではゆかぬ問題には違いない。デリダの代弁役を演じるのは避けながらも、たたき台として次のような仮説を示すことはできるだろう。まずグローバル化は、本書でも問題となっている「錯時性《アナクロニー》」を最も暴力的な形で否定するプロセスである。世界を〈構成することなく構成する〉特異性、すなわち節合なしに、不揃いのままで保持されている諸々の特異性は、一つの状況節合《コンジョンクチュール》のなかに、一つの共時性《サンクロニー》のなかに包摂されてはいない。いかなる同時性も存在しないその場に対して、グローバル化は同時性を強要し、強制的な均質化を推し進めようとする。デリダは別のところでその作用に「均質ヘゲモニー」(homohégémonie)という名を与えている。均質性に塗り込められてしまう錯時性は、デリダが「他者との関係としての正義」(七二頁)、すなわち法や権利や道徳の彼方にある正義の前提と呼ぶものにほかならない。デリダが本書で訴えようとしている大義のいわば根幹がグローバル化によって脅かされるわけである。最も脱物質化し亡霊化の進んだ経済とグローバル化は、そのために告発されるということになるだろう。

さらに付け加えるならば、デリダが「破壊不可能なもの」、「脱構築不可能なもの」として呈示する正義、脱構築がその厳命に従うとされている正義は、分配的な、計算に基づいた正義とはたしかに異なるものとして位置づけられている（六二頁）。とはいえ、前者は後者を無視したり否定したりすることを命じるわけではない。また遠隔技術は、つねに考慮に入れるべきもの、分析すべきものとして語られているが、それがつねに望ましい作用をもたらすものだという評価は見られない。むしろ、ことあるごとにその両義性が指摘されているのである。遠隔技術とそれが産み出す幽霊は、res publica の、公共空間の、政治的なものの条件であると同時に、それを深く変質させ、危機に陥れ、全体主義へと向かわせる危険性さえ持ったものであることが本書でも言われている（一七五頁）。その意味でも、彼の立場決定が彼の哲学的主張と矛盾するとは言えないだろう。

デリダは、政治的な右／左の対立も脱構築の対象にしてはいない。日本ではいつしか右と左が「保守」と「革新」に取って代わられ、その婉曲語法さえ用いられなくなってしまった。一九九八年にドイツの新聞のインタビューを受けたデリダは、政治における左右の対立について、「その対立がかつてないほど必要であり、実効的だと信じている」と答える。そして自分は左翼に属していると望んでいる」とし、その左翼を正義と未来への欲望によって定義するのである。左翼とは、左右の対立がかつてほど明確ではないなかで、複雑化の論理を分析し、実効ある仕方でそれを変えようとする側、政治的なもの自体の構造を、言説を変えようとする側だという。そして、デリダが依拠する最小限の公理とは、「未来を肯定する欲望、可能である最大の正義の方向へと変えようとする欲望」だというのである。もちろん、これで指針として十分だというわけではなく、脱構築を貫く無条件の肯定へと行動を合わせているというデリダの身ぶりを、一つ一つ確認してゆかなければならないだろう。

今——後見人としての現在

本書を読む際には、つねにエピグラムに掲げた言葉を思い出すことが必要となるだろう。その言葉が読まれるのは『マルクスと息子たち』においてであるが、たしかに『マルクスの亡霊たち』をめぐる論文を集めた *Ghostly Demarcations* には、デリダの文学性やレトリックに対する批判こそあれ、その形式によって何が意図されているのかという問いすら立てられていない。とはいえ、一編の芝居を分析するようにその側面を論じるのは、「解説」の手に余る作業である。ここでは最後に、これもやはり『マルクスと息子たち』のなかに記されている、「赤い糸の一本」に立ち止まることにしたい。デリダは、マルクスにおける「哲学的なもの」の問題こそが本書における赤い糸の一本だったと言うのである。

たしかに本書には、奇妙な一本の線が走っているように思われる。これ見よがしに顕示されていると同時に必ずしも読み取るのが容易ではないように思われる線。それは、本書を何回か読むうちに、デリダ、マルクス、フロイト、そしてシュティルナーまでもが共謀してハイデガーに対してしかけた巨大な罠のように見えてくる。本書の目玉は、デリダによるマルクスの読解、そしてデリダの政治姿勢だとされている。もちろんそれには十分な理由があるだろう。だが本書にはいくつもの層があり、デリダが以前におこなった仕事からどのような糸が伸びてきており、また本書以降の仕事にどのような糸が伸びてゆくのかを確認する作業も無視できぬ意義を持っている。層の一つを占めているのが、ハイデガーの読解もしくは彼との釈明的対決である。少なくとも途中までマルクスと歩調を合わせつつハイデガーに向かうデリダ。その姿を追うとき、彼がマルクスの「哲学」をどのように捉えていたかも同時に見えてくるはずである。

『グラマトロジーについて』のなかで、デリダは「迂回不可能なハイデガーの省察」という表現を用いていた。『ポジシオン』でもなお、ハイデガーのテクストが持つ極度の重要性が語られており、その前進は未曾有で不可逆的なのであって、そのすべての可能性を探索したには程遠いとも述べられている。しかしハイデガーは同時に、デリダにとって、形而上学の最後にして最強の防壁でもあった。『マルクスの亡霊たち』には、その哲学者へと向かう隠し扉、もしくは彼をひそかに狙ういくつもの銃眼が穿たれているように思われる。

その扉もしくは銃眼のうち、二つだけをのぞいてみたい。第一の例は、本文に入って最初に登場する語、「今」(maintenant) である。『マルクスの亡霊たち』において、デリダは『共産党宣言』の最初の名詞は「亡霊」(Gespenst) であると指摘しているが、自身も著作の冒頭に亡霊を置くというそのしぐさを繰り返している。もちろん、「今」が「亡霊を」を意味するわけではない。しかし「今」は亡霊的な言葉なのである。それは還元不可能な形で亡霊的次元に書き込まれており、しかもその事実は西洋哲学の伝統そのものによってつねに認められ、かつ隠されてきた。西洋哲学史全般に見られる反復。ハイデガーもまた、その反復の動作を繰り返しているというわけである。

なぜ「今」は霊的次元に属するのか。その問いに関する指標を簡単に呈示する前に、『マルクスの亡霊たち』の第I章に、［ ］内に入れられて挿入された四〇頁にもわたる（四九―八九頁）補足によって、著作や論文の単一性を超えて、本書が三つのテクストのコンテクストを受け入れていることを指摘しておきたい。ブランショの「マルクスの三つの言葉」を紹介するという表向きの使命を与えられたこの部分からは、ハイデガーの『アナクシマンドロスの箴言』、デリダ自身がハイデガーのそのテクストに言及している、「差延」および「ウーシアとグランメー」(両論文とも『哲学の余白』所収)のコンテクストがなだれ込んでくるのである。とりわけ後者における、maintenant頻出は圧巻である。それは、maintenantに捧げられた論文であると言っても過言ではない。

そこでデリダは、maintenantがみずからを保持することがない(ne se maintient pas)、いかなる〈今〉も現在形ではない、〈今〉が持つ「みずからと共存することの不可能性」等々と述べている。より正確には、アリストテレスからヘーゲルを経由してハイデガーにいたるまで、異口同音にそう述べているのを紹介している。〈今〉は存在を持たない。動詞maintenirの現在分詞であり、「保持しつつ」または「把持しつつ」を意味するmaintenantは、つねに自分のなかに差異を含み、単一な存在として現前することがない。それは、用いられるつどみずからを裏切ってしまう不幸な言葉なのである。哲学史は〈今〉が存在の次元に属さないことを何らかの仕方で認める。しかしそれはすぐさま覆い隠され、〈今〉は現前と結びつけられ、時間の非時間的な核心として位置づけられるのである。

というわけで、存在も現前もなきmaintenantは、「亡霊」のごとく冒頭より読者を眼差している。本文に入る前の「導入」には、「生きることを学ぶ＝教える」の時間は「後見役としての現在＝現前する後見人なき時間」であると書かれている。二重訳した部分の原語は、本文にも付け加えたように présent tuteur である。後の方の「現前する後見人なき」という部分は、後見人がまったくいないという事態を言わんとしているのではない。後見人はいる。しかしそれは、「人」と言えるかどうか定かではない、亡霊としての後見人なのである。tuteur は tutelle から来ている。それは、本書でも随所に用いられている。regarder「眼差す」、surveiller「監視する」から来ている。時間、今という時間は、目に見えぬ後見人によってあらゆる方角から眼差され、監視されているのである。すでに生きてはいないか、まだ生に到来していない者たちから。「生きることを学ぶ＝教える」ことは他者に指導してもらうことはできず一人でおこなわなければならない。しかし、後見人がいるとするならば、それは現前する生ける者ではない。だからこそ、現に生ける者だけではなく、幽霊を相手にしなければならないという教えが出てくるわけである。

　もう一方の「後見人としての現在なき時間」とは何か。これは、今しがた要約した〈今〉の話、西洋哲学の時間論における現在の位置づけの話にほかならない。〈今〉こそが時間を考える際の起点となってきたという意味で、〈今〉は時間の後見人としての地位を占めてきた。しかしデリダは、〈今〉のアポリアを覆い隠すことはせず、〈今〉は、insimul（ensemble, 同時に、一緒に）保持する何かではなく、過去を把持し未来を予持する機能を失った、瞬間瞬間を節合する機能を失った、脱節された〈今〉であると言う。また、「時間には従順でない瞬間」という表現も用いられている。時間の後見人であったはずの〈今〉がアポリアに引き裂かれたその正体を現し、もはや時間には従順でありえないことを宣言したとき、時間の関節ははずれ、時間は錯時性《アナクロニー》におちいることになる。

憑在論の射程

さらに歩を早め、ごく簡潔に語らなければならない。本書に登場する目新しい語彙として「憑在論」があげられる。デリダは、憑在論の範疇について、「そもそも第一に、この範疇が可能にしている一切のものに、すなわち存在論、神学、肯定的あるいは否定的な存在 - 神学に、還元不可能とみなすことにする」(一一三頁)と述べている。ここで用いられているのは、「である」で終わる事実確認的発言ではない。「みなすことにする」という明らかな行為遂行的発言である。そこに、いささか断定的なトーンが伴っていることは否定できないだろう。それは、周到な議論によって位置づけられたものには程遠いのである。

したがって、憑在論はいったん掲げられたものの、大した支持も受けずに頼りなくテクストの表面を漂っているように見えるかもしれない。『マルクスの亡霊たち』以降の著作においても、さほど登場しない語なのでなおさらである。しかしその実、デリダはテクストの随所でハイデガーを狙い撃ち、憑在論を展開している。その攻撃を受けて、ハイデガーの(一)「存在の最初の言葉」は亡霊化し、(二)「物」も四方域(Geviert)をまとめるべき使命を与えられていたはずであるのに解体されてしまい、(三)「現存在」は不気味なもの(Unheimlich)の先行性を認めるよう強いられ、(四)「存在」と「時間」を手はじめとしてすべての概念を構成する際に憑在を導入しなければならないとされることになる。そしてあげくの果てに、(五)Es gibt がその座を Es spukt に追われてしまうのである。この追い落としを、デリダはときにマルクスの議論を味方にし、ときにはマルクスが批判するシュティルナーの立場に身を寄せて展開している。デリダの術策をつぶさに見ることはできないが、ごく簡単にいくつかの手がかりを示しておきたい。

本書一二〇頁に、「とりわけその不定法が〈現前すること être *présent*〉を意味すると人が暗黙に了解しているときの *être* は、単なる機知の言葉〔un mot d'esprit〕ではなく、まさに精神の言葉〔le mot de l'esprit〕である。est は、精神＝霊の最初の言語的身体である」という記述が見られる。なぜ、「機知の言葉」なのか。それは、être の現在形三人称単数 est は、たしかに「現前する」を意味する。しかし、前節であつかった「今」と不可分な関係にある est は、むしろ不在を意味する方がふさわしい。にもかかわらず、「現前する」を意味する使命を割りふるのは、まるで機知からのようではないか、という指摘を想定するからである。続いて「est は、精神＝霊の最初の言語的身体」であるが、デリダはその語句でもって、ハイデガーの『アナクシマンドロスの箴言』に読まれ、デリダ自身も「差延」のなかで論じている「存在の最初の語すなわち to khreôn」へと合図している。二通りある日本語訳の一方では「収用」と訳されている to khreôn は、フランス語では maintien と翻訳されている。すなわち、「保持」ないし「把持」である。しかし maintien は、現前することがなく、つねに自分に対して他者である maintenant にきわめて近い語でもある。フランス語で発言するハイデガーという突飛な場面を想像した場合、「存在の最初の語すなわち le maintien」と言うたびにハイデガーは存在を精神＝霊に、もしくは亡霊に変えてしまうことになる。

本書において「物」は最初から三つに分けられ、しかも this Thing として亡霊を指す語として用いられている。またデリダは、『資本論』であつかわれている商品の物神的性格、すなわち一種の亡霊的性格分析をマルクスにつきそって論じている。そして商品になる以前から、物には物神的性格、すなわち亡霊的性格が具わっているとしている。これはハイデガーにおける「物」とは大きな違いである。ハイデガーにおいて、物は天、地、神的なもの、死すべき者からなる四方域（Geviert）を集め、いわば節合するものとして位置づけられているからである。

デリダは、マルクスばかりでなくフロイトも味方にしている。訳者が見た限り、「現存在」(Dasein)

がハイデガーの用語として用いられたのは二回しかないが、いずれも次の文脈においてである。「亡霊の現存在（Dasein）は存在しないが、逆に、何らかの亡霊の、あの不安をもよおさせる不気味さ、あの奇妙な親近感（Unheimlichkeit）なしには現存在はありえない。」（二一七頁）。これによって現存在に対する憑在の先行性が語られるわけだが、その先行性は概念一般にまで広がることになる。「〈憑在する〉は〈現前する〉を意味するのではなく、一概念の構築のなかにさえ憑在を導入しなければならない。存在と時間の概念を手始めに、一切の概念の構築のなかに。これこそが、われわれがここで憑在論と呼ぼうとしているものである。それに対して、存在論は厄祓いの動きでもって対立するしかない。存在論は、厄祓いなのである。」（本書三三一頁）。「存在と時間」の前に憑在論が来なければならない。それでもなお「存在と時間」が自分の先行性を確保しようとした場合、存在論の外部にあるものは見ないようにする以外に手段はないというわけである。

他方で、マルクスがシュティルナーを攻撃し、シュティルナーにとっては「世界中に幽霊が出る（Ja, es spukt in den ganzen Welt）」ばかりでなく、「いや、世界そのものが亡霊なのだ（Nein, sie selber spukt）」（二八四頁）と揶揄するとき、デリダはマルクスが狩ろうとしているシュティルナーの側に立っている。すでに亡霊的な不気味さが現存在に先行し、存在と時間の概念を構成するためにも憑在論を導入しなければならない。ここにいたっては、世界は存在するのでも現成するのでもなく亡霊と化してしまうのである。これらを積み上げてデリダは、きわめて真面目に、かつ陽気で滑稽なしぐさで、es gibt、すなわち「存在する」が占めていたはずの場所に es spukt「憑在する」を据えるという力業をやってのけるのである。

この読解の道のり自体、不確かかつ亡霊的であることは認めなければならない。だがデリダは、この道をマルクスとともに歩んだように思われる。とりわけ『ドイツ・イデオロギー』でシュティルナーを攻撃し、『資本論』で商品の物神性を論じるマルクスとともに。もっとも、ときにはシュティルナー側へと寝返ってもいる。なぜなら、マルクスもまた、自分が亡霊に魅せられているにもかかわらず、厄祓いをし、たとえば狭義の交換価値以前に交換価値が物に憑在していることを看破しながら、存在論の誘惑に屈してそれを伏せてしまうからである。それでもなお、デリダがついてゆくマルクスの哲学は、いわゆる「弁証法的唯物論」の枠に収まるものではなくなってしまうのである。

ところで、es spukt の次元、憑在論の次元は、後の著作ではどうなるのだろうか。デリダは、フロイトが不気味なもの、死の衝動、反復強迫、快楽原則の彼岸を es spukt からはじめるべきではなかったかと自問していたことを紹介している。マルクスもフロイトもハイデガーもはじめることができなかったこの憑在の場所とは、「そのものとしての生以前、そのものとしての死以前」(三五八頁)だとされている。それは喪もしくは「余 - 生」の次元にほかならない。憑在論は、たとえば『アポリア』に登場する――ハイデガーもフロイトもレヴィナスもそのものとして考えなかったという――「根源的喪」へと開かれていると考えて差し支えはないだろう。

いたるところに亡霊がうごめき、「言語《ラング》の一つ一つの単語を熟考しなければならない」(二四三頁)と厳命するような本をどのように訳すべきなのか。いかにして翻訳することを学ぶべきなのか。亡霊たちの翻訳を？　彼らに魅せられ、苦しみながら？　それを考えながら作業を進めようとした訳者は、「錯時性」のなかにおちいってしまった。作業の過程で、翻訳の時間とこの世の時間は、完全に「脱節」してしまった。あまりにも多くの時間をかけてしまったこの翻訳が、その時間ゆえに価値が高いと主張するつもりはない。本書の翻訳作業、そしてそれに先立つ読解作業は、亡霊を追い求め、その正体を明かし、それによって亡霊を追い払うことについやされた。その結果──世界の状況はデリダが告発するものから大きな改善を見せていないとはいえ──時ならぬタイミングで本書を刊行することになってしまった。デリダが言う、時ならぬ行為が時おり恵まれる幸運に、本書もあずかれることを願わざるをえない。

なお、亡霊は飼い慣らされ数を減らすどころか、そのつど増殖し、さらなる乱舞を展開していった。その結果、亡霊を追うのに気を取られるあまり、誰の目にも映る、目の前に転がる巨大な石につまずきそうになった。いや、実際につまずいていながらそれに気づいてさえいないところが何箇所もあるはずである。亡霊たちもまた、姿を見ることはおろか、気配すら感じられなかったものが、まだ数多くこの翻訳を眼差していることだろう。もっと鋭い霊感を持った読者かつ訳者であったならば、さらに多くの亡霊たちに出会えたに違いない。デリダは、翻訳のパラドクスとして、素晴らしい翻訳は原文に到達することをかえって困難にすると述べている(五五頁)。たしかに鋭い指摘ではあるが、しばしば見られるのはやはり逆の事態であろう。この翻訳が、亡霊たちへの道をふさいだり、亡霊たちが語ることを歪めて彼らとの話し合いの妨げとなったりするのだけは避けたいものである。

断続的にではあるが、何学期かにわたって、東京大学大学院総合文化研究科の授業において本書を取り上げた。その際に参加した大学院生のなかにはすでに気鋭の研究者になっている方も少なくない。いちいちお名前はあげないが、その時の熱意と議論の数々に対して、この場を借りて感謝の意をあらわしたい。

また、この世の時間と「脱節」してしまった訳者にとって、校正作業に与えられた時間はあまりにもわずかであった。それ自体としては十分に理解できる出版上の厳命に従うため、その校正作業にあたっては藤岡俊博氏に助けていただくことになった。校正の範囲をはるかに超える数々の指摘のおかげで、最終段階の訳稿が大きく改善されたことを記しておきたい。もちろん、残っている問題点の責任はすべて訳者にある。

本書を最初に担当してくださったのは清藤洋氏であった。多くの励ましをいただいたにもかかわらず、氏の在職中に仕事を終わらせることができなかったことを大変申し訳なく思っている。担当を引き継がれた西泰志氏は、遅々としてはかどらぬ仕事に辛抱強く付き合い、幾多の貴重な助言もくださった。その驚異的な忍耐と熱意は感動的でさえあった。敬意を表し、深くお礼を申し上げたい。

二〇〇七年九月九日

増田一夫

ヤ　行

ラ　行

タ　行

ナ　行

ハ　行

マ　行

人名索引

＊本文と原注（但し訳者による補足は除く）に登場する人名を対象とした。

ア　行

カ　行

サ　行

著者紹介

ジャック・デリダ（Jacques Derrida）

1930年7月15日，フランス統治下アルジェリアのエル・ビアール生まれ。2004年10月9日，パリにて逝去。フランスの哲学者。1964年，エコール・ノルマル・シュペリウールの教員に就任。1984年，社会科学高等研究院教授。国際哲学コレージュの初代校長も務めた。フッサール『幾何学の起源』の仏訳に付けた長大な序文で現象学者としてまず注目されたが，その後は西洋哲学のロゴス中心主義を相手にし，その脱構築を目指す思想家という像が定着する。差延，散種，グラマトロジーなどの概念を駆使した独特の語り口で緻密な読解をおこない，しばしばポスト構造主義の旗手と位置づけられる。晩年は，グローバル化批判や2001年のアメリカ同時多発テロ，イラク戦争に対する積極的な発言，動物をめぐる考察などでも注目された。邦訳書に，『エクリチュールと差異』，『哲学の余白』，『法の力』，『ユリシーズ　グラモフォン』，『有限責任会社』（以上，法政大学出版局），『声と現象』（理想社），『グラマトロジーについて』（現代思潮新社），『ポジシオン』，『触覚，ジャン＝リュック・ナンシーに触れる』（青土社），『他の岬』，『友愛のポリティックス』（みすず書房），『アポリア』（人文書院），『たった一つの，私のものではない言葉』，『そのたびごとにただ一つ，世界の終焉』（岩波書店）など多数。『獣と主権者 Ⅰ，Ⅱ』，『死刑』，『ハイデガー――存在の問いと歴史』（白水社）などの講義録も刊行されている。

訳者紹介

増田一夫（ますだ・かずお）

1954年生まれ。東京大学名誉教授。専門はフランス思想，フランス地域文化研究。訳書に『同性愛と生存の美学』（フーコー著，哲学書房），『ミシェル・フーコー思考集成　Ⅷ』（編訳，筑摩書房），共著に『帝国とは何か』（岩波書店），『来るべき〈民主主義〉』（藤原書店），『共にあることの哲学』（書肆心水），『デリダと死刑を考える』（白水社），『ヨーロッパの世俗と宗教』（勁草書房）など。

マルクスの亡霊《ぼうれい》たち
――負債状況《ふさいじょうきょう》＝国家《こっか》、喪《も》の作業《さぎょう》、新《あたら》しいインターナショナル――

2007年 9月30日　初版第1刷発行©
2021年 2月28日　初版第4刷発行

訳　者　増　田　一　夫
発行者　藤　原　良　雄
発行所　株式会社　藤　原　書　店

〒162-0041　東京都新宿区早稲田鶴巻町523
電　話　03（5272）0301
FAX　03（5272）0450
振　替　00160 - 4 - 17013
info@fujiwara-shoten.co.jp

印刷・製本　中央精版印刷

落丁本・乱丁本はお取替えいたします
定価はカバーに表示してあります
Printed in Japan
ISBN978-4-89434-589-8

デリダが、われわれに遺したものとは？

別冊『環』⑬

ジャック・デリダ 1930-2004

〈生前最後の講演〉
赦し、真理、和解――そのジャンルは何か？ デリダ

〈講演〉**希望のヨーロッパ** デリダ
〈対談〉**言葉から生へ** デリダ＋シクスー
〈寄稿〉バディウ／シクスー／ガシェ／マラッティ／アニジャール／マルジェル／ロネル／カムフ／鵜飼哲／増田一夫／浅利誠／港道隆／守中高明／竹村和子／藤本一勇
〈鼎談〉**作品と自伝のあいだ** ファティ＋鵜飼哲＋増田一夫
[附]デリダ年譜／著作目録／日本語関連文献

菊大並製 四〇〇頁 **三八〇〇円**
（二〇〇七年一二月刊）
◇978-4-89434-604-8

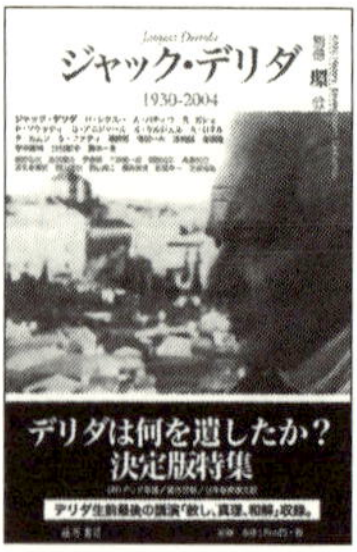

マルクスの実像を描きえた唯一の伝記

世界精神マルクス 1818-1883

J・アタリ
的場昭弘訳

〝グローバリゼーション〟とその問題性を予見していたのは、マルクスだけだった。そして今こそ、マルクスを冷静に、真剣に、有効に語ることが可能になった。その比類なき精神は、どのように生まれ、今も持続しているのか。

A5上製 五八四頁 **四八〇〇円**
（二〇一四年七月刊）
◇978-4-89434-973-5

KARL MARX OU L'ESPRIT DU MONDE
Jacques ATTALI

『資本論』にハムレットの〝閊え〟があった！

マルクスとハムレット

〈新しく『資本論』を読む〉

鈴木一策

自然を征服し、異民族を統合してきたローマ・キリスト教文明とその根底に伏流するケルト世界という二重性を孕んだ『ハムレット』。そこに激しく共振するマルクスを、『資本論』の中に読み解く野心作。現代人必読の書！

四六上製 二一六頁 **二二〇〇円**
（二〇一四年四月刊）
◇978-4-89434-966-7

アルチュセールの新たな全体像

哲学・政治著作集I

L・アルチュセール
市田良彦・福井和美訳

よく知られた六〇年代の仕事の「以前」と「以後」を発掘し、時代順に編集。「善意のインターナショナル」「人間、この夜」「ヘーゲルへの回帰」「事実問題」「ジャン・ラクロワへの手紙」「結婚の猥褻性について」「自らの限界にあるマルクス」「出会いの唯物論の地下水脈」「唯物論哲学者の肖像」ほか

A5上製　六三二頁　八八〇〇円
（一九九九年六月刊）
在庫僅少◇978-4-89434-138-8

ÉCRITS PHILOSOPHIQUES ET POLITIQUE TOME I　Louis ALTHUSSER

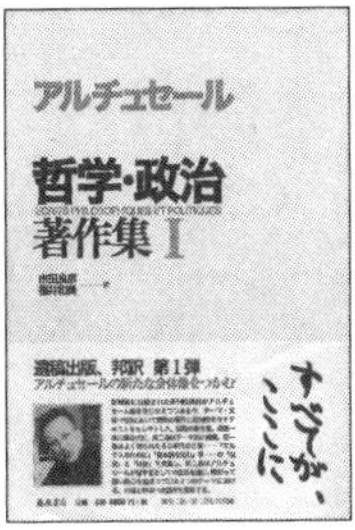

全著作を対象にした概念索引を収録

哲学・政治著作集II

L・アルチュセール
市田良彦・福井和美・宇城輝人・前川真行・水嶋一憲・安川慶治訳

アルチュセールが生涯を通じ、際だって強い関心を抱き続けた四つのテーマ（マキァヴェッリ－フォイエルバッハ、哲学、政治、芸術）における、白眉と呼ぶべき論考を集成。マキァヴェッリとスピノザを二大焦点とする、「哲学・政治」への全く新しいアプローチ。

A5上製　六二四頁　八八〇〇円
（一九九九年七月刊）
◇978-4-89434-141-8

ÉCRITS PHILOSOPHIQUES ET POLITIQUE TOME II　Louis ALTHUSSER

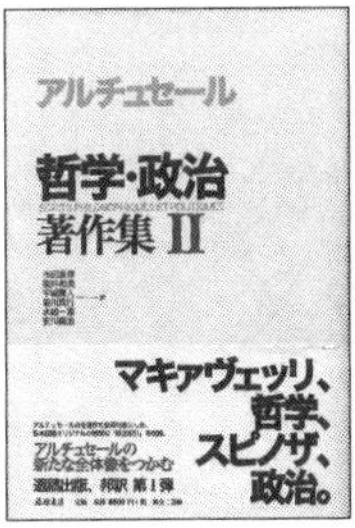

初訳論文群と伝説的名篇を集成

マキャヴェリの孤独

L・アルチュセール
福井和美訳

アルチュセールが公的に活動していた全期間におけるその時代時代の最も特徴的な傑作の一大集成。「歴史の客観性について」「哲学と人間科学」「〈社会契約〉について」「レーニンと哲学」「自己批判の要素」「アミアンの口頭弁論」「終わった歴史、終わらざる歴史」「マキャヴェリの孤独」他。

A5上製　五六八頁　八八〇〇円
（二〇〇一年一〇月刊）
◇978-4-89434-255-2

SOLITUDE DE MACHIAVEL　Louis ALTHUSSER

死後発見された哲学的ラブレター

愛と文体I・II（全5分冊）

（フランカへの手紙 1961–73）

L・アルチュセール
阿尾安泰・飯田伸二・遠藤文彦・佐藤淳二・佐藤（平岩）典子・辻部大介訳

アルチュセール絶頂期における、最愛の既婚知識人女性との往復恋愛書簡、五百通、遂に完訳なる。『マルクスのために』『資本論を読む』の時期に綴られた多様な文体、赤裸々な言葉が、生身のアルチュセールを浮き彫りにする。

四六変上製　各三九二頁
I・II　三八〇〇円（二〇〇四年六月刊）
I◇978-4-89434-397-9
II◇978-4-89434-398-6

LETTRES À FRANCA　Louis ALTHUSSER

ハイデガー、ナチ賛同の核心

政治という虚構
（ハイデガー、芸術そして政治）

Ph・ラクー＝ラバルト
浅利誠・大谷尚文訳

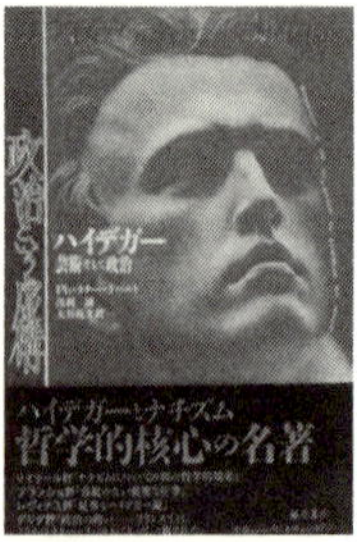

リオタール評――「ナチズムの初の哲学的規定」。ブランショ評――「容赦のない厳密な仕事」。ハイデガーの真の政治性を詩と芸術の問いの中に決定的に発見。通説を無効にするハイデガー研究の大転換。

四六上製　四三二頁　**四二〇〇円**
（一九九二年四月刊）
◇978-4-938661-47-2
LA FICTION DU POLITIQUE
Philippe LACOUE-LABARTHE

ハイデガー対リオタール

ハイデガーと「ユダヤ人」

J－F・リオタール
本間邦雄訳

「存在忘却」の偉大な思惟は、なぜ国家社会主義の政治に能動的に参加することができたのか？〈殲滅〉の事実をなぜ忘却することができたのか？カントの「崇高」、「無意識的情動」、「法」等、リオタール積年の研究による諸概念を駆使した、初のハイデガー論。

四六上製　二七二頁　**三二〇〇円**
（一九九二年四月刊）
◇978-4-938661-48-9
HEIDEGGER ET «LES JUIFS»
Jean-François LYOTARD

他者の共同体

他者なき思想
（ハイデガー問題と日本）

浅利誠・荻野文隆編
Ph・ラクー＝ラバルト
芥正彦・桑田禮彰

ハイデガーのナチ加担問題の核心に迫るラクー＝ラバルト『政治という虚構』を出発点に、ハイデガー問題の全容、「日本」という問題の歴史性に迫る。**『政治という虚構』のダイジェスト、「国民社会主義の精神とその運命」**収録。

Ａ５変上製　三三六頁　**三八〇〇円**
（一九九六年七月刊）
品切◇978-4-89434-044-2

ラクー＝ラバルト哲学の到達点

ハイデガー　詩の政治

Ph・ラクー＝ラバルト
西山達也訳＝解説

ハイデガー研究に大転換をもたらした名著『政治という虚構』から十五年、ハイデガーとの対決に終止符を打ち、ヘルダーリン／ハイデガー、ベンヤミン、アドルノ、バディウを読み抜くラクー＝ラバルト哲学の到達点。

四六上製　二七二頁　**三六〇〇円**
（二〇〇三年九月刊）
◇978-4-89434-350-4
HEIDEGGER — LA POLITIQUE DU POÈME
Philippe LACOUE-LABARTHE

「ドイツ哲学」の起源としてのルソー

歴史の詩学

Ph・ラクー＝ラバルト
藤本一勇訳

ルソーが打ち立てる「ピュシス（自然）はテクネー（技術）の可能性の条件」という絶対的パラドクス。ハイデガーが否認するルソーに、歴史の発明、超越論的思考、否定性の思考の〝起源〟を探り、ハイデガーのテクネー論の暗黙の前提をも顕わにする。テクネーとピュシスをめぐる西洋哲学の最深部。

四六上製　二一六頁　三二〇〇円
（二〇〇七年四月刊）
◇978-4-89434-568-3

POÉTIQUE DE L'HISTOIRE
Philippe LACOUE-LABARTHE

マルクス—ヘルダーリン論

貧しさ

M・ハイデガー＋Ph・ラクー＝ラバルト
西山達也訳＝解題

「精神たちのコミュニズム」のヘルダーリンを読むことは、マルクスをも読み込むことを意味する——全集未収録のハイデガー、そしてラクー＝ラバルトのマルクス—ヘルダーリン論。

四六上製　二一六頁　三二〇〇円
（二〇〇七年四月刊）
◇978-4-89434-569-0

DIE ARMUT / LA PAUVRETÉ
Martin HEIDEGGER et
Philippe LACOUE-LABARTHE

ユダヤ教とキリスト教を総合的に理解する

聖書論

I 妬みの神と憐れみの神
II 聖書批判史考 ——ニーチェ、フロイト、ユング、オットー、西田幾多郎

清 眞人

旧約聖書に体現されるヤハウェ信仰、新約聖書に語り伝えられるイエスの思想、パウロを創始者とする西欧の正統キリスト教、古代キリスト教における最大の異端たるグノーシス派キリスト教を徹底分析し、それらの連関を浮かび上がらせる。

四六上製　I 三六八頁　四二〇〇円　II 二四八頁　三二〇〇円（二〇一五年八月刊）
I◇978-4-86578-039-0
II◇978-4-86578-040-6

ドストエフスキーは、キリスト教に何を見出したのか？

ドストエフスキーとキリスト教

（イエス主義・大地信仰・社会主義）

清 眞人

『聖書論』でキリスト教の本質に迫った著者がドストエフスキー後期五大長編『罪と罰』『白痴』『悪霊』『未成年』『カラマーゾフの兄弟』に見られるキリスト教の思想的特質をあぶり出し、その独特のキリスト教解釈と文学との関係を解明する。

A5上製　四八〇頁　五五〇〇円（二〇一六年九月刊）
◇978-4-86578-090-1

エーリッヒ・フロムとは何者か？

フロムと神秘主義

清 眞人

フロムの思索的営為の背景の最深部として、彼の「神秘主義」論および彼の宗教論に初めて着目。マルクス、ヴェーバー、鈴木大拙、サルトル、ニーチェ、ブーバーらを対置し、フロムの思索の全体像とともに問題構造を浮かび上がらせた、日本初の総合的フロム論。三〇年間の探究から生まれたフロム論の決定版！

A5上製　四六四頁　五五〇〇円（二〇一八年一〇月刊）
◇978-4-86578-196-0

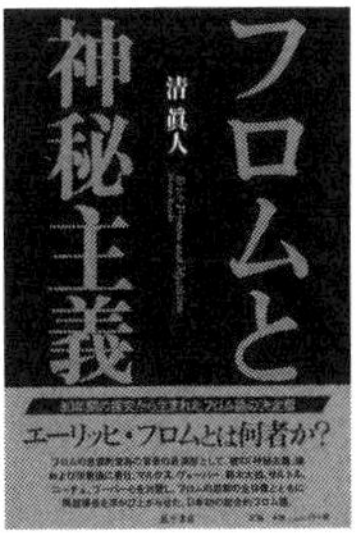

「怨恨と復讐」に抗する「共苦」の文学

高橋和巳論

（宗教と文学の格闘的契り）

清 眞人

没後五十年を迎えようとしている高橋和巳（1931-1971）の全作品に通底する問いとは何だったか。「革命」への絶望とヘイト・ポリティックスの蔓延が極限に達しつつある二十一世紀の今、「戦争という廃墟」の忘却という二十世紀〝戦後〟日本の「原罪」に果敢に立ち向かった作家の今日的意味を明かす。

A5上製　五七六頁　六二〇〇円（二〇二〇年三月刊）
◇978-4-86578-263-9

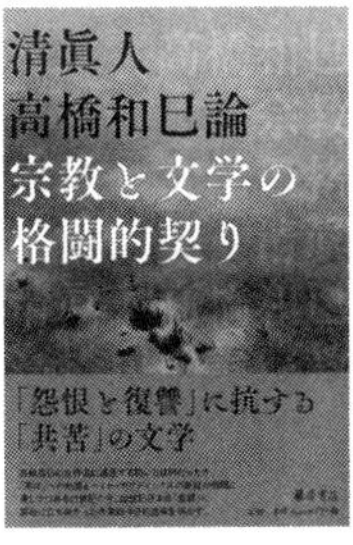